위 대 한   우 정 의   역 사

# 말로와 드골

**알렉상드르 뒤발 스탈라** 지음
**변광배 · 김웅권** 옮김

연암서가

**옮긴이**

## 변광배

한국외국어대학교 불어과와 같은 대학원 불어불문학과를 졸업하고, 프랑스 몽펠리에 3대학(폴 발레리 대학)에서 사르트르 연구로 문학 박사학위를 받았다. 한국외국어대학교 불어과 대우교수를 역임하고, 현재 같은 대학에서 가르치면서 프랑스인문학 연구모임 '시지프'를 이끌고 있다.

저서로『존재와 무: 자유를 향한 실존적 탐색』,『제2의 성: 여성학 백과사전』,『나눔은 어떻게 인간을 행복하게 하는가』 등이 있고, 역서로는『레비나스 평전』,『사르트르 평전』,『마르셀 뒤샹 평전』,『사르트르와 카뮈: 우정과 투쟁』,『공공의 적들』,『변증법적 이성비판』,『폭력에서 전체주의로』 등이 있다.

## 김웅권

한국외국어대학교 불어과를 졸업하고 프랑스 리모주 대학과 몽펠리에 3대학(폴 발레리 대학)에서 앙드레 말로의 소설 연구로 문학 석·박사학위를 받았다. 한국외국어대학교 외국문학연구소 연구원과 학술연구교수, 한남대학교 객원교수를 역임하였고, 프랑스에서 기획된『앙드레 말로 사전』 집필위원으로 참여하였으며, 현재 한국외국어대학에서 가르치고 있다.

국내외 학술지에 앙드레 말로에 관한 논문 30여 편을 발표했으며,『앙드레 말로: 소설 세계와 문화의 창조적 정복』(프랑스학회 출판 장려상 수상),『말로와 소설의 상징시학:『왕도』 새로 읽기』,『앙드레 말로의 문학 세계: 동서 정신의 대화』 등의 저서와 프랑스에서 출간된『앙드레 말로 사전』(공저)이 있다. 역서로는『상상의 박물관』,『그라마톨로지에 대하여』,『S/Z』,『타자로서 자기 자신』,『몽상의 시학』,『재생산에 대하여』,『파스칼적 명상』,『행동의 구조』,『순진함의 유혹』 등 50여 권이 있다.

**위대한 우정의 역사**

# 말로와 드골

2014년 10월 10일 초판 1쇄 인쇄
2014년 10월 15일 초판 1쇄 발행

지은이 | 알렉상드르 뒤발 스탈라
옮긴이 | 변광배·김웅권
펴낸이 | 권오상
펴낸곳 | 연암서가

등　록 | 2007년 10월 8일(제396-2007-00107호)
주　소 | 경기도 고양시 일산서구 호수로 896번지 402-1101
전　화 | 031-907-3010
팩　스 | 031-912-3012
이메일 | yeonamseoga@naver.com
ISBN 978-89-94054-60-5 03990

값 20,000원

# 옮긴이 서문

    이 책은 알렉상드르 뒤발 스탈라(Alexandre Duval-Stalla)가 2008년에 갈리마르(Gallimard) 출판사에서 출간한 *André Malraux–Charles de Gaulle, une histoire, deux légendes: Biographie croisée*를 우리말로 옮긴 것이다. 이 책의 저자는 파리정치대학(Institut d'études politiques de Paris)을 거쳐 현재 변호사로 활동하고 있다.

    프랑스의 20세기, 특히 그 중반에 해당하는 1945~1968년까지는 일반적으로 '지식인들의 시대'라고 불린다. 그도 그럴 것이 이 시대에 우리에게도 잘 알려진 사르트르, 카뮈, 아롱, 메를로퐁티, 보부아르를 위시해 기라성 같은 지식인들이 주로 활동했기 때문이다. 그런데 이들은 정도의 차이는 있지만 모두 온건 좌파에 속한다는 공통점을 가지고 있다. 그 결과 프랑스의 20세기 중반, 곧 1945~1968년은 마치 이들 온건 좌파에 속하는 지식인들의 전유물인 것처럼 여겨지기 십상이다. 게다가 참여 지식인의 대명사 격인 사르트르에 의하면, 참다운 지식인은 항상 당대의 지배세력의 이해관계와 충돌하며, 따라서 이 세력과는 항상 불화의 관계에 있을 수밖에 없다. 대략 이런 이유로 지금까지 프랑스의 20세기 중반은 그 당시의 지배세력에 맞서 공동전선을 구축한 이들 온건 좌파에 속하는 참여지식인들의 담론을 통해 주로 조망되어 온 것이 사실이다.

그렇다면 그 당시에 이들 온건 좌파에 속하는 지식인들과 불화관계에 있었던 지배세력에 속한 자들은 누구였을까 하는 문제가 제기될 수 있다. 바로 이 책에서 다루어지고 있는 드골과 말로가 그 대표적인 인물들이다. 드골은 1890년에 태어났고, 말로는 1901년에 태어났다. 따라서 이들 사이에는 11년이라는 시차가 있어 이들이 서로 만나게 될 특별한 징후는 전혀 없다고 해도 무방할 것이다. 하지만 이들은 1945년, 즉 프랑스의 역사에서 어쩌면 가장 중요한 해인 제2차 세계대전 종전의 해에 만나게 된다. 그 이후 1959년에 대통령에 당선된 드골은 말로를 문화부 장관에 임명하게 되고, 이들은 종전 이후 전쟁의 상처를 치유하고 조국 프랑스를 강대국으로 만들어야 한다는 공통된 소명을 바탕으로 소중한 우정을 끝까지 이어가게 된다. 이 책은 이들 두 사람의 이와 같은 소중한 우정의 역사에 대한 기록이나 증언이라고 할 수 있다.

물론 이 책이 이들 두 사람의 우정에 대한 최초의 기록이나 증언은 아니다. 이들의 돈독한 관계에 대한 기록이나 증언은 이미 많이 있다. 그렇다면 다음과 같은 질문이 제기되는 것은 당연해 보인다. 이 책은 기껏해야 그런 기록이나 증언의 하나에 불과하지 않을까? 만일 그렇지 않다면, 이 책은 다른 기록이나 증언과 어떤 차이가 있을까? 요컨대 이 질문은 알렉상드르 뒤발 스탈라가 이 책을 쓰게 된 그만의 독특한 이유에 대한 질문으로 환원되는 것으로 보인다. 지금까지 출판된 기록이나 증언에 의하면, 드골과 말로의 관계는 불균형적인 것으로 해석되는 경우가 비일비재하다. 그러니까 이들의 관계의 특징은 무엇보다도 직급상 상관이었던 드골이 항상 주도권을 쥐었고, 말로가 그 뒤를 떠받쳤다는 사실에 있다. 하지만 이 책의 저자인 알렉상드르 뒤발 스탈라는 이와 같은 불균형을 바로 잡고자 하는 것으로 보인다. 다시 말해 드골과 말로의 관계가 위계질서에 의해 지배되는 관계가 아니라 거의 완벽한 상호주체성에 의해 지배되는 관계라는 것이다.

이와 같은 사실은 그대로 이 책을 우리말로 옮긴 근본적인 이유라고도 할 수 있다. 앞에서 지적한 바와 같이, 프랑스의 20세기 중반, 곧 1945~1968년까지에 대한 연구에서 주로 온건 좌파에 속한 지식인들의 담론을 중심으로 한 일방적인 조망에서 탈피해야 할 필요성이 그것이다. 이들의 직접적 비판의 대상이 되었던 지배세력의 담론에 대한 조망의 필요성, 그리고 이를 통한 균형 잡힌 프랑스의 20세기 중반에 대한 탐구의 필요성과 당위성이 그것이다. 드골과 말로의 돈독한 우정의 역사를 다루고 있는 이 책이 이와 같은 불균형의 시정에 조금이라도 보탬이 될 수 있다면, 그것만으로도 이 책을 우리말로 옮긴 노력은 이미 어느 정도 보상받았다고 할 수 있을 것이다.

끝으로 어려운 여건에서도 이 책의 번역을 결정해 주시고 오랫동안 참고 기다려 주신 연암서가에 감사의 말씀을 드리며, 뜨거운 여름에 이 책을 맵시 있게 잘 다듬어 주신 편집자에게도 감사의 말을 전한다.

2014년 8월
옮긴이를 대표하여
변광배

# 서문

<br>

앙드레 말로와 샤를 드골을 이어주는 고귀한 형태의 우정에는 뭔가 고상한 것이 있다. 두 사람은 서로 만날 운명도, 서로 존경할 운명도 타고나지 않았다. 하지만 전쟁을 통해 이들은 운명적으로 가깝게 되었고 또 필연적으로 만나게 되었다. 드골은 대담하게도 자기 삶을 꿈, 시, 전쟁이라는 요소를 중심으로 기술하고 있다. 이 세 요소는 미지의 것을 향한 수수께끼 같은 것이다. 꿈은 옛날 19세기 프랑스 작가 샤토브리앙이 이미 말한 바 있는 것이었다. 자유프랑스의 장군이었던 드골은 꿈을 꾸면서 프랑스 국민들과 관계를 맺게 되었고, 또한 그들을 가장 높은 곳으로 인도했다. 드골의 시는 단지 "성스러운 언어"에 국한되지 않는다. 그의 시는 하나의 태도였다. 침묵, 감춰진 슬픔, 프랑스의 영광, 자만과 고독의 아픔으로 점철된 태도였다. 드골의 유니폼은 고통과 모욕으로 얼룩져 있었다. 그가 치른 전쟁은 해방의 전쟁이었고, 그의 군대는 남루한 자들로 구성된 군대였다.

프랑스 공화력 2년의 병사들 중 앙드레 말로 대령이 지휘하는 알자스로렌(Alsace-Lorraine) 부대가 있었다(﹝피에르﹞ 보켈에 의하면 앙드레 말로 대령이 통솔하는 이 부대는 "기독교적 성향이 강한" 부대였다). 젊은 장교, 마치 보나파르트 드 브리엔이 그러했던 것처럼, "사내들 중의 유일한 사내"였던 말로는 조용한 삶을 살기를 원했다. 하지만 이 개인주의자는 곧바로 공동체에 사로잡히게 된다. 그 당시 그는 이렇게 쓰고 있다. "한 명의 인간이 된다는 것은 어려운 일이다. 하지만 그가 속한 공동체를 강화함과 동시에 그만의 차이를 고양하면서 그렇게 하기는 더욱 더 어려운 일이다." 해방된 스트라스부르에서 말로가 했던 첫 번째 행동은 성당의 문을 여는 것이었다. 마지못해 참가했던 전쟁에서 빠져나오면서 말로는 프랑스를 완전히 사랑하게 되었다. "다른 사람들에게 위대했을 때보다 더 위대한 프랑스를 말이다."

드골과 말로 두 사람 사이에는 계속해서 대화가 이어졌다. 브루스 채트윈(Bruce Chatwin)이 강조하고 있는 것처럼, 그들의 대화는 계급적 가치를 초월한 두 지성 사이의 대화, "전쟁이라는 재앙을 통과한 후에 나라를 갱신한다는 생각"을 공유하면서 "군사적 영광"에 불타던 두 "모험가" 사이의 대화였다. 그들 각자는 자신들의 앞날에서 승리를 거두지 못할 수도 있다는 점을 잘 알고 있었다. 또한 그들은 결국 승리란 국민의 마음을 정복해야 쟁취할 수 있다는 것도 잘 알고 있었다. 말로는 드골에게서 소명을 받은 인간을 발견했고, 드골은 말로에게서 국가에 봉사할 수 있는 인간을 발견했다. 두 사람은 고독을 충분히 맛보았다. 고독으로 인한 어려움을 잘 알 수 있을 정도로 말이다. 따라서 그들은 서로의 만남에 대해 불만이 없었다. 장차 덜 고독하게 될 것이기 때문이었다. 실제로 그들은 수많은 주제에 대해 함께 논의를 했다. 알렉산더 대왕의 행적, 황제의 전투들, 중국의 영원성 등. 한편에는 운명과 역사의 인물이, 맞은편에는 영원한 지성의 판타지아에 빠진 인물이 있었다. 시간이 지남에 따라 거미줄을 계속 흔들어 대는 시적 에너지가 가득 실려 있는 그러한 지성 말이다. 그들 각자는 자신의 생각을 가장 잘 이해하는 훌륭한 독자를 만난 셈이었다. 이제 알렉상드르 뒤발 스탈라라는 이름을 가진 한 젊은이가 하나의 역사에 속하지만 오랫동안 평행선을 그어 왔던 두 사람의 삶에 관심을 갖게 되었다. 그는 이 역사를 우리에게 들려주고 있다. 프랑스가 말로와 드골이라는 두 명의 인물에 의해 통치되었던 시대에 대해 이야기한다는 것은 그다지 평범한 일이 아니다. 이 모든 것은 멀리 떨어진 것처럼 보인다. 그것도 아주 많이. 하지만 이것은 30세의 한 젊은이가 우리 시대에 대해 이야기하는 하나의 방식인 것이다.

다니엘 롱도

내 삶의 참다운 영웅들인
할아버지 장과 기,
아버지 장 프랑수아에게.
나의 영세 대자인 기욤,
아들 폴과 콤,
딸 마고에게.
이들 모두 다른 사람들과 프랑스의
사랑을 항상 간직하기를……

"인간이라는 것,
그것은 자신의 희극적인 부분을
최소한으로 줄이는 것이다."
—앙드레 말로

# 제1장

# 만남 : "우선 과거를……"

1945년 7월 18일

"그 파시스트!"
—드골 장군에 대해 앙드레 말로가

"그 공산주의자!"
—앙드레 말로에 대해 드골 장군이

"우선 과거를……" 이것은 드골 장군이 앙드레 말로에게 건넨 첫마디이다. 그들의 첫 만남은 1945년 7월 18일 수요일[1] 아침 11시에 이루어졌다. 드골 장군은 완곡한 표현이나 예의상의 표현을 사용하지 않은 채 단도직입적으로 공격을 했다. 앙드레 말로의 과거 정치 참여에 대해서 그랬다. 일단 그와 같은 태도에 놀란("놀랄 만한 시작") 앙드레 말로는 일단 자신의 정치 참여의 근본적인 이유를 설명했다. "나로 말하자면 사회 정의를 위한 투쟁에 참여한 겁니다. 좀 더 정확히 말해 인간들에게 기회를 주기 위해서입니다……" 이어서 그는 1930년대 파시즘에 맞섰던 투쟁

---

1  앙드레 말로에 대한 모든 평전에서 이 만남은 1945년 8월 초에 이루어진 것으로 되어 있다. 그런데 임시정부의 문서에 따르면 앙드레 말로 대령은 1945년 7월 18일에 처음으로 드골 장군을 접견했으며, 두 번째로는 1945년 8월 3일에, 그 다음에는 1945년 9월 1일에, 1945년 9월 29일에, 1945년 10월 22일에 접견한 것으로 나타나 있다. 분명 앙드레 말로의 기억에 착오가 있었던 것으로 보인다. 실제로 1945년 7월 18일에 드골 장군은 다음과 같은 사람들을 접견한 것으로 나타나 있다. 룰리에 대령(10시 30분), 앙드레 말로 대령(11시), 고르스 씨(12시), 르클레르크 장군(12시 30분), 프라하 시장(15시 30분)이 그들이다. 1945년 8월 3일에는 쥐앵 장군이 드골 장군을 접견했고, 시간은 17시일 수밖에 없다. 앙드레 말로는 15시 30분에, 드 와랭 대령은 16시 30분에, 수스텔 씨는 16시에 각각 드골 장군을 접견했다. 만일 만남의 어젠다가 수정되었다면, 수정된 부분은 접견 리스트에 기록되었을 것이다. 다른 날들에 있었던 접견 리스트의 수정 부분이 수기로 기록되어 있는 것처럼 말이다.

을 설명했다. "나는 로맹 롤랑과 함께 세계반파시스트위원회의 대표를 지냈습니다. 또한 지드와 함께 히틀러에게—그는 우리들을 맞아 주지 않았습니다—이른바 독일 국회의사당 방화 사건의 용의자로 체포된 디미트로프와 다른 사람들에 대한 재판에 항의하러 가기도 했습니다." 앙드레 말로는 계속해서 스페인 내전에 대해 설명했다. 이 전쟁에서 그는 프랑코 장군의 군대와 맞서 국제전투비행단의 일원으로 스페인 공화국 정부 편에서 싸웠던 것이다. 그리고 말로는 그 와중에서도 스탈린 공산주의자들과는 한 패가 되지 않았다고 강조했다. "그 다음에 스페인 내전이 발발했습니다. 나는 스페인으로 싸우러 갔습니다. 국제의용군의 일원으로 참전한 것이 아니었습니다. 국제의용군은 그 당시에 아직 존재하지 않았고, 이 의용군이 조직되려면 아직 시간이 필요한 상태였습니다. 공산당은 고민을 했습니다……" 마지막으로 앙드레 말로는 알자스 로렌 부대에서 했던 레지스탕스 운동과 신조에 대해 설명했다. "그리고 전쟁, 진짜 전쟁이 발발했습니다. 프랑스는 패배를 맛보았습니다. 다른 사람들과 마찬가지로 나 역시 프랑스와 결혼을 했습니다……"[2] 드골 장군과 앙드레 말로는 서로 첫눈에 반하게 되었다. 그리고 이를 계기로 25년 이상 동안 그 강도 면에서 한결 같았던 그들 사이의 우정이 시작된 것이다.

하지만 이 첫 만남이 모든 것을 분명하게 해준 것은 아니었다. 이는 앙드레 말로에게도 드골 장군에게도 마찬가지였다. 모든 것이 분명해진 것은 그 다음의 일이었다. 실제로 드골 장군의 관심사는 파리를 수복하

---

2  André Malraux, *Antimémoires*, in *Œuvres complètes*, Bibliothèque de la Pléiade, 1996, t. III, pp. 90-91.

는 것과 그곳에서 프랑스의 위대한 작가들을 만나는 것이었다. 이와 같은 관심사는 그다지 놀랄 만한 것이 못 된다. 샤를 드골은 오랫동안 작가가 되려고 했기 때문이다. 그는 항상 작가들에 대해 특별히 존경하는 마음을 가지고 있었다. 이와 같은 이유로 작가들이 프랑스를 위해 아주 높은 자리에 있다고 생각하고 있었다. 드골이 보기에 작가들은 도덕적 책임을 지고 있었다. 그러니까 그들은 프랑스의 영광과 위대함을 위한 이중의 행동에 대한 요구를 받고 있는 것이었다.[3] 이런 이유로 1944년 9월 1일에 방금 해방된 파리의 여러 곳에서 참혹한 전투가 한창이던 시기에 드골 장군은 프랑수아 모리아크를 만났다. 모리아크는 그의 모습에 강한 인상을 받아 "정말로 살아 있는 신을 만난 듯한 표정"[4]을 지었다고 한

---

3  알랭 페이르피트가 지적하고 있는 것처럼 드골 장군은 폴 모랑에 대해 항상 아주 엄격한 태도를 취했다. "장군님, 장군님께서는 왜 런던에서 경제팀의 수장인 폴 모랑을 못마땅하게 여기셨는지요? 대사관에서 그 당시 약속을 어긴 코르뱅보다요? 여하튼 그들은 한통속이 아니었는지요?" 그러자 드골 장군은 이렇게 대답을 했다. "메르 엘 케비르(Mers el-Kébir) 사건 후에 비시(Vichy) 정권은 런던과 관계를 단절했고, 대사관을 폐쇄했습니다. 공무원들은 복종하는 데 익숙해져 있었습니다. 그들은 다른 사람들보다 더 비난 받을 이유가 없었습니다. 이에 반해 비시 정권은 모랑에게 런던에 남아 줄 것을 요청했습니다! 비시 정권에 뛰어든 것은 모랑 자신이었습니다. 그곳에서 그를 원하지 않은데도 말입니다. 그리고 모랑은 작가였습니다. 그러한 신분으로 그는 런던에서 상당한 관심을 끌었습니다. 그는 영국 사회에 비교적 잘 받아들여졌습니다. 나폴레옹을 조롱하는 과두정의 사회에 말입니다. 그 당시 영국에서는 몇 백 명의 귀족들, 대기업 사장들, 은행가들이 권력을 휘두르고 있었습니다. 우리는 그들 중 누구도 알지 못했습니다. 모랑이 그 사회에 발을 디딘 것이 얼마나 중요한 것인지 상상할 수 있을 것입니다! 그러니까 그는 잘하면 자유프랑스에 인적 네트워크를 제공해 줄 수 있었을 것입니다. 그의 작가로서의 명성과 부인들 곁에서의 성공을 통해서 말입니다. 하지만 그는 그걸 해내지 못했습니다. (……) 그는 나에 대한 의무를 다하지 못한 것입니다. (……) 그의 부인은 많은 재산을 가지고 있었습니다. 망명 상태에서 재산이 있다면 당연히 그것을 나라를 위해 써야 할 것입니다. 그런데 재산을 가진 프랑스인들이 나와 뜻을 같이하지 않았습니다. 대작가로서의 재주와 명성을 가졌을 경우, 자기 자신의 재산을 앞세워서는 안 됩니다. 이런 점에서 모랑은 용서받을 수 없는 것입니다."(Alain Peyrefitte, *C'était de Gaulle*, Fallois/Fayard, 1997, t. II, p. 184.)

4  Claude Guy, in Claude Mauriac, *Un autre de Gaulle, Journal 1944-1954*, Hachette, 1971, p. 19에서 인용.

다. 4일에는 폴 발레리 차례였다. 7일에는 조르주 뒤아멜 차례였다. 그리고 1945년 7월 말에는 8년 동안 브라질에서 지내고 돌아왔던 조르주 베르나노스 차례였다. 그런데 거의 1년 동안 앙드레 말로와의 만남은 없었다. 이 사실은 드골 장군이 그를 소환했을 가능성이 아주 높았기 때문에 더더욱 놀라운 일이었다. 앙드레 말로는 프랑스군에 편입된 알자스로렌 부대에서 대령 계급을 달고 있었던 것이다.

드골 장군이 앙드레 말로에 대해 어느 정도 거리를 두고 관찰했던 것처럼 보였다고 할 수 있을 것이다. 하지만 드골 장군이 앙드레 말로를 그 당시 프랑스를 대표하는 작가들 중 한 명으로 여기고 있었던 것은 분명한 사실이었다. 1943년 5월, 알제로 가는 비행기에서 드골 장군은 비서실장이던 가스통 팔레브스키에게 이렇게 털어놓은 적이 있다. "10년 이래로 프랑스에서 출간된 가장 뛰어난 작품은 『인간의 조건』(앙드레 말로, 1933)과 『어느 시골 신부의 일기』(조르주 베르나노스, 1936)이네. 하지만 지금까지 출간된 작품 전체를 놓고 보면 그 풍부함과 다양성 면에서 프랑수아 모리아크가 으뜸이 아닌가 하네."[5] 그렇기 때문에 드골 장군이 앙드레 말로를 만나려고 하지 않은 것은 더욱 기이한 일이라고 할 수 있다. 어떤 이들은 말로가 1944년부터 시작해서 너무 늦게 레지스탕스 운동에 참여했다고 말하기도 했다. 또 다른 이들은 드골 장군이 말로로부터 거절당하는 것을 원치 않았다고 했다. 1944년 중반, 앙드레 말로는 여전히 공산주의자들과 깊게 연루되어 있었다. 그런데 드골 장군은 1944년 8월 말에 파리로 돌아온 이래로 모스크바와 더불어 이중 플레이를 하

---

5  Institut Charles de Gaulle, *De Gaulle et André Malraux, Actes du colloque*, Espoir/Plon, 1987, p. 128.

고, 또 권력, 그것도 모든 권력을 요구했던 공산주의자들과 계속 거리를 두고 있었다. 드골 장군만이 유일하게 그들에게 반대했다. 다른 당들은 1940년 프랑스의 패주로 인해 신뢰를 잃었기 때문이었다.

앙드레 말로 쪽에서도 드골 장군 개인에 대해 그다지 탐탁하게 여기지 않았던 것으로 보인다. 1941년 9월, 작가이자 초기 레지스탕스 운동 대원이었던 로제 스테판이 말로로 하여금 레지스탕스 운동에 가담하도록 압력을 넣었을 때, 그는 스테판에게 이렇게 말을 했다. "드골을 에워싸고 있는 악시옹 프랑세즈(Action Française) 장교들 틈바구니에서 내가 뭘 할 수 있겠는가?"[6] 이렇게 대답을 하긴 했지만, 앙드레 말로는 1941년 3월 20일에 런던에 있던 드골 장군에게 보낸 한 통의 편지에 대해 답신을 받지 못한 것에 대해 실망하고 있었다. 이 편지는 말로의 미국 출판사 중개인으로, 신변을 위협받고 있는 사람들의 해외 도피를 주선하는 일도 맡고 있었던 배리언 프라이(Varian Fry)를 통해 비밀리에 전달되었다. 이 편지에서 말로는 드골 장군을 도울 수 있다는 의사를 밝혔다. "나는 드골 장군이 피에르 코(Pierre Cot)[7]를 멀리한다고 들었습니다. 내 스페인 내전 참전 경력 때문에 그런 생각을 했습니다."[8] 내용은 안중에 없었다. 또한 말로는 파리에 들렀을 때 특수작전국(SOE)[9] 망을 통해 자유프랑스 정부 인사들과 조우하려는 목적으로 1943년에 했던 노력에 대한 답 역시 받지 못했다. 1944년 말에 공군 장군이자 드골 장군과 가까웠던 에

---

6  Roger Stéphane, *André Malraux, entretiens et précisions*, Gallimard, 1984, p. 97.

7  레옹 블룸이 이끌었던 인민전선(人民戰線, Front populaire) 정부의 공군부 장관.

8  André Malraux, *Antiméoires*, t. III, *op. cit.*, 1996, p. 89. 앙드레 말로는 20년이 지난 후에야 비로소 이 이야기의 전모를 알게 된다. 배리언 프라이가 말로의 편지를 맡겼던 여비서는 중간에 독일 경찰에 체포되었다. 그녀는 몸수색을 당할 경우에 편지가 발각되지 않도록 그것을 삼켜버렸던 것이다.

두아르 코르니글리옹 몰리니에라는 친구가 드골 장군을 칭찬하는 소리를 듣고 앙드레 말로는 이렇게 외쳤다. "그 파시스트!"[10] 전쟁 중에 『악시옹 프랑세즈』지를 통해 비시 정권을 전적으로 지원했던 샤를 모라스가 적과의 내통을 이유로 무기형을 언도 받았을 때, 앙드레 말로는 이렇게 외쳤다. "뱅빌[11]의 정치를 지지함과 동시에 모라스를 단죄할 수는 없다."[12] 하지만 1940년 전쟁 초에 포로가 되었을 때 말로는 드골 장군의 텍스트를 열정적으로 읽기도 했다. 1942년 11월, 앙드레 말로는 에마뉘엘 베를에게 이렇게 말했다. 베를은 1940년 6월에 필리프 페탱(Philippe Pétain) 원수의 초기 연설문을 작성한 후에 공식적인 활동에서 완전히 은퇴했었다. "드골 장군을 믿어야 합니다." 심지어 앙드레 말로는 샤를 드골이 쓴 두 권의 저서를 읽기도 했다. 『미래의 군대(Vers l'armée de métier)』와 『칼날(Le fil de l'epée)』이 그것이다. 하지만 전쟁 내내 말로는 아주 신중했고, 심지어는 드골 장군에 대해 불신하는 태도를 보이기도 했다……그 시기에 그는 레지스탕스 방법에 대해 회의적이었다. 하지만 그는 스페인 내전 이후에 공산주의를 경계했으며, 특히 스탈린주의를 불신했다. 그리고 말로의 이름은 널리 알려져 있었다. 그것도 너무 잘 알려져 있었다. 분명 말로는 감시를 받았을 것이다. 1944년 9월, 그는 이렇게

---

9  특수작전국(SOE: Special Operations Executive)은 1940년 6월 6일에 윈스턴 처칠에 의해 조직된 영국 비밀정보부였다. 이 기구의 임무는 제2차 세계대전 동안 독일에 의해 점령당했던 국가들에서 행해지고 있는 다양한 형태의 레지스탕스 운동을 지원하는 것이었다. 사령부는 런던에 있었다. 점령당한 각국에 지부를 두었다. 이 기구를 통해 보내졌던 앙드레 말로의 편지는 드골 장군에게 전해지지 않았다. Alain Malraux, *Les Maronniers de Boulogne*, Bartillant, 2001, pp. 149-150을 볼 것.

10  Alain Marlaux, *Les Marronniers de Boulogne, op. cit.*, p. 154.

11  그 당시 드골 장군의 민족주의는 유명한 군주제 사학자인 자크 뱅빌의 영향을 강하게 받은 것으로 알려져 있다.

12  Roger Stéphane, *André Marlaux, entretiens et précisions, op. cit.*, p. 113.

선언하기까지 했다. "프랑스는 그 정상에 신념을 가진 사람이 있다. 나는 드골 장군을 신뢰한다. 그가 그의 임무를 잘 수행할 것이라고 말이다."[13] 비록 이렇게 선언하고 있지만 앙드레 말로는 아주 신중했다. 드골 장군에 대한 그의 감정은 1945년까지 나아진 것이 없는 것 같았다.

하지만 지어낸 얘기에 따르면 두 사람은 벌써 만나려고 시도했던 것처럼 보인다. 몇몇 사람들은 심지어 1937년 아벨 강스(Abel Gance)의 영화 「나폴레옹(Napoléon)」(1927년 제작)이 상영되었을 때, 샤를 드골과 앙드레 말로가 회동했다고 상상하기도 한다. 이와 마찬가지로 1930년대에 비록 두 사람이 다니엘 알레비, 레오 라그랑주를 비롯해 같은 사람들을 만났지만, 그들이 서로 지나친 적은 없다는 것이다. 1944년 가을, 알자스 전선에서도 마찬가지였다고들 한다. 이 전선에서 앙드레 말로는 드골 장군을 보면서 괴테가 나폴레옹을 보고 했던 말을 반복했을 것이라고들 한다. "나는 한 사람을 보았다……" 1945년 5월 8일에 스트라스부르 성당에서도 역시 서로 만나지 못했다. 두 사람이 승리의 기도문을 같이 들었지만 말이다.

하지만 사태는 1945년 초에 급속히 바뀐다. 실제로 스페인 내전 이후 앙드레 말로는 국제여단(國際旅團, 국제의용군)에 대한 경험 때문에 의기소침해 있었다. 그는 스탈린도, 소련도, 프랑스 공산주의자들에게도 속지 않았다. 하지만 앙드레 말로는 스트라스부르와 여전히 독일군에게 점령 당하고 있던 프랑스 영토를 해방시키기 위해 알자스로렌 부대의 지휘관의 임무에 완전히 몰입했다. 그런 관계로 그는 자신의 정치 성향에 대해 공개적으로 밝히고 옹호할 기회를 갖지 못했다. 그가 그런 기회를 포착

---

13 Entretien avec James Ellinger in *Carrefour*, 30 septembre 1944.

한 것은 제1차 국민해방운동(Mouvement national de libération, MNL) 모임에서였다. 이 기구는 그 당시 레지스탕스 운동 단체 중 하나였다. 리베라시옹(Libération, 해방), 콩바(Combat, 전투), 프랑 티뢰르(의용대), 데팡스 드 라 프랑스(프랑스의 방위), 군민(軍民) 조직(Organisation civile et militaire, OCM), 리베라시옹 노르(Libération Nord, 북부 해방), 프랑스 오 콩바(France au Combat), 로렌(Lorraine) 등과 마찬가지로 말이다. 맞은편 진영에는 다른 거대한 레지스탕스 조직이 있었는데, 국민전선(國民戰線, Front national)이 그것이다. 이 조직에는 특히 의용유격대(Francs-tireurs partisans, FTP) 대원들이 포함되어 있었고, 공산주의자들이 이 조직을 완전히 통솔하고 있었다. 공산주의자들은 실제로 MNL의 통솔권을 장악하고자 했다. "1944년에 공산주의자들은 레지스탕스 조직 전체에 대해 영향을 미치고 싶어 했다. [MNL은] 공산주의자들에 의해 통솔이 안 되는 조직들을 모았다. 따라서 예견된 작전은 아주 단순했다. 적어도 MNL 지도위원회 구성원들의 3분의 1이 공산당에 소속되어 있었다. 이들은 공산주의자들에 의해 대부분 통솔되고 있는 국민전선과의 연합을 통해 레지스탕스 운동을 전개할 것을 요구했다. 이렇게 해서 레지스탕스 지도위원회가 공산주의자들의 수중에 떨어졌다."[14] 앙드레 말로는 이 연합에 반대하는 입장에 섰고, 마침내 새로운 레지스탕스 운동을 할 것을 호소하면서 다수의 대표자들을 사로잡게 된다. "MNL은 이 나라의 양심의 한 형태이다. 드골 정부는 프랑스의 정부일 뿐만 아니라 해방과 레지스탕스를 위한 정부이기도 하다. 따라서 그를 문제시 삼는 것은 있을 수 없는 일이다. (……) 지금부터는 아무런 환상 없이 이렇게 말해야 한다. 새로운 레지스탕스 운동이 시작되었

---

14 André Malraux, *Antimémoires, op. cit.,* p. 82.

다고 말이다. 손에 아무것도 가지지 않았을 때 레지스탕스 운동을 할 수 있었던 여러분들에게 나는 묻는다. 모든 것을 손에 쥐고 있는 지금 여러분들이 레지스탕스 운동을 재개하는 것이 가능한지 그렇지 않은지를 말이다. 물론 나는 가능하다고 생각한다."[15]

앙드레 말로의 입장을 알게 된 드골 장군의 최측근 중 한 명이었던 가스통 팔레브스키는 이 연설에서 드골 장군의 행동에 도움이 되는 요소가 있다는 것을 알아차리게 된다. "이 연설은 아주 적당한 때에 이루어졌다. 새로운 이름하에 옛 정당들이 권력의 끈을 다시 잡으려고 기지개를 켜는 바로 그 순간에 우리의 행동을 강화하기에 아주 적당한 때에 말이다. 지금 회상컨대 나는 그 당시 회의주의와 열광의 분위기에 아주 놀라면서도 우리에게 커다란 도움을 줄 수 있는 하나의 입장을 알게 되었던 것이다."[16] 이와 같은 판단에 이어 가스통 팔레브스키는 드골 장군의 측근이자 그 당시 대서양 공군을 지휘하고 있던 에두아르 코르니글리옹 몰리니에게 드골 장군과 앙드레 말로의 만남을 주선해 줄 것을 부탁했다. 실제로 에두아르 코르니글리옹 몰리니에는 앙드레 말로의 오랜 친구였다. 이들은 1934년에 사막 한가운데서 시바(사바)의 여왕 (Reine de Saba, Queen of Sheba)의 수도를 찾는 공군 파견대의 수색 활동 이래로 알고 지냈다. 그 이후 그는 앙드레 말로의 『희망(L'Espoir)』의 영화 제작을 맡기도 했다. 1945년 3월, 에두아르 코르니글리옹 몰리니에는 가브리엘 로(路)에 있는 그의 아파트에서 앙드레 말로와의 저녁 식사를 마련하였다. 그 기회에 그는 말로에게 드골 장군의 최측근 협력자 두 명

15 Rapporté dans le journal *Combat,* 28 janvier 1945.
16 Gaston Palewski, "André Marlaux-de Gaulle", in Martine de Courcel (sous la direction de), *André Malraux, être et dire,* Plon, 1976, p. 96.

을 소개하게 된다. 가스통 팔레브스키와 드골 장군의 조력자 클로드 기(Claude Guy) 대위가 그들이다. 앙드레 말로는 설명을 통해 그들로 하여금 자기가 드골 장군을 만나는 것이 가능하다는 판단을 하게끔 했다. 그들의 토의 주제는 다양했다. "시청각 자료들의 보급을 통한 교육의 변화"에 대한 앙드레 말로의 최근 생각에서부터 인도차이나에 이르는 주제였다. "1933년 이래로 나는 이렇게 말하고, 쓰고, 강변했다. 식민지 제국은 유럽 전쟁보다 오래 계속되지 못할 거라고 말이다. (……) 어떻게 인도차이나를 간수할 것인가를 내게 묻는다면, 나는 아무런 대책도 제시하지 않겠다. 왜냐하면 우리는 인도차이나를 간수하지 못할 것이기 때문이다. 우리가 구원할 수 있는 모든 것은 일종의 문화 제국, 가치의 영역일 뿐이다. (……) 그리고 우리 자신에 대한 혁명을 해야 할 필요가 있다. 이것은 불가피하고도 정당한 일이다. (……) 지금 살아 있는 많은 프랑스인들은 곧 남아 있지 않게 될 것이지만, 프랑스는 여전히 남게 될 것이다. (……) 유럽 제국들이 반(反)제국주의를 선언한 두 강대국의 승리보다 더 오래 지속될지에 대해 나는 회의가 든다. (……) 인도차이나를 우방 지역으로 삼으려면 호찌민[胡志明]을 도와야 한다. 어려운 일이겠지만, 영국이 네루를 도왔던 것보다 더 어렵지는 않을 것이다." 토의는 정보 수집 방법과 선전에 대한 것으로 이어졌다. 이에 대해 앙드레 말로는 이렇게 단언했다. "나폴레옹 이래로 정보 수집 방법은 거의 변하지 않았다. 내 생각으로는 좀 더 정확하고 효율적인 방법이 있다. 여론조사가 그것이다." 앙드레 말로는 갤럽 방식을 대화 상대자들에게 소개했다. 갤럽은 그 당시 프랑스에는 알려지지 않았던 여론조사 기술을 발전시킨 미국 기자이자 통계학자였다. 이어서 앙드레 말로는 드골 장군으로 화제를 옮겼다. "내 생각으로는 우리가 [공산주의자들의] 신화, 그것도 다른 신화가 아니라 행동이라는 신화에 맞대응한다면, 국민들의 힘을 동원할 수 있을 겁니다. 드골 장군의 힘은 그의 행동, 그의 현재 행동에 있습니다."[17]

생 도미니크 가(街)로 돌아간 가스통 팔레브스키는 드골 장군에게 이 만남에 대해 보고를 했다. 드골 장군은 앙드레 말로와의 만남에 대해 회의적이었다. "그는 결코 원하지 않을 걸세."[18] 하지만 이제 샤를 드골과 앙드레 말로의 만남은 "무르익은" 것이었다. 드골 장군의 측근들은 하나의 오해 속에서 나머지 일을 추진했다. 그러니까 그들 두 사람 각자가 만남을 원하는 것은 상대방이라고 생각하게 하면서 말이다. 같은 시기에 프랑수아 모리아크는 자기 아들인 클로드에게 이렇게 털어놓기도 했다. 클로드 모리아크는 1944년 8월 26일 이래로 드골 장군의 특별비서로 일하고 있었다. "앙드레 말로가 최근 알자스로렌 부대의 지휘를 그만 두었고, 동원에서 해제되었다. 그는 이 조치로 당황하는 것 같다. (……) 내 생각으로는 드골 장군의 말 한마디면 그를 충분히 복귀시킬 수 있을 텐데 말야. 이 사실을 드골 장군 측근에게 귀띔해 주면 좋겠는데." 클로드 모리아크는 아버지의 말을 클로드 기에게 전했다. "앙드레 말로는 신호만 기다리고 있습니다."[19] 앙드레 말로의 말을 들었던 레옹 블룸은 전도가 양양한 계획을 발견했다.

어느 여름 날 저녁, 클로드 기가 다음과 같은 메시지를 가지고 앙드레 말로를 찾았다. "드골 장군이 전하기를, 프랑스의 이름으로 당신이 자기를 도울 수 있는지를 물어봐 달라." 이에 대해 앙드레 말로는 자연스럽게 이렇게 답을 했다. "문제가 없습니다." 비록 그 자신 나중에 다음

17 André Malraux, *Antimémoires, op. cit.*, pp. 86-88.
18 Gaston Palewski, "André Marlaux-De Gaulle", in *op. cit.*, p. 96.
19 Claude Mauriac, *Et comme l'espérance est violente*, Grasset, 1976, p. 158.

과 같은 말을 덧붙였지만 말이다. "난 놀랐다. 그렇다고 아주 많이 놀란 건 아니다. 왜냐하면 내가 국익에 유익할 거라고 생각하고 있었기 때문이다." 몇 개월 후에 앙드레 말로는 다음과 같은 사실을 알아차리게 된다. 드골 장군이 "그를 결코 찾은 적이 없다"는 사실, 그들이 "그가 먼저 감지했을 이상한 음모의 희생자들이라는 사실", "사람들이 나에게 그의 것으로 가정된 메시지를 전했을 때, 나의 메시지 역시 그에게 전했다는 사실이 그것이다. 물론 나의 메시지가 덜 꾸며진 것은 아니었지만……"[20]

"우선 과거를……" 1945년 7월 18일 수요일, 앙드레 말로와 샤를 드골의 첫 만남이 이루어졌다. 화제는 주로 공산주의자들과 현재의 정치 상황에 맞춰졌다. 공산주의자들에 대해 앙드레 말로는 드골 장군에게 주로 다음과 같은 자신의 입장을 강하게 전달했다. "나는 붉은 군대에 의해 행해지고, 소련의 정치 경찰인 게페우(Guépéou)에 의해 지지되고 있는 프랑스 혁명을 믿지 않습니다." 공산주의자들이 이중 플레이를 하고 있던 시기에 드골 장군은 처음에는 말로의 이와 같은 말에 의혹을 보내지만 이내 매료되게 된다. 대화는 계속되었다.[21] 앙드레 말로가 다음과 같이 말했다. "내가 보기에 역사 분야에서 최근 20년 동안 가장 중요한 사건은 민족의 우선권입니다. 이는 민족주의와는 다른 것입니다. 우월성이 아니라 특수성입니다. 마르크스, 빅토르 위고, 미슐레는 유럽 합중국을 믿었습니다. 미슐레는 이렇게 썼습니다. '프랑스는 한 명의 개인이다.' 이 분야에서 선지자는 마르크스가 아니라 니체입니다.

---

20 André Malraux, *Antimémoires, op. cit.*, p. 89.
21 이어지는 몇 줄은 앙드레 말로가 『반(反)회고록(*Antimémoires*)』 91쪽에서 97쪽까지 직접 기술하고 있는, 그 자신과 드골 장군과의 대화를 부분적으로 그대로 재수록한 것이다.

'20세기는 민족들 간의 전쟁의 시기가 될 것이다'라고 말한 니체 말입니다." 또한 앙드레 말로는 러시아에서의 공산주의에 대해 자기 생각을 이렇게 정확히 밝히고 있다. "러시아의 국가(國歌)가 축가로 울려 퍼질 때, 난 거기에 있었습니다. 몇 주 전부터 『프라우다(Pravda)』지에서 처음으로 이런 말을 읽을 수 있었습니다. '우리 소비에트 조국'이라는 말이 그것입니다. 모든 사람이 알아차렸습니다. 나 역시 모든 것은 마치 공산주의가 전 세계에서 러시아의 진리와 영광을 확실하게 만들기 위해 찾아낸 수단이라는 것을 이해했습니다. 성공할지도 모를 원리 또는 범슬라브주의를 말입니다"[22]

정치 상황에 대해 앙드레 말로는 무엇이 레지스탕스 운동의 문제점인지를 설명했다. "내가 보기에 정치는 (……) 국가의 창조와 국가를 위한 행동을 필요로 합니다. 국가가 없다면 모든 정치는 미래에 속하게 되고, 윤리가 될 것입니다. 정당은 여러 목표를 가지고 있습니다. 레지스탕스 운동은 하나의 목표를 가지고 있습니다. 프랑스를 해방시키는 데 기여한다는 목표가 그것입니다. 전체적으로 보면 레지스탕스 대원들은 자유주의적 애국자들입니다. 자유주의는 하나의 정치 현실이 아니라 감정입니다. 그리고 이 감정은 여러 정당에 있을 수 있습니다. 하지만 누가 이 감정을 부추깁니까? MNL 총회에서 나는 레지스탕스 운동의 현재 비극이 바로 그 점에 있다는 것을 알아차렸습니다. MNL 위원회 구성원들은 공산주의에 반대하지 않습니다. 그들 중 50%가 경제이론으로서의 공산주의를 선호합니다. 그들은 공산주의자들에 반대합니다. 더 정확하게

---

**22** 이와 같은 이유로 드골 장군 역시 평생 소련이 아니라 러시아에 대해 관심을 가졌다. 그에게 있어서 민족은 이데올로기에 앞서는 것이었다. 이데올로기는 결국 민족적 지배에 소용되는 하나의 수단에 불과한 것이었다.

말하자면 프랑스 공산주의 안에 있는 소련식 공산주의에 반대합니다." 드골 장군은 프랑스에서 공산주의 혁명이 발생하지 않으리라는 사실을 잘 알고 있었다. "속지 마시오. 프랑스는 더 이상 혁명을 원하지 않습니다. 혁명의 시간은 과거의 것입니다. 연내에 프랑스의 모든 에너지 자원과 은행이 국영화될 것입니다. 좌파를 위해서가 아니라 프랑스를 위해서입니다. 우파는 국가를 지원하는 일에 서두르지 않습니다. 좌파는 너무 급합니다."

드골 장군은 지식인에 대한 얘기로 대화를 마쳤다. "지식인들은 어디에 있지요?" 앙드레 말로가 이에 대해 대답을 했다. "레지스탕스 운동을 통해 역사적 낭만주의에 도달한 지식인들이 있습니다. 그리고 이 시기에는 그들의 수가 아주 많습니다. 레지스탕스 운동을 통해서건, 아니면 혼자서건, 어쨌든 그들이 도달한 혁명적 낭만주의는 정치적 행동과 연극을 혼동하는 것입니다. (……) 18세기 이래로 프랑스에는 '민감한 영혼들'의 학파가 있습니다. 게다가 이 학파에서는 여성 문인들이 지속적인 역할을 맡고 있습니다. (……) 문학 영역에는 민감한 영혼들로 가득 차 있고, 이 민감한 영혼들을 가진 자들은 착한 미개인들과 같습니다. (……) 프랑스 정치는 볼테르에서 빅토르 위고에 이르는 작가들을 기꺼이 내세웠습니다. 그들은 드레퓌스 사건에서 중요한 역할을 수행했습니다. 그들은 인민전선 때 그 역할을 재발견했다고 생각합니다. 벌써 이 인민전선은 필요 이상으로 그들 작가들을 이용했습니다. (……) 하지만 1936년 이래로 행동을 요구했던 이들 지식인들은 과연 무엇을 했습니까? (……) 청원. (……) 현재 그들은 당신의 말을 듣지 않습니다." 분명 앙드레 말로는 아이러니컬했다. 하지만 그는 다음과 같은 사실을 단언했을 뿐이었다. 즉 모든 좌파 인텔리겐치아가 드골 장군에 반대한다, 그리고 자기가 드골 장군 옆에 있으면 자기에게도 반대의 화살이 날아올 것이라는 점이 그것이다. 그리고 이런 반대는 아마 끝까지 지속될 것이다. 중단 없이. 그들 많은 지식인들을 위해 심각하게 혹은 의식적으로 속으면서, 하지만 자신들의 잘못은 결코 인정하지 않으면서 말이다. 앙드레 말로를 좌파의 보증으로 여기는 사람들에게 드골 장군은 이렇게 답을 하고 있다. "어떤 보증입니까? 내가 보증이 필요합니까? 자유프랑스, 프랑스 레지스탕스, 프랑스 국민연합(Rassemblement du Peuple Français, RPF), 내가 지도하는 공화국 수호를 위한 연합에 대해 나는 다음과 같은 사실을 강조합니다. '프랑스는 우파도 좌파도 아니다. 프랑스는 모든 프랑스인들이다.'"[23]

어쨌든 만남은 끝났다. 한 시간이 지났다. 앙드레 말로는 감정을 실어, "진짜 레지스탕스 대원 3분의 2를 잃었습니다……"라고 말했다. 이에 대해 [드골 장군은] 슬프게, "잘 압니다. 나는……"이라고 대답했다. 앙드레 말로는 그때 드골 장군이 다음과 같은 말을 덧붙이고자 했을 것이라고 생각했다. "당신 역시 당신의 사람들을 잃게 될 것이란 걸 난 잘 알고 있소." "다시 찾은 파리에서 뭐가 가장 인상적이던가요?" 그러자 앙드레 말로가 이렇게 대답했다. "거짓이죠……"

---

23 Philippe de Gaulle, *De Gaulle mon père, entretiens avec Michel Tauriac*, Plon, t. I, p. 368.

# 제2장

# 파리의 릴 출신 소년과
# 감수성이 극도로 예민한 소년
## 1890/1901–1914

"진정한 통치의 학교는 교양이다."
—샤를 드골, 『칼날』

"문화는 전승되는 것이 아니라 정복되는 것이다."
—앙드레 말로, 「그리스에 경의를 표하며(Hommage à la Grèce)」, 『추도 연설집(Oraisons funèbres)』

샤를 드골과 앙드레 말로의 어린 시절은 모든 면에서 대조된다.

5형제 중 셋째였던 샤를 앙드레 조제프 마리 드골은 1890년 11월 22일 릴(Lille)에서 태어났다. 그의 집안은 화목했으며, 법복 귀족(法服貴族, noblesse de robe)의 후예였다. 반면, 외아들이었던 조르주 앙드레 말로(Georges-André Malraux)는 1901년 11월 3일에 파리에서 태어났다. "철학, 문화, 전통을 중시하는 남자, (……) 프랑스의 존엄성이라는 감정에 철저했던"1 샤를 드골의 아버지 앙리 드골은 엄격한 가톨릭 신자였으며, 확실한 군주제 예찬자였다. 그는 그랑제콜 준비반을 담당했던 보지라르 가(街)에 있던 무염시태(無染始胎) 학교의 선생이었다. 그는 학생들로부터 실력을 인정받고 존경을 받았다. 특히 조르주 베르나노스, 추기경 제를리에(Pierre-Marie Gerlier), 라트르 드 타시니(Jean de Lattre de Tassigny) 장군과 르클레르크 장군으로부터 그러했다. 그는 자식들에게 문학적, 역사적, 철학적 소양과 어느 정도의 자유정신을 물려주었다. 그는 주위 분위기와는 달리 드

---

1   Charles de Gaulle, *Mémoires de guerre* in *Mémoires,* Gallimard, Bibliothèque de la Pléiade, 2000, p. 5.

레퓌스 옹호자이기도 했다. "활기에 차고, 열의가 있었고, 하루에 세 가지 다른 생각을 품었고, 원칙은 거의 가지고 있지 않았으며, 인정이 많았던 사람"[2]이었던 페르낭 말로는 파리의 여러 은행과 환전소에서 일자리를 바꾸면서 생계를 유지했다. 그는 앙드레 말로가 네 살 때 이혼을 했다. 그는 아들에게 관심이 깊었지만, 그의 교육과 성장에 거의 관여하지 않았다. "내가 거두었던 몇 순간의 성공에 가장 커다란 기쁨과 자부심을 가졌던 아버지." 앙드레 말로는 외아들로서 아주 보호 성향이 강했던 세 여자들 사이에서 길러졌고, 게다가 억눌렸다. 그의 어머니, 할머니, 이모가 그 장본인들이었다. 반면, 샤를 드골은 아주 엄격한 어머니와 대가족적 분위기에서 성장했다. 드골의 어머니는 "조국에 대해 자신의 종교적 경건성과 맞먹는 확고한 열정을 부여하고 있었다."[3] 또한 그녀는 네 명의 아들이 자기에게 가하는 고통에 불만을 터뜨릴 정도로 군주제를 지지했다. "이 녀석들은 공화주의자들이로군!" 그리고 샤를 드골이 예수회 수도사 학교, 생시르 육군사관학교(Saint-Cyr)를 거쳐 정통 교육 과정을 밟는 동안, 앙드레 말로는 파리 북동쪽 외곽 봉디의 공립학교, 튀르비고 가(街)에 있는 중학교를 마쳤지만, 콩도르세 고등학교에서는 입학을 거절당했다. 그리고 앙드레 말로는 확고하게 이렇게 말하고 있다. "내가 아는 거의 모든 작가들은 자신들의 어린 시절을 좋아한다. 하지만 나는 내 어린 시절을 증오한다."[4]

샤를 드골의 어린 시절은 지도자의 것이었다. 형제들과 납으로 된 장

---

2  Jean Lacouture, *André Malraux, une vie dans le siècle*, Le Seuil, Points Histoire, 1976, pp. 11-12.

3  Charles de Gaulle, *Mémoires de guerre, op. cit.*, p. 5.

4  André Marlaux, *Antimémoires, op. cit.*, p. 6.

난감 병정놀이를 할 때 "샤를은 항상 프랑스의 왕이었다. 그는 항상 프랑스군을 지휘했다. 다르게 산다는 것은 생각해 볼 수 없었다."[5] 열다섯 살 때, 1930년대를 배경으로 한 "독일 원정" 이야기를 쓰면서 드골은 자연스럽게 자기 자신을 프랑스군의 수장인 "드골 장군"으로 묘사하고 있다! 예수회 수도사 학교 친구들에게도 그는 이렇게 도전했다. "우리 학교 학생들은 개성이 부족하다는 비난을 받고 있다. 그렇지 않다는 것을 우리는 증명할 수 있다. 미래는 우리들의 공적으로 가득할 것이다." 지도자가 될 분명한 징후들이 있었던 것이다. "청소년기에 그것이 역사이든 공공생활이든 간에 프랑스에 관계된 모든 것은 그 어떤 것보다 더 내 관심을 끌었다. (……) 세기 초에 전쟁의 발발 전조가 있었다. 내 유년 시절에 나는 겁도 없이 이 전쟁이라는 미지의 모험을 상상하고 반기기도 했다는 것을 고백해야 할 것이다. 요컨대 나는 프랑스가 그 시련을 극복할 것이라는 것, 또한 내 생애의 관심사는 언젠가 이 나라에 뭔가 특별한 봉사를 하는 것, 그리고 그 기회를 가질 것이라는 점을 의심하지 않았다."[6] 그리고 40년이 지난 후에 드골 장군은 클로드 기 대위에게 이렇게 털어놓고 있다. "알겠는가, 기. 난 항상 언젠가 국가의 수반이 될 것이라고 생각했어. 그래, 자연스럽게 그렇게 될 것 같았네!"[7]

어린 샤를 드골의 교육에는 특히 그의 가족의 뿌리에 대한 흔적이 포함되어 있었다. 어머니 쪽으로는 북부에서 여러 세대에 걸쳐 이루어진 산업인의 가족[8]이었다. 아버지 쪽에서는 법복 귀족의 후예인 지식인 가

5  Marie-Agnès Caillaux, *Espoir*, n° 39, juin 1982, p. 66.
6  Charles de Gaulle, *Mémoires de guerre, op. cit.*, p. 6.
7  Claude Guy, *En écoutant de Gaulle*, Grasset, 1996, p. 71.
8  마이요(Maillot) 가족은 플랑드르에서 보방 요새의 축조에 가담했고, 이어 레이스 산업, 종교 의복업에 종사했으며, 나중에는 담배에 관계된 업종에 종사했다.

정이었다(변호사, 법관, 파리와 디종의 시 의회 의원들이 다수 배출되었다). 드골 장군은 이처럼 북쪽의 부르주아 가정에서 성장했다. 그 당시 북쪽의 부르주아 지는 "가난하고, 사회의 변두리에 위치해 있고, 까다로워진 토지 귀족 의 이미지를 가지고 있지도 않았고, 자신들에게만 관심을 갖고, 그 당시 의 문화에 파고들지도 못하는 지방 부르주아지의 이미지도 가지고 있지 않았다."[9] 이와는 반대로 북쪽의 부르주아지는 외부 세계에 개방되고, 사회적, 자유주의적 가톨릭교의 강한 영향을 받은 자들이었다. 스스로 "릴 출신의 파리 소년"[10]이라고 여기고 있던 드골 장군은 항상 다음과 같은 자기 집안에 뿌리를 둔 기본 가치에 충실했다. 감정의 조절, 물질 적인 것에 대한 약간의 경멸, 노력과 노동의 의미와 사회적 의무에 대한 자각 등이 그것이다. "북쪽 사람"을 자처했던 드골 장군에게 있어서 이 것들은 "출생 장소뿐만 아니라 (……) 하나의 윤리, 하나의 교육 방식"[11] 을 보여주는 것이었다.

샤를 드골이 군인이 되고자 결심했던 것은 열다섯 살 무렵, 즉 오랫동 안 작가라는 직업을 껴안기를 주저한 후였다. 그렇다고 해서 그가 작가 라는 직업을 완전히 포기한 것은 아니었다. 그가 군인이 되겠다는 결심 을 하는 데에 그의 가족적인 전통의 영향을 받은 것은 전혀 없었다. 실 제로 비록 그 당시의 분위기가 1870년 보불전쟁(프로이센-프랑스 전쟁)에 패 한 후 독일에 대해 복수를 하자는 분위기였음에도 불구하고 샤를 드골 이 육군사관학교(생시르)를 선택한 것은 그 자신의 야심 때문이었다. 생

9  Paul-Marie de La Gorce, *De Gaulle,* Perrin, 1999, p. 19.

10 Charles de Gaulle, *Mémoires de guerre, op. cit.,* p. 5.

11 Philippe de Gaulle, in *Charles de Gaulle, la jeunesse et la guerre 1890-1920,* Editions Plon-Fondation Charles de Gaulle, 2001, p. 18에서 인용.

시르는 그 당시 프랑스의 명문 학교였다. 프랑스 군대는 그 당시 절정의 명성을 구가하고 있었다. "내가 군에 입대했을 때 프랑스군은 세계에서 가장 우수한 군대였다."[12] 열여덟 살 되던 해인 1909년 9월 30일, 샤를 드골은 생시르의 입학시험에 합격했다. 그는 빠르게 동료 생도들 사이에서 두각을 나타냈다. "총사령관[13]의 자질을 풍기는 젊은이를 하사로 임명했는데 뭐 어쨌다는 겁니까?" 샤를 드골이 재직했던 군대의 지휘를 맡고 있던 한 대위가 자신의 입장을 정당화하고자 하면서 이렇게 말한 적이 있다. 그때 사람들은 드골이 그 지휘관의 하사로밖에 임명되지 않은 것에 놀랐다고 한다. 생시르를 졸업하면서 샤를 드골은 소위가 되었다. "입교 후 계속 발전을 했고, 수많은 재주와 에너지, 열의, 열광을 가졌고, 지휘와 결정에서 탁월함. 틀림없이 훌륭한 장교가 될 것임." 221명의 생도 중 13등으로 졸업한 샤를 드골은 가장 위엄 있는 군대를 선택할 수 있었다. 하지만 그는 보병을 선택했다. 그는 이렇게 말했다. "보병이 가장 군인답기 때문이었다." 아마도 전쟁이 임박한 것을 느끼면서 그는 최전선에 있게 될 것임을 짐작했을 수도 있다. "내가 죽는다면 그게 전쟁터에서였으면 좋겠다."[14] 샤를 드골은 심지어 그가 교육을 받았던 부대로 가는 것을 선택하기도 했다. 필리프 페탱이라는 대령의 지휘 아래 있던 아라스(Arras)의 보병 제33연대가 그것이다. 필리프 페탱은 그 당시 병사들로부터 존경을 받고 있던 장교였지만, 상관들의 입장에서는 지나치게 독불장군과 같은 태도를 보이고 있었다. 그는 방어보다는 화력을 강조하는 프랑스군의 공식적인 이론과는 반대되는 작전을

---

**12** Charles de Gaulle, *Mémoires de guerre, op. cit.,* p. 6.

**13** 총사령관은 프랑스 군주제 시절 왕의 명령을 받는 군대의 최고 수반이었다.

**14** Charles de Gaulle, *Lettres, notes et carnets, 1905-1918*, Plon, 1980, p. 44.

옹호했을 뿐만 아니라 미사에 참석하는 장교들의 명단을 조사하는 일에 반대하는 입장을 취할 정도로 독불장군 식의 정신을 가진 자로 알려져 있었다. "첫 번째 줄에 있던 나는 뒤를 돌아보는 습관을 가지고 있지 않았다." 그리고 드골 장군은 50년 후에 이렇게 결론을 내리고 있다. "페탱은 나에게 관용과 명령을 내리는 기술이 무언지를 보여주었다."[15]

앙드레 말로의 어린 시절은 독학자의 그것이었다. "나는 나의 청소년 시절을 좋아하지 않는다. 청소년 시절은 사람을 과거로 잡아당기는 일종의 감정이다. 하지만 나는 어린 시절을 가지고 있지 않다."[16] 말로에 대한 전설적인 이야기는 그의 어린 시절부터 시작된다. 앙드레 말로는 어른으로 태어났다…… 하지만 그의 어린 시절에 중요한 두 명의 인물이 있었다. 그의 할아버지와 아버지가 그들이다. 몇 세대를 거쳐 됭케르크에 정착했던 앙드레 말로의 집안은 수공업, 어부, 선주(船主)의 프티부르주아 집안이었다. 할아버지 알퐁스는 앙드레 말로에게 커다란 영향을 주었다. "할아버지는 내가 『왕도(王道, La voie royale)』에서 묘사한 주인공과 가장 닮은 특징을 가지고 있다. 우선 나이 든 바이킹으로서 그가 맞은 죽음이 그러하다. 배보다는 포도주 통 제조 자격증을 더 자랑스러워했던 할아버지는 바다에서 거의 모든 재산을 까먹었으나, 젊은 시절에 경험했던 여러 의식(儀式)을 간직하고자 했다. 자기의 마지막 배의 뱃머리를 전통에 따라 도끼로 두 쪽을 내는 그런 사람이기도 했다."[17]

아주 직선적이었고, 기이하고도 환상적인 이야기를 즐겨했던 알퐁

---

15 Charles de Gaulle, *Mémoires de guerre, op. cit.,* p. 6.

16 Jean Lacouture, *André Malraux, une vie dans le siècle, op. cit.,* p. 12.

17 André Marlaux, *Antimémoires, op. cit.,* p. 13.

스 말로는 아마 이렇게 말하면서 손자에게 가장 커다란 영향을 주었음에 틀림없다. "내겐 네 명의 자식 놈들이 있는데, 그중 작가는 한 놈도 없어! 그놈들 중 한 놈이라도 작가라면 난 이 세상에서 제일 행복한 사람일 거다!"[18] 앙드레 말로가 커다란 존경심을 갖는 또 다른 사람은 바로 그의 아버지 페르낭 말로이다. 집을 자주 비우는 아버지였지만, 그는 제1차 세계대전 중에 특무상사, 소위, 중위로 복무했던 영광에 취해 있던 그런 인물이었다. "나는 아버지를 많이 존경했습니다. 그는 포병 장교였고, 나는 이 사실을 아주 소설적으로 생각했습니다."[19] 여기저기서 돈을 벌었던 자이자 여자들의 꽁무니를 따라다녔던 페르낭은 단지 5년 동안의 결혼 생활 끝에 앙드레 말로의 어머니와 이혼을 하게 된다. 그때 앙드레 말로의 나이는 네 살이었다. 그들 부부 관계는 아주 시끄러웠다. 부모가 말다툼을 할 때 네 살에 불과했던 앙드레 말로는 시골의 경찰을 부르겠다고 그들을 위협한 적도 있었다! 항상 여자들을 따라다녔던 페르낭은 다른 두 명의 아들을 두었다. 앙드레 말로는 그 자신이 보기에 아주 소설적인 삶을 영위했던 아버지의 열정을 좋아했다. "그가 아버지이기에 내가 그를 좋아했을까? 부모의 자식에 대한 사랑은 보편적이다. 하지만 우리 집에서 내리사랑은 거의 드물었다. 하지만 나는 그런 아버지가 있는 것이 행복했고, 자랑이기도 했다. 아버지가 바로 그 사람이었기 때문에."[20] 분명 앙드레 말로는 자기 어머니와 맺었던 관계(혹은 맺지 않았던 관계)로 인해 커다란 영향을 받았다. 그가 그의 어린 시절을 감췄을 뿐만 아니라 거부할 정도로 말이다. 더군다나 그는 자신의 모든 작

---

**18** Pierre Galante, *André Malraux. Quel roman que sa vie*, Plon, 1971, p. 22.

**19** *Id., ibid.*, p. 24.

**20** André Marlaux, *Les noyers de l'Altenbourg*, in *Œuvres complètes, op. cit.*, t. II, p. 639.

품에서 거의 어머니를 등장시키지 않음으로써 자기 어머니에 대한 기억을 지울 정도였다.

앙드레 말로의 어머니 베르트 말로의 고향은 라미였다. 그녀는 파리로 와 정착한 쥐라 산맥 출신의 빵 장수 아버지와 이탈리아계이자 양재사였던 어머니 사이에서 태어났다. 그녀의 삶은 계속되는 내적 상처의 연속이었다. 열네 살 때 아버지를 여의였고, 앙드레 말로보다 단지 1년 늦게 태어난 아들이 겨우 3개월 만에 죽었고, 말썽 많았던 부부 관계는 이혼으로 막을 내렸다. 어쩌면 앙드레 말로에 대한 그녀의 서툰 행동은 그녀가 항상 간직하고 있던 마음의 상처로 설명된다. "어머니는 아들이 밉다고 계속해서 말했다. 그의 불쑥 튀어나온 귀로 인해 그의 얼굴이 밉상이 될 정도에 불과했는데도 말이다. 부부 관계의 실망에서 유래한 사디즘에서 그랬는지, 아니면 그 당시 교육을 받았다는 생각에 의해서 그랬는지 모르겠다."

부모의 이혼 후, 앙드레 말로는 어머니와 함께 살게 되었다. 그들은 외할머니 아드리엔느(Adrienne)가 운영하는 잡화상으로 들어갔다. 거기에는 그의 이모인 마리도 있었다. 잡화상은 파리 교외 지역인 봉디의 가르가(街) 16번지에 있었다. 앙드레 말로는 "잡화상 아들"이라는 처지 때문에도 역시 괴로워했다. 이와 같은 처지는 그 자신이 생각하는 사회적 조건의 소설적 비전과는 어울리지 않는 것이었다. 그가 그의 어린 시절에 대해 좋지 않게 생각하는 것은 사실이다. 특히 그의 어머니와의 관계를 말이다. "세 명의 여자들로부터 귀여움을 받는다는 것이 그에게 부담으로 작용하는 것은 아니었다. 그의 어머니는 섬세한 사람이었다. 그는 거의 매주 토요일에 파리에서 아버지를 보았고, 종종 어머니와 함께 보기도 했다. (……) 그가 겪었던 가난에 대해서 말하자면, 그건 꾸며 낸 이야기였다. 가르 가(街)의 잡화상은 아주 장사가 잘 되었고, 그는 부족한 것이 없었다."[21] 봉디의 공립학교에서 여섯 살 때 만나 그 뒤로 친한 친구가 된 루이 슈바송의 말이다. 이들 두 사람은 결코 멀어지지 않았다. 루이 슈바송은 앙드레 말로가 죽을 때까지 그의 가장 오래된 친구로 남아 있게 된다. 몇 년 후에 만난 마르셀 브랑댕과 함께 말이다.

이들 세 사람은 함께 도서관에서 많은 시간을 보냈다. 그들은 함께 코메디 프랑세즈에서 『앙드로마크(Andromaque)』(장 밥티스트 라신)를 보기도 했고, 오데옹 극장에서 『그 자신도 어쩔 수 없는 의사(Le Médecin malgré lui)』(몰리에르)를 보기도 했으며, 찰리 채플린의 영화를 보기도 했다. 그들은 언제나 파리를 자유롭게 관찰하고자 했다. 그들은 지식과 발견의 욕구를 해소하기 위해 센 강가에 있는 고서점들에서 책들을 구했고, 그것들을 생제르맹 구역에 있는 중고 서점에 다시 팔기도 했다. 이렇게 교묘하게 번 돈으로 그들은 극장이나 영화관을 찾았다. 앙드레 말로에게 있어서 도서관과 박물관은 성스러운 장소였다. 그는 이 장소들을 각각 "종파"라고 불렀다. "내가 열여덟 살이었을 때, 나는 비싼 책은 구입하지 않았다. 왜냐하면 돈이 충분하지 않기 때문이다. 하지만 읽는 것은 문제가 안 되었다. 난 생트 주느비에브 도서관이나 국립도서관에서 읽었다." 아주 이른 나이에 그는 작가로서의 소명을 느꼈다. "열여섯 살 이전에 나는 작가가 되고자 했다. 하지만 나는 친구들과 더불어 작가란 위대한 화가와 마찬가지로 저주받은 자여야 한다고 생각했다. 말로는 상징주의와 보들레르의 전통에서 굶어 죽을 필요가 있었던 것이다. 내 희망 속에서는 반항의 감정이 명성을 얻어야겠다는 야망보다 훨씬 더

21 Jean Lacouture, *André Malraux, une vie dans le siècle, op. cit.*, pp. 12-13.

컸다."[22]

　샤를 드골은 박식한 가정환경에서 교육을 받는 행운을 누렸다. 이렇게 해서 그는 독서 취향을 갖게 되었다. 어려서부터 그는 고전 작품들을 읽기 시작했다. 세귀르(Ségur) 백작 부인의 작품, 쥘 베른의 작품, 『집 없는 아이』(엑토르 말로), 『로빈슨 크루소』(대니얼 디포), 『모히칸족의 최후』(제임스 페니모어 쿠퍼) 등과 같은 단편들과 장편들을 읽었다. 그의 아버지는 그에게 『새끼 독수리』(에드몽 로스탕), 『시라노 드베르주라크』(에드몽 로스탕) 등을 위시해 많은 작품들을 읽을 것을 권유하면서 그를 이끌었다. 샤를 드골의 교육과 지식은 예수회 수도사 학교에서의 교육으로 윤택해지기도 했다. 이 학교는 그에게 지적, 정신적으로 커다란 영향을 주었다. 이와 마찬가지로 생시르 준비 과정, 그리고 1914~1918년 전쟁 동안에 겪었던 포로 생활 등을 통해 그는 놀랄 만한 교양을 습득할 수 있었다. 이때 얻었던 교양 덕택으로 그는 평생 동안 사색하고 행동하고, 미래를 구상하는 데 도움을 받았을 뿐만 아니라 또한 그리스 비극은 물론이거니와 베를렌의 시를 외우면서 놀랄 만한 기억력을 과시할 수도 있었다. 샤를 드골의 독서는 다양하면서도 광범위했다. 그리스·라틴 역사학자들, 교회의 교부(敎父)들, 코르네유, 라신, 라로슈푸코, 라브뤼예르, 보쉬에, 파스칼, 샤토브리앙, 위고, 발자크. 비니, 라마르틴, 플로베르 등의 저작들을 섭렵했다. 하지만 샤를 드골 자신의 고백에 의하면 특히 다음과 같은 네 명이 그에게 결정적인 영향을 주었다. "사유 면에서 부트루(Emile Boutroux), 프랑스의 정신을 쇄신한 베르그송(Henri Bergson), 은밀한 광채를 지닌 페기

---

22 André Marlaux, *L'Evénement*, août 1967.

(Charles Pierre Péguy), 그리고 바레스(Maurice Barrès)가 그들이다."

그 누구보다도 그 당시 철학 분야를 빛낸 것은 앙리 베르그송 (1859~1941)이었다. "사실 베르그송은 나에게 깊은 영향을 주었다. 왜냐하면 그는 나에게 행동의 철학이 무엇인지를 알게 해주었기 때문이었다. 베르그송은 지성과 분석의 역할을 설명했다. 그는 진리를 탐구하는데 문제를 잘 분석하는 것이 어느 정도까지 필요한 작업인지를 잘 보여주었다. 하지만 지성만으론 행동할 수 없다. 지적인 인간이 자동적으로 행동하는 인간이 될 수는 없다. 본성 역시 아주 중요하다. (⋯⋯) 지성과 본능, 이 두 요소가 함께 필요한 것이다. 베르그송은 행동이 지성과 충동의 결합에서 유래한다는 것을 보여주었다. 평생 동안 나는 이와 같은 결합이 갖는 중요성을 의식했다. 순수 지성은 행동을 낳을 수 없고, 충동만이 홀로 작용하게 되면 광기를 낳을 수 있다. 그것이 정치 분야이든 군사적인 일에 관한 것이든 말이다. (⋯⋯) 위대한 인물들은 지성과 본성을 적절하게 이용한 자들이다. 뇌는 순전히 감정적인 충동에 제동을 건다. 뇌는 충동을 다스린다. 하지만 뇌의 제동에 의해 마비되지 않으려면 충동과 행동 능력이 있어야 한다. 이와 같은 사실을 나로 하여금 기억하게 해준 장본인이 바로 베르그송이었고, 지금까지 나를 이끈 것도 바로 그였다."[23]

에밀 부트루(1845~1921) 역시 1914년 이전에 과학과 종교 사이의 대립을 극복하고자 하는 철학과 과학의 사유에 대해 커다란 영향을 끼쳤다. 샤를 드골은 1916년의 한 수첩에서 "다를 수 있고 또 그렇지 않을 수도

---

**23** Alain Larcan, *Charles de Gaulle, itinéraires intellectuels et spirituels*, Presses universitaires de Nancy, 1993, p. 238에서 인용.

있는 특징"24이라고 정의되었던 우연성의 원칙을 기억하고 있다. 에밀 부트루에 따르면 자연의 각 존재에는 우연성—예견 불가능하고 추론 불가능한 행동의 창조적 원천—에서 기인하는 불확정성이 존재한다. 이와 같은 정신의 작용으로 의지는 각 존재에게 자기 자신의 개성과 운명의 주인이 되는 것을 허용한다. "인간의 소명은 어려운 상황의 주인이 되는 것이다."25

샤를 드골은 샤를 페기의 무조건적 추종자였다. "나는 그가 펴낸 모든 것을 읽었다. 나는 그의 특징, 그의 스타일, 그의 표현 감각—섬광과도 같고 반복되는—을 좋아했다. 그는 결코 잘못 생각하지 않았고, 나는 그와 매우 가깝다고 느꼈다. (……) 그 어떤 작가도 나의 젊은 시절에 페기만큼 영향을 주진 못했다. 그 누구도 내가 하고자 했던 일에 대해 페기만큼 영감을 주지 못했다. 제5공화국의 정신, 당신은 이 정신을 『카이에 드 라 캥젠[Cahiers de la quinzaine, 반월수첩(半月手帖)]』지(誌)에서 찾아볼 수 있을 것이다."26

모리스 바레스의 저작에 대한 독서로부터 샤를 드골은 그의 특징, 스타일, 표현 감각을 얻었을 뿐만 아니라 특히 그의 행동 철학, 하나이자 불가분의 것으로 여겨지는 프랑스의 역사적 계속성이라는 그의 생각, 특히 그의 가톨릭주의와 깊은 내적 숨결로 물들여진 현실적 사회 문제에 대한 해결책으로부터도 큰 영감을 얻기도 했다. "이와 같은 일종의 영혼의 찢김, (……) 절망, 이것들이 바로 항상 나를 바레스에게로 이끈

---

24 Charles de Gaulle, *Lettres, notes et carnets, 1905-1918, op. cit.*, p. 337.

25 Maurice Schumann, in ALain Larcan, *De Gaulle inventaire, la culture, l'esprit, la foi*, Bartillant, 2003, p. 425에서 인용.

26 Alain Larcan, *De Gaulle inventaire, la culture, l'esprit, la foi, op. cit.*, p. 361에서 인용.

요소들이었고, 그가 화려하고 경쾌한 생각으로 무장하고 있는 것이었다. 하지만 나는 이와 같은 요소들의 효과가 사라질 것이라고 생각하지 않았다. 왜냐하면 데카당스와 범속함은 항상 혼동되지 않는 그 무엇이기 때문이었다."[27]

반면, 앙드레 말로의 지적 형성은 자기가 원하는 것을 알고자 하는 "야심에 찬 독학자"[28]의 그것이었다. 그의 첫 독서는 알렉상드르 뒤마의 『조르주』, 『삼총사』, 스코틀랜드 작가 월터 스콧이 쓴 역사소설, 플로베르의 『부바르와 페퀴셰』, 『살람보』, 『성(聖) 앙투안의 유혹』, 그에 따르면 라스티냐크라고 하는 매혹적이고 "전염성 있는" 인물을 고안해 낸 발자크의 작품, 위고의 소설과 극작품, 셰익스피어의 『맥베스』와 『줄리어스 시저』 등이었다. 앙드레 말로는 책을 집어삼키듯 읽었다. 위고, 미슐레, 스탕달, 도스토옙스키, 니체, 루이 메나르, 레미 드 구르몽, 마르셀 슈보브, 바레스, 지드, 모라스, 쉬아레스, 클로델, 발레리, 그리고 독일 표현주의 작가들과의 접촉을 통해 행동을 통한 현대의 허무주의에 대해 응수하고자 하는 그의 욕망의 자양분을 흡수했다. 자기 자신에 대한 집중적인 표현, 풍자적인 기질과 익살스럽거나 환상적인 상상력과 결합된 자신의 남성성, 앙드레 말로는 프랑스의 바로크 작가들에게서 이와 같은 요소들을 재발견하는 것을 좋아했다. 시라노 드베르주라크(Cyrano de Bergerac), 클로드 데스테르노(Claude d'Esternod), 시고뉴( Sigogne) 등이 그들이다. 앙드레 말로는 본능적으로 세계에 의문을 던지는 자들, 아이러니

27 Charles de Gaulle, *Lettres, notes et carnets, 1905-1918, op. cit.*, p. 223.
28 Institut Charles de Gaulle, *De Gaulle et André Malraux, op. cit.*, p. 33.

컬한 명석성(明晳性)으로 세계를 공격한 자들 쪽으로 기울어졌다. 쥘 라포르그, 막스 자코브, 고골, 아나톨 프랑스 등이 그들이다. 앙드레 말로는 또한 폭력과 풍자를 통해 세계를 공격한 자들에게로도 기울어졌으며, 시를 통해 세계를 변화시키거나 초월하려고 한 자들, 예컨대 말라르메, 아폴리네르, 살몽, 상드라르(Blaise Cendrars), 마코를랑(Pierre Mac Orlan), 르베르디, 호프만 등에게로 기울어지기도 했다. 왜냐하면 앙드레 말로는 전통이 우리에게 부과한 현실이 근거 없는 것이라는 점을 깨달았기 때문이고, 따라서 그는 모든 곳에서 기괴한 것, 부조리한 것, 환상적인 것을 추적하는 것을 좋아했기 때문이었다. 플린(Pline)에게서, 비잔틴 역사가들에게서, 환상 동화 작가들, 옛 여행자들, 브뤼스캉뷔(Bruscambille)의 연설, 모든 종류의 사전과 사람들이 별로 참조하지 않는 작품들에서 말이다. 게다가 그 당시 말로는 오래된 여행 이야기, 로티(Pierre Loti)의 작품, 폴 모랑의 작품에 가졌던 관심과 이와 같은 이국적인 분위기와 위험한 모험에 대한 취향을 연결시키기도 했다.[29]

앙드레 말로의 지적 여정에서 중요한 역할을 한 두 명의 주요 인물은 도스토옙스키와 니체이다. 그에게서 있어서 니체는 서구 사상으로의 안내자이다. "그는 가치를 재발명했다."[30] 도스토옙스키 역시 아주 중요한 발견이었다. "우선 그에게는 절대적으로 중요한 문제를 제기하는 힘이 있다."[31] 열여섯 살 이후에 쥘 미슐레(Jules Michelet) 역시 앙드레 말로의 세계로 편입된 주요 저자였다. 미슐레가 가진 역사에 대한 정열 때문이

---

**29** André Vendegans, *La jeunesse littéraire d'André Malraux*, Jean-Jacques Pauvert, 1964, pp. 57-59.

**30** Roger Stéphane, *André Malraux, entretiens et précisions, op. cit.*, p. 15.

**31** *Id., ibid.*, p. 16.

었다. "미슐레는 '프랑스는 하나의 인격이다'라고 말한 첫 번째 사람이었다."[32] 이와 마찬가지로 빅토르 위고 역시 앙드레 말로의 역사 감각에 커다란 영향을 주었다. "역사는 그 자체의 진리를 가지고 있고, 전설도 그 나름의 진리를 가지고 있다. 전설적 진리, 그것은 현실이라는 결과를 가진 발명이다. 역사와 전설은 하나의 동일한 목표를 가지고 있다. 일시적인 인간의 모습에 영원한 인간의 모습을 그리는 것이다." 앙드레 말로에게 지적으로 영향을 준 또 하나의 영역은 동양 사상, 보다 일반적으로는 서양 문명과 다른 문명과의 비교였다. 앙드레 말로는 진정한 문학적 절충주의를 보여주었다고 할 수 있다. 이 절충주의는 알고자 하고, 이해하고자 하는 땅, 알려지지 않은 땅을 탐사하고자 하는 그의 욕망, 그리고 분명 자기 자신을 새롭게 발견하고자 하는 그의 갈증에 커다란 영향을 주었다. 드골 장군을 위시해 앙드레 말로를 알았던 자들은 그의 엄청난 기억력, 그의 풍부하고도 다양한 지식에 경악하곤 했다. 앙드레 말로와의 거의 모든 대화는 그의 독백에 불과했다. 심지어는 드골 장군의 경우에도 마찬가지였다. 앙드레 말로는 풍요로운 정신을 통해 상대방을 수준 높은 대화의 경지로 이끌곤 했다.

샤를 드골과 앙드레 말로, 만일 그들이 그들 각자의 개성을 넘어 역사와 문학에 대한 심오한 지식을 갖지 못했더라면, 그들이 만나서 정립했던 것과 같은 인간관계를 맺지 못했을지도 모를 일이다. "인류의 정신유산에 대한 취향과 감수성을 갖지 않은 뛰어난 책사는 없다. 알렉산더 대왕의 성공에는 항상 아리스토텔레스가 있었다."[33] 앙드레 말로와 샤

---

32 *Id., ibid.*, p. 32.

를 드골의 어린 시절의 유일한 공통점은 책과 역사에 대한 동일한 열정이었다. 후일 그들은 필연적으로 만나게 되었고, 서로를 존중하게 되었다. 왜냐하면 그들의 우정의 시작에 언어, 즉 문학과 역사가 있었기 때문이다.

---

33 Charles de Gaulle, *Vers l'armée de métier*, Berger-Levrault, 1934.

# 제3장

# 군인과 댄디

1914-1920

"20세에 우리들은 우리들의 스승들과 구별되었다. 역사의 현전 때문이었다.
그들에게는 아무런 일도 없었다. 우리들, 우리들은 죽은 자들로부터 시작되었다.
우리들, 우리들은 역사가 전차처럼 지나간 땅의 사람들이다……"*
—앙드레 말로

"당연히 두 개의 다른 시련이었다.
하지만 내가 젊은 시절 보병 장교로서 경험한 것은 총격전의 시련이었다.
끔찍한 궁핍, 진흙에 빠진 상태, 가까이 있었던 죽음을 동반한 총격전이었다.
어쨌든 이와 비슷한 총격전이었다. 이 시련으로 인해 정신이 약화되었다……"
—샤를 드골

* Jean Lacouture, *André Marlaux, une vie dans le siècle, op. cit.,* p. 9에서 인용.

제1차 세계대전 발발 전에 샤를 드골은 생시르(육군사관학교)를 갓 졸업한 젊은 장교였고, 앙드레 말로는 아직 청소년이었다. 1914년 8월 3일, 독일이 프랑스에 전쟁을 선포했다. 20세기가 탄생한 것이다. 샤를 드골과 앙드레 말로는 이 전쟁을 겪게 된다. 한 사람은 비극적인 전선에서, 다른 사람은 태평한 후방에서 겪게 된다. 이 전쟁은 한 사람에게는 끔찍한 참호로 기억될 것이고, 다른 사람에게는 아버지의 여러 일화로 기억될 것이다.

1914년 8월 2일, 23세 된 샤를 드골은 보병 제33연대에 합류하게 된다. 독일군은 벨기에를 침공하면서 공격을 개시했다. 프랑스군은 독일군과 부딪쳤다. 8월 초부터 보병 제33연대는 벨기에 국경 쪽으로 이동하고 있었다. 이 연대는 뫼즈(Meuse)를 방어할 임무를 띠고 있었다. 샤를 드골은 약간은 겁을 먹은 채 전선으로 떠날 채비를 했다. "삶이 좀 더 강렬해 보였고, 사소한 것들도 두드러져 보였다. 모든 것이 정지된 것 같았다……."[1] 8월 15일 이른 아침에 벨기에 뫼즈의 디낭(Dinant)에서 첫 교전이 있었다. 아침 6시였다. "2초 동안 몸이 흥분되었다. 목이 메었다. 그리고 그게 전부였다. 나는 커다란 만족감에 휩싸였다고 해야 할 것이다. 드디어! 그들을 본 것이다!…… (……) [사람들은] 더 신중해지기 시작했고, 농담을 지껄여 댔다. 이 농담은 전쟁 내내 이들 곁을 떠나지 않게된다."[2] 하지만 한순간의 정적이 흐른 후에 철도 건널목 양편에 있는 참호에 매복해 있던 샤를 드골 중위가 이끄는 중대는 적의 일제사격을 받았다. 샤를 드골 중위는 자기 주위에서 병사들이 나뒹굴고, 부상당하고, 죽은 것을 목격했다. "여전히 프랑스 포대의 공격은 없었다. 우리가 겁을 먹은 것은 아니었다. 차라리 분노가 치밀었다. 오! 하느님, 사격 일선에 배치되지 않게 해주소서! 비참한 상황이었다. 병사들은 싸울 수 없는 전쟁의 모든 비참함을 겪었다."[3]

드골의 중대가 반격할 차례였다. 이 중대는 적군이 디낭 다리를 넘어오는 것을 막기 위한 반격의 임무를 띠고 있었다. "'배낭을 메라! 총검 부착!' 부대가 있는 곳으로 가기 위해서는 건널목을 통과해야 했다. 나는 걸어서 가기로 했다. 그리고 실제로 걸어서 건넜다! 그런데 이런! 맙소사! 왜 그렇게 다리가 떨리던지! (……) 나는 외쳤다. '제1소대! 나와 함께 전진! 그리고 나는 앞으로 뛰어나갔다. 이곳을 신속하게 빠져나가는 것이 적에게 공격할 시간을 주지 않고 우리가 성공할 수 있는 유일한 기회라는 생각을 했던 것이다. (……) 그 순간 내가 둘로 쪼개지는 것 같은 인상을 받았다. 자동기계처럼 달려가는 나와 그것을 걱정스럽게 바라보는 또 하나의 나로 말이다. 다리 쪽으로 20여 미터쯤 갔을 때 나는 종아리에 뭔가를 맞은 것처럼 발을 헛디뎠다. 나와 함께 있던 네 명의 병사

1  Charles de Gaulle, *Lettres, notes et carnets, 1905-1918, op. cit.*, p. 80.

2  *Id., ibid.*, p. 85.

3  *Id., ibid.*, pp. 86-87.

들 또한 눈 깜짝할 사이에 넘어졌다. 나는 나뒹굴었고, 드부(Debout) 상사는 내 위로 꼬꾸라졌고, 그 자리에서 즉사했다! 그리고 약 30초 동안 내 주위로 총알이 우박처럼 쏟아지는 끔찍한 소리가 들렸다. 나는 도로에, 흉토(胸土)에, 앞뒤와 옆에서 총알이 박히는 소리를 들었다! 나는 또한 총알이 육중한 소리를 내며 시체에 박히고, 옆에서 나뒹굴고 있는 부상병의 살 속에 박히는 소리를 듣기도 했다. (……) 다리가 완전히 마비되고 굳어버린 나는 내 옆에 있는 병사들, 시체들 혹은 시체와 다름없는 병사들 사이를 빠져나와 계속 쏟아지는 총알 아래에서 길 위를 포복하고 있었다. (……) 포복하고 있는 동안 어떻게 내가 총알에 맞지 않았는지, 이것은 내 평생 풀지 못한 수수께끼로 남아 있다……."[4]

샤를 드골 중위는 기적적으로 오른쪽 비골(腓骨, 종아리뼈)에만 총상을 입었고, 그로 인해 좌골 신경이 마비되는 데 그쳤다. 그는 파리로 이송되어 생-조제프 병원에서 수술을 받았다. 그러고 나서 리옹에 있는 데주네트 병원에서 요양했으며, 코냐크(Cognac)에서 물리치료를 받았다. 1914년 10월, 그는 샹파뉴 전선에서 보병 제33연대에 다시 배치되게 된다. 샹파뉴에서는 몇 주 전부터 마른(Marne) 전투에서 프랑스군이 승리를 거둔 후에 프랑스군과 독일군이 참호 속에서 대치하고 있었다.

1914년에 앙드레 말로는 열세 살이 채 안 되었다. "1914년에 우리 반 친구들은 격전이 치러졌던 마른에 간 적이 있다. 점심 때 빵을 나누어 주었는데, 우리는 그 빵을 겁에 질려 먹는 시늉만 하고 버렸다. 왜냐하면 그곳에서 멀리 떨어지지 않은 곳에서 화장을 한 자들의 재가 바람

---

4 *Id., ibid.,* pp. 87-88.

에 날려 빵에 묻었기 때문이었다."[5] 전선에서 그다지 멀리 떨어지지 않은 곳에서 청소년 앙드레 말로는 수업을 계속 받았다. 그는 친구 루이 슈바송과 함께 봉디에서 초등학교를 마치고 난 다음 튀르비고 가(街)에 있는 중학교—후일 튀르고 국립 고등학교(Lycée Turgot)가 되었다—에 다녔다. 이들은 이 학교에서 마르셀 브랑댕을 만나게 된다. 이들 세 명은 전쟁 동안 파리, 파리에 있는 도서관, 박물관, 극장, 영화관을 발견하게 된다.

1914년 10월, 전선으로 되돌아갔을 때 드골 중위는 군대가 처해 있는 진퇴양난의 상황으로 인해 곧 초조해졌다. 그는 여러 조치를 취하려고 해보았다. 그는 아무것도 하지 말라는 명령을 자신이 받고 있는 데에 화가 났다. "이 참호 속에서 하는 전쟁은 모든 사람들에게 자신들이 이 전쟁에서 약하다는 감정을 과장하는 심각한 단점이 있었다. 내가 적을 그냥 조용하게 방치했다면 차라리 마음이라도 편했을 것이다! 하지만 이건 끔찍했다!"[6] 12월에 드골 중위는 보병 제33연대 연대장으로 새로 부임한 클로드에 의해 그의 부관으로 임명되었다. 1915년 3월에 부임해 온 부도르 연대장 역시 제33연대의 지휘를 맡았을 때 드골 역시 같은 직책을 맡게 되었다. "이 새로운 직책은 내 마음에 들었다. 우선 이 직책의 중요성 때문이었다. 그 다음으로는 이 직책에서 많은 것을 배울 수 있었기 때문이었다. 그도 그럴 것이 중대장의 직책을 맡게 되면 많은 것을 볼 수 있었다. 해서 내가 7중대를 떠나게 되었을 때 아주 힘들었다.

---

5  André Marlaux, *Antimémoires, op. cit.,* p. 197.
6  Charles de Gaulle, *Lettres, notes et carnets, 1905-1918, op. cit.,* p. 130.

내가 이 중대를 참호 속에서만 지휘했을 뿐이지만, 아주 만족스러웠기 때문이었다."[7] 1월 말에 샤를 드골은 훈장을 받게 되고, 2월 10일에는 임시적으로 대위 계급장을 달게 된다.

1915년 초, 프랑스군의 목적은 독일군으로 하여금 움츠러들게끔 하기 위해 전선을 돌파하는 것이었다. 이렇게 해서 보병 제33연대는 샬롱쉬르마른(Châlons-sur-Marne) 지역으로 이주를 하게 된다. 전투는 아르곤 전선에서 벌어졌다. 이 전투는 제1차 세계대전 동안 가장 치열했던 전투 가운데 하나였다. 제33연대의 절반에 해당하는 약 700여 명의 병사들이 전투를 할 수 없는 상태에 있었다. 포탄 파편으로 인해 귀에 가볍게 부상을 입었고, 3월에는 심각한 부상을 입었던 드골 대위는 마침내 후송되고 만다. 상처가 병균에 감염되었고, 그 결과 팔목이 마비되고 심한 열이 있었던 것이다. 그는 6월에 다시 전선으로 복귀했고, 복귀한 부대는 엔(Aisne) 지역에 주둔해 있던 옛 부대였다. 6월과 7월에 아르투아, 샹파뉴 지역에서 공격을 했다. 실질적인 성공을 거두지 못한 채 프랑스군 측에 상당한 인명 손실이 있었다. 그 뒤로 특별한 사건이 없이 몇 주가 지나갔다. 전선에서의 생활은 아주 힘들었고, 전쟁의 끝은 보이지 않았다. "우리들은 완전히 진흙탕에서 구르고 있으며, 또한 환자들의 고통 역시 컸다."[8] "우리는 개구리들처럼 물속에서 지냈다. 거기에서 나오기 위해서는 공중에 매달려 있는 침대 위로 기어서 나와야 했다."[9] 진지전(陣地戰)이 신경전(神經戰)과 함께 이루어졌다. "우리는 방어를 위해 다시 출발했다. 어떤 이들의 말에 의하면 방어가 겨우내 계속될 것이라고

7  *Id., ibid.*, p. 137.
8  *Id., ibid.*, p. 143.
9  *Id., ibid.*, p. 273.

했다. 우리는 진지를 구축하는 작업을 다시 시작했다." 드골 대위는 거기에 적응하는 데 애를 먹었다. 그는 계속해서 행동하고 싶어 했다. 그는 공격 계획, 작전 설명, 사열, 진지 구축 등을 계속했다. "매 작업에서 (……) 몇 대의 소총이 적진의 한 지점을 계속해서 겨누고 있어야 하고, 또 저녁에는 몇 차례에 걸쳐 사격을 할 수 있어야 했다. 병사들은 총을 충분히 사용해 보지도 못했다. 목표물도 없고, 조준도 없는 사격은 아무런 소용도 없지만, 집요하고 빈번하게 이루어지는 사격은 적을 괴롭힌다. 이것이 적에게 사격을 하는 이유가 된다."[10]

드골 대위는 초조하고, 싸우고 싶어 하고, 전투적으로 보였다. 그는 자기 부하들에게 많은 것을 요구했고, 군복을 포함해 그 어떤 것도 소홀히 하는 것을 용납하지 않았다. 그가 두 명의 중위와 함께 전선을 시찰하던 어느 날 포탄이 옆에서 터졌다. 그 자리에 꼿꼿이 서 있던 드골 대위는 땅바닥에 엎드린 두 명의 중위에게 이렇게 외쳤다. "제군들! 겁나나!" 그렇다고 해서 드골 대위가 부하들에게 무관심한 것은 아니었다. 가령 1916년 1월 1일에 그는 10중대 병사들에게 새해 인사를 했다. "나는 이 기회를 통해 다음과 같은 사실을 전하고자 한다. 나는 전쟁으로 인한 어쩔 수 없는 필요성과 군기에 대한 요구로 인해 엄격한 태도를 보일 수밖에 없다는 사실이 그것이다. 그럼에도 불구하고 나는 제군들을 사랑한다."[11] 샤를 드골은 그 당시 참호에서 겪었던 모든 일을 마음 깊은 곳에 평생 간직하게 된다. 그가 보기에 보병 수십만 명의 희생은 아주 부조리하고도 끔찍한 비극이었던 것이다. "살아남은 보병들은 (……)

---

10 *Id., ibid.,* p. 213.
11 *Id., ibid.,* p. 283.

매일 더러운 진흙탕에 새로운 시체들이 쌓이는 그 끔찍한 곳을 슬픔과 비애를 느끼면서 회상한다. 보병들은 아주 멀리서 전화로만 무조건 하달되는 공격 명령을 기억한다. 하지만 명령이 떨어질 때 가소롭거나 혹은 정조준이 안 되었거나 거의 안 된 포격이 준비되고 있을 뿐이었다. 보병들은 가장 훌륭한 장교들과 가장 훌륭한 병사들이 거미줄에 걸린 파리들처럼 탄탄하고도 부서지지 않은 적의 철조망을 향해 아무런 환상 없이 했던 공격을 기억한다. (……) 보병들은 전쟁의 절대 필요한 수단인 보병이 절망의 구렁텅이에 떨어진 비참한 경험을 기억한다. 보병들은 매번 출발점인 참호에서 10미터 정도 떨어진 곳에서 아무런 전과 없이 죽는다는 확신과 지나치게 신경질적이고, 게다가 그 역시 아무런 환상도 가지고 있지 않은 지휘관이 퍼붓는 비겁하다는 비난 사이에 끼어 어쩔 줄 몰라 했던 것을 기억한다. 그런데 이 지휘관은 곧바로 인명 손실이 충분한지 여부를 묻는 것이다. 물론 이것은 많은 병사들이 죽었다면 그것으로 상관들의 비난을 무마시킬 수 있기 때문이었다."[12]

1916년에 들어 첫 몇 주부터 결정적인 전투가 시작되었다. 베르됭 (Verdun) 전투가 그것이다. 독일군의 공격은 1916년 2월 21일에 시작되었다. "적군이 우리를 마지막으로 공격하기로 결정했다. 이번 격렬한 전투에서 적은 초기에 반드시 큰 타격을 입어 후유증이 큰 패배를 당할 것이라는 확신이 들었다. 분명 적은 여기저기서 몇 개의 참호를 탈취할 것이지만, 곧 그것을 다시 잃고 말 것이다. 분명 적은 심한 공격을 해올 것이지만, 주눅 들지 않고 그 공격을 막아내기 위해서는 우리가 가진 정신적, 물질적 모든 힘을 동원해야 할 것이다……"[13] 26일에, 보병 제33연

---

12 *Id., ibid.*, pp. 417-418.

대는 전투에 돌입했다. 이 연대는 두오몽(Douaumont) 마을 서쪽 지역에 주둔해 있는 제110연대를 대치할 예정이었다. 두오몽은 전날 독일군이 기습해서 탈취한 요새의 남쪽에 있는 마을이었다. 28일, 주둔 지역에서 제110연대의 명령 이행 능력을 별로 신뢰하지 않고 있던 제33연대 부도르 연대장은 드골 대위를 파견해서 주위 지역을 정찰하고 자기 연대의 이동을 준비하게끔 했다. 드골 대위는 그 자신 중대를 손수 지휘하기를 희망한 이래 부도르 연대장의 부관직을 수행하고 있지 않았지만, 그래도 이번 임무는 연대장의 특별 지시를 받은 임무였다. 드골 대위는 적군의 경계 초소 너머까지 정찰을 감행했다. 그는 보고서에서 그 지역에 프랑스 전선에 배치된 그 어떤 다른 부대와 연락이 닿지 않는 넓은 땅이 있다는 사실과, 그곳에는 일선에 참호, 교통호(交通壕), 철조망 등이 전혀 설치되지 않았다는 사실, 그리고 마지막으로는 독일군의 공격이 임박했다는 사실을 지적했다. 그때 부도르 연대장은 참모부대에 자기 연대의 불안한 상황과 두오몽 요새에 대한 직접적인 위협을 알렸다. 그럼에도 불구하고 3월 1일에서 2일 저녁 보병 제33연대는 제110연대[14]와 임무 교대를 했다.

부도르 연대장은 이렇게 얘기하고 있다. "아침 6시 30분부터 우리 연대의 모든 주둔 지역에 대해, 3킬로미터 반경에 대해 끔찍한 중화기 공격이 시작되었다. 땅이 계속 울려댔으며, 지금까지 들어보지 못한 굉음이 울렸다." 그때 180명의 병사들 중 드골을 포함해 37명만이 살아남았다. "앞뒤 모두 연락이 불가능했다. 통신은 끊겼고, 모든 연락병은 다

---

**13** Id., ibid., p. 310.
**14** 원문에는 101연대로 되어 있으나, 이는 110연대의 오기(誤記)로 보임—역주.

죽은 목숨이었다. (……) 마지막 연락병이 부상당한 채 돌아와 나에게 이렇게 말했다. '독일군이 20미터 떨어진 곳에 있습니다.' 손에 권총을 들고 우리들은 어떤 희생을 치르고서라도 통로를 지킬 준비를 했다. 제10중대의 왼쪽에 있는 제12중대에 적의 화력이 집중되었다. 바로 그때 아주 장엄한 장면을 목격할 수 있었다. 제10중대가 곧장 앞으로 나아가 마을을 차지하고 있는 수많은 적군 진영으로 돌진해서 총검과 개머리판으로 용감하게 육박전을 치르다 장렬히 전사하는 장면이 그것이다……. 제10중대는 드골 대위의 돌격 명령에 따라 미친 듯이 돌진하면서 사방을 에워싼 적과 싸웠으며, 아까운 목숨을 희생시키면서 장렬하게 쓰러졌던 것이다."[15]

그 와중에서 드골 대위는 총검에 오른쪽 허벅지를 심하게 찔렸다. 옆에서 수류탄이 터졌다. 그는 기절했다. 프랑스 병사들에게 있어서 그는 실종된 것이다. 그러니까 죽은 것이다. 샤를 드골이 죽은 것이다. 후일 레지옹도뇌르 훈장 표창장에는 이렇게 적혀 있다. "그의 중대가 끔찍한 공격을 당해 수많은 병사들이 죽어가고 있는 동안, 독일군이 사방에서 그의 중대를 포위하고 공격하는 동안, 이 중대를 지휘하고 지적, 도덕적으로 고귀한 가치를 가진 자로 명성이 자자했던 드골 대위는 부하들을 이끌고 격렬한 공격과 육박전을 감행했다. 이것은 그의 군인으로서의 명예라는 감정에 들어맞는 유일한 해결책이었다. 그는 그러는 와중에 쓰러졌다. 이 모든 점에서 그는 그 예를 찾아볼 수 없는 장교이다." 필리프 페탱 장군이 서명함.

---

15 부도르 대령의 증언. Jean Lacouture, *De Gaulle: Le rebelle 1890-1944*, Le Seuil, 1990, p. 770에서 인용.

정신이 들었을 때 드골 대위는 자기가 독일군의 포로가 되었다는 것을 알게 되었다. 그가 보기에 프랑스 장교에 대해 이것은 모든 면에서 최악의 상황이었다. "내 삶과 함께 끝나게 될 슬픔, 다시는 맛보지 못할 정도의 쓸쓸한 슬픔이 그 순간 나를 사로잡았다. 행동에 필요한 모든 요소들 중 하나임에도, 현재 우리가 보내고 있는 이 시간에 완전히, 그리고 돌이킬 수 없을 정도로 무용하다는 것, 더군다나 내가 현 상황에서 한 명의 인간으로, 한 명의 군인으로 그렇게 무용하다는 것, 이것은 상상할 수 있는 것 중 가장 잔인한 것이었다!"[16] 하지만 드골 대위는 계속 탈출을 시도했다. 그는 땅굴을 팠다. 독일군 복장으로 갈아입고 신분을 숨기기도 했다. 침대보로 밧줄을 꼬기도 했다. 더러운 빨래 사이에 몸을 숨기기도 했다. 다섯 번의 탈출 시도. 다섯 번의 실패.

드골 대위처럼 반복해서 탈출을 시도한 경우가 유일한 것은 아니었지만, 아주 드문 경우였다. 드골 대위는 그렇게 해서 다른 여러 포로수용소 생활을 경험하게 되었고, 탈출 시도를 자제하며 감옥에서 보내기도 했다. 그는 바이에른 주에 있는 잉골슈타트(Ingolstadt)의 제9요새에 오랫동안 감금되어 있었다. 그곳에는 프랑스, 영국, 러시아 국적의 장교 약 150여 명이 있었다. 과거에 탈출했다가 실패한 자들, 새로이 탈출을 시도했다가 실패한 자들이었다. 일종의 '탈주 클럽'이었다. 포로수용소가 여러 차례 바뀌었음에도, 극단적으로 단조로운 생활 조건과 탈주로 인한 감옥 생활에도 불구하고, 드골 대위는 포로 생활을 하는 동안 그만의 성격과 확신으로 그 자신의 모습을 유지했다. 그는 그 긴 시간을 많은 독서를 통해 견문과 생각의 폭을 넓히는 데 이용했다. 그는 포로가 되

---

16 Charles de Gaulle, *Lettres, notes et carnets, 1905-1918, op. cit.*, p. 411.

어 있는 동료 병사들에게 강연을 하기도 했다. 그는 또한 옷차림이라든가 몸 상태 등을 결코 소홀히 하지 않으면서 인간과 장교로서의 존엄성에 주의를 기울이기도 했다. 많은 사람들이 사는 곳이었지만, 드골 대위는 동료들에게 결코 발가벗은 모습을 드러내지 않았다. 그는 독일군 하급 장교들에게 그의 계급을 계속 상기시키면서 그에 걸맞은 예의를 갖추어 줄 것을 요구하기도 했다. "드골 장군은 그를 에워싸고 있는 자들에 대해 부정할 수 없는 영향력을 행사하곤 했다…… 단순하고 또 종종 친숙한 외모로도 그는 어느 정도 거리를 유지할 줄 알았다. 모든 젊은 대위들은 그들끼리 말을 놓았다. 하지만 그 누구도 드골 대위와 말을 놓은 자는 없었다."[17] 1918년 11월 11일, 마침내 휴전이 조인되었다. 전쟁이 끝난 것이다. 드골 대위는 어머니에게 이렇게 편지를 쓰고 있다. "어머니와 제가 느끼는 커다란 기쁨에, 제겐 이게 사실입니다만, 그 어느 때보다 더 씁쓸한 감정이 섞여 듭니다. 조국에 더 나은 기여를 하지 못했다는 형용할 수 없는 후회도 그렇습니다. 평생 (……) 이 후회의 감정이 저를 떠나지 않을 것 같습니다."[18] 12월 초에 샤를 드골은 도르도뉴에 있는 가족들의 품으로 돌아왔다.

제1차 세계대전이 끝났을 때 모든 사람들은 이 유혈이 낭자했던 전쟁으로부터 커다란 영향을 받았다. 프랑스에서 159만 명이 죽었고, 그중 3분의 1이 18세에서 25세의 젊은 청년들이었다. 400만 명 이상이 부상을 입었고, 그중 3분의 1이 불구가 되었다. 7분의 1에 해당하는 프랑스

**17** Éric Roussel, *Charles de Gaulle*, Gallimard, 2002, p. 30.
**18** Charles de Gaulle, *Lettres, notes et carnets, 1905-1918, op. cit.*, p. 525.

영토가 쑥대밭이 되었다. 드골 대위는 미래의 평화를 위한 휴전 조약에 환상을 품지 않았다. "오래된 유럽의 민족들은 자신들의 지도자들이 합의에 의한 평화라 부르는 평화조약에 조인하게 될 것이다! 하지만 사실상 이 평화조약은 진력나는 평화조약이 될 것이다. 각자는 다음과 같은 사실을 알고 있고 또 느끼고 있다. 이 평화가 충족되지 못한 야망, 그 어느 때보다도 더 강한 증오, 그리고 진정되지 않은 국가적 분노 위에 드리워진 좋지 않은 담요라는 사실을 말이다……"[19] 프랑스와 독일 사이의 조약은 1919년 6월 28일 베르사유 궁전의 유리관에서 체결되었다. 이 장소는 1871년 1월 18일에 보불전쟁에서 승리한 독일이 제국을 선포한 장소이기도 했다. 하지만 베르사유 조약은 체결 때부터 이미 또 다른 세계대전의 싹을 잉태하고 있었다.

대부분의 프랑스 국민들은 제1차 세계대전이 벌어졌던 몇 년을 모른 체하고 지날 수는 없었기 때문에 잊고자 했다. 젊음을 향유하지도 못하고 참호에서 싸우고 돌아온 자들과 너무 어려 군에 입대하지 않아 전쟁 후에 젊음을 맘껏 향유한 자들 사이에는 깊은 고랑이 패어 있었다. 레이몽 라디게(Raymond Radiguet)의 『육체의 악마』나 조제프 케셀(Joseph Kessel)의 『행복 뒤에 오는 것(Le tour du malheur)』 등과 같은 작품은 절망과 환멸과 마찬가지로 모든 세대가 가지고 있던 무사태평의 벽화이기도 하다. 실제로 이와 같은 벽화에는 1934년 2월 6일 사건과 마찬가지로 뮌헨 협정의 불명예와 정신적 패배로 이어지게 될 프랑스 사회에서의 갈등의 모습이 이미 나타나고 있었다. 1914~1918년 전쟁은 드골 대위에게 커다란 영향을 주었다. 1944년에 포로수용소에서 돌아온 그의 조카에게

19 *Id., ibid.*, p. 536.

다음과 같이 털어놓을 정도였다. "당연히 두 개의 다른 시련이었다. 하지만 내가 젊은 시절 보병 장교로서 경험한 것은 총격전의 시련이었다. 끔찍한 궁핍, 흙탕물에 빠진 상태, 가까이 있었던 죽음을 동반한 총격전이었다. 어쨌든 이와 비슷한 총격전이었다. 이 시련으로 인해 정신이 약화되었다……"[20]

한편, 앙드레 말로는 제1차 세계대전을 아버지의 무용담을 통해서 체험했다. 하급 장교로 시작했던 페르낭 말로는 전차부대의 장교로서 전쟁을 마치게 된다. 앙드레 말로는 이런 아버지에 대해 감동어린 추억을 간직하고 있다.

1918년, 앙드레 말로는 학교를 포기했다. 콩도르세 고등학교가 바칼로레아 시험을 치르기 위한 그의 지원을 거부했기 때문이다. 그는 이런 조치에 대해 실제로 모욕당했다는 감정을 가지고 있다. 하지만 그런 건 아무래도 좋았다. 앙드레 말로는 작가가 되는 것을 포기하지도 않았고, 성공하는 것도 포기하지 않았다. "18세에서 20세 사이의 삶이란 가치를 구입하는 일종의 시장과 같다. 돈을 지불하고가 아니라 행동으로 말이다. 그런데 대부분의 사람들은 이 시장에서 아무것도 구입하지 않는다." 몇 개월 전부터 앙드레 말로는 희귀한 책들을 고서점에서 구해 중고 서점에다 되팔곤 했다. 이 분야에서 그는 상당한 요령을 터득했다. 이와 같은 경험에 힘입어 그는 1919년 여름 어느 날 르네 루이 두아용(René-Louis Doyon)의 가게에 모습을 나타내기도 했다. 두아용은 '라 코네

---

20 Institut Charles de Gaulle, *De Gaulle et André Malraux, Actes du colloque, op. cit.*, pp. 43-44에서 인용.

상스(La Connaissance)'라는 명칭이 붙은 희귀본 전문 서점을 얼마 전에 개점했던 참이었다. 앙드레 말로는 그에게 원본의 정기적 보급을 제안했다. "'난 당신이 틀림없이 구입하게 될 모든 희귀본을 공급할 수 있습니다!' 르네 루이 두아용은 그를 브로커로 고용했다. 매일 고서점과 중고 가게를 순회한 후 아침 11시에 앙드레 말로는 마들렌 구역에 있는 르네 루이 두아용의 서점에 들렀다. 앙드레 말로는 '가격을 정하고, 수고비를 요구하고, 떠났다.' 점차 우리들의 관계는 느슨해졌고, 대화도 하게 되었다. 그는 문학에 대한 확고한 견해를 가지고 있었고, 그의 판단에는 모종의 풍자가 없지 않았다. (……) 앙드레 말로는 냉정한 모습과 조신한 옷차림에도 불구하고 심술궂은 장난기나 잔인한 특징을 가지고 있기도 했다. 이와 같은 태도는 매일 그가 드나드는 세계를 넘어서려는 태도와는 대조가 되었다."[21] 1919년 말, 르네 루이 두아용은 오래전부터 생각해 왔던 하나의 계획을 실천에 옮기게 된다. 새로운 잡지의 창간이 그것이다. 이 잡지에는 그의 서점의 이름인 『라 코네상스』라는 제목이 붙게 된다. 앙드레 말로의 도움을 받아 그는 1920년 1월에 창간호를 출간하게 된다. 앙드레 말로는 이 창간호에 「입체파 시의 기원」이라는 그의 첫 번째 글을 실었다. 그 다음 호에서 그는 시인 로랑 타이야드(Laurent Tailhade)에 대한 글을 실었다. 르네 루이 두아용은 또한 출판 일을 시도하기도 했다. 앙드레 말로는 잡지보다 이 일에 더 큰 관심을 가지게 된다. 절판된 책들을 찾기가 힘들었기 때문에 앙드레 말로는 그 책들을 다시 출간하는 일을 생각하기도 했다. 이렇게 해서 그는 르네 루이 두아용

---

21 René-Louis Doyon, "Livrets du Mandarin", in *La Connaissance*, n° 8, septembre 1962, pp. 5-6.

에게 몇 권의 책을 권하기도 했다. 물론 그가 앙드레 말로의 제안을 항상 받아들인 것은 아니었다.

점차 앙드레 말로는 어렸을 때 자랐던 봉디에서 멀어져 갔다. 그는 몽마르트르에 아파트를 얻었고, 친구 루이 슈바송과 함께 묵었다. 그 다음에 앙드레 말로는 뤼테시아 호텔의 위층에 있는 방에 자리를 잡았다가 에투왈 광장에서 가까운 17구에 있는 브뤼넬 가(街)에 있는 독신자용 아파트에서 살기도 했다. 그의 할머니와 아버지가 정기적으로 일정한 금액을 대주었다. 얼마 전부터 앙드레 말로는 그 당시 꽤 알려졌던 시인이자 파리의 밤 세계를 잘 알고 있었던 조르주 가보리를 알게 되었다. 그들은 아주 가까운 사이가 되었다. 앙드레 말로는 파리 생활을 알게 되었고, 진짜 댄디로서 이 생활을 영위했다. 말로는 비단으로 된 두 겹의 망토를 입고, 가죽 장갑을 끼었으며, 웃옷 단추 구멍에는 장미를 꽂기도 했다. 그는 훌륭한 식당은 물론 수상쩍은 장소도 출입했다. "우리들은 젊었다. 앙드레 말로와 나는 진짜나 가짜 퇴폐 문화에 유혹되었었다. 벌거벗은 채 춤을 추는 바맨(barman)을 보고 예술적 환영을 느꼈다! 손님들 앞에서 우리는 지귀지귀(zigouigoui, 페니스), 파스 라세(Passe-Lacet, 송곳바늘), 마농(Manon) 등과 같은 이름을 듣기도 했다⋯⋯"[22] 드골 대위라면 분명 공유하지 않았을 그러한 예술적 비전이었다!⋯⋯ 1919년 11월, 조르주 가보리 덕분에 앙드레 말로는 처음으로 막스 자코브를 만나게 되었다. 그는 몽마르트르에 있는 자기 아파트에서 가죽장갑을 끼고, 손잡이 끈이 달린 지팡이를 들고, 넥타이에 진주를 달고서 자기 자신을 막스

---

22 Georges Gabory, *Apollinaire, Max Jacob, Gide, Malraux et Cie*, Jean-Michel Place, 1988, p. 70.

자코브에게 소개했다. 앙드레 말로는 폴 엘뤼아르와 앙드레 브르통에게 편지를 쓰기도 했고, 프랑수아 모리아크, 시인 앙드레 살몽과도 만나곤 했다. 또한 그는 그리스의 화가 데메트리오스 갈라니스(Démétrios Galanis, 1880~1966)와 작가 마르셀 아를랑과 우정을 맺기도 했다. "자유에 대한 동일한 정열, 반항에 대한 억누를 수 없는 감각, 그리고 (……) 끝까지 가 보고자 하는 의지. 각자 운명의 길에서 자기 나름의 방식으로, 자기만의 독자적인 방식으로 이와 같은 것들을 가지고 있었다."[23] 1920년 4월, 앙 드레 말로는 두루오 드 시몽 크라(Drouot de Simon Kra)를 알게 된다. 이 사 람은 자기 아들 뤼시앵과 함께 희귀 도서 출판과 영업을 막 시작했던 참 이었다. 앙드레 말로는 이들 부자에게 화가들의 삽화가 곁들인 책의 출 간을 제안했다. 보통 100부 한정부를 찍는 것이 관례였으나, 이 관례를 깨고 1,000부를 찍는다는 조건을 달았다. 이렇게 한 것은 제1차 세계대 전이 끝나고 난 직후 상당히 높았던 인플레이션과 그로 인한 프랑화(貨) 의 평가절하에 맞서 책 애호가들을 안전한 가치에 대한 투자로 끌어들 이기 위한 것이었다. 이 생각에 매료된 크라 부자는 앙드레 말로를 채용 하고, 그에게 사지테르 출판사의 예술 경영을 맡겼다. 두아용과 이별한 후 앙드레 말로는 사지테르 출판사에서 로랑 타이야드, 보들레르, 조르 주 가보리, 막스 자코브, 알프레드 자리(Alfred Jarry) 등의 텍스트들을 출 간하게 된다. 이 텍스트들에는 모두 데메트리오스 갈라니스나 앙드레 드랭(Andrè Derain) 등과 같은 화가들의 삽화가 들어 있었다. 앙드레 말로 는 또한 특히 사드의 것과 같은 야한 책들을 많은 삽화를 넣어 은밀히 출간하기도 했다.

---

23 Marcel Arland, *Ce fut ainsi*, Gallimard, 1979, p. 26.

샤를 드골에 대해 말하자면, 그는 포로 생활 후 몇 개월이 지난 이래로 아주 씁쓸한 기분으로 지내면서 계속 잃어버린 시간을 만회하려는 생각만을 하게 된다. "군인다운 삶"을 되찾기 위해 그는 포로 생활에서 되돌아온 후 3개월 동안 생 멕상(Saint-Maixent)에서 중대장 대상의 지휘관 숙련 교육을 받게 된다. 그는 또한 재정비 중이던 폴란드군의 예비 지휘관들을 훈련시키기 위해 폴란드 지역에 배속시켜 줄 것을 자원하기도 했다. 그 시기에 폴란드는 계속해서 분쟁 중이었던 볼셰비키화(化) 된 러시아에 맞서 자국의 존재감을 확고하게 보여주려고 노력하고 있었다. 폴란드는 우크라이나, 벨라루스(Biélorussie. 백러시아. 벨로루시), 리투아니아 쪽에 있는 영토를 복속시키기 위해 전력을 다하고 있었다. 평화조약을 위한 논의는 지지부진하고 있었다. 동맹국들은 서두르는 것 같지 않았다. 이런 상황에서 프랑스는 폴란드를 돕겠다고 나섰다. 폴 프로스페르 앙리스(Paul Prosper Henrys) 장군이 이른바 "조직과 훈련"이라는 임무를 띤 프랑스군의 총지휘관으로 폴란드에 파견되었다. 1919년 4월 17일, 드골 대위는 마들린(Maddlin)에 주둔한 폴란드군의 보병 제124연대로 파견되었다. 7월에 그는 바르샤바에서 20킬로미터 떨어진 람베르토우(Rambertow)에 있는 보병학교 교관으로 임명되었다. 그는 빠르게 진급하여 교무주임 교관이 되었다가 1920년 여름까지 고급장교 과정 담당 교관이 되었다. 그는 1920년 5월에 휴가를 얻어 파리로 돌아왔다. 그는 폴란드 파견 이후의 일을 알아보려고 노력했다. 하지만 흥미 있는 제안이 없었다. 그래서 그는 다시 폴란드로 떠났다.

그동안에 상황이 바뀌었다. 드골 대위는 한창 전쟁 중인 폴란드에 도착한 것이었다. 유제프 클레멘스 피우수트스키(Józef Klemens Piłsudski) 장군이 이끄는 폴란드는 운명을 달리하기로 결정을 내렸던 것이다. 폴란드는 우크라이나의 민족지도자인 시몬 페틀리우라의 도움을 받아 우크라이나를 침략했다. 5월 17일에 폴란드군이 키예프를 장악했다. 하지만 러시아가 곧장 개입했다. 2개월 후에 러시아의 붉은 군대는 폴란드군을 바르샤바에서 60킬로미터까지 후퇴하게 했다. 심각한 상황이었다. 7월 21일에 프랑스 정부는 막심 베이강(Maxime Weygand) 장군을 외교 임무 차 현지에 급파했다. 비공식적으로 피우수트스키 장군을 돕기 위한 것이었다. 8월 중순에 피우수트스키 장군은 반격을 가했다. 비스튈(Vistule) 전투가 그것이다. 드골 대위는 폴란드군 진영에서 작전참모를 맡고 베르나르(Berbard) 장군을 보좌하며 전투부대의 배치에 관여했다. 마침내 러시아군이 프러시아 동쪽으로 퇴각했다. 10월 12일, 평화조약이 리가(Riga)에서 체결되었다. 드골 대위는 몇 개월 동안 프랑스군의 새로운 사령관이 된 앙리 알베르 니셀(Henri Albert Niessel) 장군의 비서실장으로 임명되었다. 상관들은 드골 대위의 폴란드 파견을 아주 높이 평가했다. "균등한 여러 자질을 한데 모아놓은 장래가 촉망되는 장교. 위험 앞에서 단호하고 힘차고 냉정한 성격, 뛰어난 교양, 높은 사기를 가졌다는 평을 받고 있는 뛰어난 장교.", "완벽한 장교. 아주 드문 지성, 날카로운 정신, 뛰어난 동화력을 갖춘 노력파인 그는 모든 직책에 어울린다. (……) 겸손하고, 완벽한 교육을 받은 드골 대위는 장래가 촉망된다고 할 수 있다. 그는 자기에게 유리한 모든 것을 가졌으며, 불리한 것은 하나도 없다."**24**

제1차 세계대전 직후 태평한 댄디의 모습과, 전선과 포로 생활을 겪

---

**24** 베르나르 장군의 증언. Jean Lacouture, *De Gaulle: Le rebelle 1890-1944, op. cit.*, p. 106에서 인용.

고 돌아온 군인의 모습이 완전히 대조되는 것은 사실이었다. 한 사람은 자기 아버지의 무공 이야기를 통해 이 전쟁을 겪었고, 또 한 사람은 죽은 자들과 참호의 끔찍함 속에서 이 전쟁을 겪었다. 하지만 앙드레 말로와 샤를 드골은 역사와 영웅주의 곁을 스쳐 지나쳤다는 느낌을 받았다. 드골 대위는 포로로 잡혔으며, 앙드레 말로는 너무 젊었던 것이다. 이들 두 사람은 영광에 목이 말랐다. 하지만 이들의 야망의 원천은 아주 달랐다. 앙드레 말로의 운명은 보통 인간에게서와 마찬가지로 복수라는 감정 위에서 펼쳐지게 될 것이다. 반면, 드골 대위의 운명은 자존심, 그것도 자기가 예외적인 존재라는 자존심 위에 펼쳐지게 될 것이다.

# 제4장

# 장교와 모험가

1920-1930

"당신이 세계를 변화시키는 것 이상으로
세계는 당신을 변화시킨다."
―앙드레 말로, 『서양의 유혹(*La tentation de l'Occident*)』

"운명의 영역에서,
인간이 답변서보다는 질문을 통해
더 큰 가치를 가질 수 있다."
―앙드레 말로

1920년대에 서로 아주 다른 앙드레 말로와 샤를 드골은 만개하게 된다. 앙드레 말로는 실패했던 성공했던 간에 그 자신이 저지른 사건의 리듬을 따라 살아가는 모험가였다. 그는 다양한 경험을 책으로 변형시키게 된다. 그는 많은 친구를 사귀게 되는 대신 기복이 심한 부부 생활을 영위하게 된다. 샤를 드골은 군에서 경력에 따라 생활하는 장교 신분이었다. 그는 벌써 군의 위계질서에 대해 자신의 존재감을 드러낸 상황이었다. 진정한 지성으로서 그는 자신의 직업에 대해 의문을 가졌으며, 세계에 대해 견자(見者)로서의 시각을 가지고 있었다. 그는 고독했지만 가족들과는 화목하게 지내게 된다. 앙드레 말로는 규칙을 위반했지만, 샤를 드골은 그것을 지켰다. 앙드레 말로는 잘 닦인 길 밖을 갔지만, 샤를 드골은 주어진 길을 따라갔다. 요컨대 장교와 모험가의 삶은 1920년대까지도 모든 면에서 대조적이었다.

1920~1922년은 앙드레 말로의 삶에서 아주 중요한 시기였다. 이 시기는 그의 문학계로의 입성과 개화, 특히 수많은 만남과 여러 사람들과의 우정에 의해 특징지어진다. 1920년 4월, 막스 자코브 덕분에 앙드레

말로는 플로랑 펠스(Florent Fels)를 알게 된다. 펠스는 그해 2월에 새로운 잡지 『악시옹(Action)』을 창간하여 발행해 왔다. 좌파 잡지이자 약간 무정부주의적 색채가 가미되었던 이 잡지에는 시, 단편, 에세이, 시평 등이 주로 실렸다. 막스 자코브, 앙드레 살몽, 블레즈 상드라르, 루이 아라공, 앙드레 쉬아레스, 장 콕토, 레이몽 라디게, 폴 엘뤼아르, 트리스탕 차라, 앙토냉 아르토, 막심 고리키 등이 이 잡지에 기고했다. 또한 앙드레 드랭, 조르주 브라크, 후안 그리스, 파블로 피카소, 모리스 드 블라맹크, 앙리 루소, 라울 뒤피 등과 같은 화가들의 그림이나 복제품 등 역시 『악시옹』지의 상당한 분량을 차지하고 있었다. 앙드레 말로는 종종 이 잡지사에 들렀고, 그렇게 해서 그는 이 잡지와 관련이 있는 문학계, 예술계 인사들과 접촉을 할 수 있게 되었다. 그가 그 당시 정치에 대해 별다른 관심을 가지지 않은 것은 이와 같은 분위기 때문이었다. 앙드레 말로는 『악시옹』지에 몇 편의 글을 썼는데, 그 첫 번째 글은 로트레아몽(Lautréamont)에 대한 것이었다. 4월에 간행된 3호에 발표한 「말도로르의 노래의 기원」이라는 제목의 글이었다. 이 시기에도 그는 여전히 많은 책을 읽었고, 종종 중고 서점과 화랑을 찾곤 했다. 또한 그는 극장과 박물관을 열심히 돌아다녔으며, 막스 자코브의 집에 자주 드나들었다. 앙드레 말로는 그곳에서 장 콕토, 레이몽 라디게, 장 폴랑, 폴 모랑 등을 만났다. 앙드레 말로는 1920년에 이 잡지를 통해 파스칼 피아(Pascal Pia)를 알기도 했다. 피아와 더불어 그는 지적인 의기투합을 바탕으로 진정한 우정을 맺게 된다. "자유에 대한 동일한 열정, 반항에 대한 동일한 성향."[1]

---

1  Maurice Nadeau, *Pascal Pia*, Les Lettres Nouvelles-Maurice Nadeau, 1981, p. 21에서 인용.

1921년 2월, 막스 자코브는 앙드레 말로를 입체파 화가들과 아주 가까운 화상(畵商)인 다니엘 헨리 칸바일러에게 소개한다. 그의 수집품은 초창기에 그의 독일 국적으로 인해 제1차 세계대전 동안 정부에 의해 압류된 상태였다가 경매를 통해 모두 처분되게 된다. 하지만 완전히 포기하지 않은 다니엘 헨리 칸바일러는 파리에 새로운 화랑을 열기로 마음을 굳혔다. 그는 또한 출판 일도 다시 시작하고자 했다. 곧장 앙드레 말로에게 매료되었다. 그 당시 말로는 뤼시앵 크라(Lucien Kra)와 안 좋은 상태에 있었으며, 따라서 칸바일러의 출판 일을 맡기로 했다. 앙드레 말로는 이 출판사에서 막스 자코브, 라디게, 사티(Satie), 르베르디(Pierre Reverdy) 등의 작품을 100부씩 찍어 냈다. 모든 작품에는 다니엘 헨리 칸바일러가 선택한 후안 그리스, 조르주 브라크, 페르낭 레제 등과 같은 화가들의 삽화가 포함되어 있었다. 앙드레 말로는 4월에 그의 첫 번째 작품을 출간하게 된다. 『종이달(Lunes en Papier)』이 그것이다. 그는 이 작품을 막스 자코브에게 헌정했다. 40년이 지난 후에 앙드레 말로는 이 작품에 대해 직접 다음과 같은 평을 하고 있다. "나는 20세에 『종이달』을 썼다. 카페에서 얻은 영광이었다."[2] 하지만 몇몇 구절에서 벌써 미래의 앙드레 말로의 모습이 보이기도 한다. "세계는, (……) 우리가 그것을 견디어 내는 습관 덕분에만 견딜 수 있을 뿐이다. 우리가 방어하기에 너무 젊은 때 세계는 강요된다."[3]

　　샤를 드골에게 있어서 1920년대는 어쩔 수 없이 군인으로서의 경력을

---

2　André Malraux, *L'Evénement*, août 1967.

3　André Mralaux, *Lunes en papier*, in *Œuvres complètes, op. cit.*, t. I, p. 24.

쌓은 시기이다. 그는 이미 자기의 특징, 특히 종종 반항적인 정신을 드러내 바 있다. 하지만 폴란드에서 돌아온 후에 그에게 중요한 일은 결혼이었다. 실제로 그는 얼마 전부터 결혼 문제를 심각하게 생각하고 있었다. 파리에서 휴가를 보내고 있던 1920년 10월 초, 그는 우연히 여자 친구의 집에서 열렸던 한 연회에서 20세 된 처녀를 만나게 된다. 이본 방드루(Yvonne Vendroux)가 그 주인공이었다. 그녀의 아버지는 그 당시 꽤 알려진 과자 업종에 종사하고 있었다. 그녀의 어머니는 전쟁 동안 칼레(Calais)의 군 병원에서 수간호사로 근무한 바 있었다. 그녀는 그 공으로 훈장을 받기도 했다. 방두루 집안은 200년 전부터 칼레에 정착해 살고 있는 집안이었다. 이 집안은 프랑스 북부의 유복하고 가톨릭을 믿는 부르주아 계급에 속해 있었다. 이들 두 사람의 만남은 잘 진행되었고, 가을 전시회에서 키스 반 동겐(Kees van Dongen)의 그림을 감상하기 위한 새로운 약속이 정해졌다. 이들은 둘이서 차를 마시기도 했다. 당황했던 샤를 드골은 이 젊은 처녀의 옷에다 차를 쏟을 뻔하기도 했다. 며칠 후에 이본은 샤를 드골로부터 생시르 무도회에 초대를 받았다. 이들 두 사람의 연애 초기부터 관심을 가지고 있었던 이본의 오빠 자크 방두르도 이들의 편이었다. 하지만 이본은 아무런 말도 하지 않았다. 방두르 식구들이 물었다. 이본은 오빠에게 이렇게 대답했다. "그이가 먼저 선언해야 할 거예요, 그도 그럴 것이 나보다 키가 40센티미터나 더 큰걸요." 샤를과 이본은 베르사유에서 개최된 무도회에도 참가했고, 오랫동안 대화를 나누었다. 그 다음 날 방두루 씨 내외는 아들에게 전화를 해서 이렇게 전했다. "그쪽에서 호감을 갖는 것 같다." 3일 후에 초조해진 이본은 오빠에게 이렇게 선언해 버렸다. "그이 아니면 안 돼요!" 11월 11일, 샤를과 이본은 약혼을 했다. 크리스마스 때 드골은 예비 장인과 장모에게 이런 내용의 편지를 썼다. "두 분께서 저에게 허락해 주신 보물을 생각하면서, 두 분께 무한한 감사의 말씀을 전해 드립니다……" 1921년 4월 6일과 7일에 샤를과 이본은 칼레에서 민법상과 종교상의 결혼식을 올렸다. 그들은 이탈리아로 신혼여행을 떠났다.

몇 개월 차이로 앙드레 말로 역시 결혼했다. 그는 별로 결혼을 할 생각이 없었다. 하지만 1921년 6월에 결정적인 사람을 만나게 된다. 클라라 골드슈미트(Clara Goldschmidt)가 장본인이었다. 파리의 독일계 유대인 부르주아 계급 출신인 클라라는 『악시옹』지에서 번역가로 활동했다. 이들 두 사람은 플로랑 펠스가 이 잡지를 위해 주관한 저녁 식사 자리에서 만났다. "한 젊은 남자가 연회가 열리고 있는 식탁 주위에 있는 30여 명의 사람들 사이에 앉았다. 몇 년 동안 나에게 다른 어떤 사람보다 중요하게 될 사람이 바로 그였다. 그로 인해 나는 모든 것을 포기하게 될 것이다. 복음서에서 사랑하는 사람들에게 요구하는 것처럼 말이다. 너는 너의 아버지와 어머니를 떠날 것이다. (……) 그는 아주 키가 크고, 눈도 큰 아주 큰 청년이었다. 그의 눈동자는 불쑥 튀어나온 큰 안구 전체를 차지하고 있었다."[4] 이들 두 사람은 며칠 후에 시인 이반 골(Ivan Goll)의 집에서 다시 보게 된다. 한쪽 구석에서 그들은 계속해서 대화를 나누었다. 중세 시대의 시인들, 프랑스의 풍자 작가들, 횔덜린, 노발리스, 니체, 도스토옙스키, 톨스토이, 엘 그레코(El Greco), 이탈리아, 이탈리아 화가들 등에 대해서 말이다. 앙드레 말로는 클라라의 지성에 매료되었다. "나는 당신과 같이 지적인 사람을 딱 한 사람 알고 있습니다. 막스

---

4  Clara Malraux, *Nos vingt ans*, Les cahiers rouges, Grasset, 1996, p. 11.

자코브입니다."[5] 7월 15일, 앙드레 말로는 클라라와 밤을 함께 보냈다. 그 다음 날 그는 그의 아버지에게 클라라와의 결혼을 허락해 줄 것을 부탁했다. 하지만 페르낭 말로는 거절했다! 양쪽 집안 모르게 앙드레 말로와 클라라는 7월 말에 이탈리아 피렌체(Florence)로 함께 여행을 떠났고, 그곳에서 그들은 클라라의 부모님에게 곧 결혼하게 될 것이라는 사실을 전보로 알렸다. 클라라 부모님의 답은 단호했다. "남자 친구 없이 즉각 돌아올 것."[6] 하지만 놀란 그들은 피렌체에 그대로 머물게 된다. 그들은 심지어 베니스로 가서 다니엘리 호텔에 묵기도 했다. 앙드레 말로는 이미 아무것도 거절하지 않았다. 결국 그들은 여행을 계속할 돈이 떨어지자 파리로 돌아올 수밖에 없었다.

그들이 돌아오자 양쪽 집안은 양보를 하게 되고, 10월 21일, 앙드레 말로와 클라라는 파리 16구 구청에서 결혼식을 올리게 된다. 클라라는 결혼식 전에 미리 결혼의 원칙을 정했다. "결혼을 하든 안 하든 우리들은 서로에게 국한될 수는 없다. 물론 6개월 후에 이혼할 수도 있을 것이다."[7] 자신의 결혼을 위해 클라라는 아버지로부터 물려받을 유산의 일부를 받았다. 앙드레 말로는 이 돈을 증권에 투자했다. 약 2년여 동안 클라라와 말로는 클라라 어머니 집의 3층에 신혼집을 차리고서 여행을 하게 된다. 그들은 스트라스부르, 프라하, 비엔나, 독일, 벨기에, 그리스, 튀니지 등을 돌아다녔다. "우리들은 때로는 여기에서, 때로는 저기에서, 또 때로는 파리에서 지냈다. 우리들의 행동은 아주 자유로웠고, 매일 지구상의 한켠을 정복하면서, 육체와 머리로 즐겼다. 또한 우리들

---

5  *Id., ibid.*, p. 15.

6  *Id., ibid.*, p. 37.

7  *Id., ibid.*, p. 38.

은 우리가 했던 여행, 독서, 그리고 박물관, 화랑, 나이트클럽, 러시아 발레 공연—진짜 공연—과, 극장—그다지 많지 않았다—등을 다니면서 얻은 지식을 바탕으로 어디든지 돌아다닐 각오가 되어 있었다. 이를테면 길거리, 궁륭(穹窿), 열주(列柱) 등을 헤집고 다니고, 광장에서 독한 술을 마시고, 박하차를 마시면서 말이다. 또한 실제로는 전혀 부자가 아니지만 우리가 부자라고 생각하기도 하면서 말이다."[8] 이 기간 동안에 시간과 관심의 부족으로 앙드레 말로는 출판 일을 더 이상 하지 않았다.

1921년 2월, 드골은 생시르(육군사관학교)에서 군의 역사 강의 보조교수로 임명되었다. 그에게 주어진 임무는 프랑스 혁명에서 1918년 휴전까지의 프랑스군의 역사를 가르치는 것이었다. "1921년에 생시르에서 우리들은 세 명의 역사 교수를 만났다. (……) 하지만 우리들에게 가장 인상 깊었던 교수는 드골이었다. 그의 강의 하나하나는 이렇게 말하자면 하나의 사건이었다……. 물론 대(大)강의실에 들어올 때 그만이 군화를 신고 옆에 칼을 찬 것은 아니었다. 하지만 이 모든 것이 오직 그에게서만 장엄하고 매혹적이었다. (……) 거구에 등이 약간 구부러지고, 긴 목을 꽉 조이는 빳빳한 깃을 올린 채 그는 두 시간 동안 아무런 메모도 없이 강의를 했다. 그는 우리를 압도했다…… 그가 학생들에게 일으킨 반향이 너무나도 커 얼마 지나지 않아 강의실 첫 줄에 이 학교의 장교들, 고급장교들, 그리고 나중에는 장군들까지 앉아 있는 것을 볼 수 있었다! (……) 말하자면 이것은 모든 연령과 모든 계급에 대해 드골 대위의 대단한 영향력을 보여주는 것이었다……"[9]

---

8  *Id., ibid.*, pp. 72-73.

1922년 5월 2일, 샤를 드골은 프랑스 군사학교(École de Guerre)에 33번째로 입학했다. 프랑스 군사학교에 입교한다는 것은 앞으로 화려한 경력을 보장받는 것이었다. 이 군사학교에 입교한다는 것은 프랑스군의 엘리트라는 것을 의미하는 것이었다. 파리 주둔 용기병 6연대, 부르제 주둔 비행 부대, 그리고 사토리 주둔 제503전차연대에서 정규 연수를 마친 후, 11월 3일에 드골 대위는 군사학교에 입교했다. 곧장 그는 공식적인 이론에 대해 얽매이지 않는 독자적인 자세를 보여주었다. 그의 '일반 전략 전술' 담당 교수였던 무아랑(Moyrand) 대령은 그로 인해 상당히 화가 났다. 그들은 드골 대위의 마지막 학년 마지막 훈련 과정에서 맞붙었다. 그로 인해 그는 평가에서 불이익을 당했다. "영리하고, 교양 있고 진지한 장교이자, 우수하고 만사를 쉽게 처리하는 장교임. 재능이 아주 뛰어나고 다양한 자질을 갖춘 장교임. 불행하게도 지나친 자신감으로 인해 의심의 여지없이 분명한 자질을 망쳤고, 망명 중인 왕처럼 독불장군임." 마지막 학년에 있었던 훈련 중에 드골 대위의 동료 가운데 한 명이었던, 훗날 장군이 되는 쇼뱅(Chauvin)은 그와 함께 이런 내용의 담소를 나누기도 했다. "이보게, 자네에게 한 가지만 말하고자 하네. 내 말을 듣고 자넨 웃을 걸세. 내 느낌으론 자넨 아주 큰 인물이 될 운명인 것 같네." 샤를 드골은 이 말에 대해 아주 진지하게 이렇게 대답했다. "그렇네…… 나 역시 그렇게 생각하네……"[10] 그는 1924년 3월에 그의 첫 번째 저작인 『적의 내분(La discorde chez l'ennemi)』을 출간했는데, 이로 인해 상황이 더 악화되었다. 이 책에서 그는 그 당시 수업에서 받았던 교

---

9   네로(Néro) 장군의 증언. Jean Lacouture, *De Gaulle: Le rebelle 1890-1944, op. cit.*, p. 113
     에서 인용.
10  *Id., ibid.*, p. 122.

육 내용과는 모순되는 그만의 고유한 군사 작전을 제시했던 것이다. "전쟁이 발발하면 몇몇 중요한 원칙을 제외하고는 보편적인 체계라고 하는 것은 없다고 할 수 있다. 단지 다양한 상황과 다양한 사람들만이 존재할 뿐이다."

1924년 10월 31일, 드골 대위는 129명 중 겨우 52등으로 군사학교를 졸업하게 된다. 졸업 점수는 "우수"였다. 이것은 그의 지나치게 자주적이고 독선적인 정신과 약간은 반항적인 성격의 전리품이었다. 그리고 이 점수도 필리프 페탱 원수의 입김이 작용한 결과였다고 한다. 드골 대위의 졸업 등수로는 참모본부의 노른자 자리를 차지하는 것은 불가능했다. 대신 그는 마인츠(Mainz, Mayence)의 참모부 경리국에 배속되어 회계와 취사에 관계된 모든 일을 담당하게 되었다. 음울한 배속이었다. 1925년 3월, 그는 군(軍) 잡지에 「선험적 이론 혹은 상황 이론」이라는 제목의 글을 발표했다. 그는 이 글에서 다시 한 번 프랑스 군사학교에서 받았던 교육을 비판했다. 그는 이 교육에 대해 꽤 못마땅해했다. 다행스럽게도 그를 주시하고 있던 페탱 원수가 그를 자신의 특별참모부 일원으로 임명했다. 드골 대위는 7월 1일부터 거기에서 근무를 하게 된다. 필리프 페탱은 그 당시 베르됭 전투에서 거둔 승리의 후광으로 최고의 영광을 누리고 있었다. 그는 프랑스의 한림원에 들어가기를 바라기도 했다. 그는 자기를 위해 프랑스군의 역사를 기술해 줄 것을 부탁하기 위해 샤를 드골을 임명했던 것이었다. 2년 동안 드골 대위는 이 일과 페탱 원수의 연설문과 편지 작성에 전념하게 된다. 그런데 이 일은 후일 두 사람 사이의 관계가 나빠지는 이유가 된다. 하지만 지금 당장으로서는 페탱 원수는 드골 대위의 불명예를 씻어 주길 바랐다. 실제로 군사학교에서 드골 대위가 받은 대접은 간접적으로 그 자신이 받은 것이기도 했기 때문이었다. 페탱 원수는 그의 옛 협력자이자 군사학교의 새로운 교장으로 취임한 피에르 에링(Pierre Héring) 장군에게 이렇게 털어놓기도 했다. "내가 생각을 하면 할수록 드골의 문제는 법적 실수와 마찬가지로 기묘한 데가 있다는 생각이 듭니다……. 에링, 자네가 학교에 드골이 발언을 할 수 있도록 일련의 강연회를 마련해 주면 어떨까. 그의 졸업 순위는 말이 안 돼요. 내가 직접 그 강연회를 주재할 것이오. 그를 가르쳤던 몇몇 교수들에게 따끔한 맛을 보여주고자 하오. 그들은 이해하게 될 거요…… 드골이 명예를 회복할 권리가 있다는 걸 말이에요. 나 역시 그렇소."[11]

이렇게 해서 1927년 4월 7일, 샤를 드골은 페탱 원수와 에링 장군의 뒤를 이어 웅장한 계단식 대강의실인 "루이 대강의실(amphi-Louis)"에 서게 되었다. 이 강의실에서는 대가들만 강의를 할 수 있었다. 이 학교의 두 기 차수의 장교들이 집합했고, 전체 교수진이 참석했다. 일개 대위인 드골은 세 차례 강연을 했다. 〈전쟁과 지도자〉, 〈기개에 대하여〉, 〈위엄에 대하여〉가 그것이었고, 이를 한데 모아 놓은 것이 바로 『칼날』이다. 이 세 번의 강연을 계기로 군 서열상 그보다 위인 상당수 장교들이 그에 대해 가진 불만이 더욱 굳어졌다.

세계의 여러 곳을 돌아다닌 후인 1923년 여름, 클라라와 앙드레 말로의 재정 형편은 좋지 않은 상태였다. 특히 멕시코 증권시장에 대한 투자는 재앙이었다. 하지만 앙드레 말로는 당황하지 않았고, 걱정하는 클라라에게 이렇게 응수하기도 했다. "어쨌든 당신은 내가 일을 할 거라

---

11 Éric Roussel, *Charles de Gaulle, op. cit.*, p. 41.

고 생각하진 않는 거죠."[12] 말로의 나이 21세였다. 일을 하는 것과는 반대로 앙드레 말로는 고고학적 탐사를 제안했다. "우리는 캄보디아에 있는 조그마한 사원으로 갈 거요. 거기서 불상 몇 점을 발굴해서 미국에다 팔면 2, 3년은 조용히 지낼 수 있을 거요."[13] 기발하면서도 말로다운 발상이었다. 그 당시 그는 기메(Emile Guimet) 박물관을 정기적으로 드나들었다. 이국 문명에 대해 열정적이었던 그는 거기에서 특히 크메르(캄보디아) 예술 작품들을 눈여겨보았던 것이다. 이 방면에 대해 다양한 독서를 하던 중에 그는 1919년 크메르 예술 전문가인 앙리 파르망티에(Henri Parmentier)가 쓴 글을 읽게 되었다. 이 글은 프랑스 국립 극동 연구원인 원동박고원(遠東博古院, EFEO)에서 발행하는 『원동박고원 기관지[Bulletin de l'École française d'Extrême-Orient(BEFEO)]』에 실렸다. 앙리 파르망티에는 이 글에서 반테아이 스레이(Banteay Srei)의 작은 사원을 언급하고 있다. 1914년에 발굴된 이 사원은 아주 드물게 아름다운 사원이지만, 불행하게도 폐허 상태에 있다는 것이었다. 또한 앙드레 말로는 『고고학지(Revue archéologique)』에 실린 「잘못 보관된 보물들」이라는 글을 읽고 자기 행동을 정당화시켜 주는 구실을 찾게 된다. 하버드 대학의 포그(Fogg) 박물관이 최근에 획득한 아주 아름다운 크메르 예술에 속하는 부처의 머리 부분에 대해 이 글은 이렇게 쓰고 있었다. "다양한 크메르 조각품들과 앙코르 폐허 지대에 이르는 어려움으로 인해 나쁜 의도가 아니라면 몇몇 물품의 반출이 허용될 수도 있다. 물론 이런 반출이 많아져서는 안 될 것이다."[14]

---

12 Clara Malraux, *Nos vingt ans, op. cit.*, p. 88.
13 *Id., ibid.,* p. 88.
14 A. Vandegans, *La jeunesse littéraire d'André Malraux, op. cit.*, p. 221에서 인용.

앙드레 말로는 필요한 절차를 밟아 모험에 뛰어들었다. 그는 심지어 알베르 사로 식민지장관에 의해 발부된 공적 임무 수행 명령과 여러 통의 추천서를 얻기도 했다. 막스 자코브는 다니엘 헨리 칸바일러에게 편지를 써서 이렇게 이죽거리고 있다. "앙드레 말로에게 임무가…… 마침내 그는 동양으로 가는 길을 찾았어요. 그는 동양학자가 될 겁니다. 클로델(Paul Claudel)처럼. 그러고는 콜레주 드 프랑스(Collège de France)에서 강의를 할 거예요. 그는 강의를 하게끔 태어났어요."

10월 13일, 손잡이가 달린 작은 톱, 헤드램프, 오지용 옷차림을 하고서 앙드레 말로와 클라라는 마르세유에서 '앙코르'호에 올랐다. 11월 중순, 그들은 하노이에 도착했다. 그들은 거기에서 총독부 직원들과 EFEO(원동박고원, 극동학원) 관계자들을 만났다. 이 학교의 임시 학교장은 의심쩍어 하면서 앙드레 말로에게 발굴된 모든 예술품은 현장에 있어야 한다는 점을 상기시켰다. 앙드레 말로와 클라라는 12월 초에 다시 출발해서 사이공에 도착했다. 이곳에서는 그들의 친구인 루이 슈바송이 대기하고 있었다. 그들은 함께 곧장 프놈펜으로 갔다. 그곳에서 앙드레 말로는 루이 슈바송을 호텔에서 다시 만나는 척하는 연극을 했다. 왁자지껄한 목소리를 위시해 모두 말로다운 희극이었다. 그들은 함께 배로 메콩 강을 거슬러 올라가 시엠레아프(시엠립, Siem Reap)로 출발했다. 도착하자마자 그들은 그 지역 당국자의 의심을 샀다. "말로 씨의 과거 행적에 대한 정보를 토대로 그의 진정한 의도에 대해 약간의 의문이 들기 시작했다…… 그가 엄격하게 학문적인 활동만 하도록 할 것."[15]

탐사가 이루어지는 내내 앙드레 말로, 클라라, 루이 슈바송은 지역 당

---

15 Olivier Todd, *André Marlaux, une vie*, Gallimard, 2001, p. 68.

국으로부터 계속 감시의 대상이 되었다. 현지에서 앙드레 말로는 모든 것을 할 수 있는 사람을 한 명 고용했다. 경미한 도박죄로 집행유예 상태에 있던 안남 출신 젊은 사람 응우엔 반 싸(Nguyen Van Xa)였다. 앙드레 말로는 또한 도구들도 구입했다. 밧줄, 가위, 도끼, 삽 등이었다. 간단한 고고학 탐사치곤 너무 많은 도구였다. 요컨대 아주 신중하게 준비를 했던 것이다. 12월 중순에 탐사 팀은 숲으로 진입했다. 싸(Xa)가 길을 열었고, 앙드레 말로, 클라라, 루이 슈바송이 말을 타고 갔으며, 그 뒤로 물소가 끄는 네 대의 수레가 뒤따랐다. 기이한 행렬이었다. 이틀 동안의 행군 끝에 그 유명한 사원 주위에 도착한 그들 일행은 몇 시간 동안을 찾아야 했다. 그로 인해 클라라는 사원의 존재를 의심하기도 했다. 마침내 이웃 마을에 사는 한 노인의 도움으로 그들은 사원을 찾아내는 데 성공했다. "안쪽으로는 부분적으로 무너져 내렸고, 그럼에도 불구하고 여전히 그 모습을 보존하고 있는, 양쪽의 벽이 버티고 있는 장밋빛으로 장식되고 도금된 숲 속의 화려한 트리아농 궁전[Trianon: 베르사유 궁의 정원에 만들어진 루이 15세의 이궁(離宮)] 같은 사원이 보였다. 이 사원에 낀 이끼는 마치 장식처럼 보였다. 그 장엄한 모습에 숨이 막히면서 우리는 처음으로 이 사원의 그런 상태를 보았다. 경이였다. 사원은 지금까지 우리가 보았던 다른 모든 사원들보다 더 아름다웠고, 깨끗하게 닦이고 빛나는 다른 모든 앙코르 보물보다 그 폐허 상태에서 더 감동적으로 보였다."[16]

앙드레 말로와 루이 슈바송은 3일 동안 상의를 벗어 던진 채 톱질하고, 뜯어 헤친 다음, 마침내 이 반테아이 스레이의 사원에서 일곱 군데 유물을 뜯어냈다. 불상들과 저부조(底浮彫) 조각품들이었다. 클라라는 망

---

16 Clara Malraux, *Nos vingt ans, op. cit.*, p. 112.

을 보았다. 함께 갔던 싸(Xa)와 노인은 이 사원의 나쁜 정령을 무서워하면서 멀리 떨어져 있었다. 갈 때와 마찬가지로 믿을 수 없는 상태로 800킬로그램의 돌을 가지고 되돌아온 그들 일행은 메콩 강 유역의 시엠레아프 항에서 화물선에 돌 상자를 실었다. 사이공으로 보낼 예정이었다. 하지만 1923년 12월 24일, 그들이 프놈펜에 도착하자마자 수색 및 압수와 체포 조치가 취해졌다. 이런 상황이 벌어지지 않았다면 오히려 그것이 이상했을 정도였다. 그도 그럴 것이 그들은 아주 심한 감시를 받고 있었으며, 그것도 아주 교묘하게 감시받고 있었기 때문이었다. 그들은 지정된 장소에서 지내야 했고, 그들에 대한 수사가 진행되었다. 클라라에 대해서는 1924년 6월 말에 기소가 취소되었다. 하지만 앙드레 말로와 루이 슈바송은 기소되었다. 7월 21일, 앙드레 말로는 3년 형을, 루이는 18개월 형을 언도받았다. 그들은 곧장 사이공의 상급법원에 항소했다. 앙드레 말로는 클라라를 안심시키면서 힘을 내고 있었다. "절망할 필요 없소. 나는 가브리엘레 단눈치오[17]가 될 거요."[18]

7월 초, 클라라는 기소가 취소된 후 프랑스로 돌아왔다. 그녀는 앙드레 말로와 루이 슈바송을 구원하기 위한 지지 캠페인을 벌이기로 마음먹었다. 8월 9일, 르네 루이 두아용이 앙드레 말로를 옹호하기 위한 첫 번째 글을 썼다. 「앙드레 말로를 위한 변명」이었다. 클라라는 또한 앙드레·시몬 브르통 내외와 마르셀 아를랑의 도움을 받았다. 그들은 지지 서한을 공개했으며, 프랑수아 모리아크와 장 폴랑 역시 지지 서한을

---

**17** 가브리엘레 단눈치오(Gabriele D'Announzio, 1863~1938): 이탈리아의 시인·소설가·극작가로, 1910년 빚 때문에 프랑스로 도피하게 된다. 앙드레 말로는 여기에서 단눈치오처럼 도피를 하겠다는 의지를 밝힌 것으로 보인다—역주.

**18** Clara Malraux, *Le bruit de nos pas,* t. I, Grasset, 1992, p. 323.

썼다. 클라라 말로와 마르셀 아를랑이 작성한 청원서가 「앙드레 말로를 위하여」라는 제목 하에 『레 누벨 리테레르(*Les Nouvelles littéraires*)』지에 실렸다. "앙드레 말로에게 가해진 유죄로 인해 가슴이 아픈, 아래 서명인들은 우리나라의 정신적 유산을 늘리는 데 기여한 자들에게 모든 면에서 정의가 제대로 작동할 것이라는 믿음을 가지고 있다. 우리 서명인들은 청소년기와 이미 집필된 작품들로 미루어보아 아주 큰 희망을 걸 수 있는 피청원인이 실제로 가지고 있는 문학적 가치와 지성에 대해 보증을 하는 바이다. 우리 서명인들은 피청원인 앙드레 말로로 하여금 모든 사람들이 그에게 기대할 수 있는 바를 실천에 옮기는 것을 방해할 수도 있을 법 적용의 결과를 심히 개탄하는 바이다."[19] 서명. 에드몽 잘루, 앙드레 지드, 프랑수아 모리아크, 피에르 마코를랑, 장 폴랑, 앙드레 모루아(André Maurois), 자크 리비에르, 막스 자코브, 프랑수아 르 그리(François Le Grix), 모리스 마르탱 뒤 가르, 샤를 뒤 보스(Charles Du Bos), 가스통 갈리마르, 레몽 갈리마르, 필리프 수포(Philippe Soupault), 플로랑 펠스, 루이 아라공, 피에르 드 라뉘스(Pierre de Lanux), 기 드 푸르탈레스, 파스칼 피아, 앙드레 아를레르(André Harlaire), 앙드레 데송(André Desson), 앙드레 브르통, 마르셀 아를랑. 앙드레 말로를 위해 얼마나 많은 사람들이 서명을 했는가! 아직 알려지지도 않고, 아직 본격적인 작가도 아닌 그를 위해서 말이다!…… 10월 28일에 있었던 항소심에서 형량은 관대한 편이었다. 앙드레 말로에게는 집행유예 1년이, 루이 슈바송에게는 8개월의 집행유예가 선고되었다. 11월 말에 앙드레 말로는 파리로 돌아왔다. 루

**19** Walter G. Langlois, *André Malraux. L'aventure indochinoise,* Mercure de France, 1967, p. 46.

이 슈바송은 다음과 같이 결론을 맺고 있다. "내게 있어서 그때가 내 인생에서 가장 멋진 시기였습니다. 우리는 그곳에서 모험다운 모험을 했고, 위험을 무릅썼고, 적들과 부딪쳤습니다. 재판 과정은 무섭다기보다는 부조리했고 엉망이었습니다. 우리들은 가끔 미친 듯이 웃기도 했습니다! 우리가 그처럼 열심히 일했던 적은 결코 없었습니다!"[20] 이듬해에 반테아이 스레이의 사원은 앙리 파르망티에에 의해 발굴되었고, 이어지는 몇 해 동안 복원되었다. 역설적으로 앙드레 말로는 이 사원을 망각과 폐허에서 구해 낸 셈이 되었다.

루이 슈바송과 클라라와 함께 지정된 거처에서 지내야 했던 몇 달 동안에도 앙드레 말로는 시간을 그냥 허비하지 않았다. 1924년 인도차이나 반도에는 1,700만 명의 안남인(安南人)들이 살고 있었으며, 통킹(Tonkin) 보호령, 안남 보호령, 코친차이나(Cochinchina) 식민지로 분할되어 있었다. 몇 십 명의 공무원들의 감독 하에 지내고 있던 안남인들은 제한된 권리를 가지고 있었을 뿐이며, 그것도 거의 존재하지 않는 거나 다를 바 없었다. 불의가 판을 쳤다. 앙드레 말로는 인도차이나 반도에서의 식민지 체제가 부패했다는 사실뿐만 아니라 특히 이 체제가 물질적, 재정적 이익에 눈이 멀고, 점점 외부 세계와 단절되어 마지막 고비를 넘고 있다는 것을 알게 되었다. 앙드레 말로는 거기에서 저항의 필요성을 발견하게 된다.

7월 말, 프랑스로 돌아오는 배에서 클라라는 폴 모냉(Paul Monin)을 만나게 된다. "원주민들의 친구…… 따뜻하고 열광적인 사람"이었다. 리옹 출신 대(大)부르주아의 아들이자 18세에 제1차 세계대전에 참전해서

---

20 Jean Lacouture, *André Maltaux, une vie dans le siècle, op. cit.*, p. 63에서 인용.

여러 차례 부상을 당했고 훈장을 받고 퇴역한 폴 모냉은 1917년에 인도차이나 반도로 출발했다. 그때 그의 집안은 반쯤 몰락한 상태였고 전쟁 동안 아주 낯설게 된 집에 실망해서 떠났던 것이다. 그는 당시 변호사로 활동하고 있었다. 그는 보수적이고 부패한 식민지 사회에 맞서 안남인들의 편을 들었다는 이유로 사이공에서 아주 특별한 위치를 차지하고 있었다. 언제든지 안남인을 변호할 준비가 되어 있었던 그는 종종 변론 비용도 받지 않고 변호를 해주기도 했다. 배 위에서 그는 클라라에게 앙드레 말로를 구원하기 위한 캠페인에 대해 몇 가지 충고를 해주었다. 사이공으로 와서 그는 앙드레 말로를 만났다. 그들은 즉각 어울리게 되었다. 앙드레 말로가 프랑스로 되돌아가기 전에 그들은 많은 시간을 함께 보내게 된다. 폴 모냉은 앙드레 말로에게 안남인들의 해방 운동에 관여하고 있는 많은 인사들을 소개해 주었다. 두 사람은 안남인들의 이익을 위해 행동하기를 원했다. 폴 모냉은 『진실과 사이공 공화국(*Vérité et Saigon républicain*)』이라는 제호의 신문을 발간하기 위해 이미 두 차례에 걸쳐 시도를 한 바 있었다. 불행하게도 인적 자원과 재정이 부족했고, 또한 식민지 당국은 감시의 눈길을 늦추지 않았으며, 방해 공작과 비열한 행위를 일삼았다.

11월 말, 앙드레 말로는 마르세유에 도착하자마자 인도차이나 반도로 다시 떠날 생각을 하고 있었다. 그는 클라라에게 이렇게 선언했다. "당신과 나는 한 달 아니면 6주 후에 사이공으로 다시 떠날 거요. 어쨌든 필요한 자금이 마련되면 말이오. 안남인들은 자유로운 신문을 필요로 하오. 모냉과 내가 이 신문을 운영하게 될 것이오."[21] 1925년 1월 14

---

21  Clara Malraux, *Le bruit de nos pas, op. cit.*, p. 369.

일, 앙드레 말로와 클라라는 다시 출발했다. 출발 전에 앙드레 말로는 자기를 지원해 주었던 사람들에게 감사의 말을 전하기도 했다. 특히 르네 루이 두아용, 마르셀 아를랑, 앙드레 브르통과 그의 부인, 막스 자코브 등이 그들이었다. 하지만 몇 주 동안 말로의 주된 관심사는 그의 새로운 사업을 위해 필요한 자금을 마련하는 것이었다. 그는 아버지로부터 5만 프랑을 얻었다. "너희들이 싱가포르에 도착하게 되면 그곳 은행에서 5만 프랑을 찾을 수 있을 게다. 거기까지 갈 수 있도록 해라. 게다가 이제 너희들은 나로부터는 일절 다른 돈을 기대할 수 없다는 것을 명심해라. 한 번 실패한 것은 용납하지만, 두 번 실패는 도움을 받을 자격이 없다."[22] 앙드레 말로는 또한 아셰트(Hachette) 출판사로부터 몇몇 신문(『르 카나르 앙쉐네』, 『메를르 블랑』, 『르 미루아르 데 스포르』, 『프티 에코 드 라 모드』, 『디 망쉬 일뤼스트레』)에 게재된 그의 글들의 재수록 계약금을 받기도 했다. 또한 그는 파야르(Fayard) 출판사로부터 정평 있는 주간지 『캉디드(Candide)』 지에 실렸던 그의 단편과 글들의 재수록 계약금을 받기도 했다. 마르세유로 떠나기 이틀 전에 앙드레 말로는 마침내 그라세(Grasset) 출판사로부터 앞으로 나올 세 권의 작품에 대한 선인세로 3,000프랑을 받기도 했다. 클라라 쪽에서는 그녀의 어머니에게서 받은 값나가는 모든 물건을 처분했다. 책, 그림, 보석 등…… 그 사이 클라라는 그들의 결혼에도 불구하고 자유롭게 행동할 수 있기를 바랐다. 돌아오는 배에서 그녀는 한 외교관과 사귀었던 것이다. 앙드레 말로가 사이공에서 가져온 대마초를 피우고 정신이 혼미한 상태에서 클라라는 신중하지 못하게 그 사실을 말하고 만 것이다. "나는 한 남자가 침대에 앉아 울고 있는 걸 보

---

22 *Id., ibid.*, p.379.

앉소. (……) 당신은 왜 나에게 그런 짓을 했소? (……) 당신이 내 생명을 구원하지 않았다면, 난 떠났을 거요."[23] 앙드레 말로에게 있어서 이것은 진정한 고통이었다.

사이공에 도착하자마 앙드레 말로, 클라라, 폴 모냉은 신문을 창간하기 위해 그들에게 필요한 모든 기회를 잡으려고 노력했다. 그들은 6명의 협력자들을 모집했다. 신문의 운영은 젊은 혼혈인인 드장 드 라 바티(Dejean de La Batie)가 맡았다. 안남 출신 아버지와 프랑스 외교관 어머니 사이에서 태어난 그는 드물게 자기가 혼혈이라는 사실을 인정했다. 두 명의 젊은 안남 지식인들인 힌(Hin)과 빈(Vinh)도 기자로 고용되었다. 폴 모냉은 장개석에 의해 주도되던 중국 혁명 세력인 국민당이 상당 부분을 차지하고 있는 식민지 지도층에서 자금을 구하고자 노력했다. 1925년 6월, 중국 공동체가 폴 모냉과 앙드레 말로에게 인도차이나 반도에서 모금된 금액을 건넸다. 이때 앙드레 말로는 다음과 같이 열변을 토했다. "우리들은 함께 신문을 만들어 갈 것입니다…… 우리들은 함께 투쟁해 나갈 것입니다. 우리들의 목표가 일치한다고 할 수는 없습니다. 하지만 우리들을 가깝게 만들어 주고, 우리들을 연결시켜 주는 것은 바로 우리들의 공동의 적입니다."[24] 그 당시 클라라는 앙드레 말로의 내부에서 일어나고 있던 커다란 변화에 대해 이렇게 쓰고 있다. "국민당의 축전(祝典) 이후 앙드레는 한 무리의 사람들은 이 무리를 구성하는 개인들의 단순한 합이 아니라, 그것을 초월하는 새로운 요소라는 것을 알아차리게 되었다. 이렇게 해서 앙드레는 한 명씩 고려될 경우 관심의 대상이 되지

23 *Id., ibid.*, p. 373.
24 *Id., ibid.*, p. 447.

못할 수 있는 사람들에게 주어진 이해관계를 정당화시키게 되었다. 쫓겨나듯이 떠났던 이 나라에서 우리들은 복종을 강요당하고 있다. 대체 우리들은 언제부터 이와 같은 복종으로 인해 괴로워했는가? 그것도 그것을 물리치기 위해 사람들을 움직이고, 그들에게 영향을 주고, 그들의 역할을 바꾸고자 원할 정도로 말이다. 그것은 분명 상황을 되돌리는 것이 이제 완전한 부조리한 것은 아니라는 것을 꿈꾸기 시작한 때부터였을 것이다. 주사위는 던져졌고, 우리들은 우리들이 주축이 되는 일에 열광적으로 참여하게 되었다. 매 순간 나는 내 파트너가 행동하는 이상의 사람으로 변해 가는 것을 보았다."[25]

여러 차례 뒤로 미루어진 끝에 『앵도신(*L'Indochine*, 인도차이나)』지의 창간호가 6월 17일에 드디어 발간되었다. 앙드레 말로는 사설에서부터 이 신문을 "구속받지 않는 독립된 신문, 모든 사람들에게 개방된 신문, 논쟁자들에 의해 열심히, 또 중도파들은 적당히 비호되는 은행과 상인들과의 관계가 없는 신문"으로 규정했다. 요컨대 투쟁을 위한 신문이었던 것이다. 이 신문의 사설은 그 당시 식민지 당국의 최고 유력자들이었던 코친차이나의 총독 코냑, 그의 부관 다를르, 농상(農商) 회의소의 임원이었던 라 폼므레이와 라바스트 등에 대해 거의 매일 공격의 화살을 쏟아부었다. 창간호가 발간된 뒤에 코냑 총독은 앙드레 말로를 소환했다. 코냑은 말로를 폴 모냉에게서 떼어 낼 수 있거나 또는 말로를 위협할 수 있을 것이라고 생각했다. 하지만 앙드레 말로는 이 만남 이후 그 어느 때보다 더 격렬하게 활동하게 된다. 그는 그가 쓰는 기사마다 경찰 테러, 정실주의, 부패와 인종 차별에 바탕을 둔 통치제도를 계속 비난했

---

25 *Id., ibid.*, p. 468.

다. 『앵도신(인도차이나)』지는 또한 공중 캠페인을 벌여 큰 성공을 거두기도 했다. 이 신문은 부패한 체제의 스캔들을 폭로하기도 했다. 가령 사이공의 해양 교통을 차지하려고 했거나 혹은 코친차이나 남쪽 끝에 자리 잡은 까마우(Ca Mau) 지역의 농지를 허위로 경매에 붙인 칸 호이(Khahn Hoi) 부동산 회사의 스캔들이 그 좋은 예였다.

앙드레 말로는 또한 이 신문에서 바르데즈(Bardez) 사건을 추적하기도 했다. 이 사건은 쌀 수확에 영향을 끼치는 새로운 세금 징수의 임무를 맡았던 캄보디아의 한 행정가가 한 마을 주민들을 굴복시키기 위해 인질을 석방시키기를 거절했던 사건이었다. 이 사건의 결과로 그 행정가는 마을 주민들에게 린치를 당하게 되었다. 이 사건으로 인해 많은 사람들이 체포되고 재판을 받게 되었다. 약식재판이었다. 법관에 의해서가 아니라 공무원에 의해서 말이다! 게다가 이 마을 주민들의 변호를 받았던 변호사에 대한 살해 위협과 시도가 있기도 했다. 인도차이나 반도에서 시행되고 있던 법의 불평등성과 부조리함을 고발하면서 앙드레 말로는 식민지 사법부의 철저하면서도 빠른 시일 안에 이루어져야 할 개혁을 제안하면서 다음과 같이 비난하고 있다. "다음과 같은 사실을 아무리 반복해도 좋을 것이다. 여러 법규가 식민지에서 적용되기에 앞서 수정되어야 한다는 사실이 그것이다. 가령 다음과 같은 원칙에 의거하고 있는 것 같은 법규에 대해서는 진절머리가 난다. 1) 모든 피고인은 목이 잘릴 것이다. 2) 그는 변호인에 의해 변호될 것이다. 3) 변호인은 목이 잘릴 것이다. 4) 등등⋯⋯"[26] 그렇다고 이런 공격에 맞서 그 지역 당국이 손을 놓고 있었던 것은 아니었다. 코냑 총독은 앙드레 말로와 폴 모

---

[26] André Malraux, *L'Indochine enchaînée*, 1925, n° 13.

냉의 활동을 방해하기 위해 모든 수단을 강구했다. 그는 『앵도신(인도차이나)』지를 발행하는 인쇄소에 대해 모든 공적 인쇄 주문을 중단하겠다고 위협하면서 인쇄소에 압력을 가하는 데 성공했다. 8월 14일, 지령 49호를 끝으로 『앵도신(인도차이나)』지는 발행을 멈추게 되었다. 이 신문의 조판 팀은 신문사 자체가 보유하고 있는 장치들을 가동시켜 맞대응하려고 했다. 하지만 거기에는 인쇄 활자가 없었다. 클라라와 앙드레 말로는 활자를 구입하러 홍콩으로 달려갔다. 그곳에서 운 좋게도 그들은 인쇄소를 현대화하려고 했던 홍콩의 예수회 수도사들이 사용하던 활자를 구하게 된다. 하지만 사이공에 돌아오자마자 그들이 가지고 왔던 활자 상자는 몰수당하게 된다. 절차에 맞는 송장(送狀)이 없다는 이유에서였다! 당국은 그들은 감시하고 있었던 것이다…… 하지만 다행스럽게도 앙드레 말로와 클라라는 활자 상자의 일부분만을 운반했던 것이다. 나머지 활자 상자는 예수회 수도사들을 통해 운반되었다. 그 상자는 아무 문제없이 도착했다. 하지만 그 활자는 프랑스어에 고유한 부호[27]가 없는 활자였다. 그러니까 예수회 수도사들은 영어로 인쇄를 했던 것이다! 하지만 그건 그다지 중요한 문제가 아니었다. 11월부터 앙드레 말로와 폴 모냉은 『앵도신 앙셰네(*L'Indochine enchaînée*, 속박당한 인도차이나)』라는 새로운 제호로 신문을 다시 찍기 시작했다. 물론 다음과 같은 언급이 있었다. "매주 수요일과 토요일에 발행되는 『앵도신(인도차이나)』지의 임시판. 우리들의 것이지만 자신들이 보관하는 것이 필요하다고 판단하고 있는 행정당국이 우리들에게 인쇄소 활자를 돌려주는 것을 기다린다." 새로운 신문

---

27 프랑스어 철자에 붙어 있는 고유한 부호를 말한다. 가령 â, Ç, é, è, ê, ë, ï, œ 등이 그것이다
　─역주.

이 발행된 지 얼마 되지 않아 안남 인쇄공들이 공식 인쇄소에서 훔친 부호가 있는 프랑스어 철자를 가져와 신문 인쇄에 이용할 수 있게 된다.

『앵도신 앙셰네(속박당한 인도차이나)』지는 지령 18호를 발행하게 된다. 코냑 총독을 대신해 급진사회당파인 알렉상드르 바렌이 새로운 총독으로 임명되었다. 곧바로 그는 앙드레 말로와 폴 모냉을 실망시켰다. 실제로 하나도 바뀐 것이 없었다. 그 시기에 앙드레 말로는 순수하게 자코뱅(Jacobin) 전통에서 평등한 입장에서의 동화를 옹호하고 있었다. "프랑스의 법을 모든 이들에게!"와 "하나의 공동체, 일종의 연방제 차원에서의 독립을! 호찌민도 이것보다 더 많은 것을 요구하지 않았다!"[28] 폴 모냉과 더불어 앙드레 말로는 또한 인도차이나인들의 대표단, 그들의 교육과 귀화를 옹호하기도 했다. 『앵도신 앙셰네(속박당한 인도차이나)』지는 1926년 2월에 발행을 중단하게 된다. 재정 부족과 비능률적인 인쇄술, 여러 차례 말라리아 증세를 보인 폴 모냉의 건강 문제(열대 지방의 고열로 인해 그는 그 다음 해에 세상을 떠났다), 그리고 분명 지역 당국의 억압 앞에서의 무기력 등이 주요 원인이었다. 12월 30일, 앙드레 말로는 클라라와 함께 프랑스로 되돌아오게 된다. 돌아오는 몇 주 동안 배 위에서 앙드레 말로는 『서양의 유혹(La tentation de l'Occident)』의 첫 몇 장을 쓰게 된다. 클라라 말로는 이렇게 쓰고 있다. "우리들은 사람들과 사건들을 겪었다. 우리들은 우연히 여러 사건을 야기하기도 했고 또 그 사건들을 쫓기도 했다. 그리고 우리들은 다른 이들의 언어와 완전히 다른 언어를 가지고 있는 유럽인들의 곁으로 돌아왔다…… 내 자신을 맡겼던 그 남자는 마침내 그때까지 자기에게 저항하던 이 세계를 모든 수단을 동원해 지배

---

28 Roger Stéphane, *André Malraux, entretiens et précisions, op. cit.,* p. 36.

하려고 했다. 글쓰기를 통해 자신만의 비전을 부과했던 그 세계를 말이다. (……) 나는 정확히 알 수는 없었지만 다음과 같은 점을 확신하고 있었다. 즉 아주 정확히 날짜까지 생생한 우리들의 인도차이나에서의 경험은 위대한 책으로 이어질 것이고, 그렇게 함으로써 그 경험에 의미를 부여하게 될 것이라는 점을 말이다."[29] 앙드레 말로는 인도차이나인들의 운명을 바꾸지는 못했다. 하지만 그들의 운명은 앙드레 말로의 운명을 크게 바꿔 놓았다.

1926년 1월, 인도차이나에서의 모험에서 돌아온 앙드레 말로는 경제적 안정을 위해 마침내 일을 하기로 마음을 먹었다. 그의 나이 24세였다. 그는 편집 일을 다시 시작했다. 친한 친구였던 루이 슈바송과 함께 그는 '라 스페르(La Sphère)'라고 하는 출판사를 열게 된다. 이 출판사에서 출간된 첫 번째 작품은 폴 모랑의 『오로지 지구만을(Rien que la terre)』이었다. 이 책은 앙드레 말로의 친구였던 화가 데메트리오스 갈라니스의 그림이 삽화로 사용되었다. 이 작품은 홍콩에서 병원에 입원해 있던 폴 모랑과 프랑스로 돌아오기 얼마 전에 "창백하고, 마르고, 쫓기고, 환자보다 더 환자 같은" 그런 몰골을 하고 있던 앙드레 말로 사이의 만남에서 유래한 것이었다. 앙드레 말로가 문학계의 인사들과 맺었던 관계에 힘입어 '라 스페르' 출판사는 다른 두 권의 한정 삽화판을 출간하게 된다. 쿠빈[Otakar(Othon) Coubine]이 삽화를 그린 프랑수아 모리아크의 시집 『소나기(Orages)』와 데메트리오스 갈라니스가 삽화를 그린 상징주의자 알베르 사맹(Albert Victor Samain)의 극작품이었다. 이 출판사는 6개월간 지속되었다. 앙드레 말로는 많은 빚을 지게 되었다. 폴 발레리의 작품 한 권이

---

**29** Clara Malraux, *Les combats et les jeux*, Grasset, 1969, pp. 241-242.

결정타가 되었다. 그는 파산 선고를 해야 했다. 그리고 빚을 갚게 위해 1년 반 동안 노력하게 된다. 하지만 그는 낙담하지 않았으며, '레 잘드(Les Aldes)'[30]라는 새로운 출판사를 열게 된다.

프랑스로 돌아오게 되었을 때 앙드레 말로는 파리 문학계의 인사들과의 관계와 우정을 다시 맺고 찾게 된다. 그는 과감하게 에로틱한 책을 내는 출판인 파스칼 피아, 시인이자 여러 언어를 번역하던 이반 골, 그리고 『라 누벨 르뷔 프랑세즈(La Nouvelle Revue Française(NRF), 신(新) 프랑스 평론』에서 일하던 마르셀 아를랑을 다시 보게 된다. 11월에 파스칼 피아의 주선으로 앙드레 말로는 에디 뒤 페롱을 알게 되고, 그와 돈독한 관계를 맺게 된다. 앙드레 말로는 후일 그에게 『인간의 조건(La condition humaine)』을 헌정할 정도로 "그는 나의 최고의 친구였다"고 말하고 있다. 에디 뒤 페롱에게 있어서 앙드레 말로는 "모든 것이 여러 문명과 철학의 바람에 사방으로 나부끼는 아주 높은 곳에서, 비인간적인 영역에서만 자신의 속내 이야기를 하는 사람이다. 하지만 그는 그런 가운데서도 계속해서 자기 자신을 지켰다. 그는 얼핏 보면 연기를 하는 사람처럼 보이지만 실제로는 자기만의 인물을 창조해 내기 위해 긴장하고 있는 아주 드문 사람들 중 하나였다."[31]

클라라와 앙드레 말로는 또한 레오 라그랑주와 그의 부인인 마들렌과도 알고 지내게 된다. 그들은 아주 사이좋게 지냈다.[32] 인민전선 시대인 1936년 체육여가부 차관으로 일하게 되는 레오 라그랑주는 그 당시 젊

---

**30** 16세기에 베니스에서 알두스 마누티우스(Aldus Manutius, Aldo Manuce)가 세운 인쇄소를 운영했던 아주 유명한 가문을 참고한 것이다. 알두스 마누티우스는 현재 사용되고 있는 이탤릭체와 8절판을 고안한 장본인이다.

**31** Eddy Du Perron, *Pays d'origine*, Gallimard, 1960.

은 변호사로 〈라 콩페랑스(La Conférence)〉[33]의 총무 역할을 맡은 바 있었다. 라그랑주는 1920년 프랑스 사회당인 SFIO(국제노동자동맹 프랑스 지부)의 투르(Tours) 전당대회 이후 SFIO에 가담했다. 그는 SFIO의 기관지 『르 포퓔레르(Le Populaire, 민중)』에서 일하고 있었다.

그 당시 앙드레 말로는 작가가 되는 것을 포기하지 않고 있었다. 그의 친구였던 마르셀 아를랑의 주선으로 그는 『NRF』에 들어가려고 노력했다. 문학계에서 아주 비중이 컸던 이 잡지는 그 당시 가스통 갈리마르에 의해 간행되고, 장 폴랑에 의해 운영되고 있었다. 마르셀 아를랑은 장 폴랑에게 앙드레 말로의 『서양의 유혹』 원고를 넘겼다. 장 폴랑은 이 작품이 베르나르 그라세에 의해 1926년 7월 출간되기 전에 이 잡지에 발췌 원고를 먼저 싣기로 했다. 앙드레 말로는 이 잡지의 그 다음 호에 몇 편의 서평을 게재하면서 협력 관계를 유지했다. 하지만 이 잡지 쪽에서는 앙드레 말로를 그다지 달갑게 여기지 않았다. 그의 작품이 고전적이지 못했고, 그는 소리만 요란했기 때문이었다. 특히 앙드레 브르통과 루이 아라공이 그에게 적대적이었다.

앙드레 말로는 또한 다니엘 알레비(Daniel Halévy)와도 알고 지내게 되었다. 그 당시 파리 문학계에서 영향력 있는 인물이었던 알레비는 1921년에 《레 카이에 베르(Les Cahiers verts) 총서》를 출간하게 된다. 이 총서는 그 당시 프랑스 출판계에서 아주 귀한 수집 대상이 되었다. 알레비의 애초의 목표는 소설이 모든 것을 다 먹어 치우기 전에 정치적·문학적 에세

---

32 라그랑주 부부와 말로 부부 사이의 우정은 아주 돈독해서, 스페인 내란 당시 말로 부부는 라그랑주 부부에게 만약 불행이 닥칠 경우 그들의 딸인 플로랑스(Florence)의 후견인을 맡아 달라고 부탁을 하기도 했다.
33 〈라 콩페랑스〉는 매년 파리의 법정에서 개최되었던 변론인 대회에서 수상한 변호사들의 모임이었다. 이 모임에서 출중하고 유명한 변호사가 많이 배출되었다.

이, 회고록, 기행문, 서간문 등이 출간될 수 있는 기회를 마련해 주는 것이었다. 하지만 베르나르 그라세는 이 총서에 앙드레 말로의 『서양의 유혹』을 출간하는 것을 거절했다. 다니엘 알레비는 불만족스러웠다. 그는 그때 앙드레 샹송(André Chamson)을 제외하고 재주 있는 젊은이들을 더 많이 도와주지 못한 것을 아쉬워하고 있었다. 해서 다니엘 알레비는 1927년 3월에 앙드레 말로와 다른 젊은 "철학자들"에게 《레 카이에 베르 총서》를 통해 제1차 세계대전에 의해 분리된 두 세대 사이의 균열에 대해 생각해 보라는 기회를 제공해 주었다. 「유럽의 젊은이들에 대하여」라는 제목이 붙은 앙드레 말로의 글은 신(神)의 죽음과 이 죽음이 자기 세대에 끼친 영향을 다루고 있는 글이다. 또한 다니엘 알레비는 앙드레 말로를 또 다른 모임에 참석하게끔 했다. 이른바 "늙은 세대"(특히 프랑수아 모리아크, 쥘리앵 방다, 보수적 철학자 가브리엘 마르셀, 시인이자 에세이스트 아벨 보나르, 소설가이자 화가 및 예술 비평가인 자크 에밀 블랑슈)와 "젊은 세대"(특히 앙리 드 몽테를랑, 앙드레 샹송, 장 게에노, 앙리 프티, 루이 기유) 등이 모이는 그 유명한 토요일 집회에 말이다. 이 모임에는 또한 대학에 관련된 자들을 비롯해 문학계에서 영향력이 있는 인사들과 작가들 역시 몰려들었다.

앙드레 말로는 곧바로 이 모임의 중심인물이 되었다. "그는 존재들의 '운명'에 대해 열정적으로 말했다. 종교인들이 신에 대해 말하는 것처럼, 마치 앙드레 말로 자기에게 주어진 운명은 비할 데 없고, 영광과 불행을 동시에 안고 있는 셰익스피어적인 것처럼 말이다. (……) 홀쭉하고, 창백하고, 검은 눈과 가녀린 얼굴을 한, 그리고 숱이 많고 검은색 머리를 가진 (……) 그는 존재들과 사물들을 바라보는 그만의 독특한 방식이 있었다. 맹금류가 먹이에 달려들 듯 그는 중간에 말을 탐욕스럽게 가로채기도 했다…… 그에게는 모든 것이 다 행동이었다. 그의 재빠르고 생략적인 사유, (……) 섬광을 발하는 표현들, 종종 반짝반짝하는 지성적인 표현들, 종종 거친 표현들('나는 바보 명충이들과는 토론하지 않는다') 등이 말이다. 그는 아주 뛰어난 기억력의 소유자였다. 테니스에서 강한 서비스처럼 도저히 대응할 수 없는, 거의 그만이 혼자 알고 있는 내용을 참고했다. 또한 그는 거의 모든 주제에 대해 중요한 책에서 인용할 준비가 되어 있고, 그것도 항상 적절하게 인용할 준비가 되어 있었다. 딱딱 끊어지는 제스처, 거의 병적이라고 할 신경증의 징후, 항상 그리고 곧장 끝을 향해 달려가고자 하는 거의 광적인 욕망. (……) 알레비는 그의 살롱을 장식하고 있는 잡다한 여러 스타들의 무리 속에다 이 검은색 다이아몬드를 박아 놓은 것에 대해 대단히 흡족해했다."[34]

앙드레 말로는 프랑스로 되돌아온 후 여러 해 동안 주로 문명 탐사에 몰두했다. 또한 그것이 그의 주된 힘이기도 했다. 『서양의 유혹』에서는 극동 지방을 여행했던 A.D.라고 불리는 25세의 프랑스인과 처음으로 유럽을 여행한 중국인 링(Ling) 사이의 편지 교환이 소개되고 있다. 이 작품에서 앙드레 말로는 특히 다음과 같은 생각을 전개하고 있다. 즉 니체에 의해 선언된 "신의 죽음"이 신앙에 의해서도 구원될 수 없는 인간의 정신적 죽음에 이르렀다는 생각이 그것이다. "분명 더 고귀한 신앙이 있다. 마을에 있는 모든 십자가들이 보여주는 신앙이 그것이다. 죽은 자들을 지배하고 있는 그 십자가들 말이다. 이 신앙은 그 자체로 사랑이자 평화이다. 하지만 나는 나의 허약함이 나를 위해 호소하는 평화를 요구하기 위해 결코 신앙을 받아들이지 않을 것이다. 죽은 정복자들만이 잠

---

**34** 뤼시 마조릭(Lucie Mazauric)의 증언. Curtis Cate, *André Malraux*, Flammarion, 1994, p. 155 에서 인용.

들어 있고, 그들의 빛나는 슬픔이 점점 더 커져 가는 거대한 공동묘지인 유럽, 너는 내 주위에 황량한 지평선과 고독의 오랜 주인인 절망이 가져다주는 거울만을 남겨 줄 뿐이다."[35] 1926년과 1927년 사이에 행해지고 집필된 여러 대담과 글에서―그중 가장 중요한 것은 「유럽의 젊은 이들에 대하여」이다―앙드레 말로는 아시아 문명과 대조시키면서 유럽 문명을 탐사하고 있다. "각자가 자기 자신에 대해 가지고 있는 의식을 바탕으로 우리는 지금 인간이라는 개념을 정립하도록 강요받고 있다. (……) 지금 우리는 우리 자신의 내부를 감히 들여다볼 필요가 있다. 가장 조악한 개인주의가 활개를 치고 있는 문명의 한복판에서 하나의 새로운 힘이 나타나고 있다. (……) 수많은 메아리가 울려 퍼지고 있는 우리 시대는 아직 허무주의적이고, 파괴적이고, 완전히 부정적인 사유를 고백하고자 하지는 않는다. (……) 이 격렬한 젊음, 그 자신에 맞서 아주 멋지게 무장하고 있는 이 젊음은 대체 어떤 운명에 처해 있는 것일까?" 그리고 특히 앙드레 말로 자신은 스스로 어떤 운명에 처해지길 바라고 있는 것일까? 사유라는 면에서 보면 그는 그 당시에 초현실주의 운동에 합류할 수 있었다. 하지만 앙드레 말로는 자기에게 앙드레 브르통의 권위가 거슬렸다는 사실, 그리고 그 자신이 이미 자기 이외의 다른 사람에게 의지할 수 없다는 사실을 느끼고 있었다. 결국 앙드레 말로가 자기 생애에서 꺼내들게 되는 유일한 카드는 드골 장군이 이끄는 RPF(Rassemblement du Peuple Français, 프랑스 국민연합)라는 카드가 된다. 요컨대 앙드레 말로는 뼛속까지 개인주의자로 남게 된다.

35 André Malraux, *La tentation de l'Occident*, in *Œuvres complètes, op. cit.*, t. I, p. 111.

한편, 샤를 드골은 앙드레 말로와 같은 기상천외한 모험을 감행하고자 하지는 않으면서도 페탱 원수의 비서 일을 그만두기를 원했고, 좀 더 활동적인 일을 하고자 했다. 1927년 9월 25일, 36세가 된 샤를 드골은 페탱 원수의 명령에 따라 엘리트 부대의 지휘관으로 임명된다. 독일의 트리어[Trier, 트레브(Trève)]에 주둔하고 있고, 라인 강 주둔군 예하 부대인 제9여단 소속의 제19전차대대였다. 1928년 필리프 페탱과 샤를 드골 사이에는 약 10년 후에 표면으로 부상하게 될 균열의 조짐이 보이기 시작했다. 1월 초, 샤를 드골은 페탱의 부관인 오데(Audet) 대령으로부터 한 통의 편지를 받았다. 오데 대령은 샤를 드골에게 다음과 같은 사실을 전했다. 즉 샤를 드골이 제쳐 놓았던 프랑스군의 역사에 대한 원고를 정리하는 임무를 페탱 원수가 자기에게 일임했다는 사실이 그것이었다. 이에 샤를 드골은 몹시 화가 나서 이렇게 대답했다. "한 권의 책, 그것은 한 사람의 인격입니다. 그 사람은 지금까지 저였습니다. 만일 누군가 다른 사람이 이 일에 관여하게 된다면, 설사 그자가 몽테스키외여도 양단간에 결정을 내려야 할 것입니다. 그가 다른 책을 쓰든지, 아니면 아무런 개성이 없을, 따라서 아무런 가치도 없을 내 책을 폐기하든지 말입니다." 그리고 샤를 드골은 페탱 원수에게 자기 일을 요구하기 위해 편지를 썼고, 또 다른 누군가가 자기 원고에 손을 대는 것을 절대 거절한다는 내용의 편지를 썼다. 격앙된 저자의 자존심이었다. 자신의 옛 부관의 편지에서 읽을 수 있는 신랄한 어조에도 불구하고 페탱 원수는 이 일의 처리를 뒤로 미루겠다고는 통고를 보냄으로써 사태를 진정시켰다. 하지만 그들 사이의 관계가 조금씩 소원해지기 시작한 것은 사실이었다.

1928년 1월 1일, 안 드골(Anne de Gaulle)이 태어났다. 하지만 '3염색체

성(三染色體性) 21'에 걸린 채로였다. 이 일로 인해 샤를과 이본 드골(Yvonne de Gaulle)의 삶은 완전히 뒤바뀌게 된다. 그들은 약 20여 년 동안 그들의 삶에서 아주 주의 깊게 딸을 돌보는 부모가 된다. 딸에 대해 드골 장군 은 이렇게 말하고 있다. "딸아이의 영혼에 맞는 몸은 따로 있었다." 아 빠가 딸과 함께 찍은 사진이 있다. 이 사진에서 딸은 아주 행복한 표정 을 짓고 있다. 아빠는 딸을 무릎 위에 올려놓고 무한한 사랑을 베풀면 서 계속해서 어르고 있다. 샤를 드골은 특히 전쟁 때 어디에 있던 간에 항상 딸에게 할애할 시간을 내려고 노력했다. 매일 저녁 그는 딸의 손 을 잡고 기도를 했다. "그녀의 탄생은 우리 내외에게는 하나의 시련이 었다. 하지만 이것을 믿어 주었으면 좋겠는데, 그녀는 또한 나의 기쁨이 자 힘이기도 했다. 그녀는 내 삶에서 신이 내려 주신 선물이었다. 그녀 는 내가 항상 인간의 무능력과 함께 겸손이라는 한계 내에서 행동하도 록 도와주었다. 그녀는 내가 신의 지고한 뜻에 복종하면서 지내도록 도 와주었다. 그녀는 우리들의 삶의 의미와 목표를 믿게끔 도와주었고, 마 침내 그녀가 완전한 키와 모든 행복을 되찾게 될 하느님의 집에 대해 믿 게끔 도와주었다."[36]

1927년 말, 앙드레 말로는 폴 데자르댕(Paul Desjardins)과 알게 된다. 폴 데자르댕은 부르고뉴 지방에 있는 퐁티니(Pontigny) 수도원에서 '예술과 사회의 미래'라는 주제로 매년 콜로키엄(colloque)을 개최하고 있었다. 이 곳은 그 당시 프랑스의 문학과 지성의 만개를 맛볼 수 있는 아주 중요한 장소였다. 폴 데자르댕은 1927년 여름에 "50년의 시차를 가진 전후의

---

36 Alain Larcan, *De Gaulle inventaire……, op. cit.*, p. 734에서 인용.

젊은이들: 1878-1928"이라는 주제로 개최된 콜로키엄에 앙드레 말로를 초청했다. 앙드레 말로의 발표는 굉장한 반응을 일으켰으며, 그 결과 그는 이 콜로키엄의 중심에 서게 되었다. 로제 마르탱 뒤 가르는 폴 데자르뎅에게 건넨 쪽지에다 이렇게 쓰고 있다. "앙드레 말로는 (……) 내가 지금까지 만난 사람들 중에서 가장 기이하고 가장 매력적인 사람 중 한 명입니다." 앙드레 말로가 그 다음에 개최된 콜로키엄의 단골 논객이 된 것은 당연한 일이었다.

같은 시기에 앙드레 말로는 또한 갈리마르 출판사에서 피에르 드리외 라 로셸(Pierre Drieu La Rochelle)을 알게 된다. 앙드레 말로는 그와 정치적 견해를 달리했음에도 불구하고 마지막까지 아주 돈독한 우정을 유지하게 된다.[37] 앙드레 말로는 출판업도 계속하게 된다. 그는 장 지로두, 폴 발레리, 폴 모랑, 앙드레 지드, 피에르 로티, 스탕달 등의 작품 10여 권을 출간하기도 했다. 하지만 연말에는 출판 일이 너무 힘겹다고 판단하고, 1928년 1월에는 베르나르 그라세에게 출판사의 영업을 완전히 일임하게 된다.

비록 앙드레 말로가 『종이달』과 『서양의 유혹』이라는 두 권의 작품만을 출간했지만, 그는 벌써 파리 문학계에서 빼놓을 수 없는 인물로 분류되기 시작했다. "전문가들의 입에 오르내리기 시작하는 작가들이 있다. 쥘리앵 그린, 조르주 베르나노스, 앙드레 말로가 그들이다. 나는 앙드레 말로를 만났다. 그는 아주 강렬한 인상을 주었다. 그의 시선에는 모험적인 태도, 멜랑콜리, 저항할 수 없는 결단력이 어려 있었다. (……) 그는 아

---

[37] 앙드레 말로는 드리외 라 로셸의 유언 집행인이었다. 또한 그는 드리외 라 로셸이 대독협력(對獨協力) 후에 1945년 3월 15일에 자살했을 때, 그의 장례식에 참석한 아주 드문 사람들 중 한 명이었다.

주 빠르게 말했고, 또 아주 말을 잘했다. 그는 모든 것을 알고 있는 듯한 태도였다. 그는 당신을 즉석에서 감탄케 하고, 또 당신으로 하여금 금세기에 가장 똑똑한 사람을 만나고 있다는 인상을 심어 주었다."[38] 앙드레 말로는 가스통 갈리마르와 장차 출간될 다섯 권의 소설에 대해 4월에 계약을 맺었다.

또한 같은 시기에 앙드레 말로는 『NRF』의 독서위원회 일원이 되었다. 이 잡지의 편집장이었던 장 폴랑이 앙드레 말로의 능력을 높이 평가했고 그를 신뢰했다. 그는 앙드레 말로를 끌어들이면서 편집부 내부의 반대에 부딪히기도 했다. 갈리마르 출판사와 『NRF』를 통해 앙드레 말로는 몇 달 동안에 폴 발레리, 로제 마르탱 뒤 가르, 루이 기유, 에마뉘엘 베를, 특히 베르나르 그래튀상(Bernard Groethuysen)과 관계를 맺게 된다. 베를린 대학의 사회학과 교수였고 마르크스주의자였던 그래튀상은 『NRF』에 협력했고, 카프카, 독일 철학, 러시아 문학을 프랑스에 수용하는 데 중요한 역할을 하게 된다. 그는 앙드레 말로의 사유에 커다란 영향을 끼쳤으며, 후일 앙드레 말로는 그에 대해 이렇게 말하게 된다. "어쩌면 그는 내가 가장 존경했던 사람이었다. 그의 주위에는 항상 사람들이 풍뎅이들처럼 모여들어 붕붕거렸다……"[39]

1928년 초에 출판 일에서 벗어난 앙드레 말로는 『정복자(Les Conquérants)』를 출간하게 된다. 그는 이 소설에 대해 많은 기대를 했고, 또 파리 문학계 역시 그에게서 많은 것을 기대하고 있었다. 3월부터 7월까지 『NRF』에 발췌본이 선보였던 『정복자』는 그라세 출판사의 《레 카이에 베르 총서》의 하

**38** Maurice Sachs, *Au temps du Bœuf sur le toit*, Les cahiers rouges, Grasset, 1987.
**39** Jean Lacouture, *André Malraux, une vie dans le siècle, op. cit.*, p. 145에서 인용.

나로 9월에 출간되었다. 앙드레 말로는 실망하지 않았다. 문학계도 마찬가지였다. 『정복자』는 성공을 거뒀다. 이 작품은 비평가들로부터 상반되는 열광적인 평가를 받았는데, 이로 인해 베르나르 그라세는 이 작품이 공쿠르상을 받을 수도 있다고 확신하게 되었다. "앙드레 말로. 파리에서 태어남. 식민지장관에 의해 캄보디아와 샴에 고고학 탐사 임무로 파견되었음(1923). 코친차이나를 위한 국민당 위원이었음(1924~1925). 보로딘의 치하에 있던 광동의 민족주의 세력을 도와 선전을 담당했음(1925)." 이 작품이 출간되었을 때 앙드레 말로가 써넣은 이와 같은 전기적 자료는 그의 인도차이나에서의 여정을 아주 "독특한" 방식으로 잘 요약해 주고 있었다. 하지만 그는 클라라에게 이렇게 털어놓고 있다. "나는 거짓말을 했소. (……) 하지만 내 거짓말은 진실이 될 것이오."[40] 여하튼 이렇게 해서 앙드레 말로에 대한 전설은 계속 이루어지게 된다.

1929년 6월 8일, 『정복자』에 대해 이루어진 공공 토론에서 앙드레 말로는 자신의 기본적 사유의 골격을 이렇게 밝히고 있다. "가린(Garine)[『정복자』의 중심인물]에게 있어서 근본적인 문제는 부조리라 일컬어지는 것에서 어떻게 도피하는가를 아는 것보다는 오히려 어떻게 혁명에 참여할 수 있는가를 묻는 것입니다. 『정복자』라는 작품은 전체적으로 보아 계속적인 요구입니다. 게다가 저는 다음과 같은 문장을 강조했습니다. 인간적인 것 속으로 도피하면서 부조리를 도피할 것이라는 문장이 그것입니다. 물론 다른 방식으로 도피할 수 있다는 것은 분명합니다. 저는 이와 같은 반론에 대해 그 어떤 식으로도 이의를 제기하려고 하지 않습니다. 저는 단지 다음과 같은 사실만을 지적하고자 할 뿐입니다. 즉 우리

---

40 Clara Malraux, *Le bruit de nos pas, op. cit.*, p. 255.

인간이 몸담고 있는 가장 비극적인 사태인 부조리를 피했다는 점에서 가린은 모범적인 인간의 모습을 보여주고 있다는 사실이 그것입니다."[41] 20년 후에 앙드레 말로는 "이 작품이 살아남은 것은, 이 작품에서 중국 혁명의 이러저러한 일화들이 그려졌기 때문이 아니라, 행동, 문화 그리고 명석성이 한데 어우러진 한 명의 전형적인 영웅을 보여주었기 때문이었다."[42]고 강조하면서 『정복자』의 후기를 쓰고 있다. 앙드레 말로의 주된 생각은 인간의 자기 자신에 대한 탐구와 죽음이 모든 것을 지배하는 부조리한 세계에 맞서 반드시 필요한 초극에 대한 탐구였던 것이다. 파스칼과 니체로부터 영감을 받았고, 도스토옙스키로부터 커다란 영향을 받았던 앙드레 말로는 삶의 부조리성에 맞선 투쟁에 그 자신이 부여했던 것과 같은 의미를 부여한 인물들을 창조해 낸 것이다.

1928년 11월, 앙드레 말로는 갈리마르 출판사에서 『기상천외한 왕국(*Royaume farfelu*)』을 출간한다. 이 작품은 『종이달』(1920)과 『나팔을 든 우상을 위해 쓴 글(*Écrit pour une idole à trompe*)』(1922)과 같은 계열에 속한다. 짧은 휴식기가 있었다. 그리고 1929년 초에 앙드레 말로는 가스통 갈리마르에 의해 예술 담당자로 채용되게 된다. 그는 이 일을 친구였던 루이 슈바송과 함께 하게 된다. 편집자로서의 경력이 앙드레 말로를 도왔던 것이다. 또한 베르나르 그라세와는 앙드레 말로 자신이 운영했다가 1928년 10월에 문을 닫은 '레 잘드(Les Aldes)' 출판사에서 간행된 책의 판매를 위한 계약을 맺기도 했다. 1931년 1월부터 앙드레 말로는 가스통 갈리마르의 주관으로 열리게 된 화랑 전시회 일을 담당하게 된다.

41 André Malraux, in *Œuvres complètes, op. cit.*, t. I, pp. 293-294.
42 *Id., ibid.*, p. 271.

그 와중에서도 앙드레 말로는 그 자신이 높이 평가하고 있던 앵글로색슨계 작가들과 교분을 갖기 위해 많은 노력을 기울였다. 이렇게 해서 앙드레 말로는 D.H. 로렌스, 윌리엄 포크너, 대실 해밋(Dashiell Hammett) 등의 책을 출판하게 된다. 앙드레 말로는 또한 앙드레 지드와 교분을 갖기도 했다. 그런데 앙드레 지드는 특히 매주 수요일 저녁에 바노(Vaneau)가(街)에 있는 자기 아파트에서 일군의 지식인들, 문인들과 모임을 갖고 있었다. 앙드레 지드와 함께 앙드레 말로는 『프랑스 문학 일람(*Tableau de la littérature française*)』을 준비하기도 했다. 이 책은 여러 명의 현대 작가들이 한 명의 프랑스 작가에 대해 그리는 초상(肖像)이 그 주된 내용이었다. 앙드레 말로는 또한 『*NRF*』를 위해 서평과 여러 텍스트를 쓰기도 했다. 이제 앙드레 말로는 파리 문학계에서 자리를 잡은 사람으로 여겨졌다. 그의 나이 28세였다. "『*NRF*』에서 가장 영향력 있는 인물은 바로 앙드레 말로였다. 그에게는 뭔가 빛나는 것이 있었다. 아주 활달한 지성, 보기 드문 날카로움, 멋진 목소리, 정감 있고 설득력 있게 말하는 태도, 그 자신도 어쩔 수 없는 버릇으로 인해 약간의 거북함이 없지 않은 그의 잘생긴 얼굴 등이 그것이다. 요컨대 행동, 옷차림, 제스처, 매끈한 손 등에서 볼 수 있는 우아함이 그것이다. 게다가 그는 이해력, 주의력, 호기심, 너그러움에서도 남다른 모습을 보여주었다. (……) 사람들은 그를 볼 때마다 자기 자신을 너무 용감한 자, 차갑도록 영웅적인 자, 찾아보기 힘들 정도의 균형감을 가진 열정적인 자, 동정심을 가진 자, 도움을 줄 수 있는 자, 고통받는 자들의 친구로 여기는 자, 그럼에도 그다지 인간적이지 않은 자. 너무 이성을 맹신하는 자, 종종 몽상에 빠지는 자, 그러면서도 비속하지 않은 자, 어쨌든 기상천외한 자로 여기는 사람이라는 생각을 갖지 않을 수가 없었다."[43]

1929년 말, 독일에서 2년 동안 지휘관 생활을 한 후에 샤를 드골은 임무를 완수한 소속 부대의 해체에 따라 새로운 보직을 찾고 있었다. 그의 나이 39세였다. 비고 뒤 그랑뤼(Bigault du Granrut) 장군은 그에게 베이루트에서 자기 수하로 일할 것을 제안했다. 하지만 드골은 이 제안을 반기지 않았다. 그는 주요 경력이 이루어지는 파리에서 근무하길 원했다. 하지만 군의 위계질서 내에서 그에게 적대적인 자들이 없지 않았다. 그는 얼마 전에 군사학교의 교관 직도 거부했던 바 있었다. 페탱 원수는 그에게 상황이 긴박하게 돌아가고 있는 지중해 동쪽 지역으로 떠날 것을 권고했다. 레바논과 시리아에 대한 국제연맹의 임무를 수행하고 있던 프랑스는 이 두 나라의 평화를 정착시키는 과정에서 이미 9,000여 명 이상의 사상자를 내고 있었다. 샤를 드골은 마침내 페탱 원수의 제안을 받아들이게 된다. 10월 29일에 그는 가족과 함께 '라마르틴'호에 올라 지중해 동쪽 지역으로 떠나게 된다. 그는 참모본부 제2, 3직할부대의 지휘관, 즉 정보와 작전을 총괄하는 핵심부서의 지휘관으로 임명되었던 것이다.

1931년 11월까지 2년 동안, 샤를 드골은 새로운 세계를 발견하게 된다. "지중해 동쪽 지역은 모든 것이 거쳐 지나가는 교차로이다. 종교들, 군대들, 제국들, 상품들이 말이다. 하지만 그곳에서는 그 어떤 것도 바뀌지 않았다. 벌써 여기에 온 지 10년째이다. 하지만 내 인상은 이곳 내부로 전혀 파고들지 못하고 있다는 것이고, 또한 이곳 사람들이 우리들에게 (그리고 상호적으로) 여전히 그 어느 때보다 낯설다는 것이다. 사실 우리들은 행동하기 위해 가장 나쁜 체제를 선택했다. 다시 말해 그들을 격

---

**43** Maurice Sachs, *Le Sabbat,* Gallimard, "L'imaginaire", 1999, p. 286.

려하는 대신에 그들로 하여금 저항하도록 부추겼던 것이다. 그런데 이곳에서 사람들은 강제 없이 아무것도 실현하지 못했다. 나일 강과 같은 운하도, 팔미르(Palmyre)의 수도 시설도, 로마식 도로도, 올리브 압착기의 설치도 말이다. 내가 보기에 우리들의 사명은 이런 것들을 실현해 주든지 아니면 이곳에서 떠나든지 하는 것이었다. (……) 내 판단으로는 시리아를 잘 알고 있는 사람, 그리고 '시리아에서 할 수 있는 것을 알고 있는' 단 한 명의 사람이 있었다. 카투루 대령이었다. 하지만 그는 그렇기 때문에 그곳을 떠났던 것이다."[44] 1931년 1월 2일, 샤를 드골은 회의주의적 태도를 강조하고 있다. "이것에는 그 어떤 것에도, 그 누구에도 결코 만족해 보지 못한 민족들이 있다. 그리고 어떤 방향으로 통치의 방식을 설정해야 할지를 아직까지 정확하게 알지 못했던 세력이 있었다. 이것이 이 나라의 시대적 불안 요소였고, 게다가 이것은 전 동양에 걸쳐 널리 퍼져 있었다."[45] 샤를 드골은 식민자(植民者)들에 의해 결코 설득된 적이 없었다. 그에게 있어서 군의 노력은 프랑스의 국경에 집중되어야 했다. 그의 눈에 그 나머지 것은 의미가 없어 보였다.

1930년 7월 13일, 베이루트에 있는 생 조제프(Saint-Joseph) 대학교 학위 수여식에서 샤를 드골은 레바논 젊은이들에게 책임감을 가지라고 호소하며 식민지 체제에 대해 그가 자유로운 정신을 가지고 있다는 것을 증명해 보였다. "공동선(共同善)에 대한 헌신, 이것이 바로 여러분들에게 필요한 것입니다. 왜냐하면 재건의 순간이 도래했기 때문입니다. 레바논의 젊은이 여러분, 여러분들에게 있어서 이 중차대한 의무는 즉각적

---

[44] 샤를 드골이 에밀 메예(Émile Mayer) 대령에게 보낸 1930년 6월 30일자 편지. 잡지 『에스푸아(Espoir)』, n° 54.

[45] 샤를 드골이 에밀 메예 대령에게 보낸 1931년 1월 2일자 편지. *ibid.*

이고 절대적인 의미를 갖습니다. 왜냐하면 여러분들이 재건해야 할 것은 바로 여러분들의 조국이기 때문입니다. 이 경이롭고 오랜 역사를 가진 이 땅 위에 하나의 국가를 재건하는 것은 여러분들의 몫입니다. 그것도 바다를 통해 서양과 교류해 왔고, 산악지대에 요새를 지었으며, 프랑스로부터 지혜와 힘을 빌렸던 여러분들의 손으로 말입니다. 단지 국가의 행정 부서를 나누고 그 기능을 수행하는 것만이 아니라, 이 나라에 생명력과 내적인 힘을 주는 것 역시 여러분들의 몫입니다. 이런 것이 없다면 국가는 그저 텅 빈 제도에 불과하게 될 것입니다. 여러분들은 국가를 재건하고 또 공공정신에 투철해야 합니다. 다시 말해 전체의 이해를 위해 각자의 자발적 복종이 필요합니다. 이것은 정부의 권위, 법정에서의 진정한 정의, 길거리에서의 질서, 공무원들의 양심에 필수불가결한 조건입니다. (……) 그렇습니다. 현재 상태에서 벗어나게 될 내일의 레바논 젊은이들은 국가적 임무에 준비를 해야 할 것입니다. 조상들의 업적 위를 걸으면서, 규율과 무사무욕을 결심하고, 모든 통로를 통해 프랑스와 관계를 맺으면서, 여기 계신 여러분들은 이제 자유라는 무거운 짐을 짊어진 한 민족의 역군(役軍)이 되어야 할 것입니다."[46]

1931년 가을, 샤를 드골은 파리로 돌아오게 된다. 지중해 동쪽 지역에서 근무할 당시 그의 상관이었던 비고 뒤 그랑뤼 장군은 그에 대한 보고서에서 이렇게 기록하고 있다. "훌륭한 군인으로, 훌륭한 지휘관이 될 것임. 프랑스군을 위해 그가 빠른 시일 내에 진급을 해야 할 충분한 이유가 있으며, 그는 맡은 바 직위에서 능력을 십분 발휘할 것임. 그는 다른 사람을 실망시키지 않을 것임."

---

46 Charles de Gaulle, *Lettres, notes et carnets, 1919-juin 1940*, Plon, 1980, pp. 361-362.

앙드레 말로와 샤를 드골은 각자의 상반된 식민지 경험으로부터 다음과 같은 결론을 끌어내고 있다. 즉 식민화된 민족들이 외부 후견 세력과 지배로 인해 더 이상 고통을 받아서는 안 된다는 결론이 그것이다. 그들 두 사람 모두 양심의 굴종도 영혼의 비굴함도 용납하지 않았던 것이다. "지중해 동쪽 지역에서 근무하던 시절의 샤를 드골과 인도차이나에서 시간을 보냈던 앙드레 말로 사이의 공통점은 인간들 사이의 불평등위에서는 아무것도 건설할 수 없다는 것, 그리고 모든 인간은 자신의 자긍심에 대한 권리를 가지고 있다는 생각이었다.[47] 1930년대 초에 서로 상반된 경험과 전혀 다른 삶을 영위했음에도 불구하고 앙드레 말로와 샤를 드골은 벌써 자신들의 사람됨과 개성을 분명하게 보여주었던 것이다. 탁월한 지성을 가진 두 사람은 이미 다른 사람들에게 강한 인상을 심어 주었고 또 그들을 매혹시켰던 것이다. 그들이 만나게 되었을 때 그들 각자는 상대방에게서 예외적인 존재를 만났다는 느낌을 갖게 된다. 그들의 운명은 앞으로 내달리고 있었던 것이다.

---

[47] *De Gaulle et André Malraux, Actes du colloque, op. cit.,* p.74.

# 제5장

# 반항아와 투사

1930-1939

"한 명의 인간이 된다는 것은 어려운 일이다.
하지만 자기 자신의 차이를 조장하면서보다는
융화를 이루면서 그렇게 하는 것이 더 어렵다.
첫 번째 것 역시 두 번째 것만큼 힘이 든다.
그걸 통해서 인간은 인간이 되고,
또 인간은 스스로를 넘어서고, 창조하고, 발명하고,
자기를 구상하게 된다."
—앙드레 말로, 『모멸의 시대(Le temps du mépris)』

"사회적 균형이
자유의 죽음이라는 대가를 치러야 한다는 것을
어떻게 용인할 수 있는가?"
—샤를 드골, 1937년 11월 13일자 편지

1930년대에 앙드레 말로는 모험가에서 반파시스트 투사로, 샤를 드골은 야심적인 장교에서 반항아로 변신하게 된다. 그들 각자는 지금까지 자신의 세계를 만들려고 노력했지만, 이번에는 세계가 그들에게 그 무게를 강요하게 된다. 갈색의 페스트, 즉 파시즘이 유럽을 정복한 것이다. 군화 발자국 소리가 점차 커졌다. 1922년 10월 이래로 이탈리아가 파시스트 국가가 되었다. 그리고 독일이 점차 나치즘으로 기울었다. 1933년 1월 30일, 히틀러가 독일의 총리가 되었다. 그동안 앙드레 말로는 참여, 행동, 연설 등을 통해 한 세대 전체의 상징적인 존재가 되어가고 있었다. 그리고 그는 오랫동안, 특히 스페인 내전 동안 참여 작가로서의 신화를 몸소 구현하게 된다. 한편, 샤를 드골은 정치적, 군사적 지도자들이 매일 그들의 책임을 방기하고 있다는 점을 자각하게 된다. 그는 양지에서가 아니라 음지에서 프랑스군의 방어에 대한 새로운 전략적 구상을 위해 몰두하게 된다. 숲 속에서 복음을 전파해야 했기 때문에 그는 발언 기회가 주어질 때마다 약간의 반골 정신을 내보이기도 했다.

1929년 봄, 3년 동안의 정착 생활을 한 말로 내외는 다시 여행을 하기 시작했다. 그들은 페르시아로 향했다. 그들은 그루지아(조지아)에 있는 바툼(바투미)으로 가기 위해 마르세유에서 배에 올랐다. 바툼은 북해에 위치한 아주 중요한 항구였다. 마르세유에서 출발한 그들은 나폴리, 터키의 콘스탄티노플(이스탄불)과 트레비존드(트라브존)를 거쳤다. 바툼에서 그들은 바쿠까지 가기 위해 기차를 탔고, 거기에서 카스피 해를 건너기 위해 다시 배를 탔다. 그들은 이란에 있는 라슈트[레슈트(Resht)] 근처에서 내렸다. 그들은 자동차로 그 지역을 여행했다. 특히 130개의 성, 회교 사원, 목욕탕 등이 있는 이스파한 지역을 여행했다. 프랑스로 되돌아오는 길에 그들은 이라크, 시리아, 레바논을 거쳤으며, 베이루트에서 배를 타고 마르세유에 도착했다. 파리에 도착하자마자 앙드레 말로는 앙드레 지드에게 전화를 했다. 앙드레 말로는 파리에 머물러 있을 수가 없었다. 말로는 자기가 퐁티니로 출발하기 전에 지드를 보았으면 했다. 지드는 『NRF』까지 택시를 보내 말로를 오게끔 했다. 앙드레 말로는 "택시에 올라 짐 사이에 자리를 잡고 왔다. 여행에 대한 통상의 말들, 피곤 등이 한데 어우러졌다. (……) 앙드레 말로는 자리에 앉기도 전에 페르시아인들과 신성과의 관계에 대해 말하기 시작했다! 그의 대화는 여러 세기, 역사, 종교를 뛰어넘었다. 그의 사유를 통해 나온 말은 (……) 항상 아주 간단명료했기 때문에 그와의 대화에 끼지 못한 경우 신의 은총을 충분히 받지 못한 결과라고 느낄 정도였다. 이렇게 해서 우리는 그와 대화를 나누면서 우리가 전혀 생각하지도 못했던 것에 연루되게 되었다. 그에게 그것에 대해 질문을 던지거나 반박을 할 겨를도 없이 말이다."[1]

---

1 Maria Van Rysselberghe, *Les cahiers de la petite dame, 1918-1951*, *Cahiers André Gide*, n° 5, Gallimard, 1975, pp. 40-41.

그 다음 해에 클라라와 앙드레 말로는 터키를 거쳐 이스파한으로 다시 떠났다. 그들은 배를 타고 페르시아 만으로 갔다가 인도양과 홍해를 거쳐 다시 유럽으로 돌아왔다. 1930년 10월, 앙드레 말로는 그라세 출판사에서 『왕도』를 출간한다. 이 작품은 페미나(Femina)상을 수상하지는 못했지만, 기자들의 초조함 때문에 태어난 앵테랄리에(Interallié)상을 받은 첫 번째 작품이 된다. 12월 말, 앙드레 말로의 아버지가 자살했다. 앙드레 말로는 이 사건에 대해 아무런 말도 하지 않았다. 1931년 5월, 클라라와 앙드레 말로는 재차 이스파한, 페르시아, 아프가니스탄을 여행한다. 이번에는 모스크바와 우즈베키스탄의 수도인 타슈켄트를 통해서였다. 가스통 갈리마르가 보내 준 어음 덕분에 그들은 여행을 연장할 수 있었다. 이번에는 참다운 의미에서 세계 일주라고 할 수 있었다. 그들은 카불과 카이바르(카이베르) 고개를 거쳐 인도로 향했다. 그들은 페샤와르, 스리나가르, 라왈핀디, 델리, 베나레스(바라나시), 캘커타(콜카타)를 거치게 된다. 그들은 홍콩, 중국 대륙(광둥, 상해, 북경), 일본을 거쳐 버마(미얀마), 싱가포르로 가게 된다. 이어서 그들은 밴쿠버, 시카고, 뉴욕을 거치면서 북아메리카 대륙을 여행하게 된다.

이 여행에서 앙드레 말로는 수많은 예술 작품들을 수집했으며, 그것들을 『NRF』 화랑에서 전시를 하기도 했다. 그는 또한 이 긴 여행을 이용해 한 편의 소설을 쓰기 시작했다. 파리로 돌아와서 1932년 12월에서 1933년 봄까지 그는 『인간의 조건』에 모든 시간을 할애하게 된다. 1933년 3월에 앙드레 말로의 어머니가 혈전증으로 세상을 떴다. 얼마 전부터 앙드레 말로의 대화에서 강박관념적으로 죽음이 계속 등장했지만, 자기 부모들의 죽음에 대해서는 일언반구도 없었다. 앙드레 말로는 또한 『NRF』와 『마리안(Marianne)』지를 위해 문학 시평을 쓰기도 했다. 『마리안』지는 우파 주간지 『캉디드』와 『그랭구아르(Gringoire)』에 맞서기 위해 에마뉘엘 베를이 창간하고 갈리마르 출판사가 후원을 한 신문이었다. 앙드레 말로는 이 신문에 인도차이나, 트로츠키, 파시즘에 대한 다섯 편의 기사를 싣기도 했다. 『정복자』와 『왕도』의 성공으로 앙드레 말로의 재정 문제는 완전히 해결되었다. 말로 부부는 생제르맹데프레(Saint-Germain-des-Prés) 대로에 있는 바크(Bac) 가 44번지로 이사를 했다. 드디어 센 강 좌안에 자리를 잡은 것이다. 1932년 여름, 앙드레 말로는 퐁티니에서 개최된 열흘 동안의 콜로키엄에 참석하게 된다. 그는 거기에서 젊은 철학도였던 레이몽 아롱을 만나게 되는데, 이것은 그들의 "길고도 돈독한 우정"[2]의 시작이었다. 1932년 여름, 앙드레 말로는 또한 일리야 에렌부르그(Ilya Ehrenbourg)를 알게 된다. 소련의 작가이자 기자였던 그는 모스크바로부터 파리 지식인들 가운데 소련에 호의적인 자를 포섭하라는 임무를 띠고 있었다. 1933년 3월에 클라라와 앙드레 말로 사이에 딸이 태어나게 된다. 그들은 이름을 플로랑스라고 지었다. 그들의 첫 번째 이탈리아 여행의 추억이 담긴 이름이었다. "그녀는 태어나면서 최소한 아주 영리한 짓 한 가지를 해보였다. 아들로 태어난 것이 아니라 딸로 태어난 것이 그것이다. (……) 나는 내 자신을 닮은 사내 녀석을 견딜 수가 없었을 것이다." 하지만 그들 부부는 어려움을 겪게 된다.

1933년 앙드레 말로는 그와 같이 삶을 공유하게 되는 두 여자를 알게 된다. 조제트 클로티(Josette Clotis)와 루이즈 드 빌모랭(Louise de Vilmorin)이 그들이다. 조제트 클로티는 『마리안』 잡지사에서 에마뉘엘 베를을 돕고 있었다. 그녀 역시 갈리마르 출판사에서 소설을 한 권 출간한 바 있었다.

---

2 Raymond Aron, *Mémoires*, Julliard, 1983, p. 77.

조제트와 앙드레 말로는 종종 만났다. 퐁 루아이알(Pont-Royal) 호텔과 팔레 도르세(Palais d'Orsay) 호텔이 그들의 은신처였다. 그러는 사이에 앙드레 말로와 클라라의 사이는 멀어졌다. 스페인 내전 때 그들은 헤어지게 된다. 그 이후 조제트가 앙드레 말로와 같이 살게 된다. 전쟁 말기에 비극적으로 죽기 전에 조제트는 앙드레 말로에게 두 명의 아들을 낳아 주었다. 비슷한 시기에 앙드레 말로는 또한 루이즈 드 빌모랭의 매력에 빠지게 된다. 그들은 염문을 퍼뜨렸다. 하지만 루이즈에게는 또 다른 애인이 있었다. 앙드레 말로는 그녀와의 관계를 끊게 된다. 앙드레 말로는 그녀에게 이렇게 말하기도 했다. "난 당신과 함께 내 인생을 마감할 거요. ─ 그럴 가능성이 있다는 거예요, 아니면 확신인가요?─ 그 이상이요. 내면에서 우러나오는 확신이오."[3]

한편, 샤를 드골은 앙드레 말로에 비해 훨씬 더 조용한 삶을 영위하고 있었다. 1931년 가을, 지중해 동쪽 지역에서 근무를 끝마친 후에 그는 새로운 근무지를 찾게 된다. 그는 계속 군사학교에서 전략과 전투 행위를 가르칠 수 있기를 희망했다. 하지만 그와 군사학교와의 관계가 그다지 매끄럽지 못했다. 다시 한 번 그는 거절당했다. 페탱 원수는 그에게 국가 방위 각료회의 비서실에서 근무할 것을 권했다. 그곳에서 "군 전반에 관계된 일이지만 그래도 구체적인 일을 할 수 있을 뿐만 아니라, 생각을 더 가다듬고 더 숙성시킬 수 있는"[4] 일을 하게 될 것이라는 것이었다.

---

3  루이즈 드 빌모랭은 30여 년이 지난 뒤에 그들이 생을 함께하기 위해 재회를 했었다고 쓰고 있다. "1933년에 내가 알게 되었던 그 남자, 과거를 기억하는 것을 좋아하지 않았던 남자, 매일 아침 전날의 달력을 찢어버리던 그 남자는 나와 함께 자신의 생을 마치기로 결심했다."

4  Christian Biet, Jean-Paul Brighelli, Jean-Luc Rispail, *André Marlaux, la création d'un destin*, Découvertes/Gallimard, 1987, p. 56에서 인용.

이 비서실의 주된 임무는 전쟁 시 프랑스의 여러 부서 사이의 관계를 조정하고 행정적, 경제적 동원을 위한 모든 조치를 준비하는 것이었다. 이 조직은 각료회의에 직접 속해 있는 기구였다. 샤를 드골은 페탱의 권유를 받아들이게 된다. "1932년에서 1937년까지 나는 공부 차원에서 국가의 방위에 관련된 모든 것들, 가령 정치, 행정, 기술 등에 관련된 모든 일을 했다." 1931년 11월부터 1937년 7월까지 소령에서 중령으로 진급한 샤를 드골은 문서 장교의 직무를 맡았다가, 다시 특히 평화 시 국가 조직에 관련된 법안 작성의 임무를 띤 비서실의 제3분과에서 일을 하게 된다. 이 비서실에 들어가기 전에 샤를 드골은 1932년 7월에 『칼날』을 출간하게 된다. 이 책은 군사학교에서 했던 세 차례의 강연을 바탕으로 집필된 것이었다. 이 책은 드골 장군의 지적 전기의 핵심이 되는 책이자 미래의 그의 모습을 보여주는 책이기도 하다. "개성 있는 인간을 전면으로 부각시키는 일종의 커다란 파도"였다.

실제로 1930년대 전체에 걸쳐 드골 장군은 새로운 우발적 사건과 특히 나치 독일에 의해 대변되는 점점 더 현실적이 되어가는 외부 위협에 맞서 합당한 프랑스군의 전략을 채택해야 한다는 절체절명의 필요성을 역설하면서 군 당국과 정치인들을 설득하려고 노력하게 된다. 여러 편의 글, 여러 차례의 강연, 저서들[『미래의 군대』(1934), 『프랑스와 프랑스의 군대(La France et son armée)』(1938)] 등을 통해 그는 프랑스의 전쟁 이론가로 두각을 나타내게 된다. 그는 전투기들의 엄호를 받는 전차부대를 선봉으로 하는 직업군인에 의해 치러지는 전쟁을 옹호했다. 이와 같은 그의 생각은 군대라는 울타리를 넘어서진 않았지만, 프랑스군의 공식 전략 이론과는 강하게 충돌하는 면이 없지 않았다.

비서실에서 근무하던 초창기에 샤를 드골은 특히 국가 방위 각료회의 산하 연구위원회 회의를 위한 기록 작성의 임무를 맡았다. 그는 여러 기록에서 제1차 세계대전에서 얻은 교훈들을 적고 있다. 그는 전쟁 준비 부족과 프랑스 방어를 위한 선결 조건 일체에 대한 자신의 시각을 강조했다. 그리고 그는 즉각 대응할 수 있고, 준비가 완료된, 그리고 생각하는 군의 조직을 위해 싸웠으며, 방어의 약점을 지적하기도 했다. "방어에 너무 치중되고 강하게 통솔할 수 없는 군대 조직, 계속되는 강력한 물질적 지원, 즉 오랜 기간의 준비와 실천이 없이 공격 작전을 수행하기에는 너무 취약한 군대 조직." 샤를 드골은 말에만 그치지 않았다. 그는 또한 정치권의 중요성을 강조하면서 정치 지도자의 휘하에 있는 국가 방위를 위한 기구의 창설을 권장하기도 했다. 이것이 1930년대에 그가 옹호했던 원칙이었다. 그는 권위적이거나 전체주의적인 체제에 단호하게 반대하는 입장을 견지했다. 어쨌든 샤를 드골은 그의 눈에 불가피한 것으로 보이는 전쟁에 대한 프랑스와 프랑스군의 철저한 준비의 필요성을 계속해서 역설했던 것이다. "우리가 살고 있는 소란한 시대와 무장한 국가의 행동으로 미루어 보아 우리 프랑스군 정신의 핵심인 사기와 패기를 반드시 진작시킬 필요가 있다."[5]

샤를 드골은 같은 시기에 뤼시앵 나솅(Lucien Nachin)[6]의 도움으로 에밀 메예를 만나게 된다. 샤를 드골은 뤼시앵 나솅을 1920년대부터 알고 지냈다. 이 두 사람은 샤를 드골에게 아주 중요한 인물들이었다. 그들은 1940년대 이전의 샤를 드골이 어떤 사람이었는가를 이해하는 데 도움을 준다. 물론 1940년 이후의 샤를 드골이 1940년 6월 18일에 갑작스

5 뤼프레(Ruffray) 대령에게 보낸 편지. Jean Lacouture, *De Gaulle: Le rebelle 1890-1944*, *op. cit.*, p. 230에서 인용.

럽게 태어난 것은 아니었다. 1940년의 샤를 드골은 그 이전 오랜 시기에 걸쳐 이루어졌던 성숙의 결과였으며, 특히 그 과정에서 좌파에 속했지만 휴머니스트들이었던 그들 두 사람의 영향이 지대했다고 할 수 있다. 그들은 샤를 드골이 진짜 자기 친구로 여기는 아주 드문 사람들에 포함된다. 에밀 메예[7]는 자유주의 사상가, 불가지론자, 드레퓌스주의자

---

6  샤를 드골보다 5년 위이고, 파드칼레(Pas-de-Calais) 지방의 헌병의 아들이었던 뤼시앵 나셍은 생 막상(Saint-Maxent) 하급장교 학교를 수석으로 졸업한 인물이다. 제1차 세계대전이 발발했을 때 한 달 만에 전투에서 부상당하고, 1915년 9월에 포로가 된 그는 나머지 전쟁을 포로 생활을 하면서 보내게 된다. 육군부(ministère de la Guerre: 뒷날의 국방부) 산하 보병 지휘부대에 임명된 그는 그 자신이 손수 운영했던 파리 교통기관에서 경력을 마감하게 된다. 1952년 그가 사망했을 때 샤를 드골은 그에게 다음과 같은 말로 우정에 감사하는 마음을 표하게 된다. "뤼시앵 나셍은 자수성가했고, 그것도 아주 성공한 사람입니다. 대단한 기질의 소유자였던 이 사람은 살아가면서 저속하고 비속한 것은 그 어떤 것이라도 물리쳤습니다. 나는 그가 군인, 지휘관, 공무원, 학자, 철학자로 여러 해 동안 동분서주하고, 두 차례의 전쟁에 참전하고, 여러 사건에 관여하고, 사람들과 열렬히 한데 섞이는 것을 보아 왔습니다. 더럽혀지지 않은 채 말입니다. 결코! 하지만 그는 어떤 삶을 살았습니까? 끊임없이 알고자 노력하고 또 알고자 하는 뜨거운 정열을 가진 삶이었습니다. 그는 정신과 관련된 모든 것, 가령 사유, 역사, 예술 등에 관심을 가졌습니다. 하지만 그는 군대에 관련된 사유에 대한 소명을 가지고 있었습니다. (……) 그는 자신에게 합당한 자들에게 유용한 사람이 되기를 바랐고, 또한 그들을 자기가 발견한 보물들로 안내하기를 바랐습니다. 요컨대 그는 자기가 아니라 다른 사람을 위해 살았던 것입니다. 그리고 마지막까지 그의 도움을 받았던 나는, 나의 친구이자 동반자였던 뤼시앵 나셍에게 깊은 경의를 표하는 바입니다." Lucien Nachin, *Charles de Gaulle, général de France*, Berger-Levrault, 1971, pp. 12-13에서 인용.

7  1851년에 태어났고, 에콜 폴리테크니크의 옛 학생이었던 에밀 메예는 후일 페르디낭 포슈(Ferdinand Foch) 원수의 친구가 된다. 미사에 참여하는 사람들에 대해 유보적인 태도를 보였던 포슈를 비난하는 것을 자제하면서 말이다. 포병 장교였던 그는 중령에서 진급이 멈추게 된다. 왜냐하면 손수 썼던 많은 글을 통해 전개했던 생각 때문이고, 또한 군대의 위계질서에 대한 반감 때문에, 특히 하원에서 한 우파 의원이 드레퓌스를 지지한 것에 대해 비난을 퍼부은 사건 때문이었다. 이 비난 사건으로 인해 그는 퇴직을 함과 동시에 직권으로 활동 정지 상태에 놓이게 되었다. 그는 자기 딸의 소개로 레옹 블룸과 가까이 지냈다. 자기 딸이 레옹 블룸과 아주 친한 친구였던 것이다. 에밀 메예는 특히 1889년부터 프랑스군의 미래의 전략이 지나친 공격이 아니라 군의 발전에 기초한 방어가 될 것이라는 점을 내다본 첫 번째 인물이었다. 또한 그는 제1차 세계대전 발발 35년도 더 전에, 전쟁이 발발하게 되면 그 전쟁은 참호전이 될 것이라는 점을 예견한 첫 번째 인물이기도 했다. 그러니까 그는 너무 일찍 옳은 말을 해서 인정을 받지 못한 인물인 셈이다.

이자 유대인이었다. 이와 같은 그의 이력은 그 당시에 굉장한 것이었으나, 샤를 드골에게 있어서는 그렇지 않았다. 그는 샤를 드골과 함께 군에 관련된 여러 문제를 토의했을 뿐만 아니라, 그 당시 많은 장교들이 파시즘이나 권위주의 쪽으로 쉽게 빠지는 유혹을 막아주기도 했다. 샤를 드골의 지휘에 대한 에밀 메예의 영향은 대단히 큰 것이었다. 에밀 메예는 일요일마다 자기와 뜻을 같이하는 사람들과 모임을 가졌다. 가령 평화주의자 조제프 몽테유, 작가 모리스 반 모페, 에밀 후그, 젊은 변호사 장 오뷔르탱 등이 그들이다. 또한 그들 중 몇몇은 정기적으로 월요일에 뒤메닐(Dumesnil) 술집에서 모임을 갖기도 했다. 그 당시 이 술집은 몽파르나스 옛 역 앞에 있었다. 그들은 군대 문제를 많이 얘기했는데, 에밀 메예, 뤼시앵 나셍, 샤를 드골은 단골 멤버였다.

샤를 드골이 파리에서 프랑스군의 전략에 대해 고민하는 동안, 앙드레 말로의 정치적 참여는 아주 빠르게 구체화되어 가고 있었다. 그는 나치즘의 대두에 대한 정보를 얻기 시작했으며, 특히 클라라와 베르나르 그뢰튀상의 도움으로 나치가 대변하는 것이 무엇인지를 알려고 하기 시작했다. 또한 앙드레 말로는 1934년부터 오스트리아의 철학자이자 사회학자이고, 베를린에서 교수 생활을 했으며, 나치에 의해 투옥되었다가 석방된 마네스 스페르베르(Manès Sperber)를 통해 정보를 수집했다. 스페르베르는 제3인터내셔널을 통해 파리로 급히 왔다. 목적은 파시즘 연구를 위한 연구소를 담당하기 위해서였다. 역사, 도스토옙스키의 죽음 등의 주제에 대한 토론 말고도 스페르베르는 나치의 테러와 비리에 대해 알려 주었다. 점차 파리로 피신하는 독일인들의 수가 증가했다. 정보도 마찬가지였다. 좌파에 가입했고, 마르크스 사상에 매혹된 것처럼 보였지만, 앙드레 말로는 여전히 개인주의자였고, 모든 조직 편성에 소극적이었다. 설사 앙드레 말로가 독일과 이탈리아의 파시즘에 맞서 싸울 수 있는 나라는 이 세상에 소련밖에 없다는 생각을 하고 있었음에도 그러했다. 그의 생각에 대해 말하자면, 그것은 세계를 위한 혁명가라기보다는 오히려 이 세상에 맞선 반항자의 것이었다. 그렇지만 여러 사건들 앞에서 앙드레 말로는 참여의 필요성을 느꼈다. 1933년 3월에 그는 혁명적 작가·예술가연맹(Association des Écrivains et Artistes Révolutionnaires, AEAR) 모임에 참석하게 된다. 이 연맹은 프랑스 공산주의를 대표하는 두 인물, 앙리 바르뷔스와 『뤼마니테(L'Humanité)』지 편집장이었던 폴 바양 쿠튀리에(Paul Vaillant-Couturier)에 의해 조직된 기구였다. 이 모임은 앙드레 지드에 의해 주재되었다. 앙드레 말로는 이 모임에서 다음과 같이 열변을 토했다. "10년 전부터 파시즘의 날개가 유럽에 드리워지고 있습니다. (……) 곧 행동 개시가 있을 것입니다. 피 대(對) 피! 그렇습니다. (……) 독일에서 박해를 받은 자들은 마르크스주의자이기 때문이 아니고, 그들이 인간의 존엄성에 대한 생각을 가졌기 때문이었습니다. 독일 파시즘은 지금 우리가 전쟁에 직면해 있다는 것을 여실히 보여줍니다. 전쟁이 발발하지 않게끔 하기 위해 우리는 최선을 다해야 할 것입니다. 하지만 우리는 지금 귀머거리들을 상대하고 있습니다. 그들이 우리의 말을 경청하지 않는다는 사실을 우리는 알고 있습니다! 위협에는 위협으로 맞서야 합니다. 우리는 모스크바, 붉은 군대를 향하고 있다는 것도 알고 있습니다!"[8] 이처럼 앙드레 말로는 참여를 하게 되었고, 그 어떤 것도 파

---

8  André Malraux, *La politique, la culture. Discours, articles, entretiens d'André Marlaux(1925-1975)*, Gallimard, 1996, pp. 77-78.

시즘에 대한 그의 투쟁을 막을 수는 없을 것이다.

9월 11일, 앙드레 말로는 파리의 살 와그람 홀(Salle Wagram)에서 개최된 한 대규모 모임에 참석했다. 이 모임은 제3인터내셔널 위원회가 파시즘에 희생된 자들을 돕기 위해 개최한 것이었다. 가령 제3인터내셔널의 비서였던 게오르기 디미트로프와 독일 공산당 사무총장이었던 에른스트 텔만(Ernst Thälmann)이 그들이었다. 이 두 사람은 독일 국회의사당 방화 사건 다음 날인 2월 말에 체포되었다. 이 방화 사건은 공산주의자들을 일소하기 위해 히틀러에 의해 의도적으로 계획된 것이었다. 게오르기 디미트로프와 그의 세 명의 동지들에 대한 재판은 9월 21일에 열렸다. 코민테른과 밀접하게 연결되어 있던 독일 공산당 당원이었던 빌리 뮌첸베르크(Willi Münzenberg)가 반대 운동을 주도했다. 그는 모임을 주선하는 한편, 런던에서 게오르기 디미트로프의 재판에 반대하는 재판을 열기도 했다. 디미트로프는 무죄 선고를 받았으나, 가택 연금 상태에 있게 되었다. 11월 8일, 앙드레 지드와 앙드레 말로는 디미트로프를 위한 첫 번째 모임을 파리에서 주재했다. 1934년 1월 4일, 그들 두 사람은 그의 석방을 요구하기 위해 베를린으로 가기도 했다. 그들은 괴벨스를 만나 보기를 희망했다. 하지만 허사였다. 31일에 파리에 있는 살 와그람홀에서 다시 한 번 디미트로프의 석방을 위한 모임을 가졌다. 그 기회에 에른스트 텔만과, 감옥에 갇힌 독일의 반파시스트 인사들의 해방을 위한 국제위원회가 창설되었다. 이 위원회는 폴 랑주뱅, 앙드레 지드, 앙드레 말로 3인에 의해 주도되었다. 1934년 2월 말에 게오르기 디미트로프는 마침내 석방되었다. 2월 6일, 제3공화국이 극우파 동맹에 의해 흔들렸다. 파리에서 시위가 만연했다. 하원이 콩코르드 다리를 넘으려고 하는 우파 동맹에 의해 위협받는 것 같았다. 하지만 늘 그렇듯 극우파는 욕설을 퍼부을 뿐이었다. 행동은 없었다. 이 사건은 그대로 끝나게 된다. 클라라와 앙드레 말로는 레퓌블리크(République) 광장에서 열린 극우파 반대 시위에 참석하게 된다. 실제로 앙드레 말로는 극우파 세력의 존재를 믿지 않고 있었다. "나는 프랑스에 파시즘이 있다는 것을 믿지 않는다. 항상 파시즘과 권위주의를 혼동하는 경향이 있다…… 위험에 빠진 계급, 이것이 파시즘이다. 위험에 빠진 나라, 이것이 자코뱅주의이다. 계급에서보다는 국가에서 더 위협을 받고 있는 프랑스인들은 자코뱅주의자들은 될 수 있지만 결코 파시스트가 될 수는 없다."9

1933년 4월, 앙드레 말로는 갈리마르 출판사에서 『인간의 조건』을 출간했다. 대성공이었다. 12월에 그는 이 작품으로 공쿠르상을 받게 된다. 마침내 그는 대작가로 인정을 받은 것이었다. 그는 수상식에서 다음과 같은 소감을 밝혔다. "상을 받은 후 어떻게, 그리고 왜 작품을 썼는가를 설명하는 것이 모든 사람들을 흡족하게 해준다는 것은 통상적인 일입니다. 나 역시 이 작품에 대해 아무런 모호한 점이 없길 바랍니다. 나는 이 작품에서 내 마음을 사로잡는 유일한 것을 표현하고 또 인간의 위대함에 대한 몇몇 이미지를 보여주려고 했습니다. 그러니까 중국 공산당원들, 억눌리고, 살해되고, 산 채로 불 속에 던져지고, 그리고 그와 같은 방식으로 파괴되어 간 자들, 내 삶에서 만났던 그들의 이런 죽음을 위해서 말입니다. 열정이 존재하는 곳, 위대함에 대한 포기할 수 없는 갈망. 하지만 이런 열정과 인간의 위대함보다 정치적 정열을 앞세우는 자들이 있습니다. 그들은 이 책에서 멀어져 갈 것입니다. 이 책은 그들을 위해 쓰인 것이 아니기 때문입니다." 『인간의 조건』과 더불어 앙드

9 *Marianne*, 20 décembre 1933.

레 말로는 과거에 던졌던 물음들에 대해 답을 주었다. "앙드레 말로 씨는 프랑스 문학의 한 획을 그었다. 프랑스 문학은 지금까지 분석과 행동이라는 서로 반대되는 두 축 사이를 왔다 갔다 했다. 앙드레 말로 씨는 이와 같은 오류를 바로 잡은 것이다. 잘 선택된 행동, 끝까지 밀고 나간 행동은 가장 훌륭한 도덕적 진리를 드러낸다는 사실을 보여주면서 말이다. (……) 앙드레 말로 씨의 행동은 의지가 바닥이 난 바로 그 지점에서 시작된다. 즉 환상과 신념이 무너진 직후에 말이다."[10]

1933년 8월 7일과 8일, 앙드레 말로는 루아양(Royan) 근처에 있는 생 팔레에서 트로츠키를 만났다. 1929년에 앙드레 말로는 스탈린의 명령에 따라 알마아타(알마티)로 추방된 트로츠키를 석방시킬 계획을 상상한 적이 있었다. 그 당시 그의 이와 같은 터무니없는 계획을 포기하도록 압력을 가한 사람은 다름 아닌 가스통 갈리마르였다. 앙드레 말로와 트로츠키는 두 번에 걸쳐 장시간의 대화를 나누었다. 그들은 여러 주제에 대해 얘기를 나누었다. 개인주의, 공산주의, 1917년 혁명 이후 러시아에서의 예술, 폴란드에서의 붉은 군대의 패배, 소련과 일본 사이의 전쟁, 죽음 등이 그것이었다. 앙드레 말로는 추방당한 자를 존경했다. 하지만 스탈린주의에 대한 그들 각자의 생각은 화해 불가능했다. 트로츠키는 그것을 완전히 거절한 반면, 앙드레 말로는 그것에 대해 거리를 두고 있었다. 1937년에 그들 사이의 관계는 완전히 결렬되게 된다. 로제 스테판이 트로츠키를 미슐레와 비교하고 있는 반면, 앙드레 말로는 이렇게 결론을 내리고 있다. "트로츠키는 관대함 없는 미슐레이다. 트로츠키는 열린 자세를 가지고 있지 못하다. 아주 돈독하고 멋있는 박애의 태도가

---

10 Ramón Fernandez, *Marianne*, 15 décembre 1933.

있기는 하지만 관대함이 없다."[11]

1934년 2월 말, 혁명 투사로서의 활동 중에도 동화 같은 막간의 일화가 있다. 앙드레 말로는 모험심과 신비에 대한 취향으로 비행 조종사 에두아르 코르니글리옹 몰리니에와 함께 『성서』에서 언급된 시바(사바)의 여왕의 수도였다는 마리브(Ma'rib, Mareb)를 찾으러 나섰다. 기원전 8세기부터 기원후 6세기까지 지속되었던 고대 왕국의 수도인 마리브는 에티오피아에 세워졌다고 한다. 앙드레 말로와 에두아르 코르니글리옹 몰리니에는 함께 그들의 탐험을 계획했다. 그 당시 가장 인기 있었던 신문인 『랭트랑지장(L'Intransigeant)』이 이 모험의 재정 지원을 맡았다. 2월 23일, 그들은 에두아르 코르니글리옹 몰리니에의 친구인 폴 루이 베일레(Paul-Louis Weiller)가 빌려 준 파르망(Farman) 190을 타고 이륙했다. 비행기 기관사 마이야르 역시 이 모험에 합류했다. 하지만 탐험 중에 그들은 죽을 뻔했다. 3월 10일, 『랭트랑지장』지는 사바(시바) 왕국의 수도가 마침내 발굴되었다고 전했다.[12] 그로 인해 작은 외교적 분쟁이 발생했는데, 예멘(Yémen)이 자국 영토에 그들의 비행을 허락하지 않았기 때문이었다.

탐사에서 돌아오자마자 앙드레 말로는 정치 활동을 재개했다. 3월에 그는 반파시스트 지식인 감시위원회에 합류했다. 이 위원회는 2월 6일 사건 이후 폴 랑주뱅, 폴 리베, 알랭(Alain: 본명 Émile Chartier, 1868~1951)의 주선으로 창설되었다. 4월에 앙드레 말로는 프랑스에서 트로츠키를 추방하는 결정에 반대하는 시위에 참가했다. 5월 말엔 클라라와 함께 앙드레 말로는 4개월 여정으로 소련 여행을 하게 되었다. 이 나라에서 국

---

11 Roger Stéphane, *André Marlaux, entretiens et précisions, op. cit.*, p. 158에서 인용.
12 실제로 앙드레 말로와 에두아르 코르니글리옹 몰리니에는 거대한 오아시스를 제외하고는 아무것도 발견하지 못했다. 마리브가 진짜로 발견된 것은 그 후 20여 년 뒤의 일이다.

제회의를 개최하는 작가연맹이 그들 부부를 초청했던 것이다. 그들은 일리야 에렌부르그 부부와 함께 배에 올랐다. 6월 14일, 말로 부부는 그 당시 소련의 유명한 역사소설 작가였던 알렉시스 톨스토이(Alexis Tolstoy)와 폴 니장(Paul Nizan)이 이끄는 대표단에 의해 레닌그라드에서 영접을 받았다. 현지에서 앙드레 말로 부부는 루이 아라공 역시 만날 수 있었다. 도착하자마자 앙드레 말로는 『리테라투르나야 가제타(*Literatournaïa Gazeta*, 문학신문)』지와 가진 대담에서 자신을 혁명 작가로 정의했다. "제국주의 전쟁에 대한 반감과 인도차이나 지역에서의 '교양 있는' 프랑스 부르주아지가 누리는 '권리'에 대한 개인적인 경험, 이것이 실제로 나를 혁명 작가로 만든 심층적 이유에 해당합니다. 하지만 나는 평화주의자가 아닙니다!…… 만일 전쟁이 발발한다면, 나는 제일 먼저 의용군을 조직하고 그 안에서 손에 총을 들고 자유의 나라인 소련을 방어할 것입니다."[13] 레닌그라드 방문 후에 앙드레 말로와 클라라는 모스크바에 도착하게 된다.

4개월 동안 계속된 여행에서 앙드레 말로는 자기 작품을 출판하는 일과 『인간의 조건』을 영화로 찍으려고 노력했다. 이 영화는 당시 소련의 유명한 영화감독이었던, 세르게이 예이젠시테인(Sergueï Eisenstein)이 맡을 예정이었다. 또한 앙드레 말로는 석유회사 노동자들을 주제로 한 소설을 한 편 쓸 생각을 하기도 했다. 이와 병행해서 소련 당국은 앙드레 말로 부부를 위해 안내자를 붙여 모범 공장들과 모스크바 주변에서 버려진 아이들을 위한 재활 기관의 방문을 추진하기도 했다. 그들은 1919

---

13 J. Leiner, "Autour d'un discours d'André Malraux", *Revue des lettres modernes*, novembre 1972, pp. 133-134.

년에 전복된 헝가리 혁명 정부를 대표하는 공산주의자였던 벨라 쿤(Béla Kun)을 만나기도 했다.

마침내 8월 17일부터 9월 1일까지 모스크바에 있는 노동조합원들의 집에서 소련 작가대회가 개최되었다. 무대의 연단 뒤로 소포클레스, 셰익스피어, 단테, 몰리에르, 세르반테스, 위고, 발자크, 푸시킨, 고골, 톨스토이 등의 초상화가 내걸렸고, 연단 앞에는 스탈린의 다음과 같은 문구가 내걸렸다. "작가는 영혼의 기술자이다." 하지만 앙드레 말로는 첫 연설에서부터 소련의 예술 "철학"과 부딪쳤다. "여러분들이 우리 모두에게 보여준 신뢰, 이 신뢰를 여러분들은 작가들에게는 충분히 보여주고 있지 않습니다…… 만약 작가가 영혼의 기술자라면, 기술자의 으뜸가는 기능은 발명하는 것이라는 점을 잊지 말아 주시기 바랍니다! 예술은 복종이 아닙니다. 예술은 정복입니다…… 항상 그렇듯 무의식에 대한 정복, 종종 논리에 대한 정복입니다. 마르크스주의는 사회의 의식, 문화이며, 심리학의 의식이기도 합니다. 개인을 주장하는 부르주아 계급에 대해 공산주의는 인간을 대응시킵니다…… 여러분들은 이곳 소련에서 셰익스피어와 같은 작가들이 배출된 그런 문명을 만들고 있습니다. 그들이 사진 아래에서 질식하지 않도록 해야 할 것입니다. 설사 사진이 아무리 멋있다고 해도 말입니다! 세계는 여러분들에게서 단지 여러분들의 현재 모습만을 기대하는 것이 아닙니다. 세계는 또한 여러분들로부터 여러분들을 넘어서는 무엇, 여러분들만이 줄 수 있는 무엇을 기대하고 있습니다!"[14] 이 대회가 열리는 동안 앙드레 말로는 나치 수용소에서 13개월을 지낸 바 있는 소련 작가 빌리 브레델(Willi Bredel)을 만났

---

14 *Commune*, septembre 1934.

다. "그가 자신의 포로 생활에 대해 해준 이야기가 『모멸의 시대』의 단초가 되었다."[15] 고리키의 별장에서 있었던 폐회 만찬에서 앙드레 말로는 또 건배를 제창하기 위해 일어났다. "나는, 지금 여기에 없지만 그럼에도 그의 존재감을 느끼는 한 사람을 위해 건배를 제창하고자 합니다. 레온 다비도비치 트로츠키를 위해 건배합시다." 분위가 썰렁해졌다. 트로츠키는 소련에서 이미 실각한 사람이었다. 그는 스탈린에 의해 추방당해 유배됐던 것이다. 9월 초, 앙드레 말로와 클라라는 소련 당국의 초청을 받아들여 노보시비르스크에 있는 한 별장에서 2주를 보내게 된다. 그들은 모범 국영농장과 집단농장을 방문하게 된다. 그리고 그들의 방문지에는 시베리아 서쪽에 있는 오리로트(오이로트투라, 고르노알타이스크)와 스탈리노고르스크(노보모스코프스크)라는 도시도 포함되어 있었다.

앙드레 말로 부부는 10월 초에 파리로 돌아오게 된다. 앙드레 말로는 그 당시 『모멸의 시대』를 쓰기 시작했고, 이 작품은 1935년 5월에 갈리마르 출판사에서 출간된다. 그는 이 작품에서 그 누구보다 먼저 정치범 수용소에서 저지른 나치의 비리를 고발했다. 모스크바에서 열렸던 작가대회 이후 그는 루이 아라공과 함께 1935년 6월에 파리의 뮈튀알리테 대회의장(Maison de la Mutualité)에서 개최된 국제작가대회에 참석했다. 앙드레 지드와 앙드레 말로의 주재 하에 진행된 이 대회에는 히틀러주의(나치즘)에 우려를 표명했던 유럽의 많은 지식인들이 참가했다. 이 대회의 참석자들은 순전히 소설가와 시인들이었다. 반면 모스크바에서 개최되었던 작가대회의 경우에는 참석자 대부분이 문화 공무원들이었다. "[앙드레 말로가] 없었다면 아무것도 할 수 없었을 겁니다. 모든 일이 그의 어

---

15 Clara Malraux, *Le bruit de nos pas*, t. IV : *Voici que vient l'été*, Grasset, 1973, p. 268.

깨에 달려 있었습니다. 그가 발언을 하면 대성공이었어요. 문자 그대로 그는 절정에 있었습니다." 공산주의 작가들의 경계에도 불구하고 소련에서의 탄압의 문제가 거론되고야 말았다. 시베리아에서 유형 생활을 하고 있던 빅토르 세르주(Victor Serge)의 일로 참석자들 사이에 분열이 일어났다. 그것을 계기로 문화 옹호를 위한 국제작가연합이 창설되었다. 7월 14일, 앙드레 말로는 공산주의자들, 사회주의자들, 급진사회주의자들의 모임에 참석하고 나서 바스티유 광장에서 나시옹(Nation) 광장까지 벌어진 시위에 참가했다. 인민전선이 조직되었던 것이다. 1936년 3월, 앙드레 말로는 이복동생인 롤랑 말로와 함께 모스크바를 다시 찾게 된다. 롤랑 말로는 모스크바에서 발간되는 프랑스판 문학잡지 『리테라튀르 앵테르나시오날(*Littérature internationale*)』의 편집장이 되기 위해 러시아어를 배우고자 했던 것이다.

앙드레 말로가 나치즘과 파시즘의 위험을 비난하기 위해 투사로서의 활동을 배가하는 있는 동안, 샤를 드골은 프랑스의 군대 상황에 대해 점점 더 걱정을 하기 시작했다. 특히 에밀 메예와 뤼시앵 나셍의 도움으로 깊이 생각하고, 또 그렇게 하면서 자신의 생각에 확신을 가진 후에 샤를 드골은 프랑스의 군사 작전을 고안하기 위해 움직이기 시작했다. 1934년에 그는 베르제 르브로(Berger-Levrault) 출판사에서 『미래의 군대』라는 제목의 책을 출간했다. 이 책에서 그는 전문 장갑부대의 창설을 주장했다. "세계의 동향, 평화 유지를 위한 국제 정세, 약자를 도울 수 있는 우리의 의무, 국제 질서의 유지 등과 같은 요인들을 고려하면 직업군인들로 구성된 부대의 창설이 절대적으로 필요하다." 샤를 드골은 프랑스가 자국 군대의 직업주의와 그 질적 우수성에 의해서뿐만이 아니라 또한 현대적 기술에 대한 적응 능력에 의해서도 방어되어야 한다는 점을 역설했다. 그가 선호한 군부대의 구성은 다음과 같았다. 만 명으로 구성된 단위부대로서, 여섯 개의 장갑부대와 한 개의 경화기부대가 그것이다. 이 경화기부대는 기동력이 좋은 포병, 보병 여단, 기술 지원팀, 요격 장치를 갖춘 공중정찰 부대를 포함하고 있어야 했다. 이와 같은 부대 구성의 목표는 전쟁 발발 초기에 적군을 완전히 무력화시키는 것이 아니라 적군의 기동력을 둔화시키는 것이었다.

샤를 드골의 저서는 군인들 사이에서, 특히 페탱 원수, 모리스 가믈랭(Maurice Gamelin), 막심 베이강 등과 같은 장군들을 위시해 고위 장교들 사이에서 그다지 호의적으로 받아들여지지 않았다. 육군부 장관 루이 모랭(Louis Maurin) 장군은 심지어 샤를 드골 중령에게 엘리제(프랑스 대통령 관저)에서 회의가 끝나고 나가는 길에 이런 말을 하기도 했다. "드골, 이 별이네. 내가 있는 곳에 자네 자리는 없을 걸세!" 샤를 드골은 낙담하지 않았다. 하지만 그는 그 자신의 생각을 확신시킬 수 있는 유일한 수단은 정치인들에게 직접 호소하는 것이라는 점을 이해하게 되었다. 그리고 그렇게 하려고 했다. 다만 문제는 그 당시 그가 정치인들과 그다지 많은 교류를 하고 있지 않았다는 점이었다.

그럼에도 불구하고 좋은 관계를 유지하고 있던 앙드레 타르디외(André Tardieu), 조제프 폴 봉쿠르 등을 떠올린 후에 샤를 드골은 마침내 장 오뷔르탱의 주선으로 폴 레이노(Paul Reynaud)에게로 방향을 돌렸다. 폴 레이노는 유능한 변호사로 변호사 모임의 총무를 맡던 인물로, 그 당시에는 파리의 국회의원이었다. 그는 그 당시의 희망을 구현하고 있던 정치인들 중 한 명이었다. 하지만 그는 프랑스 정치에서 아주 주변적인 입장에 놓여 있었다. 1930년 이래 세 번에 걸쳐 장관을 역임했던 그는 소련과의 협약과 앵글로색슨 국가들과의 동맹을 지지하고 있었다. 하지만 그는 무솔리니에 대해서는 적대감이 아주 강하지는 않았다. 장 오뷔르탱의 주선으로 샤를 드골은 폴 레이노에게 그의 저서 『미래의 군대』를 헌정사와 함께 보냈다. 우선은 자기가 속해 있는 위원회 밖의 문제에 대해 별로 내키지 않는 반응을 보이기는 했지만, 폴 레이노는 어쨌든 오뷔르탱에게 드골의 저서를 읽어 보겠다고 약속했다. 일주일 후에 이 두 사람 사이의 만남을 위한 약속이 잡혔다. 1934년 12월 5일, 드골 중령은 폴 레이노와 그의 보좌관 가스통 팔레브스키를 만났다. 후일 가스통 팔레브스키는 드골 장군을 보필하는 참모가 된다. 가스통 팔레브스키는 이렇게 말하고 있다. "폴 레이노가 서둘러 들어왔다. 나는 내 앞에 있는 키가 큰 장교를 보았다. 그는 굳은 얼굴을 하고 있었지만, 말을 시작하자마자 아주 차분하면서도 힘 있는 인상을 주었다. 그는 표현의 선택과 간단한 문장의 선택에서 한마디도 불필요한 말을 하지 않았다. 그리고 말을 할 때마다 그는 자기 생각의 전체 모습과 독창성이 어디에 있는지를 보여주었다. 몇 분이 지났을 때 나는 부인할 수 없는 그의 뛰어남을 간파할 수 있었다. 그가 개진했던 생각에 대해 내가 국회 차원에 속하는 약간의 설명을 했을 때 토론이 이루어졌다. 토론은 아주 진지했고, 아주 열정적이었다. 그래서 폴 레이노는 시계를 보면서 '옆에서 다른 사람을 만나야 합니다. 앉아 계십시오. 가능하면 빨리 오겠습니다.'라고 말했다. 우리들은 다시 대화를 이어 갔고, 그가 개진한 이론에 대한 찬반 토론을 점심때까지 계속했다. 그러자 드골이 이렇게 말했다. '점심 식사를 같이하면 어떨는지요?' (……) 오후 4시경에 우리들은 헤어졌다. (……) 이 반나절이 나에게 있어서는 결정적이었다. 그도 그럴 것이 내가 공화국 내에서 그 당시에 가질 수 있었던 약간의 영향력이 있다면 나는 그것을 드골 중령을 위해 쓸 것이라고 속으로 생각했기 때문이다."[16] 가스통 팔레브스키는 정치와는 그렇게 멀리 떨어져 있고 또 그렇게 낯설게 느꼈던 드골 중령이 열정적으로 펼쳐가는 정치인들을 상대로 한 캠페인에서 그를 누구도 대신할 수 없는 방식으로 돕게 된다.

샤를 드골은 그 당시 친구였던 조르주 루스토노 라코에게 이렇게 털어놓고 있다. "우리는 현재 국가를 개혁할 수는 없네. 국가는 현재 있는 그대로 있을 것이네. 내 해결책은 다음과 같네. 우리가 하려고 하는 일을 도와줄 가능성이 있는 정치인과 관계를 맺고, 그에게 현대 군사 작전을 이해시키고, 그에게 기술적 충고를 해주는 것일세. 언젠가 이 정치인이 정권을 잡게 되면 그는 군사 참모를 고용하게 되고, 또 그렇게 해서 그로 하여금 자신의 생각을 펼쳐보이게 할 수 있을 것일세."[17] 1935년 3월 15일, 폴 레이노는 샤를 드골의 생각을 하원 연단에서 펼쳐보이게 된다. 하지만 샤를 드골은 우파에서 단 한 명의 국회의원의 지지로 만족할 수는 없었으며, 좌파 진영에서도 지지자를 찾으려고 노력하게 된다. 전통 사회주의자인 레옹 블룸은 전차부대를 위주로 한 전략에 아주 둔감하지는 않았지만 직업군인에 대해서는 반대하는 입장이었다. 샤를 드골은 하원의 군사위원회 위원장이었던 레오 라그랑주[18]를 만나게 된다. 레오 라그

16 Gaston Palewski, *Mémoires d'action, 1924-1974*, Plon, 1988, p. 22.

17 Georges Loustaunau-Lacau, *Mémoires d'un Farnçais rebelle*, Robert Laffont, 1948, p. 120.

18 1949년 5월 30일자의 한 편지에서 앙드레 말로는 마들렌 라그랑주에게 이렇게 쓰고 있다. "친애하는 마들렌, 한 주 전에 드골 장군과 라모네(la Monnaie) 왕립극장에 갔다 왔습니다. (……) 장군은 창문을 통해 밖을 보면서 이렇게 말을 했습니다. '내가 마지막으로 이곳에 온 것은 라그랑주라는 이름을 가진 용감한 사람을 보기 위함이었소. (……) 그는 그 당시 뭔가를 이해한 유일한 사람이었소. 프랑스를 위해 유용한 뭔가를 할 수 있는 자들 중에 유일하게 뭔가를 이해했던 거요. 당연히 그로 인해 죽은 유일한 사람이기도 했소.'" André Malraux, *Carnet du Front populaire, 1935-1936*, Gallimard, 2006, p. 105.

랑주 의원은 샤를 드골 중령의 생각에 동의를 하지만, 레옹 블룸을 설득하지는 못했다.

벌써 자기 나름의 개성을 가진 사람이었던 샤를 드골은 이와 같은 미약한 성과로 꺾이지 않았다. 그는 장 오뷔르탱의 지지를 받으면서 계속해서 사람들을 설득해 나갔다. "사회주의 지도자의 반감이 우리를 주눅들게 하지는 않소. 우리들의 캠페인을 계속해 나가야 하오…… 나는 최근 신사회주의당을 창당하기 위해 SFIO(국제노동자동맹 프랑스 지부)를 떠난 마르셀 데아와 함께 우호적인 관계를 맺을 생각이오. 나는 우리 집에서 그와 만나는 기회에 그에게 드골 중령의 생각을 알려 주었고, 또 그가 쓴 저서도 건네주었소. 데아는 그 생각에 동의를 했고, 며칠 후에는 아주 전투적인 기사를 쓰기도 했소. 분명 그는 드골 중령의 생각의 장점이 무엇인지를 이해한 것 같소. 어쩌면 사회당과 갈라지는 기회에 레옹 블룸과의 격렬했던 투쟁이 그의 옛 동지가 거절한 드골 중위의 생각에 매력을 느끼게 한 요인일 수도 있소."[19] 샤를 드골은 실제로 마르셀 데아에게 의지하게 된다. "우파의 폴 레이노와 함께 좌파에서 협력하는 마르셀 데아의 지지가 있다면, 그거야말로 가장 바람직한 일이 될 것이오." 샤를 드골은 또한 공화국의 전 대통령이었고 상원의원인 알렉상드르 밀랑(Alexandre Millerand), 중도파이자 각의의 의장이었던 카미유 쇼탕을 만나기도 했다. 샤를 드골은 각종 모임에서 강연을 했고, 많은 사람들을 만났다. 하지만 이와 같은 수많은 노력의 결과는 미미했다. 여론이 아직 무르익지 않았던 것이다.

하지만 일련의 사건들로 인해 샤를 드골이 옳다는 것이 증명되기 시

---

19 Jean Auburtin, *Le colonel de Gaulle*, Plon, 1965, p. 27.

작했다. 1935년 3월 15일, 히틀러는 베르사유 조약의 가장 핵심적인 금지조항 중 하나인 독일군의 징병제를 재도입했다. 그로부터 1년 정도 후에 히틀러는 라인란트의 비무장지대를 점령하게 된다. 이와 같은 포커 게임에서와 같은 공격에 맞서 프랑스 정부는 계속적으로 겉으로만 강한 어조로 단순한 선언만을 계속했을 뿐이었다. 1936년 6월에 레옹 블룸이 지휘하는 인민전선이 선거에서 승리를 거두었다. 10월 14일, 레옹 블룸은 에밀 메예의 사위이자 그의 조력자였던 폴 그륀봄 발랭(Paul Grunebaum-Ballin)의 주선으로 드골 중령을 만나게 된다. 그 시기에도 레옹 블룸은 약간 생각이 바뀌기는 했지만 여전히 드골의 생각에 완전히 설득된 것은 아니었다. 전쟁이 끝난 후에 레옹 블룸은 자신의 잘못을 인정하게 된다. "프랑스는 적어도 4년 지각이 아니라 적어도 2년 앞서서 대규모 기계화 부대와 새로운 전략을 갖출 수 있었을 것이다…… 그랬더라면 전쟁의 재앙을 피했을 수도 있고, 또 전쟁 자체를 피할 수도 있었을지도 모른다." 어쨌든 이 두 사람은 만나기는 했던 것이다.

레옹 블룸과 같이 그 당시에 샤를 드골을 만나 보았던 사람들의 의견을 보면 샤를 드골에게서 전쟁에 사로잡힌 사람을 보는 듯한 의견도 찾아볼 수 있다. "처음 그를 만나게 되면 그에게서 자기 일에 아주 철저한 사람을 보는 것처럼 느꼈다. 아주 침착하게 나를 훑어보는 사람, 낮고 정확한 목소리로 나에게 말을 하는 사람, 하나의 생각, 하나의 신념에 완전히 몰두하고 아무것에도 방해를 받지 않고 거기에 푹 빠질 수 있는 그런 사람의 모습이 그것이었다."[20] 샤를 드골은 자기 생각을 펼치는 캠페인에서 아주 단호했다. "독일에 맞서 우리를 도울 수 있는 모든 것

---

20 Léon Blum, *Œuvres*, t. 7, Albin Michel, 1955, p. 14.

은 좋습니다. 비록 그것이 소련의 군사력이라고 해도 말입니다. (……) 사태를 정면으로 바라보는 용기를 가져야 합니다. 지금 이 순간 모든 것이 단 하나의 계획에 따라야 합니다. 어떤 이유에서든지 독일에 반대하는 모든 사람들을 한데 모으는 것, 이렇게 해서 독일로 하여금 전쟁을 못하게 하는 것, 만일 독일이 전쟁을 일으킬 경우 그 전쟁을 이기는 것이 그것입니다."[21]

프랑스의 군사 전략상의 문제 말고도 샤를 드골은 또한 전체주의에 대해 명백한 반대 의사를 표명했다. 그에게 있어서 파시즘은 조국 프랑스의 적일 뿐만 아니라 또한 그의 교양, 그의 전통, 그의 확신의 적이기도 했다. "자유의 죽음을 대가로 치르는 사회적 균형을 어떻게 받아들일 수 있는가?" 샤를 드골은 장 오뷔르탱에게 1937년 11월 13일자 편지에서 이렇게 쓰고 있다. 1941년 11월 25일에 옥스퍼드 대학 학생들 앞에서 연설을 하면서 그 자신 다시 한 번 힘주어 상기하고 있는 그의 확신은 다음과 같은 것이었다. "본질적으로 개인의 자유와 발전을 지향하는 우리의 문명이 정반대되는 세력과 싸우고 있습니다. 이 반대 세력은 인종차별적이고 민족적인 공동체에게만 그 권리를 인정할 뿐이고, 개개인에게는 그가 원하는 대로 생각하고, 판단하고, 행동하는 권리를 인정하는 것을 거부하고 있습니다. 또한 이 반대 세력은 개개인에게서 가능성을 빼앗고, 선악을 결정하고, 진실과 허위를 구분하는 터무니없는 힘을 독재자에게 일임하고 있습니다. 게다가 이 반대 세력은 이 세력에 의해 대표되는 집단의 총체적 지배에 유리한가의 여부에 따라 개개인을 죽이고 살리는 것을 결정하는 터무니없는 힘을 역시 독재자에게 일임하고

---

[21] Charles de Gaulle, *Lettres, notes et carnets, 1919-juin 1940, op. cit.*, p. 442.

있기도 합니다. (……) 바로 이와 같은 점에서 현재의 전쟁에는 서구 문명 전체의 잔존과 멸망이 걸려 있는 것입니다."[22]

　1936년 2월, 스페인에서 좌파가 선거에서 승리를 거머쥐었다. 1936년 5월 17일, 앙드레 말로는 스페인 작가이자 기독교 신자이며 공산주의자들과 가까운 반파시스트인 호세 베르가민의 초청으로 마드리드를 방문했다. 1935년 6월에 있었던 국제작가대회에서 앙드레 말로는 다음 번 대회를 1937년 7월에 마드리드에서 개최할 것을 제안한 바 있었다. 그 기회에 앙드레 말로는 자유주의 경향을 가졌거나 좌파에 속한 대부분의 스페인 지식인들을 만나게 된다. 그렇게 해서 앙드레 말로는 스페인 대통령이었던 마누엘 아사냐(Manuel Azaña)와 몇 시간 동안 문학에 대한 이야기를 나누는 기회를 갖기도 한다. 앙드레 말로는 며칠 동안의 방문에서 있었던 몇 차례의 연설에서 아주 투쟁적인 태도를 보여준다. "예술가의 운명이란 그런 것입니다. 기쁨을 위한 것이든 아니면 고통을 위한 것이든 소리를 외쳐야 하는 것입니다. 하지만 이 외침의 언어를 선택하는 것은 세계의 운명입니다. (……) 우리들은 지금 우리들이 파시스트들과 싸우고 있다는 것을 잘 알고 있습니다. 언젠가 그들과 기관단총을 들고 싸워야 할 것입니다." 1936년 6월, 프랑스에서 인민전선이 국회의원 선거에서 승리를 거두었다. 레옹 블룸이 내각을 조직했다. 7월 18일 저녁, 앙드레 말로 부부는 친구인 레오 라그랑주와 그의 부인 마들렌과 함께 극장에 있었다. 레옹 블룸 정부에서 공군부 장관을 맡고 있던 피에르 코가 다른 자리에 있었다. 그는 그 당시 체육여가부 차관직을 맡고 있던 레오 라

22 Charles de Gaulle, *Discours et messages, 1940-1946,* Plon, 1970, p. 144.

그랑주에게 사람을 보냈다. 레오 라그랑주는 그를 통해 스페인에서 군사 봉기가 발생했다는 소식을 듣게 된다.

2월 이래로, 탄생한 지 얼마 되지 않은 스페인 공화국은 팔랑헤 당원 (phalangiste)들의 테러와 반파시스트들의 파업 사이에서 힘든 시간을 보내고 있었다. 7월 17일, 모로코에 주둔하고 있던 스페인 부대가 프랑코 장군의 지휘 하에 봉기를 감행한 것이다. 3년 동안 지속될 스페인 내전의 발단이었다. "세계의 유혈이 낭자한 대규모 사태가 시작되었다." 앙드레 말로는 상황을 파악하기 위해 즉각 현지에 갈 것을 제안했다. 스페인 정부는 프랑스에 공식적으로 군사적 도움을 요청했다. 21일에 앙드레 말로는 클라라와 함께 바르셀로나에 도착했다. 그들은 호세 베르가민의 영접을 받았다. 현장에서 모든 사람들의 의견이 일치했다. 공화국 군대의 약점은 땅에서 활개를 치는 프랑코 지지자들의 기갑부대에 맞설 수 있는 전투비행부대의 부재라는 것이었다. 스페인 정부에 의해 '대령'으로 임명된 앙드레 말로는 외국 군인들로 구성된 전투비행중대를 구성하고 지휘할 권리를 위임받았다. 그는 이 부대에 '에스파냐(España)'라는 이름을 붙였다. 9개월 동안 앙드레 말로 대령은 비행기를 조종할 수는 없었지만 스페인을 위해 싸우게 된다! 그는 소총 기관수였다. "스페인 공화주의자들과 공산주의자들과 한편이 되어 싸우면서 우리들은 우리들 스스로 (그리고 나 역시) 보편적이라고 여기는 가치들을 옹호했던 것이다."[23]

27일, 앙드레 말로는 파리로 돌아왔다. 그는 전투비행중대를 조직하기 위해 노력했다. 그의 아파트는 지원병 모집소로, 스페인 대사 부속건

---

23 Gaëtan Picon, *André Malraux par lui-même*, Le Seuil, 1996, p. 90에서 볼 수 있는 앙드레 말로의 주석.

물이 되어버렸다. 처음에 그는 비싼 월급을 지급하면서 의용군들을 고용했다. 그도 그럴 것이 아주 힘들게 구한 비행기를 전문조종사들에게 맡길 수밖에 없었기 때문이었다. 한편 피에르 코는 자기 비서실에서 일하는 장 물랭(Jean Moulin)의 도움을 받아 전투비행부대 요원들을 모집하기 시작했다. 앙드레 말로는 프랑스 정부의 도움을 얻기 위해 분투노력했다. 하지만 레옹 블룸 정부는 분열되어 있었다. 레오 라그랑주, 피에르 코, 뱅상 오리올 등과 같은 몇몇 인사들은 스페인 정부에 대한 원조에 대해 찬성하는 입장이었지만, 국방 책임을 맡고 있던 에두아르 달라디에, 외부부 장관이던 이봉 델보(Yvon Delbos)와 같은 영향력 있는 급진파 인사들은 스페인 정부에 대한 원조에 결사반대의 입장을 취하고 있었다. 스페인 정부에 대한 원조에 어느 정도 호의적이었던 레옹 블룸은 중간에서 양보를 할 수 밖에 없는 입장에 있었다. 8월 8일, 소련, 영국, 이탈리아, 독일과의 불가침조약이 체결되었다. 첫 3개월 동안을 제외하면 그 어떤 국가도 이 협정을 지키지 않았다. 이것이 바로 프랑코 지지자들을 위한 결정적 무기가 된다.

그런 결정을 예상하고 있던 앙드레 말로는 낙담하지 않았다. 그는 20여 대의 비행기를 구했고, 앞으로도 10여 대를 더 구할 생각이었다. 8월 6일, 그는 운명의 시간인 자정 전에 비행기로 스페인의 마드리드에 도착했다.[24] 바르셀로나에서 한 번 쉬고 나서 그는 바라하스를 거쳐 마드리드에 도착했다. 마드리드에 도착하면서 그는 곧장 모든 일이 임기응변

---

24 영국과의 불가침조약을 공식화해야 했던 레옹 블룸은 의도적으로 내각회의를 지연시켰다. 이는 포(Pau)에 대기하고 있던 열세 대의 비행기가 스페인에 도착하는 것을 기다리기 위함이었다. 그는 그의 보좌관이었던 쥘 모슈(Jule Moch)가 매번 비행기가 이륙했다는 내용을 담은 문서를 열세 차례에 걸쳐 가져다 준 후에야 비로소 회의를 속개했다.

에 의해 이루어지고 있다는 것을 알게 되었다. 며칠 동안에 세 명의 장관이 갈린 국방부는 완전히 무질서의 극치였던 것이다. 공군에는 지도자는 커녕 참모부도 없었다. 전쟁터에서는 프랑코의 부대가 점차 영역을 확대하고 있었다. 마드리드에서 앙드레 말로와 부대원들은 플로리다 호텔에 여장을 풀었다. "플로리다 호텔은 일종의 바벨탑이었다……. 이 호텔에 앙드레 말로의 비행사들, 기자들, 스페인 공화국의 인사들, 혁명이나 전쟁 때 항상 약방의 감초처럼 끼는 모험가들이 숨어들었다. 앙드레 말로는 행운의 비행대를 조직했고, 그의 얼굴은 온통 작전에 골몰한 표정이었다. 앙드레 말로는 진정한 전투원으로서 모든 용기를 동원했던 것이다."[25]

14일, 스페인 정부는 남·북쪽 민족주의자들의 부대가 포르투갈 국경 근처에서 접선을 한다는 것을 알게 되었다. 16일, 앙드레 말로 '대령'이 이끄는 전투비행편대의 첫 번째 출격이 있었다. 테루엘 산맥 지역의 위협적인 프랑코 지지자들의 수송 차량 보급기지를 폭격하기 위함이었다. 20일, 두 번째 출격이 있었다. 앙드레 말로는 비행편대의 일원이었다. 그가 대장이긴 했지만 모범을 보여주길 원했다. 폭격은 성공이었다. 비행편대가 메데인(Medellín) 마을에 집결되어 있던 프랑코 지지자들의 차량들을 폭격했던 것이다. 폭격을 하고 돌아오는 길에 이 비행편대는 독일군 비행기들과 교전을 했다. 기관단총 사수들이 비행편대에 사격을 가했던 것이다. 앙드레 말로는 팔에 가벼운 부상을 입었다. "스페인 국민에 대한 연대감을 보여주기 위해 마드리드로 달려간 작가들이 구성한 소규모 국제행동단체에서 앙드레 말로는 제일 앞자리를 차지하

---

25 Pietro Nenni, *La guerre d'Espagne*, Maspero, 1959, p. 163.

고 있다. 그 자신 전혀 준비가 안 된 공중전의 위험을 직접 무릅쓴 것에 대해 모든 사람들이 찬사를 보내고 있다. 마드리드를 위한 전투로 인해 사람들의 양심이 불타오름에 따라 그에 대한 전설은 점점 더 커져만 갔다. (……) 그의 위엄은 대단했으며, 그가 플로리다 호텔로 되돌아오면 모든 사람들이 그의 주위로 몰려들었다. 특히 그가 기관단총 사수의 자격으로 참가한 광적인 출격 임무를 마치고 돌아오는 때에는 더욱 그러했다! 그는 그 자신의 정치적 참여를 군사적인 일에 대한 무지와 마찬가지로 아주 간단하게 상징적으로 보여주었던 것이다.”[26] 그 당시 스페인에서 ‘에스파냐’ 전투비행편대만이 프랑코 비행부대의 유일한 적수였다. 몇 차례의 성공적인 폭격에도 불구하고 ‘에스파냐’ 전투비행편대는 히틀러, 특히 무솔리니가 프랑코에게 제공한 전투기와 폭격기에 의해 얼마 가지 않아 와해되었다. 이 두 독재자는 그 당시 프랑스와 영국의 소극적인 입장을 십분 이용했던 것이다. 실제로 ‘에스파냐’ 전투비행편대는 한 번에 여섯 대의 비행기가 동시에 출격한 적이 없었으며, 아홉 대의 비행기가 동시에 가동 상태에 있었던 적이 없었을 정도였다. 물론 이 전투비행편대에 의해 프랑코 지지자들의 진격이 눈에 띌 정도로 둔화된 것은 아니었다. 하지만 어쨌든 이 편대가 강한 상징적 의미를 가졌었다는 점은 부인할 수 없을 것이다.

앙드레 말로를 마드리드까지 동행했던 클라라와의 관계 역시 항상 소란스러웠다. 이별이 가까워졌다. 그들은 9월 초에 파리로 돌아가게 된다. 앙드레 말로는 파리에서 조제트 클로티와 재회하게 된다. 하지만 3

---

26 조르주 소리아(Georges Soria)의 증언. Jean Lacouture, *André Malraux, une vie dans le siècle, op. cit.,* pp. 220-221에서 인용.

일 후에 그는 벌써 다시 마드리드로 다시 출발했다. 마드리드 현장 상황은 끔찍했다. 전날의 공중전은 완전한 실패였다. 9월에는 '에스파냐' 전투비행편대의 상당 부분이 마비되었다. "앙드레 말로는 영어와 독일어를 잘하지 못했고, 스페인어, 이탈리아어, 러시아어, 중국어는 전혀 하지 못했다…… 그럼에도 불구하고 그는 어떻게 항상 관심이 집중되는 위치에 있고, 또 그의 주위에 그렇게 굉장한 사람들이 모여드는 것일까? 그는 프랑스어로도 아주 복잡한 통사 구조를 가진 긴 문장을 사용했고, 대화 상대자들의 수준에 맞추기 위해 그 자신이 표현하고자 하는 어휘를 빈약하게 하지도 않았다. (……) 하지만 앙드레 말로는 대체적으로 호감을 누리는 데 아무런 문제가 없었다."[27] 10월부터 스탈린은 스페인 정부에 대한 원조를 대폭 강화했다. 그때부터 공산주의자들이 우월한 위치를 점했으며, 주로 정권 장악에 가담했다. 22일에는 스탈린에 의해 주도된 국제의용군 창설이 공식적으로 발표되었다. 앙드레 말로는 이 의용군에 가담하지 않았다. 11월 중순, 스페인 정부는 마드리드를 반란군의 손에 넘겨주고 발렌시아로 도피할 수밖에 없었다. 앙드레 말로와 전투비행편대도 알바세테로 향했고, 나중에 발렌시아로 향하게 된다. "겨울(1936~1937년) 동안에 나는 발렌시아에서 앙드레 말로를 종종 만났다. 그의 전투비행편대는 그곳에서 가까운 곳에 있었다. 그는 여전히 유일한 열정에 사로잡혀 있는 사람이었다. 나는 그가 동양에 매료되고, 도스토옙스키와 포크너에 매료되었고, 그 이후 노동자들과 혁명에 매료된 시기에 그를 알게 되었다. 발렌시아에서 그는 파시스트들을 폭격할 것만을 얘기했다. 내가 문학에 대해 말을 하면 그는 실쭉한 낯을 보이다

---

[27] Id., ibid., p. 221에서 인용.

가 이내 침묵을 지켰다."[28]

전투비행편대의 마지막 작전은 1937년 2월에 펼쳐졌다. 말라가에 있는 피난민들을 돕는 작전이었다. 앙드레 말로는 무릎에 부상을 당했다. 3월에 그는 스페인 공화 정부의 비공식적 선전 및 대외 업무 담당 장관으로 임명되었다. 그는 회복 기간을 이용해 프랑스, 유럽, 미국에서 개최된 여러 차례의 강연과 회합을 통해 스페인 공화 정부의 대의명분을 지지했다. 3월에 여전히 그는 미국에서 할리우드의 좌파 배우들과 영화계 인사들, 그리고 뉴욕에서 간행되는 잡지 『더 네이션(The Nation)』 관련 인사들과 더불어 여러 대학(버클리, 프린스턴, 하버드……)을 순회하기도 했다. 그는 워싱턴에서 아무런 공식적인 영접을 받지는 못했다. 그러기는커녕 미국의 안전에 위협적인 혁명 인사라는 이유로 그의 비자를 철회하는 문제가 제기되기도 했다.

4월에서 7월까지 앙드레 말로는 스페인 전쟁을 소재로 한 소설 집필 작업에 매달리게 된다.

7월 초, 제2회 국제작가대회가 발렌시아에서 개최되었다. 하지만 전쟁으로 인해 앙드레 말로는 이동할 수가 없었다. 그는 마드리드, 바르셀로나를 거쳐 2주 후에 파리에 다다르게 된다. 이 대회가 진행되는 동안 그에게 공작을 했던 소련인들은 앙드레 지드를 규탄하기 위해 그를 이용할 계획이었다. 지드는 『소련기행(Retour de l'URSS)』이라는 책을 출간했는데, 스탈린의 소련에 대한 준엄한 비난이 그 주된 내용이었다. "나는 오늘날 그 어떤 나라에서도, 심지어는 히틀러가 통치하는 독일에서도 정신이 이보다 덜 자유롭고, 더 억눌리고, 더 우려하고(공포에 떨고), 더

28 Ilya Ehrenbourg, *La nuit tombe*, Gallimard, 1966, pp. 395-396.

예속되어 있다고 생각하지 않는다." 이 저서의 출간을 계기로 앙드레 지드는 배신자가 되어버린 셈이었다. 그는 공산주의자들과 그들의 동반자들로부터 온갖 비난을 받았다. 앙드레 지드에 대한 이와 같은 규탄은 이점이 있었다. 스탈린의 비밀경찰 엔카베데(NKVD: 내무인민위원회) 요원들에 의한 품[POUM(마르크스주의 통일노동자당): 스페인의 반(反)스탈린주의 혁명조직]의 지도자 안드레스 닌(Andrés Nin)의 암살 사건을 잠재우는 것이었다. 파리에 급히 들른 앙드레 말로는 앙드레 지드를 만나 이렇게 말했다. "고생 많으셨죠? 가만두지 마세요." 하지만 파시즘에 대해서는 분명한 반대 입장을 보였던 앙드레 말로 역시 공산주의자들에 대한 입장이 모호했다. 분명 앙드레 말로는 공산주의 자체 내에 전체주의적 요소가 포함되어 있다는 것을 느끼고 있었다. 하지만 그는 먼저 파시즘과 나치즘을 공격하는 것을 선호했다. 그는 트로츠키와의 관계를 끊었다. 트로츠키가 그에게 스탈린을 지지했다고 비난했던 것이다. 그리고 그는 제3인터내셔널과의 관계 역시 끊었다. 그에게 모스크바에서 열렸던 앙드레 지드 규탄에 대한 왜곡된 정보를 전달해 주었기 때문이었다.

　앙드레 말로의 스페인 내전 참가로부터 두 편의 걸작이 나오게 된다. 소설 『희망(L'Espoir)』과 영화 〈희망(L'Espoir)〉이 그것이다. "나는 모든 각자를 위해 그가 타인들에게 요구하는 것에 의해 규정되지 않는 그런 삶을 원한다." 소설은 1937년 12월 18일에 출간되었다. 1938년 초부터 앙드레 말로는 자기의 대의명분을 더 잘 보여주기 위해 이 소설의 영화 각색 작업을 시작한다. 그는 이를 위해 전문가들을 모았다. 그의 오랜 친구였던 에두아르 코르니글리옹 몰리니에가 이 영화의 제작을 맡았다. 영화 〈테루엘 산맥(Sierra de Teruel)〉의 촬영은 전투와 폭격이 가까이에서 이루어지는 아주 어려운 상황에서 7월 20일에 시작되었다.

이 영화 촬영은 또한 앙드레 말로와 클라라 사이의 단절로 이어지는 결과를 가져온다. 앙드레 말로는 이혼을 요청했으나, 이 전쟁으로 인해 그의 계획은 실현되지 못한 상태였다. 그는 이미 조제트 클로티와 살고 있었다. 영화 편집은 1939년 7월에 끝나게 된다. 하지만 9월에 에두아르 달라디에 정부는 전쟁을 이유로 이 영화의 상영을 금지하게 된다. 이 영화는 제2차 세계대전의 종전과 더불어 배급되게 된다. 1945년 10월에 앙드레 말로는 이 영화로 루이 들뤼크(Louis Delluc) 영화상을 수상하게 된다.

1937년 7월, 드골 중령은 메츠(Metz)에 주둔해 있는 제507전차대대에 소속되어 있었다. 9월 5일, 그는 이 부대의 지휘봉을 잡게 된다. 12월 25일, 그는 대령으로 진급했다. 비록 이 부대가 그가 선호하는 기갑부대의 싹이긴 했지만, 드골 대령은 기갑부대를 분리시키는 실험을 감행한 에두아르 달라디에 정부의 결정에 대해 그다지 만족하지는 않았다. "이것은 잘못된 계산에서 나온 결과이다. 어쨌든 우리의 생각에 대해 간접적이나마 옹호를 해준 것에는 경의를 표한다. 하지만 우리가 요구한 것에는 턱없이 부족한 것이다."[29] 드골 대령의 걱정은 아주 컸고, 특히 그는 프랑스의 상황에 대해 아주 회의적이었다. "프랑스는 첫 번째 공격을 막아내야 하는 입장에 있는 만큼 현재의 방어 수단이 부족하다. 영국인들은 아직 준비가 덜 되어 있다. 러시아인들을 완전히 신뢰할 수 있는 입장도 아니다. 미국인들에 대해 말하자면, 그들은 항상 시간을 버는 자들이다. 그들은 실제로 팔짱을 끼고 관망하는 자들이다. 결국 우리 조국이 다시 한 번 침범을

---

29 Charles de Gaulle, *Lettres, notes et carnet, 1919-juin 1940, op. cit.*, p. 411.

당하게 된다면 파리까지 도달하는 데 며칠이면 족할 것이다."[30]

메츠에서 드골 대령은 기갑부대에 대한 실용적 지식을 심화시키기 위해 자기 부대를 이용했다. 그는 훈련과 경험을 배가시켰다. 그에게는 "모터 달린 대령(colonel-motors)"이라는 별명이 붙기도 했다. 보급부는 제507기갑대대의 지나치게 많은 포탄 소비량에 대해 불평하기도 했다. 그렇지만 드골 대령은 여전히 파리와 중요한 결정을 내리는 장소들과 멀리 떨어져 있다는 것을 느끼고 있었다. 물론 그는 폴 레이노와 정기적으로 소식을 주고받기는 했다. 레노는 1937년에 드골 자신의 주장에서 대거 영감을 얻은 『프랑스군의 문제(*Le problème militaire français*)』라는 제목의 저서를 출간하기도 했던 인물이었다. 1938년 9월, 드골 대령은 다니엘 알레비의 집에서 만나 알게 된 다니엘롭스(Daniel-Rops)가 관여하고 있던 플롱(Plon) 출판사의 《프레장스(Présence)》 총서 가운데 하나로 『프랑스와 프랑스의 군대』를 출간했다. 이 책의 출간으로 인해 그와 페탱 원수 사이에 완전히 금이 가고 만다. 샤를 드골은 이 책을 쓰기 위해 1928년에 페탱 원수를 위해 그가 작성했던 원고를 돌려받았던 것이다.

샤를 드골의 주장이 퍼지기 시작했다. 기본적으로 외부에서 발생한 사건들 때문이었다. 독일 국방군 기갑부대의 전광석화와 같은 효율성 덕택에 이루어진 1938년의 독일·오스트리아 합방(獨墺合邦), 뮌헨 협정과 굴욕, 1939년 8월 23일에 체결된 독소(獨蘇)불가침조약의 체결 등이 그 것이었다. 드골 대령은 이 모든 사건들을 보고 그 자신이 옳았음을 느꼈을 때 서글픈 만족감이 들었을 뿐이었다. 9월 2일, 독일에 대한 영국과 프랑스의 선전포고가 있기 전날, 그는 임시로 알자스에 주둔해 있는 전

---

**30** Jacques Vendroux, *Cette chance que j'ai eue……*, Plon, 1974, pp. 57-58에서 인용.

차 집결 부대인 제4전차부대의 지휘관으로 임명되었다. 물론 이 부대의 규모는 그 자신이 요구했던 규모보다 훨씬 작은 것이었다.

　제2차 세계대전이 발발했을 때, 앙드레 말로와 마찬가지로 샤를 드골도 각자 성인(成人)으로서의 삶의 문턱에 있었다. 그들은 각자 예고된 사건들이 그들의 운명을 통째로 바꿔놓을 것이라는 점을 예감하고 있었다. 그때 앙드레 말로는 37세, 샤를 드골은 48세였다. 그때까지 두 사람 사이에서 모든 것이 대조되었지만—심지어 샤를 드골의 반나치즘, 명석한 군사적 반사 신경과 앙드레 말로의 지식인으로서의 이데올로기적 투쟁까지도 전혀 닮지 않았다—그들 두 사람은 다음과 같은 중요한 점에 대해서는 의견을 같이하고 있었다. 인간의 조건에 대한 날카로운 의식, 즉 인간의 자유, 존엄성, 그리고 환원 불가능성에 대한 의식이 그것이다.

| 제6장 |

# 개종

## 1939–1945

"내 글을 옮겨 적었을 때,
그리고 프랑스가 전쟁을 벌일 때,
우리는 싸울 것이다."[*]
―앙드레 말로

"나는 프랑스와 결혼했습니다."
―앙드레 말로

[*] Roger Stéphane, *Fin d'une jeunesse*, La Table ronde, 2004, p. 82에서 인용.

1939년 9월 1일, 앙드레 말로는 조제트 클로티와 님(Nimes)에 있었다. 그는 얼마 전 그녀에게 포드 V8을 선물해 주었다. 그들은 함께 며칠 동안 바캉스를 보냈다. 앙드레 말로는 그곳에서 독일이 폴란드를 침공했다는 소식을 접했다. 그는 즉시 파리로 돌아가기로 결심했다. 앙드레 말로는 파리로 돌아가는 도중 도르도뉴의 볼리외에서 프랑스와 영국도 독일에 대해 전쟁을 선포했다는 소식을 들었다. 파리에 도착하자 앙드레 말로는 곧바로 공군에 지원하려 했다. 그는 곧 벌어질 전투에서 적극적으로 싸우고 싶었다. 하지만 그는 자신의 병역 기록 때문에 지원이 어려웠다. 프랑스군은 1922년 당시 앙드레 말로의 징집을 연기했고, 1929년에 그를 징병검사에서 불합격시켜 비정규 보조근무 병역에 배속시켰다. 프랑스군에게 앙드레 말로는 스페인 내전에서 활약한 비행전투단 대령이 아니었다. 앙드레 말로에게 프랑스군 장교가 될 수 있는 가능성은 전혀 없었다. 그는 군에 입대하려고 여러 모로 시도했지만 모두 실패로 돌아갔다. 그는 단순히 징병 사무소에까지 지원을 해보았으나 또 실패했다. "난 낙제생마냥 떨어졌다."[1] 그는 당시 폴란드군에 지원하려는 생각까지 했었다.

그래도 앙드레 말로는 포기하지 않았다. 1939년 12월, 그는 마침내 일을 꾸미기 시작했다. 그는 앙드레 뵈클레를 만났다. 앙드레 뵈클레는 장 지로두와 함께 인터콘티넨탈 호텔에 설치된 정보국에서 일하고 있었다. "최악의 상황을 피할 수 있는 시간은 여전히 남아 있어요. 윗선에서 무슨 생각을 하는지는 모르겠지만—물론 윗선이 존재한다면, 혹은 당신의 정보국에서 그 윗선이 존재하기라도 한다면—독일에서 나에게 직접 오는 정보에 의하면 우리는 그들로부터 매우 위협받고 있습니다. 하지만 숙명이 벌어지기 전에 먼저 선수를 칠 수 있죠. 적을 교란시키기 위해서, 그리고 프랑스에서 그 누구도 상상하지 못할 결말, 또는 무서운 재앙이 될지도 모를 결말을 바꾸기 위해서 우리는 기발한 방법으로 이를 대처할 수 있습니다."[2] 그리고 앙드레 말로는 앙드레 뵈클레에게 모스크바에 같이 갈 것을 제안했다. 스탈린에게 도움을 청하기 위해서였다. "스탈린을 만나러 모스크바에 있는 크렘린 궁으로 갑시다. 장담하는데 내가 그곳에 도착하기만 하면 크렘린 궁으로 들어갈 자신이 있어요. 나에게는 조직과 요원, 돈, 필요한 것들을 모두 가지고 있어요."[3] 스탈린을 만나려는 이 정신 나간 계획은 수포로 돌아갔다. 독소불가침조약에도 불구하고 항상 앙드레 말로는 공개적으로 공산주의자들의 태도에 반대하는 입장을 취하는 것을 꺼려했다. 레이몽 아롱은 어느 날 저녁 세 시간 이상 앙드레 말로의 생각을 바꿔 보려고 시도했지만 허사였다. 아무런 소용이 없었다. 스페인 내전 이래 시간이 어느 정도 흘렀지만 앙드레 말로의 확고부동한 태도는 여전했다. 1938년, 앙드레 말로는 폴

---

1 Pierre Galante, *André Malraux. Quel roman que sa vie, op. cit.*, p. 170에서 인용.
2 Curtis Cate, *André Malraux, op. cit.*, p. 340에서 인용.
3 *Id., ibid.*, p. 340에서 인용.

노통브의 집에서 조르주 베르나노스와 함께 식사를 했다. 앙드레 말로는 조르주 베르나노스에게 다음과 같이 말했다. "당신은 당신이 속한 당에 맞서 진실을 글로 썼습니다. 하지만 나는 공산당에 맞서 절대로 진실을 말할 수 없을 것입니다."[4]

앙드레 말로는 인터콘티넨탈 호텔을 여러 번 방문하다가 한번은 앙드레 모루아를 만나게 되었다. 앙드레 모루아는 그에게 샤르디니 (Chardigny) 장군을 소개시켜 주었다. 샤르디니 장군은 정보국 산하 군 대표였다. 1940년 4월 14일, 앙드레 말로는 샤르디니 장군의 추천 덕분에 41번 이등병 신분으로 프로뱅에 위치한 기계화 기갑부대의 신병 훈련소로 배치되었다. 앙드레 말로는 부대에 전입하고자 랑뱅(Lanvin) 제(制) 군복을 특별히 스스로 만들어 입었다. 그는 군 막사에 도착해서 기병대 하사 알베르 뵈레를 처음 만났다. 군 입대 전 사회에서 이발사였던 알베르 뵈레는 앙드레 말로의 선임이 되었다. 알베르 뵈레는 이등병 앙드레 말로를 제대로 훈련시키기로 결심했다. 그는 앙드레 말로에게 완전 군장을 하고 30킬로미터 야간 행군을 시켰다. 앙드레 말로는 버텨냈다. 결국 알베르 뵈레는 앙드레 말로에게 행군을 중지시키고 손을 건넸다. 그 후 앙드레 말로는 알베르 뵈레의 특별비서, 그리고 충직한 동무이자 유언 집행자가 되었다. 앙드레 말로는 전쟁의 문턱에서 졸병으로서 처음 느꼈던 생각을 조제트 클로티에게 편지로 전했다. "이론상 나는 여기서 석 달이나 여섯 달을 보내야 하오. 이곳에서 전차와 장갑차에

---

4  2001년 갈리마르사에서 출판된 올리비에 토드의 『앙드레 말로, 그의 삶(André Malraux, une vie)』 422쪽에서 인용. 조르주 베르나노스는 그의 소설 『월하(月下)의 대(大)묘지(Les Grandes cimetières sous la lune)』에서 스페인 내전 동안 프랑코 장군을 추종하는 주교들을 비난한 바 있다.

152

대한 전반적인 지도를 받는다오. 더 자세한 건 그 후에 배우고. (……) 우리는 내일 단 하루만 정복으로 차려입고 아무것도 하지 않고 대기 상태로 지내게 된다오. 내일이 지나면 다시 훈련은 시작되겠지. 언뜻 보기엔 이곳의 모든 것이 그럭저럭 참을 만하고, 인간적인 것 같소만. 이곳에서 배우는 지식은 예술가들이 수긍하듯이 겉으로 보기엔 인간에게 매우 사소한 것들이오. 하지만 깊이 들여다보면, 모두가 다 같이 큰 열정이 없을 때엔 원시적인 존재에 지나지 않는 것들이라오. (……) 그렇다 하더라도 탱크는 그것들을 기름칠하고 번호를 매길 때가 아니라 움직여 오를 때에만 비로소 방어할 수 있는 법이오. (……) 행복이 우리 곁에 있지만 우리가 그것을 보지 못할 때에 행복이라는 단어가 가질 수 있는 의미를 여기서 배우게 된 것 같소."[5] 『티보가의 사람들(Les Thibault)』 마지막 권을 보내 준 로제 마르탱 뒤 가르에게 보낸 편지에서 앙드레 말로는 다음과 같이 적고 있다. "같은 내무반 병사들은 모두 내게 하루도 빠짐없이 소설 속 앙투안이 본인에게 던지는 질문들을 내게 던지곤 한다오…… 나는 여기서 이등병이고, 그래서 내 옆의 동료들을 볼 수 있어요. 그들은 이 질문들을 매우 원초적으로 아니면 여전히 매우 근본적으로 물어보기에 우리가 생각하는 모든 것들은 이상하게도 피상적이 되어버린다오. 아! 그런데 여기서 내가 보고 듣는 것은 심오한 것이 되어버리고.[6]" 또한 앙드레 말로는 새로운 삶을 경험하게 되었다. "여기선 바느질은 물론 바닥도 닦아야 하오. 바닥 청소가 이리도 내 몸뚱어리를 덥게 할 줄은 몰랐소."[7]

---

5  Suzanne Chantal, *Le cœur battant*, Grasset, 1976, p. 163.

6  Curtis Cate, *André Malraux, op. cit.,* p. 343에서 인용.

7  Suzanne Chantal, *Le cœur battant, op. cit.,* p. 172에서 인용.

조제트 클로티는 초조해졌고, 이 상황을 잘 견딜 수 없었다. "그이는 한 마리 사자처럼 싸울 것이고, 본인의 영광을 위해서는 훌륭한 일을 하고 있습니다. 하지만 영웅으로 죽는 것보다 정직하고 단순하게 사는 것이 더 낫다고 생각합니다."[8] 그리고 앙드레 말로는 그 당시 겪었던 경험에 대해 다음과 같은 결론을 내렸다. "내 사십 번째 전쟁이요? 별거 아니었습니다…… 우리 프로뱅의 전차는 훈련소 밖으로 우리를 데려다 줄 상태가 아니었어요. 5월에 대전차용 병기들을 가지고 걸어서 행군했어요. 우린 조금 곤란해졌습니다. 6월 15일 아주 조금 다쳤어요. 그리고 다음 날 우리는 보병부대 병사들처럼 포로로 잡혔죠. 프로뱅과 상스 주변에서 행군하던 도중에 말이죠."[9]

포로가 된 앙드레 말로는 수용소에서 첫 주를 별 어려움 없이 보냈다. "그곳 환경은 참을 만했습니다…… 물론 휴양지처럼 추천할 만한 곳은 아니지만. 그렇다고 과장해서도 안 되잖아요……" 그는 거기서 장 그로장을 만났다. 장 그로장은 나중에 시인이 되었고, 전쟁이 끝난 후에는 『NRF』 편집장을 지냈다. 그들은 함께 드골 장군이 초기에 썼던 글들을 접했다. 앙드레 말로는 훌륭하다고 생각했다. 9월 말, 10여 명의 다른 포로들과 농사일을 맡게 되었다. 그들 중에는 장 그로장과 알베르 뵈레도 있었다. 앙드레 말로는 이복동생 롤랑 말로를 통해 독일 당국이 그를 포함한 몇몇 작가들을 찾고 있다는 소식을 들었다. 앙드레 말로는 독일의 사병 포로수용소로 보내질 가능성이 농후했다. 그는 도망쳐야 했고, 결국 도망치기에 이르렀다. 11월 1일, 앙드레 말로는 일요일을 틈타 걸

8  *Id., ibid.,* p. 183에서 인용.

9  Jean Lacouture, *André Malraux, une vie dans le siècle, op. cit.,* p. 264에서 인용.

어서 상스에 도착했다. 그러고 나서 파리 행 열차를 탔다. 그는 부르주(Bourges) 남쪽 독일 점령 경계선을 지나 이복동생 롤랑과 함께 마침내 예르에 당도했다. 그곳은 조제트 클로티의 부모가 사는 곳이었다. 앙드레 말로는 모처럼 평화로운 시간을 보냈다. 조제트는 출산을 위해 파리에 있었다. 11월 5일, 그녀는 피에르 고티에(Pierre-Gauthier)를 낳았다. 앙드레 말로의 첫 번째 아들이었다.

조제트는 피에르 드리외 라 로셀의 도움으로 아들과 함께 자유 지역으로 떠날 수 있는 통행 허가권을 얻을 수 있기를 기다리고 있었다. 한편 앙드레 말로는 1940년 11월 내내 그라스 주변에서 거주 중이던 앙드레 지드와 니스에 거주 중인 로제 마탱 뒤 가르, 칸(Cannes)에서 부인 미레유(Mireille)와 함께 살고 있던 에마뉘엘 베를을 방문했다. 12월에 니스에서 배리언 프라이도 알게 되었는데, 그는 비상구출위원회(Emergency Rescue committee)의 회원이었다. 앙드레 말로는 배리언 프라이에게 미국인 출판사 발행인 로버트 하스와의 중개를 요청했다. 1941년 1월, 앙드레 말로와 조제트는 로크브륀카프마르탱(Roquebrune-Cap-Martin)에 있는 한 별장에 정착했다. 이 별장은 앙드레 지드의 영국인 친구 뷔시(Bussy) 씨 가족이 마련해 준 것이었다. 흰 장갑을 낀 이탈리아 호텔 지배인 루이기는 교묘하게 그를 보호하는 역할을 맡게 되었다. 루이기는 앙드레 말로와 조제트 사이에서 태어난 아들에게 '빔보(Bimbo)'라는 별명을 지어 주었다. 앙드레 말로는 다시 글을 쓰기 시작했다. 그는 배리언 프라이 편으로 신작 소설 『알텐부르크의 호두나무(Les Noyers de l'Altenburg)』의 첫 두 개 장(章)을 그 미국인 출판사 발행인에게 보냈다. 이 출판사 발행인 덕분에 앙드레 말로는 약간의 보조금을 받을 수 있었다. 3월 20일, 그는 배리언 프라이에게 드골 장군 앞으로 보내는 편지를 주었다. 하지만 불

행히도 프라이의 비서가 체포당했다. 그녀는 편지를 삼켜버렸다. 앙드
레 말로는 이 사실을 모른 채 차가운 태도로 일관했다. "나는 드골 장군
이 피에르 코를 멀리한다고 들었습니다. 그래서 내가 손을 내민 시기가
적절치 않았나 싶었습니다. 나의 스페인 내전 참전 경력 때문에 그런 생
각을 했었어요[10]."

　1941년 여름, 몇몇 사람들이 앙드레 말로에게 레지스탕스 운동에 참
여해 달라고 부탁하기 위해 그를 만나러 왔다. 보리스 빌데, 에마뉘엘
다스티에, 클로드 부르데, 로제 스테판이 그들이었다. 하지만 소용없었
다. 앙드레 말로는 아직 믿음이 생기지 않았다. "돈은 있어요, 무기는
요? 있다면 참여하지요. 아니라면 확신이 서지 않네요……"[11] 8월에 그
는 앙드레 지드와 오랜 시간을 보냈다. 앙드레 지드는 그에게 『알텐부
르크의 호두나무』 원고를 다시 쓰기 시작하라고 조언했다. 9월, 장 폴
사르트르와 시몬 드 보부아르, 그리고 다시 앙드레 말로를 찾아온 로제
스테판이 그에게 레지스탕스 운동에 참여할 것을 또 설득했지만 허사였
다. 앙드레 말로는 여전히 믿음이 가지 않았다. 11월에 앙드레 말로는
『알텐부르크의 호두나무』를 탈고했다. 그는 또한 토머스 에드워드 로렌
스(아라비아의 로렌스)의 전기를 써볼까도 생각했다. 1942년은 특별한 일 없
이 지나갔다. 사람들은 다시 앙드레 말로를 설득하려 했으나, 그는 충
분한 믿음이 생기지 않았다. 그는 너무 위험하다고 생각했다. 그는 글
쓰는 편이 더 좋았다. 그는 로렌스 대령에게 헌정하는 『절대의 악마(Le

---

10 앙드레 말로의 『반(反)회고록(Antimémoires)』 89쪽에서 인용. 20년이 지나서야 앙드레 말로
　　는 사건의 전말을 알게 되었다. 배리언 프라이로부터 앙드레 말로의 편지를 위임받은 그의
　　비서는 경찰에 체포되었다. 그녀는 조사 과정에서 들키지 않기 위해 경찰차에서 그 편지를
　　삼켜버렸던 것이다.
11 Id., ibid., pp. 270-271.

*Démon de l'Absolu*)』를 쓰기 시작했다. 1942년 9월, 그는 가족을 데리고 코트다쥐르를 떠나 알리에로 향했다. 거기에는 루이와 제르멘 슈바송이 살고 있었다. 1942년 12월 중순 앙드레 말로와 그의 가족은 결국 코레즈의 생 샤망에 정착해 마을이 보이는 한 성에서 살았다.

1943년은 1942년보다 더 고요했다. "아직 때가 안 되었습니다."라고, 앙드레 말로는 레지스탕스에 참여할지를 자신에게 물어본 베르트랑 드 주브넬에게 답했다. 1943년 3월 11일, 앙드레 말로의 둘째 아들 뱅상(Vincent)이 태어났다. 앙드레 말로는 해리 퓔르베를 만났다. 그는 SOE(특수작전국)[12]의 영국 요원이었다. SOE 프랑스 담당은 모리스 벅마스터 대령의 지휘 하에 있었다. 5월과 9월, 앙드레 말로는 파리를 방문해 특별히 피에르 드리외 라 로셸을 만났다. 그는 뱅상의 대부(代父)가 되어 주겠다고 했다. 9월에 파리에 들렀을 때, 앙드레 말로는 드골 장군에게 또 편지를 전달해야 했다. SOE 조직망을 통해 자유프랑스에 가담하기 위해서였다.[13] 하지만 편지는 런던으로 전달되지 못했다. 그럼에도 불구하고 무언가 눈에 띄는 움직임이 일어나고 있었다. 롤랑 말로와 앙드레 말로의 이복형제 클로드 말로는 이미 레지스탕스에 깊이 관여하고 있었다. 앙드레 말로는 SOE의 브리브(Brive) 지국 대표인 이복동생 롤랑 말로를 통해 주로 소식을 들었고, 영국의 정보망과 계속 접촉했다. 당시 앙드레 말로는 아직 레지스탕스에 참여하지 않은 상태였다. SOE의 요원들은 당시만 해도 아직 앙드레 말로에게 우호적이지 않았다. "우리는 앙드레 말로를 믿을 만한 게릴라 특수 요원으로 생각했습니다. 그를 너무

---

12  23쪽 제1장 9번 주를 참조할 것.
13  Alain Malraux, *Les marronniers de Boulogne, op. cit.*, pp. 149-150.

일찍 연루시킬 마음이 전혀 없었습니다. 왜냐하면 그가 잡힐 수도 있고 (……) 레지스탕스를 크게 벌릴 때가 아니었어요. 첫 레지스탕스가 활발히 움직이기 시작했고 우리는 더욱 장기적으로 봐야 했어요. 앙드레 말로는 놀랄 만큼 뛰어난 비밀정보원이 될 수 있었어요. 물론 그가 살아있는 한 말이죠! 도시의 레지스탕스 운동에 그를 가둘 필요는 없었어요. 우리는 앙드레 말로를 더 신중한 일을 위해 남겨 두었죠. 곧 있을 상륙작전과 사보타주 운동, 봉기의 개시에 대비해서 말이죠."[14]

1944년은 참여와 비극의 해였다. 클로드 말로가 잡힌 것이다. 1944년 3월 21일에는 롤랑 말로의 차례였다. 4월 18일, 클로드는 고문으로 사망했다. 1945년 5월 3일, 롤랑은 배로 이송되던 중 연합군의 실수로 침몰되어 익사하고 말았다. 두 이복형제가 체포되고 나서 앙드레 말로는 결국 행동을 취하기로 결심했다. 그는 '잭(Jack)'이라는 별명을 가진 SOE 요원 자크 푸아리에와 함께 파리로 올라갔다. 레지스탕스 전국 평의회(Conseil national de la Résistance, CNR)의 대표자들을 만나기 위해서였다. 앙드레 말로는 자크 푸아리에에게 여러 은신처를 제공해 주었다. 그는 돌아오면서 자크 푸아리에와 함께 자신이 있어야 할 좌표를 찾게 되었다. "이제부터 (……) 나는 베르제(Berger) 대령입니다…… CNR의 모든 회원들을 만나 보았습니다. CNR에서 한 직책도 맡게 되었습니다. 나는 로(Lot), 코레즈, 도르도뉴에서 있을 레지스탕스 운동을 총괄해야 합니다. 이제 제가 여러 소규모 집단들을 조화롭게 만들어야 합니다." 앙드레 말로는 자신의 임무를 찾아내었다. 분명 CNR로부터 어떤 임무도 받지 않았을 텐데 말이다. 영국 장교 장 피에르 소령과 라디오 방송국의 카시미르로부

---

14 Léon Mercadet, *La brigade Alsace-Lorraine*, Grasset, 1984, p. 102.

터 도움을 받아 자크 푸아리에와 앙드레 말로는 로(Lot)와 코레즈, 도르도 뉴의 여러 레지스탕스 무장 조직들을 방문했다. 앙드레 말로는 "연합국 참모"라고 자처하며 임무를 수행하길 원했지만, 의용유격대(FTP)의 공산 주의자들은 그를 변절자라며 거부했다. 반면 자유프랑스의 비밀군(Armée secrète, AS)이 그의 과거 행적을 들춰 보았을 때 뭔가 수상쩍었다. 게다 가 앙드레 말로는 R5 지역[15]을 총괄하는 프랑스 국내군(Forces françaises de l'intérieur, FFI) 사령관으로 임명되었지만 그의 일은 진척되지 않았다. 단지 앙투안 디에네가 이끄는 알자스 유격대(Groupe mobile d'Alsace, GMA)—일 명 '앙셀(Ancel)'로 불리는—만이 그를 지지해 주었다. 이 부대는 앙드레 말로를 찾아와 무기를 부탁했다. 며칠 후 앙드레 말로는 앙셀의 캠프를 방문했다. 그는 알자스와 로렌 사람들로 구성된 이 부대를 보고 아주 강 한 인상을 받았다. 펄럭이는 군기(軍旗) 아래서 병사들이 차렷 자세를 하 고 있었는데, 놀랍게도 앙드레 말로는 거수경례 대신 주먹을 불끈 쥐어 들어 올렸다. 그는 연설을 시작했다. "무기를 원하십니까? 가지게 될 겁 니다! 싸우고 싶으세요? 싸우게 될 겁니다!" 후일 알자스로렌 여단의 창 설자인 앙드레 말로의 첫 행동이자 레지스탕스 운동의 전설인 그가 세운 첫 무훈이 시작되었던 것이다.

1944년 6월, 베르제 대령은 레지스탕스 조직을 점검했다. 그리고 노 르망디 전선으로 향하고 있는 독일 제2SS기갑사단 '다스 라이히(Das Reich)'의 진격을 지연시키기 위해 타격부대를 조직했다. 또한 레지스탕 스 운동의 여러 책임자들과 접촉했다. 연합군이 상륙하고 승리가 곧 선

---

15 'R5 지역'은 레지스탕스 전국 평의회(CNR)의 암호어로 리무쟁(Limousin) 주의 '주도(州都)' 리모주(Limoges)와 함께 프랑스 서부를 가리킨다. 여섯 개 지역이 남부 구역으로, 다섯 개 지 역이 북부 구역으로 정해졌다.

포될 것이라서 그런지 레지스탕스 대원들의 수가 늘어났다. 영국이 독일에 폭탄을 투하하고 있을 때 베르제 대령에게 무기와 물자가 많이 공급되고 있는 만큼 레지스탕스 조직도 더욱 질서정연하게 움직여야 했다. 앙드레 말로는 독일군이 넘어오는 것을 막기 위해 강 우안에 방어 전선을 만들고, 도르도뉴 남쪽에 30여 킬로미터의 전선을 구축하고 싶었다. 그렇게 하려면 리모주와 툴루즈의 프랑스 국내군(FFI)의 두 지휘관으로부터 동의를 얻어 내야 했다. 리모주의 지휘관은 망설였고, 툴루즈의 지휘관은 우호적이었다.

앙드레 말로는 항상 가까스로 임무를 수행했다. 7월 초, 그는 레지스탕스 대원들이 모인 자리에서 직업군인 피에르 자코를 만났다. 피에르 자코는 에두아르 달라디에 전시 내각에서 보좌관을 지냈고, 1940년 후퇴(1940년 6월 프랑스가 독일에 함락) 당시 브리브에서 제40보병연대의 지휘관으로 있었다. 그 둘의 합의는 즉시 이루어졌고 쌍무적이었다. 베르제 대령은 그를 즉시 자신의 보좌관으로 삼았다. 7월 16일, 각 지역 책임자들이 모두 모였을 때, 앙드레 말로는 여전히 레지스탕스 운동의 최고 지도자 노릇을 할 수 없었다. 7월 22일, 베르제 대령과 그의 동료들이 마키[Maquis: 항독(抗獨) 무장 유격대]를 시찰하기 위해 이동하는 도중 그라마(Gramat) 마을 입구에서 독일군의 공격을 받았다. 총격전 도중에 운전사는 사망했다. 그리고 앙드레 말로는 부상을 입고 포로로 잡혔다. 독일군은 가짜로 그를 죽이는 척하고서(독일군은 앙드레 말로를 쏴 죽이는 척했다), 그라마의 보르도 호텔로 데려간 다음, 르벨(Revel)로 데려갔다. 거기서 그는 처음으로 독일군 장교의 심문을 받았다. "이름이 뭐지? 성은 뭐야? 하는 일은?" "앙드레 말로 중령이오. 앙드레. 난 이 지역의 군 지휘관이오. (……)" 베르제 대령이 대답했다. "어떤 조직에서 일하지?" "드골 밑에서 일하오. 당신 포로가 몇 명이오?" "내가 직접 지휘하는 수용소에만 100여 명은 되지." 심문은 계속되었다. 8월 2일, 앙드레 말로는 결국 툴루즈의 생 미셸 감옥으로 이송되었다. 거기서 심문은 다시 시작되었다. 하루하루가 길었다. 기다림의 끝은 불확실했다. 8월 19일, 독일군이 툴루즈에서 철수하면서 포로들을 포로 자신들의 운명에 맡겨두었다. 앙드레 말로는 풀려났다. 8월 25일, 페리괴(Périgueux)에서 열린 군 책임자들의 모임에서 앙드레 말로는 제12군관구(軍管區)의 지휘권을 얻으려고 시도해 보았으나 허사였다. 며칠 후 그는 파리로 떠났다. 파리로 올라가기 전 조제트를 보기 위해 생 샤망으로 길을 돌렸다. 파리에서 그는 어니스트 헤밍웨이를 만났다. 어니스트 헤밍웨이는 그와 나누었던 이상한 대화를 들려주었다. "당신은 몇 명이나 지휘를 해봤소?" 앙드레 말로는 어니스트 헤밍웨이에게 물었다. "열 명이나 열두 명 정도요. 많게는 200명 정도요." 어니스트 헤밍웨이는 대답했다. "난 2,000명이나 되오." 앙드레 말로의 이런 대답에 헤밍웨이는 다음과 같은 아이러니한 반응을 보였다. "우리가 이 작은 도시 파리를 점령했을 때, 당신의 도움을 받지 못했다니 참으로 유감이군요."

1940년 9월, 프랑스와 독일 간에 추악한 휴전협정이 체결된 후, 알자스 주민들이 조직한 한 작은 단체에서 그 지역 첫 번째 레지스탕스 조직이 태어났다. 그들은 이 조직에 '알자스의 일곱 번째 기둥'이라는 이름을 붙여 주었다. 곧이어 젊은 신학생 피에르 보켈이 들어왔고, 그는 젊은 의학도인 베르나르 메츠도 끌어들였다. 1944년 여름, '일곱 번째 기둥'은 군 지휘관을 찾고 있었다. 뒤늦게 영국 정부의 허가로 디린제(Dirringer) 장군이 지휘관이 되었다. 그런데 시간이 없었다. 그들은 알자스 해방을 위해 통일된 하나의 군 조직이 필요했다. 베르나르 메츠는 코레즈에서 한 남자의 이야기를 듣게 되었다. 그는 앙셸(알자스 유격대)이 이 끄는 공산당을 만나 베르제 대령이 잡혔다는 소식을 접했다. 그는 여러 차례 낙담한 후 결국 피에르 자코에게 약 300여 명의 알자스와 로렌 인들로 구성된 이 조직을 이끌어 달라고 부탁했다. 이 조직은 1년 전 사제 서품을 받은 피에르 보켈과 샤를 플레(Charles Pleis) 대위 덕분에 생겨날 수 있었다. 600여 명 이상으로 구성된 디네(Diener) 조직과 함께 말이다. 하지만 베르제 대령의 귀환으로 상황은 바뀌었다. 8월 30일, 앙드레 말로는 피에르 자코와 만났다. 그들은 에마뉘엘·미레유 베를 부부와 함께 브리브 가까이에 있는 오바진(Aubazine)에서 점심식사를 했다. 한 시간여가 지나자 베르나르 메츠가 갑자기 들이닥쳤다. 피에르 자코를 추종하는 한 명이 그를 맞았다 "제대로 맞춰 와 줬군요! 모든 게 바뀌었어요! 앙드레 말로가 돌아왔다구요⋯⋯"**16** 식사가 끝날 즈음 앙드레 말로는 베르나르 메츠에게 말했다. "우리가 당신들 집에서 당신들을 내쫓았군요. 돌아오고 싶으셨겠지요. 하지만 싸우고 나서 빈손으로 돌아오긴 싫으셨겠지요. 그건 물론 상징적인 것이니까요."**17** 베르나르 메츠는 당황스러웠다. 그는 앙드레 말로에게 알자스와 로렌 사람들이 그의 과거를 잘 받아들이지 못할 것이라며 맞받아쳤다. 피에르 보켈 신부도 베르나르 메츠의 말에 동조했다. "우리가 국제여단**18** 사람을 뒤따라서 돌아오고 있는 모습을 본 알자스 사람들이 우리를 어떻게 맞이하겠소?" 오랜 논쟁 끝에 피에르 보켈 신부는 결국 양보하고 샤를 플레 대위에게 이 새로운 소식을 전하기로 마음먹었다. 한편 베르제 대령은 알자스로렌

---

16 *Id., ibid.*, p.140.
17 *Id., ibid.*, p. 141.
18 *Id., ibid.*, p. 143.

여단에 편입시킬 이 조직에 '남(南)알자스 유격대(Groupe mobile d'Alsace Sud, GMA-Sud)'라는 새로운 이름을 붙여 주었다.

1944년 9월 초, 앙드레 말로는 남서 지역 FFI(프랑스 국내군) 지휘관인 모리스 슈방스 베르탱(Maurice Chevance-Bertin)[19] 장군을 방문했다. 그곳에서 베르나르 메츠, 샤를 플레 대위, 피에르 자코는 조르주 피스테(Georges Pfister) 대령을 만났다. 조르주 피스테 역시 알자스 사람으로 모리스 슈방스 베르탱 장군의 보좌관이었다. 조직 구성이 변화한 것에 별 달리 놀란 기색 없이, 조르주 피스테 대령은 베르제 대령을 알자스로렌 여단의 지휘관으로 임명하는 명령서를 작성했다. 하지만 이때만 해도 샤를 플레 대위는 여전히 베르제 대령에 대해 잘 모르고 있었다. 앙드레 말로 역시 그들이 자신을 좋아하고 있지 않다는 점을 모르는 상태였다. 알자스로렌 여단의 출범을 며칠 앞두고, 샤를 플레 대위와 그의 측근들이 몽토방(Montauban)의 막사에 모였다. 그곳에서 피에르 보켈은 저녁 식사를 하는 동안 장교들에게 베르제 대령의 신원을 낱낱이 폭로했다. 샤를 플레 대위는 분노했다. "알자스에 공산주의란 없습니다. 우리가 그를 데려온 게 아니라구요! 이렇게 엉망진창이 될 상황을 미리 경고해 주지 않다니, 날 그리도 신용하는 자가 아무도 없단 말이오!" 논의가 끝나고 모든 장교들은 만장일치로 동의했다. 바로 그때 갑자기 베르나르 메츠가 들어왔다. 일개 연락병인 이 젊은이는 열다섯여 명의 장교들과 직업군인들, 그보다 훨씬 나이 많은 연장자들에게서 꾸지람을 들었다. "알자스를 공산주의자들에게 넘겨주다니!" "너 이중간첩이지? 사실대로 말

---

[19] 원문에는 '베르탱 슈방스(Bertin-Chevance)'로 되어 있으나, 이는 '모리스 슈방스 베르탱 (Maurice Chevance-Bertin)'의 오기(誤記)로 보임—역주.

해!" 하지만 베르나르 메츠는 당황하지 않고 오히려 그들을 위협하기 시작했다. "연병장에 있는 트럭들, 바로 제가 얻어 온 것들입니다. 여러분들이 막더라도 그 트럭들을 도로 가져가 버리겠습니다. 낡은 자동차들만 가지고 있는 도르도뉴 대원들은 그 트럭들 위에 침을 뱉진 않겠지요. 제가 그것들을 가져가 버릴지 남겨 둘지 선택하세요." 그는 흥분하며 하던 말을 끝맺었다. "젠장, 날 믿으라구요! 전쟁이 끝나고서 여러분들이 앙드레 말로 밑에서 일했다는 사실을 후회하게 된다면 날 쏴 죽이시오!" 샤를 플레 대위와 그의 장교들은 전투 경험이 한 번도 없는 대담한 일개 연락병에게 협박당하고 있었다. 이틀 후인 9월 10일, 샤를 플레 대위 중대의 트럭 열여섯 대가 코레즈의 오바진 근교 코르닐(Cornil) 다리에서 앙셀(알자스 유격대)의 중대 트럭들과 합류했다. 그들은 라트르 드 타시니 장군의 제1군단에 합류하기 위해 론(Rhône) 강과 손(Saône) 강 계곡을 향해 전진했다. 앙드레 말로는 작가 앙드레 샹송을 만났다. 그 역시 앙드레 말로와 같은 부류였다. 과거 라트르 드 타시니 장군의 연락 장교였던 앙드레 샹송이 바로 베르나르 메츠에게 20여 대의 트럭을 제공해 준 당사자였다.

이제 알자스로렌 여단의 전설적인 항독(抗獨) 전투가 시작되었다. 9월 17일, 그들은 디종에 도착해 사부아(Savoie)의 마키자르(Maquisard: 항독 무장 유격대 마키단원)들과 합류했다. 그들 역시 용감한 알자스 사람들이었다. 9월 26일, 알자스로렌 여단은 에메 쉬드르(Aimé Sudre) 장군의 제1기갑사단에 편입되어 10월 초까지 보주(Vosges) 전투에서 싸웠다. 그들은 고전했다. 첫 전사자들이 나왔고, 전투는 진흙과 비, 추위로 얼룩졌다. 베르제 대령은 다음의 서정시로 전사자들을 애도했다. "여러분들 가운데 이미 전사하신, 그리고 여러분들 가운데 앞으로 작고하실지 모를 모든 분들께 경의를 표합니다." 알자스로렌 여단은 신입 대원 채용에도 힘썼다. "알자스로렌 여단에서 복무하고 싶으세요? 여기서 여러분은 추방자들, 탈옥수들, 게슈타포 포로들, 피난민들, 프랑스 전 지역의 마키단원들, 지휘관들, 자원봉사자들을 만나게 될 것입니다."[20] 라트르 드 타시니 장군의 군단으로 매우 잘 조직된 부대들에 비하면, 알자스로렌 여단은 용맹하긴 했지만 약간 정신이 나가 보이기도 했다. 그래도 존경받고 있었다. 대원들은 매우 잘 싸우고 있었다. 앙드레 말로는 보좌관들과 함께 작전을 지휘했다. 저녁 식사가 끝날 때쯤 매일 저녁 앙드레 말로는 독백을 읊조렸다. 그는 비밀을 털어놓았고, 이 독백을 듣는 자들은 그의 말에 매료당했다. "신비로움이 우리 모험 속을 관통하고 있구나. 지휘관과 그의 부대 사이에 흐르는 기묘한 정신적 관계에서 비롯된 신비로움이 바로 그것일 터. 여러 면에서 신비롭지. 근엄하고 다가서기엔 먼 그 대령, 또 귀족적 실루엣이 전투의 포화 속에서 그다지 드러나지 않는 그 대령과 접해 있는 대원들과의 관계 속에 비롯된 신비로움. 또한 그 대령의 인격에서 풍겨 나오는 고귀함이 전염되어서 생기는 신비로움. 미사여구와 화려한 모습 없이, 그저 그 존재만으로 자기 사람들에게 그들이 가지는 재능을 들춰 주었지. 그리고 그는 모험으로 대원들을 내던진 원초적 감정과 동기들을 정의와 진리, 자유의 이상 속에서 굴욕을 감수하며 대원들에게 명백하게 설명해 주었지. 본래 그들 소유의 영토와 그곳에서 살던 사람들을 해방시키고자 하는 그들의 악착같은 의지는 명백해. 하지만 대령으로부터 그가 가진 믿음, 즉 이 대령이 겪었던 경험으로부터 그들이 크나큰 자유—사람들을 진정으로 해방시켜 준—

---

20 *Id., ibid.*, p. 195에서 인용.

를 맛볼 수 있게 되었다는 믿음을 받아들이는 점이 뜻밖의 일이었을 거야. 그들은 지휘관과의 기묘한 관계를 통해 알아내었어. 다른 이들의 자유를 위해 죽을 때까지 목숨을 바치며 자유로운 인간의 존엄성을 얻었다고. 또 형제애로 충만한 세계로 진입했다고.[21]"

11월 11일, 한 연락병이 베르제 대령에게 전보를 들고 왔다. 전보를 읽고서 앙드레 말로는 파랗게 질렸다. 조제트의 사고 소식이었다. 그녀는 떠나는 어머니를 배웅하기 위해 같이 열차 안에 들어갔다가 밖으로 나오는 도중 발을 헛디뎠던 것이다. 그녀의 다리는 기차에 완전히 으깨져 버렸다. 앙드레 말로는 11월 12일 저녁 늦게 튈(Tulle)의 병원에 도착했다. 조제트는 이미 몇 시간 전 사망한 상태였다. 앙드레 말로는 후일 아라비아의 로렌스(토머스 에드워드 로렌스)에 대해 이렇게 적고 있다. "사랑하는 여인의 죽음을 겪어 보지 않은 것 같구려. 그건 벼락을 맞은 것 같습니다!" 앙드레 말로는 그녀의 죽음을 마음에 묻고 침묵으로 지내며 오랫동안 이 비극을 안고 살아갔다. 1961년 5월, 사고로 죽은 두 아들 때문에 억눌러 왔던 이 고통이 그에게서 다시금 터져 나오게 되었다.

11월 말, 1,160명의 알자스로렌 여단 부대원들은 스트라스부르를 지나고 있었다. 그들은 여러 참혹한 전투 끝에 스트라스부르에 도착했다. 해방된 스트라스부르에서 앙드레 말로가 처음으로 한 행동은 성당 문을 여는 일이었다. 그는 성당 안을 혼자 걸어보기도 했다. 12월 16일, 피에르 보켈 신부가 이 성당에서 그의 첫 미사를 축하했다. "알자스의 상징, 성(聖) 오딜(Odile)이여! 아티슈(Athich) 공이었던 아버지로부터 버림받은 눈먼 이 어린아이는 세례를 받고 눈을 떴습니다. 성수와 성령의 도움

---

21 Pierre Bockel, "Marlaux et la foi", *La NRF*, juillet 1977, n° 295.

으로 새로운 삶을 살게 되었죠. 그리스도의 삶 말이에요! 알자스의 성모 오딜은 여러분에게 다시 기적을 만들어 주었고, 우리의 눈을 정화시켜 주었어요. 그리고 당신, 스트라스부르의 성모 마리아 오딜이여! 팔을 활짝 벌려 우리를 불러주고 맞아 주었던 것처럼 우리를 보호해 주소서.[22]"
이미 얼마 전부터 부대원들은 "앙드레 말로 대령의 매우 기독교적인 여단"의 일원임을 의기양양했다. 이곳의 가톨릭 사제들과 목사들은 얼마 남지 않았는데, 대표적으로 피에르 보켈 신부와 페르낭 프란츠 목사가 있었다. 12월 말, 게르트 폰 룬트슈테트(Karl Rudolf Gerd von Rundstedt) 사령관의 공격으로 연합군 부대들은 아르덴으로 이동해야만 했고, 알자스로렌 여단은 스트라스부르 방어에 나섰다. 알자스로렌 여단은 스트라스부르 남쪽에서 독일군의 공격에 용맹하게 저항했지만, 1945년 1월 초에 게르트슈하임(Gertsheim) 마을을 내주고 말았다. 하지만 스트라스부르는 버텨냈고, 물자 부족에도 불구하고 알자스로렌 여단은 가장 뛰어난 독일 기갑부대에 맞서 스트라스부르 남쪽에 400여 킬로미터 이상 뻗어 있는 전선을 지켜내었다.

1월 23일, 앙드레 말로는 뮈튀알리테(Mutualité)에서 열린 민족해방운동 (Mouvement de libération nationale, MLN)의 첫 집회에 참석했다. 1월 25일, 그는 집회 연설에서 공산주의자들로 활발히 운영되고 있던 국민전선과 통합하는 것에 반대한다고 선언했다. 2월 초, 알자스로 돌아와 콜마르 전투에 참전했고, 생트 오딜 산을 탈환하기 위해 싸웠다. 3월 15일, 알자스로렌 여단은 해산했다. 그리고 대령으로 진급한 피에르 자코 휘하 제3보병여단으로 편입되었다. 같은 달, 이 여단은 바덴뷔르템베르크에서 승리

---

22 Léon Mercadet, *La brigade Alsace-Lorraine, op. cit.*, p. 238에서 인용.

를 거두고 슈투트가르트로 진입했다. 4월 말, 앙드레 말로와 그의 동료들은 라트르 드 타시니 장군으로부터 훈장을 받았다. 1945년 5월 8일, 앙드레 말로는 독일군이 항복 문서에 조인하는 것을 기념하는 '테 데움(Te Deum)' 찬송 미사에 참석 차 스트라스부르 성당에 있었다. 드골 장군은 자리 맨 앞줄에 앉아 있었기 때문에 만나지 못했다.

"나는 프랑스와 결혼했습니다."[23] 앙드레 말로는 드골 장군과 처음 만나 이 말을 전하면서, 그가 쌓아온 성과와 그의 전투가 갖는 의미를 동시에 설명했다. 1945년 독일에서 돌아온 앙드레 말로는 1930년대 이후 프랑스가 급격히 변화했음을 느꼈다. 무언가 바뀐 것들이 있었다. 프랑스와 그 사이에, 그리고 물질적 현실과 지적 현실 사이에 새로운 관계가 형성되어 있었다. "정신은 한 국가의 사상을 낳는 법입니다. 그런데 그 사상의 힘을 감정적으로 만드는 것은 꿈을 가진 공동체입니다. 우리의 형제들이 보낸 어린 시절은 서사시와 전설들의 운율에 따라 흘러갔습니다. 우리의 어린 시절 또한 마찬가지로 지배했던 그 운율 말입니다. 우리 모두는 아우스터리츠(Austerlitz) 아침의 신선함과 안개를 느껴 보았습니다. 기나긴 고통스러운 저녁에 우리가 침묵으로 침잠한 베르사유에서 고사리 빵을 처음으로 가져왔을 때의 감정도 느껴보았습니다. 국가의 영혼을 유럽인들에게 심어주기 위해서 필요한 이미지들은 얼마나 많은지요!"[24] 하지만 프랑스와 프랑스의 역사, 지적 공동체뿐만 아니라 인간적 공동체가 가지는 중대성을 이렇게 점차적으로 의식화하는 것은 결국

---

**23** André Malraux, *Antimémoires, op. cit.*, p. 91.

**24** André Malraux, Charles Maurras의 *L'éducation de mademoiselle Monk*(Paris, Stock, 1923, pp. 8-9)에 대한 서문.

전쟁을 통해서만 이루어지는 것이다. 앙드레 말로는 당시 남녀 불문하고 하나의 이상을 위해서 싸웠던 이들의 희생을 뼈저리게 느꼈다. 그들을 관통해 흘렀던 이 이상 덕분에, 그들은 양심에 따라 프랑스가 구현한 인간 존엄성이라는 우월한 가치를 위해 싸웠던 것이다. "프랑스의 소명은 모두를 위한 것이다." 앙드레 말로는 전우들의 희생을 더욱 깊게 느낄 수밖에 없었다. 프랑스는 희생자들의 영혼과 심장, 의식을 위한 무언가를 상징한다고 각각의 희생이 앙드레 말로에게 상기시키기라도 하는 것처럼 말이다. "따라서 조국애(祖國愛)는 국민들에게 그리고 명령 하에 자발적으로 싸웠던 이들에게 충실하게 되었습니다. 적절한 표현을 들어 '죽음에 반하는 것'이라는 표현을 보자면, 이 표현을 부정하기 위해서 이제부터는 조국을 모든 것보다 위에 두어야 할 것입니다."[25] 알자스로렌 여단을 지휘하면서 앙드레 말로는 이제부터 프랑스의 얼굴을 만들어 갈 일에 참여한 것이었다. 그는 국토를 다시 되찾기 위한 알자스와 로렌 사람들의 열망을 위탁받았다고 느꼈다. 나아가 그들의 열망은 자신들의 영토, 여성들, 아이들을 되찾기 위한 몸부림이었다. "이토록 군을 조직하는 모든 이들의 마음을 직접적으로 사로잡을 만한 목적을 코앞에 둔 근대적 군대를 찾아보기도 힘들 것입니다. 알자스로렌 여단의 비밀, 바로 그것은 단호하고 용맹한 사람들로 구성된 단일체가 되는 것뿐만 아니라 가장 구체적인 목적으로 대표되는 우월한 신비로움을 끌어올리는 조직체가 되는 것에 있습니다."[26]

레지스탕스와 알자스로렌 여단에서 전투를 벌이면서, 앙드레 말로는

25 Janine Mossuz-Lavau, *André Malraux et le gaullisme,* Paris, PFNSP, 1982, p. 35.
26 Jean Schlumberger, *Combat,* 16 novembre 1944.

프랑스에 대한 매우 섬세한 자각을 이끌어 내었다. "레지스탕스 운동에서 가장 감동적이었던 것은 매우 힘든 시기에 잘 알지도 못하는 사람들이 우리를 도와주었다는 점일 것입니다…… 프랑스는 독일군들에게 둘러싸여 당신이 지나가는 것을 목격하는 시골 아낙네였습니다. 그녀는 그 독일군이 당신을 쏴 죽이고 한 발짝 다가와 당신을 보며 성호를 그어 줄 것이라 믿었습니다. 우리가 더 이상 미사를 드리지 않은 한 지역에서 말이죠……"[27] 드골 장군과 앙드레 말로는 이제 만날 준비를 모두 마쳤다. 무엇보다 프랑스, 그리고 그들이 고민하는 하나의 이념이 그들의 충실한 우정을 연결시켜 주는 요소들이었다. 프랑스는 그들 만남의 원천이요 빛이었다. 1945년 7월부터 싹트는 그들의 우정을 받쳐 주는 초석도 바로 프랑스였다.

---

**27** André Malraux, "Entretien avec Gabriel d'Aubarède", *Les Nouvelles littéraires*, 3 avril 1952, n° 1283.

# 제7장

# 신념의 길

## 1939–1945

"드골주의는 한 사건에서 생겨났다. 6월 18일에 일어난 그 비이성적 사건 말이다.
우리가 6월 18일의 그 사건을 이성적인 것으로 받아들인다면, 그 사건에서 이해한 것은 아무것도 없다.
드골주의에 대해서도 마찬가지이다. 드골 장군이 외인부대의 지휘관이 아니었다는 점을
우리가 비로소 깨달았을 때—물론 시간이 걸렸겠지만—드골주의는 태어났다."*

—앙드레 말로

"나는 평생 프랑스에 대한 특정한 사상을 품고 살아왔습니다. 이런 생각을 품게 된 것은 이성뿐만 아니라 감성의 자극에서 비
롯된 것입니다. 감정적으로 생각해 보면 프랑스는 이야기 속 공주님이나 프레스코 벽화의 성모 마리아와 같은 존재라는 점이
자연스럽게 떠오릅니다. 이들 모두 특별하고 훌륭한 운명에 헌신하기 때문입니다. 저는 본능적으로 다음과 같은 인상을 받았
습니다. 즉 신이 프랑스를 창조하신 것은 성공을 완수하기 위해서 또는 불행의 표본을 만들기 위해서라는 점 말입니다. 일련
의 사실들과 업적이 초라함으로 얼룩져 있으면, 타고난 조국의 능력이 아닌 프랑스 국민들의 잘못으로 돌리려는 모순의 감정
이 제 마음속에 생겨납니다. 이것은 말도 안 되는 일이죠. 하지만 제 생각이 가지는 긍정적인 측면 덕분에 프랑스가 실제로 선
두에 설 수 있을 뿐이라는 확신이 듭니다. 또한 제가 확신하건대, 국가의 대의를 위한 프랑스 국민들의 희생은 헛되지 않습
니다. 다른 나라들 중 우리 프랑스가 위험을 감수하고서라도 저 높은 곳을 향해 꿋꿋이 일어서야 한다고 생각합니다. 요컨대,
프랑스는 위대함 빼면 시체일 것입니다."**

—샤를 드골

\* Claude Mauriac, *Et comme l'espérance est violente, op. cit.*, pp. 216-217에서 인용.
\*\* Charles de Gaulle, *Mémoires de guerre, op. cit.,* p. 5.

1939년 9월 1일, 독일군은 히틀러의 명령으로 폴란드 국경을 침공했다. 밤사이 폴란드 부대가 독일 동쪽 국경에서 부당하게 공격을 해왔다는 점이 독일의 침공 사유였다.[1] 영국은 마지막 순간까지 독일과 평화롭게 합의하기를 희망했으나, 이를 단념하고 9월 3일 독일에 대해 전쟁을 선포했다. 다섯 시간 후, 프랑스도 나치 독일에 전쟁을 선포했다. 하지만 그 후 몇 달간 프랑스와 영국 두 연합국은 마지노선 요새 안에서 틀어박혀 있었다. 마지노선은 독일과 인접한 국경에서 프랑스를 보호해 줄 목적으로 만든 요새들을 이은 선이었다. 하지만 마지노선은 결국 무익한 것으로 드러났다. 그야말로 '가짜 전쟁[Phoney War: 우스꽝스러운 전쟁(drôle de guerre), 앉은뱅이 전쟁(der Sitzkrieg)]'[2]이었다. 그러는 사이 나치 독일은 병력을 다지며 승리를 굳히고 있었다. 1939년 9월 28일, 폴란드가 항복했다. 히틀러는 이번 폴란드 침공에서 스탈린의 도움을 받았다. 같

---

1　사실은 독일군이 수용소들의 죄수들에게 폴란드 군복을 입혀 사살한 뒤 그 시체들을 이용해 은밀하게 무서운 음모를 꾸민 것이었다.
2　전쟁이 발발했으나, 1939년 9월부터 1940년 5월까지 첫 몇 개월 동안 총격전도 없는 전쟁이라는 의미이다—역주.

은 해 8월 23일, 히틀러는 스탈린과 독소불가침조약을 체결했다. 그 이후로 히틀러는 폴란드 서쪽을 장악할 수 있었다. 그 대신 스탈린은 언제라도 자유롭게 폴란드 동쪽과 발트 3국(에스토니아, 리투아니아, 라트비아), 핀란드를 점령할 수 있었다. 그리고 실제로 점령했다. 1940년 4월, 히틀러는 덴마크와 노르웨이를 공격했다. 독일군 앞에서 영불(英佛) 원정 부대는 큰 피해를 입고 후퇴해야 했고, 나치 독일에게 노르웨이 지배권과 매장량이 풍부한 스웨덴 철광을 넘겨줄 수밖에 없었다. 그러는 사이 몇 달 동안 프랑스와 영국 연합군은 프랑스의 지휘 아래 어떠한 군사적 행동도 취하지 않았고, 어떠한 공격도 개시하지 않았다. 결국 뮌헨 협정 당시 조인을 했던 프랑스와 영국의 두 지도자는 몰락하고 말았다. 1940년 3월 21일, 에두아르 달라디에는 사임했고, 뒤이어 5월 10일 아서 네빌 체임벌린도 역시 사임했다.

앞서 보았듯이, 영국과 프랑스가 독일에 대해 전쟁을 선포하기 직전, 드골 대령은 알자스 남쪽에 주둔 중이었던 제5군단의 임시 지휘관으로 임명되었다. 그는 다가올 몇 달이 어떻게 흘러갈지에 대해 그 어떤 환상도 품지 않았다. 1939년 10월 22일, 드골 대령은 당시 에두아르 달라디에 내각의 재무 장관이었던 폴 레이노에게 이 점을 명확히 전달했다. "우리 시스템은 오직 방어만을 목적으로 설계되었습니다. 내일이라도 적이 공격한다면 우리는 대항할 것입니다. 하지만 공격해 오지 않는다면 우리는 무기력하게 거의 아무것도 할 수 없습니다. 그런데 독일군은 오랫동안 우리를 공격하지 않을 것입니다. 왜냐하면 그들이 원하는 것은 우리를 난처한 지경에 빠지도록 내버려두는 것이기 때문입니다…… 그 후 우리가 지치고 방향을 잃어 무기력함에 불만족스러워하고 있다고 판단되면, 독일군은 최종적으로 우리를 공격할 것입니다. 그들이 도덕적 영역에서 또 물질적 영역에서 오늘날 뿌려놓은 다른 모든 패를 가지고서 말입니다."[3] 드골 대령은 이런 무기력함에 만족할 수 없었다. 그는 유익한 반응을 이끌어내기 위해서 끈질기게 군의 정신 상태를 흔들어 깨우고자 했다. 1939년 11월 11일, 드골 장군은 프랑스군 참모총장 모리스 가믈랭 장군에게 '전차 사용에 대한 평가'를 보냈다. 그는 가믈랭 장군에게 전차들을 크게 하나로 통합하여 '넓고 깊게' 사용할 것을 주문했다. 하지만 가믈랭 장군은 드골에게 아무런 답장도 보내지 않았다. 1940년 1월 18일, 드골 대령은 재무장관 폴 레이노의 집에서 식사를 마치고 나오면서 레옹 블룸에게 제발 뭐라도 해보라고 권고했다. "제게 배속된 12여 대의 경전차들은 모두 하잘것없습니다…… 폴란드가 독일에게 당한 것을 똑똑히 보고도 아무런 교훈을 얻지 못하게 될까 두렵습니다. 원컨대 독일의 폴란드 침공 성공이 이곳 프랑스에서는 이루어지지 않기를 바랍니다. 믿어 주십시오. 모든 것은 우리 하기에 달려 있습니다. 우리가 제때 대응하지 않으면 이 전쟁에서 비참하게 지고 말 것입니다. 우리의 실수로 패전할 것입니다. 총리께서 폴 레이노와 공조하여 행동하실 수 있다면, 제발 부탁하건대 속히 그렇게 해주십시오!"

1월 21일, 드골 대령은 48명의 인사들에게 '기계화 전력의 도입을 위해서(L'avènement de la force mécanique)'라는 제목을 붙인 글을 보냈다. 그들 중에는 에두아르 달라디에 총리와 레옹 블룸, 폴 레이노, 모리스 가믈랭 장군, 막심 베이강 장군, 알퐁스 조르주(Alphonse-Joseph Georges) 장군이 있었다. 드골 대령은 군 참모부를 고발했고, 다가올 재앙을 예견했다. "현재 벌어지고 있는 전쟁에 맞서 아무런 군사적 행동을 취하지 않고 멈춰

---

3  Charles de Gaulle, *Lettres, notes et carnets, 1919-juin 1940, op. cit.*, p. 486.

서 버린 프랑스군의 대응이 적절하다는 환상을 프랑스 국민들이 절대 품어선 안 됩니다. 그 어떤 대가를 치르고서라도 말이죠. 진실은 그와 반대니까요. 기술은 발전하여 전차는 더 세졌고, 빨라졌으며, 이동 반경도 넓어졌습니다. 이번 전쟁에서 승리하려면 재빨리 움직여야 하고 아무도 예상하지 못할 때 적을 공격하고 추격해야 합니다. 이번 전쟁은 그어떤 전쟁보다 가장 넓고, 복잡하게, 폭력적으로 진행될 수 있습니다. 전쟁에서 불거진 정치적, 경제적, 사회적, 도덕적 위기는 필연적으로 국민들의 상황과 국가 구조를 전반적으로 뒤집을 정도로 동시다발적인 파괴력을 주기도 합니다. 어두운 기술의 발전으로 대규모 전쟁을 치르기에 걸맞은 무기와 전쟁 도구가 생겨났습니다. 이제 프랑스가 이 상황의 종지부를 찍어야 합니다."[4] 레옹 블룸은 군 서열 두 번째인 알퐁스 조르주 장군과 다른 책임자들에게 경고했으나 반응은 부정적이었다. "그들은 이 글을 읽었지만 마음에 어떠한 동요도 일어나지 않았습니다." 당시 드골 대령은 이렇게 후회했다. 이런 드골의 행동은 군 참모부에 대한 그의 불신을 잘 드러내 주고 있다.

1940년 3월 21일, 폴 레이노는 에두아르 달라디에 후임으로 총리가 되었다. 에두아르 달라디에는 핀란드와 소련 사이에 체결한 휴전조약에 조인을 하고서 비난 세례를 받고 있었다. 폴 레이노는 드골 대령이 작성한 내각 인선 발표안을 국회의사당에서 낭독했다. 불행하게도 에두아르 달라디에는 육군부 장관으로 남게 되었고, 그의 무기력함도 계속되었다. 그는 드골 대령이 폴 레이노 내각에 인선되는 것에 반대했다. 일주일이 지나고 나서 폴 레이노는 영국 수상 아서 네빌 체임벌린과 함께 양

---

**4**  Éric Roussel, *Charles de Gaulle op. cit.*, pp. 80-81에서 인용.

국이 개별적으로 그 어떤 휴전이나 평화조약에도 조인하지 않겠다는 상호조약을 체결했다. 1940년 4월 26일, 드골 대령은 전투태세에 돌입한 제4기갑사단의 임시 지휘관으로 임명되었다.

1940년 5월 10일, 독일은 프랑스를 공격하기 시작했다. 제4기갑사단은 몽코르네(5월 17일), 크레시 쉬르 세르(5월 19일), 랑(Laon) 북부(5월 19일과 20일)에서 벌인 전투로 이름을 날렸다. 또한 이 기갑사단은 독일군을 격퇴시켜 아브빌(Abbeville)로 향하는 통로를 뚫기도 했다(5월 27일에서 5월 30일까지). 물론 독일군 격퇴는 드문 일이었다. "우리는 조명을 밝게 비춰 잘 설치한 군사지도에 부대와 적군의 정확한 위치에 대해 매일 표시하고 있습니다. 이곳이 독일군의 군 사령부 핵심이자 또 그들이 특히 좋아하는 위치입니다. 독일군 사령부가 바로 이곳에서 전투를 벌이며 계속해서 이동하고 있고, 바로 이곳의 능선에서 우리가 가장 잘 그들의 전차가 어떻게 움직일지 파악할 수 있습니다. 그리고 바로 이곳이 적들이 반응하는 교차로입니다. 바로 이곳이 적군이 항복할지도 모를 급소이며, 바로 이곳이 우리가 위험을 감수할 만한 장소입니다. 결국 바로 이곳이 우리가 승리를 쟁취할 수 있는 감히 건드릴 만한 틈새라고 말할 수 있습니다."[5] 5월 25일, 샤를 드골은 6월 1일부터 임시 여단장을 맡게 되었다. 그는 프랑스군에서 세 명의 가장 젊은 장군 중 한 명이었다. 프랑스군 총사령관으로 새로 임명된 막심 베이강은 같은 달 31일 드골에 대해 이렇게 말했다. "용기와 정력을 갖춘 이 놀랄 만한 드골 장군은 그의 사단을 이끌고 이미 적군이 확실히 진지를 구축한 아브빌 다리 교두보를 공격했습니다. 그는 독일의 저항을 뚫고 적의 전선을 넘어 14킬로미터나

---

5  *Id., ibid.*에서 인용.

전진하였습니다. 이 와중에 수백 명의 독일군을 포로로 잡았고, 많은 양의 물자를 획득했습니다." 하지만 헛수고였다. 1940년 6월, 독일군은 프랑스 영토를 가장 많이 침범했다. 프랑스군은 한 발짝 뒤로 물러나게 되었다.

6월 3일, 샤를 드골은 폴 레이노에게 오만함과 거만함, 대담함이 뒤섞인 편지를 건네주며 패배주의자들에게 양보하지 말 것을 부탁했다. "우리는 파멸로 향해 가고 있으며 당신은 프랑스를 등에 짊어지고 있습니다. (……) 우리가 첫 번째 전투에서 진 이유는 원래 제가 한 구상을 적이 이용했기 때문이며, 대신 우리 지휘부에서는 제 구상을 받아들이지 않았기 때문입니다. 이처럼 끔찍한 교훈을 얻은 후 오직 당신만이 저를 따랐고 당신은 프랑스의 지도자가 되었습니다. 이는 당신이 나를 따랐기 때문이며 사람들이 이 사실을 알고 있었기 때문에 가능했습니다. 하지만 당신은 지도자가 되고 나서 우리를 구세대 사람들에게 넘겨주고 말았습니다. 그들이 세운 영광스러운 과거와 공적을 모르는 바 아닙니다만, 우리가 이 구세대 사람들을 마음대로 하게 내버려둔다면 그들은 작금의 새로운 전쟁에서 패배하고 말 것입니다. 구세대 사람들은 저를 두려워하고 있습니다. 왜냐하면 그들은 제가 옳다는 점을 인지하고 있고, 또 제가 그들을 강제로 떠밀 수 있는 정력적인 사람임을 알고 있기 때문입니다. 그러한 이유로 그들은 제가 당신과 함께 행동할 수 있는 내각에 인선되는 것을 어떻게든 막으려고 한 것입니다. 현재 프랑스는 우리가 급히 새롭게 변모하기를 바라고 있습니다. 프랑스는 새로운 인물, 새로운 형태의 전쟁에 필요한 인물을 희망차고 반갑게 맞이할 것입니다. 순응하려는 태도는 버리십시오. 카르노(Lazare Carnot)처럼 되세요. 아니면 우리는 멸망하고 말 것입니다. 나폴레옹 시대 당시 카르노 육군 장관은 오슈(Louis Lazar Hoche) 장군, 마르소(François-Séverin Marceau) 장군, 모로(Victor Moreau) 장군을 발굴해 냈습니다. (……) 당신과 함께 일하고 싶습니다. 물론 제가 주도하지요. 그렇게 못한다면 무익할 것이니 그냥 제가 지도자 노릇을 하지요."[6]

같은 달 6일, 폴 레이노는 임시 여단장이던 샤를 드골을 육군 담당 정무차관으로 임명했다. 폴 레이노는 여전히 총리 신분이면서, 에두아르 달라디에 대신 육군부 장관이 되었다. 하지만 너무 늦었다. 그 해 5월 18일이 지나 내각 개각이 있은 후, 총사령관 필리프 페탱은 내각 부총리 직을 맡고 있었다. 결국 휴전조약으로 끝마친 이 모든 기간 동안 드골 장군은 혼자는 아니었지만 드물게 패전과 휴전을 거부한 사람들 중 한 명이었다. 그는 어떤 일이 있더라도 계속 싸우기를 원했다. 그 어떤 굴종이나 타협도 거부하며 그는 계속 싸우겠다는 결심을 내보였다. 6월 9일, 드골은 영국 신임 총리 윈스턴 처칠에게 됭케르크에 주둔 중인 영국 원정군과 영국 왕립 공군의 일부 병력을 프랑스에 보내 줄 것을 설득하기 위해 런던으로 갔다. "프랑스 정부는 힘이 닿는 한 모든 수단을 동원하여 계속 싸우기로 결심했습니다. 과거에 망설였었다면, 그것은 이제 과거일 뿐입니다." 하지만 허사였다. 6월 10일, 드골은 파리로 돌아와 폴 레이노에게 상황이 더 악화되었다는 소식을 듣게 되었다. 이제 파리는 직접적인 위협을 받고 있었고, 이탈리아 파시스트들도 전쟁에 뛰어들기 위한 준비를 하고 있었다. "이런 나쁜 소식을 듣고 저는 단 한 가지 제안하고 싶은 사항이 있었다. 그것은 최대한 노력하기로 마음을 다지자는 것과 이렇게 된 김에 가능한 신속히 아프리카로 가서 연합전

---

6  *Id., ibid.*, pp. 86-87에서 인용.

을 펼치자는 것이었다."7 막심 베이강 장군은 우연치 않게 폴 레이노를 방문했다. 드골은 폴 레이노와 그 자리에 함께 있었다. 폴 레이노의 반대에도 불구하고 베이강 장군은 각자가 책임질 것을 요구했고, 항복하자고 했으며, 파리 시가지 전투에서 패했다는 소식도 알렸다. 그는 폴 레이노에게 말을 던졌다. "제안할 것이 있습니까?" 샤를 드골이 그에게 쏘아붙였다. "프랑스 정부는 제안할 것이 없고 명령할 것이 있습니다. 곧 명령이 떨어질 것이오."8 베이강 장군은 아무 말도 못하고 한 대 얻어맞은 기분이었다. 패배주의는 싹이 터 갈수록 커져만 갔다.

6월 11일, 드골 장군은 베이강 장군이 영국 총리 윈스턴 처칠에게 브리아르에 위치한 자신의 군 사령부에 들를 것을 요구하는 발의안만을 냈다는 이유를 들어 폴 레이노에게 그의 지휘권을 박탈시킬 것을 요구했다. 하지만 드골 장군은 윈스턴 처칠과의 회동을 위해 브리아르에 도착하면서 베이강 장군의 지휘권 박탈이 받아들여지지 않았다는 점을 전해 듣게 되었다. 여기서 드골은 1938년 이래 한 번도 마주친 적이 없었던 페탱 원수를 만났다. "장군이 되었군요! 축하드리진 않겠습니다. 패전했는데 계급이 무슨 소용이겠소?" 페탱 원수가 비꼬았다. "허나 총사령관님, 사령관님이야말로 1914년 후퇴 때 처음으로 별을 달지 않았습니까. 며칠 후에 마른(Marne) 전투가 벌어졌지요." 드골 장군도 맞받아쳤다. "그거랑 무슨 관계가 있단 말이오!" 페탱 원수는 발끈했다. 드골 장군은 동의했다. "이 점은 그가 옳았다."9 그도 그럴 것이 그 당시 상황은 매우 염려스러웠고 정말 분발할 필요가 있었기 때문이었다. 브리

---

7 Charles de Gaulle, *Mémoires de guerre, op. cit.*, p. 52.

8 *Id., ibid.*, p. 54.

9 *Id., ibid.*, p. 56.

아르에서 열린 회의는 아무런 결과도 내지 못했다. "이런 촌장회의들은 쓸데없고 뻔한 것이라는 생각이 듭니다. 한 가지 유효한 해결책을 목적으로 두지 않기 때문이죠. 바로 바다 저편에서 다시 회복해 싸워 보는 해결책 말입니다."[10]

이 모임이 모두에게 쓸모없지는 않았다. 드골 장군은 윈스턴 처칠의 머릿속에 영국 정신을 각인시켜 주었다. 그 둘은 나란히 앉아 같이 저녁식사를 했다. 6월 12일, 드골은 새벽에 브리아르를 떠나 렌(Rennes)으로 향했다. 그는 그곳에서 궁극적인 '브르타뉴 아지트(réduit breton)'를 조직하기 위한 모임을 주재했다. 그런데 이 해결책은 금방 버려졌다. 남아 있는 수단을 고려해 보면 어림도 없는 일이었다. 드골 장군은 육군 참모총장 루이 콜송(Louis Colson) 장군을 만나기 위해 다시 떠났다. 그 둘은 프랑스의 대규모 병력을 북아프리카로 이동시키는 가능성에 대해 함께 연구해 보았다. 그날 저녁, 드골은 폴 레이노를 만났다. 폴 레이노는 드골에게 페탱 원수와 막심 베이강 장군이 아침 내각회의에서 독일과 신속히 휴전협정을 체결하겠다는 의지를 확실히 밝혔다고 알려 주었다. 모두가 패배 의식에 사로잡혀 가고 있었다. 드골 장군은 점점 소외되어 갔다. 독일군은 파리를 향한 진격을 멈추지 않았다. 6월 13일, 프랑스군과 영국군 사이에 새로운 모임이 열렸다. 드골 장군은 뒤늦게 이 소식을 들었다. 그는 모임에 한 시간 늦게 도착했다. 폴 레이노는 윈스턴 처칠과 함께 휴전 가능성에 대해 논의했다. 그리고 윈스턴 처칠에게 지난 3월 28일에 체결한 조약, 즉 양국 간 개별적으로 휴전협상을 하지 않는다는 조약을 프랑스가 파기할 수 있도록 해달라고 부탁했다. 이 모임은

---

10 *Id.*, *ibid.*, p. 58.

양국 간의 서로 다른 의견에 대해 확인해 보는 계기가 되었다. 모임이 끝난 후 윈스턴 처칠은 드골 장군에게 속삭였다. "당신은 운명의 사나이군요." 폴 레이노가 취한 입장에 반대하면서 드골 장군은 당시 사임하려는 생각도 있었다. 내각 의장 장 로랑(Jean Laurent)은 조르주 망델(Georges Mandel)에게 이 사실을 알려 주었다. 그래서 조르주 망델은 드골 장군에게 급히 자신을 보러 와 줄 것을 부탁했다. 조르주 망델은 드골 장군에게 사임하지 말 것을 부탁다. "이제 세계대전 초반입니다. 당신이 해야 할 과업이 많습니다, 장군! 당신은 사임하지 않고 현재 가지고 있는 위치를 이용하여 과업을 달성해야 해요. 프랑스를 위해 이루어져야 할 일만 생각하지 말고 필요한 경우 당신의 현 위치를 이용해 써먹을 수 있는 이점들을 생각해 보세요." 드골 장군이 털어놓았다. "계속 내가 일을 할 수 있었던 것은 단순히 겉으로 보면 내 지위 덕분이라고 말할 수 있을지도 모르겠습니다."[11]

6월 14일, 독일군은 6월 11일 비무장 도시로 선포된 파리로 입성했다. 프랑스 정부는 먼저 정부 소재지로 선정된 투르를 떠나 보르도로 향했다. 보르도에서 드골 장군은 폴 레이노를 만났다. "지난 3일 동안 얼마나 빨리 프랑스가 항복할지 생각해 보았습니다. 나는 당신에게 협력을 아끼지 않았습니다. 물론 내가 그렇게 한 이유는 모두 전쟁을 하기 위해서입니다. 나는 휴전에 강력히 반대합니다. 총리께서 여기 계속 머무르신다면 패배의 나락으로 굴러 떨어질 뿐입니다. 최대한 빨리 알제리를 확보해야 합니다."[12] 드골 장군은 폴 레이노로부터 런던을 방문할

---

11 *Id., ibid.*, p. 63.
12 *Id., ibid.*, p. 71.

수 있는 허가를 얻어냈다. 방문 목적은 영국 정부에게 북아프리카에서 계속 싸우기 위해 필요한 운송 수단을 부탁하기 위해서였다. 드골 장군은 런던으로 떠나기 전, 프랑스 함대를 지휘하는 해군부 장관 프랑수아 다를랑(Jean François Darlan)에게 전화를 걸었다. 다를랑 제독은 보르도로 돌아오라는 정부의 명령에 잘 따르지 않는 것처럼 보였다. 시간은 패배주의 쪽으로 흘러가고 있었다. 드골 장군은 그의 전속부관 조프루아 드 쿠르셀(Geoffroy de Courcel)과 스플랑디드 호텔에서 저녁식사를 하는 자리에서 페탱 원수를 발견했다. "나는 페탱 원수에게 조용히 인사하러 갔다. 그는 아무런 말도 하지 않고 내 손을 잡았다. 영원히 더 이상 그를 보지 말아야 했었는데 말이다."[13] 6월 15일, 드골 장군은 차를 타고 보르도를 떠나 브레스트로 향했다. 그곳에서 '밀랑(Milan)'이라는 이름을 가진 구축함을 타고 플리머스에 도착해 런던으로 돌아가기 위해서였다. 그는 브르타뉴(Bretagne)의 팽퐁(Paimpont)에서 멈춰 섰다. 거기서 임종을 앞둔 매우 허약해진 어머니를 만났다. 마지막 만남이었다. 샤를 드골은 어머니께 작별 인사를 고했다. 그는 또 카랑테크(Carantec)에 들러 피난 중인 부인과 아이들을 만났다. 부인에게 자신은 먼저 런던으로 떠날 것이며, 후일 가족 모두 런던으로 돌아갈 준비를 하라고 했다. 그는 저녁에 출발해 한밤중에 플리머스에 도착했다. 6월 16일, 런던에서 드골 장군은 장 모네를 만났다. 장 모네는 프랑스와 영국 사이에서 전쟁과 관련한 무역 사절단 대표로 활동하고 있는 양국 관계의 핵심적인 인물이었다. 그는 프랑스와 영국이 상호 단합하는 계획안을 드골 장군에게 제출했다. 폴 레이노는 전보로 이 계획안을 승인했다. 드골 장군은 프랑스와

---

13 *Id., ibid.,* p. 64.

영국이 연합하는 이 계획안을 지지했으며 영국 내각도 이를 승인하도록 했다. 하지만 21시 30분경, 드골 장군은 보르도로 돌아오던 중 폴 레이노의 사퇴 소식을 듣게 된다. 프랑스-영국 연합 계획은 폴 레이노 정부의 일부 인사들 때문에 기각되고 말았다. 페탱 원수는 새로운 정부를 구성할 것을 요청받았다. 샤를 드골은 이 사실을 알게 되었다. 그리고 더 이상 페탱 원수에게 아무것도 기대하지 않기로 했다. 페탱 원수는 휴전을 요청할 것이 분명했다. 항복의 기운이 엄습해 오고 있었다.

6월 16일과 17일 사이 밤, 드골 장군은 무슨 일이 있어도 전투를 계속하겠다고 다짐했다. 그날 저녁 거울 앞에 비친 자신의 모습을 보았다. 이 장교는 분명 반동적이지만 폭도는 아니었다. 그는 30년간 살아온 자신의 인생과 단절하기로 준비했다. 30년 동안 프랑스군에서 충실하고 충직하게, 규율을 준수하며 군 복무를 해왔다. 하나의 세계는 무너지고 다른 세계가 태동하고 있었다. 그는 평생 이 단절에 대해 침묵으로 일관했다. 다음 두 가지 경우를 제외하고 말이다. 첫 번째로 그가 이 사실을 털어놓은 경우는 1941년 11월 15일에 자유프랑스에서 연설을 할 때였다. "나는 고통과 희생으로 점철되어 그것이 무엇을 의미하는지 상스럽게 말하려고 하지 않겠습니다. 오직 우리 각자 모두가 자신의 마음속으로 무엇을 잃었는지 알 뿐입니다." 두 번째 경우는 앙드레 말로가 드골 장군에게 드골 자신의 책 『전쟁 회고록(*Mémoires de guerre*)』의 첫 번째 장을 읽어 주고 나서 물어보았을 때였다. 드골 장군은 앙드레 말로의 손을 잡으며 말했다. "하지만, 말로, 정말 무서웠다네……"[14] 6월 17일 아침 9시, 드골 장군은 자신의 말대로 "프랑스의 명예를 걸고"[15] 영국으로 떠

---

**14** Jean Lacouture, *De Gaulle: Le rebelle 1890-1944, op. cit.*, p. 355에서 인용.

났다. 전속부관 조프루아 드 쿠르셀과 영국 연락장교이자 윈스턴 처칠의 신임을 받는 에드워드 스피어스(Edward Spears) 장군이 동행했다. 드골 장군은 런던 시모어 광장의 한 아파트에 거주하게 되었다. 이 아파트는 내각 의장이 임대한 것으로 그는 보르도에서 드골 장군에게 열쇠를 건네주었다. 드골 장군은 혼자였다. "나는 모든 것을 잃고서 혼자 런던에 나타났던 것이다. 마치 바닷가에 서서 바다를 헤엄쳐 건널 작정을 하는 한 남자처럼 말이다."[16] 그날 오후 그는 윈스턴 처칠과 이야기를 나누었다. "첫 번째 해야 할 일은 프랑스 국기를 게양하는 일이었습니다. 오후에 바로 윈스턴 처칠 경에게 제 의도를 말했습니다. 영국 바닷가에서 비탄에 잠겨 난파된 신세인 제가 그의 원조 없이 무엇을 할 수 있겠습니까? 그는 나를 곧바로 도와주었고 BBC 방송에 나갈 수 있도록 해주었습니다. 페탱 정부가 독일에 휴전을 요구할 경우 내가 방송을 이용할 수 있도록 윈스턴 처칠과 합의했습니다." 그날 오후 늦게 드골 장군의 목소리는 방송 전파를 탔다. "오늘 여러분께 전투를 멈춰야 한다고 말을 하게 되니 마음이 조여 옵니다." 그날 저녁 장 모네는 저녁 식사에 드골 장군을 초대했다. 그런데 장 모네의 귀가가 늦었다. 그의 부인 실비아는 드골 장군과 대화를 이어 나가기 위해 그에게 당신의 임무가 언제 끝날 것인지 물어보았다. 그러자 드골 장군은 경건하게 대답했다. "부인 저는 이곳에 임무를 수행하러 온 것이 아닙니다. 프랑스의 명예를 구하기 위해 온 것입니다."

1940년 6월 18일 아침, 드골 장군은 전날 페탱 원수가 한 연설 내용

---

**15** Winston Churchill, *L'heure tragique*, Plon, p. 229.

**16** Charles de Gaulle, *Mémoires de guerre*, *op. cit.*, p. 71.

을 알게 되었다. 그는 조프루아 드 쿠르셀에게 말했다. "우리는 더 이상 싸우지 않기로 했으니 이제 기다릴 것도 없네. 나는 프랑스 국민들에게 내 호소문을 낭독할 것이네."[17] 그날은 이상하게 조용했다. 조프루아 드 쿠르셀은 오랫동안 알고 지낸 친구 엘리자베스 드 미리벨에게 연락했다. 그녀는 폴 모랑 밑에서 독일군을 봉쇄하는 임무를 맡고 있었다. 그는 그녀에게 타이핑을 해달라고 부탁했다. "전 타자를 정말 못 치는데도 타자기 앞에 앉았어요. 제 앞엔 알아보기도 힘든 원고 종이가 있었죠. 제 진짜 일은 3시쯤 시작되었어요. 저는 세세하게 기록되고 수정한 부분도 정말 많았던 원고를 열중해서 읽느라 애먹었어요. 저는 그 글을 깨끗하게 다시 타자기로 옮겨 써야 했죠. 시간을 절약하기 위해 조프루아 드 쿠르셀이 글을 읽어 주었어요. 그가 드골 장군에게 제출할 원고가 점점 완성되어 가고 있었죠. (……) 시간은 흘렀고 급박했다. 곧 저녁 6시였다. 그의 일은 끝났다. 드골 장군은 쿠르셀과 함께 BBC 방송국에 가기 위해 택시를 불렀다."[18] 18시경, 드골 장군은 BBC 방송국 스튜디오의 마이크 앞에 앉았다. 그리고 호소문을 낭독했다. "돌이킬 수 없는 언사들이 점점 활개를 치고 있습니다. 제 삶이 끝나가는 것 같습니다. (……) 제 나이 49세에 모험으로 뛰어들까 합니다. 어쩔 수 없는 숙명으로 운명의 진로가 바뀌게 되는 한 남자처럼 말입니다."[19]

6월 18일과 19일, 페탱 정부는 드골을 비난했고, 그에게 프랑스로 다시 돌아오라고 엄명을 내렸다. 6월 22일, 육군부의 결정으로 드골의 임

---

**17** Jean-Christophe Notin, *1061 Compagnons. Histoire des Compagnons de la Libération*, Perrin, 2000, p. 24.

**18** Élisabeth de Miribel, *La liberté souffre violence*, Plon, 1981.

**19** Charles de Gaulle, *Mémoires de guerre, op. cit.*, p. 73.

시 여단장 직위는 박탈되었다. 6월 23일, 프랑스 대통령 알베르 르브룅의 명령으로 드골 장군은 군 제대라는 징계처분을 받았다. 7월 4일, 그는 군사재판소에서 4년의 징역과 100프랑의 벌금을 언도받는다. 이유는 명령 불복종이었다. 8월 3일, 드골 장군의 궐석에도 불구하고 이루어진 항소 재판에서 그는 사형과 군 지위 강등, 동산 및 부동산 가압류를 언도받았다. 이유는 반역과 국가 안보 침해, 탈영이었다.

6월 18일, 드골 장군이 취한 행동은 신념에서 비롯된 것일 뿐만 아니라 이성적인 행동이기도 했다. 그는 이날부터 확신했다. 독일이 패전할 것이라고 말이다. 문제가 되는 것은 오로지 시간이었다. 이번 전쟁은 단순히 유럽에만 국한되는 전쟁이 아니라 세계대전이었다. 미국이 불가피하게 전쟁에 참여하게 될 것이다. 그때부터 그의 목표는 뚜렷해졌다. "전장에 우리 군이 다시 참전하는 것, 우리 영토를 다시 교전 상태로 되돌리는 것, 참전할 군인들의 노력에 프랑스 정부 스스로 동참케 하는 것, 프랑스는 이대로 전투를 계속할 것이기 때문에 다른 강대국들로부터 합법적인 승인을 얻어 내는 것, 요컨대, 참담하게 관망적인 태도를 취하는 것에서 벗어나 국가의 통치권을 전쟁 의지로 이양케 하고 나아가 승리로 이끄는 것."[20] 『전쟁 회고록』에서 드골 장군은 전쟁 5년 동안 극복해야 했던 장애물들을 이렇게 떠올리고 있다. "적의 힘이 너무 세서 오직 길게 끄는 소모전만이 그 힘을 부숴버릴 수 있을 것 같았다. 그리고 그러한 적의 힘 때문에 프랑스 정부 기관은 참전 중인 자국 군대의 사기를 바로잡지 못했다. 정신적, 물질적 어려움도 문제였다. 이 때문에 천대받고 돈 없는 가난뱅이처럼 군인들은 필연적으로 길고 지독한 전쟁

---

20 Id., ibid., p. 72.

을 치러야 했다. 회의주의자들과 겁쟁이들은 자신들이 수동적이라는 사실을 은폐하기 위해 전투에 나가 싸우는 군인들을 반대하며 그들에게 책임을 전가하고 중상모략을 수없이 저질렀다. 끝까지 싸우려는 시도에 맞선 의견과 '평행선을 달리는' 사람들 때문에—사실은 그 의견에 반대하며 경쟁하는 사람들이지만—프랑스 국민들 사이에 다툼의 불씨가 지펴졌다. 그리고 정치계와 관련 기관들은 프랑스 국민들을 마음대로 휘두르기 위해 이런 다툼을 이용했다. 체제 전복을 꾀하고자 하는 이들은 국가의 항독 의지를 혁명의 소용돌이로 이끌어 독재자를 출현시켰다. 결론적으로 강대국들이 프랑스를 희생시켜, 그들의 이익을 꾀하기 위해 허약해진 우리를 이용만 한 것이다."[21]

이 5년간의 전쟁 동안, 드골 장군은 힘들게도 다음 두 가지 어려움에 직면해야 했다. 첫 번째 어려움은 자유프랑스 연합군과 그 대원들이 자신의 조직만이 프랑스를 전쟁에 뛰어들게 하고, 해방된 프랑스를 확실히 이끌어 나가기 위한 정당성을 가진다고 생각하는 점이었다. 두 번째 어려움은 권위를 가진 지도층을 중심으로 국내 레지스탕스 조직을 통합하고 조직하는 문제였다. 이것은 조직의 정당성을 획득하고, 프랑스가 해방되었을 때 내전을 피하기 위함이었으며, 프랑스군이 확실히 연합군 측에 서서 참전하도록 만들기 위해서였다. 다시 말해 승리를 맞이하는 날, 정복자들 사이에서 프랑스의 위치를 확고히 하고, 불명예와 수치를 피하기 위함이었다. 드골 장군은 새롭게 맞이할 운명의 문턱에 서서 그의 역사와 전설 속으로 들어가려 하고 있었다. 이런 와중에도 그는 자신에 대한 냉정함을 잃지 않았다. "이와 같이 경사진 비탈길을 오

---

21 *Id., ibid.*

르려고 애쓴 나는 처음에는 하찮은 존재였다. 내 옆에는 아무런 군사도 조직도 없었다. 프랑스에서는 나를 위한 그 어떤 보증인도, 유력 인사도 없었다. 프랑스 밖에서는 나에 대한 어떠한 믿음도, 내게 부여해 줄 어떤 정당성도 찾아볼 수 없었다. 이렇듯 나에게는 아무것도 가진 게 없었지만 나는 내 갈 길을 닦았다. 국가의 안녕이라는 큰 뜻을 이루기 위해 아낌없는 노력을 하면서 나는 권위라는 것을 찾았다. 또한 프랑스를 위한 불굴의 투사로 활동하면서 프랑스 국민들의 뜻, 나아가 그들의 열망을 결집시키고, 다른 나라 국민들에게서 존경과 경의를 얻어 내는 것이 가능했다. 이런 극적인 상황 내내 이와 같은 나의 완고함에 감정이 상한 사람들일지라도 그들은 상대편의 수많은 압박을 물리치기 위해 혈안이 된 내가 조금의 양보로 실패하지 않기를 원했다. 요컨대 내가 아무리 한계에 부딪히고 고독했어도 오히려 그러한 한계와 고독 때문에, 나는 산 정상을 탈환해야 했고, 더 이상 그 정상에서 절대 내려와서는 안 되었다."[22]

6월 22일, 르통드(Rethondes)의 한 객차 안에서 프랑스와 독일 간의 휴전협정이 체결되었다. 그곳은 1918년 독일의 항복으로 휴전이 체결된 곳이기도 했다. 프랑스에게 굴욕적인 날이었다. 같은 날 드골 장군은 BBC 방송에서 라디오를 통해 프랑스 국민들에게 계속 싸워 줄 것을 호소했다. "프랑스의 명예와 숭고한 이익을 생각해 볼 때 상식적으로도 모든 프랑스 국민들이 계속 싸우지 않으면 안 됩니다. (……) 자유를 갈망하는 모든 프랑스 국민들이여, 제 말을 들어 주시고 따라 주시기 바랍니다." 또한 드골 장군은 법적인 정당성을 인정받을 수 있는 해방 의

---

22 *Id., ibid.*, pp. 72-73.

회를 조직하도록 설득하는 각서를 영국 정부에 제출했다. 당시 임시 여단장은 누구였을까? 그 임시 여단장은 무엇을 대표했을까? 육군 담당 정무차관이 그 자리를 맡고 있었다! 얼마나 많은 사단과 얼마나 많은 프랑스 국민들이 드골 장군과 함께했을까? 사실상 드골 장군은 자신이 처한 불안정한 상황을 1940년 런던에서 끝내야 했다. 법적으로 엄격히 따져 보아도 그는 어떠한 행정적, 사법적 권한도 가지고 있지 않았다. 앞으로도 법적인 권한을 얻기 어려워 보였다. 그는 선출된 적이 한 번도 없었다. 대중이 그를 잘 아는 것도 아니었다. 게다가 윈스턴 처칠이 실제로 그에게 기대를 걸었다고 말할 수 있는 근거는 아무것도 없었다. 스피어스 장군은 보르도로 가서 유력 인사들을 데려올 임무를 부여받았다. 조르주 망델은 이를 거절했고 다른 사람들도 계속 전투를 하고 싶지 않았다. "부득이", 스피어스 장군은 드골 장군만 데리고 런던에 올 수밖에 없었다. 드골 장군은 상황이 매우 좋지 않다는 점을 알고 있었다. 그렇기 때문에 그는 더욱 거만할 정도로 완고해질 수밖에 없었다. 드골 장군은 자신의 정당성을 획득하기 위해 합법적인 지위가 필요하다는 것을 깨달았다. 그는 다른 유력 인사들이 자신을 인정해 주기를 기대했으나 허사였다. 그는 사라질 준비를 했다. 드골 장군으로부터 부탁을 받은 런던의 인사들도 신중함에 몸을 사렸다. 하지만 때는 일렀다. 앞으로 어떻게 될지 아무도 몰랐다. 그때부터 영국 정부 덕분에 드골 장군에게 상황이 유리하게 돌아갔다. 윈스턴 처칠과 영국 내각은 휴전 이래 프랑스 정부가 북아프리카에서 싸울 어떠한 계획도 없다는 점을 알게 되었다. 프랑스 정부는 페탱 원수의 손아귀에 있었다. 1940년 6월 27일, 윈스턴 처칠은 드골 장군을 불러들였다. "그는 아직 정치인들과 군 지휘관들, 외교관들로 구성될 프랑스 국가 위원회(CNF)를 조직할 힘이 없습니다. 이 사람들을 '그의 폐하'께서 인정해 줄지도 미지수입니다. 당신은 혼자예요. 영국과 프랑스의 우호라는 큰 뜻을 위해 어디에서든 우리 영국과 함께할 자유프랑스군의 리더로 오직 당신만을 인정하는 바입니다." 6월 28일, 영국 정부는 자유프랑스군의 지휘관으로 드골 장군을 인정해 주었다.

그렇지만 드골 장군은 자유프랑스의 이해와 영국의 이해가 언제나 일치하는 것은 아니라는 점을 금방 깨달았다. 이런 자각은 실로 치명적이었다. 그도 그럴 것이 프랑스 함대는 영국군에게 걱정거리였기 때문이었다. 영국군은 프랑스 함대가 자국을 공격하기 위한 수단으로 이용될까 봐 두려웠다. 7월 3일, 알제리의 메르 엘 케비르(Mers el-Kébir) 항구에서 영국 함대는 프랑스 함대를 침몰시켰다. 프랑스 해군 1,380명이 사망했고, 370명이 다쳤다. 처음에 드골 장군은 이 사건에 폭력적으로 대응했다. 그는 즉시 영국 해군 장교 알렉산더 경을 만나게 해달라고 요구했다. 그는 매우 격분하며 말했다. 스피어스 장군은 그를 진정시키고 영국의 입장을 설명하려고 애썼다. 드골 장군은 영국과의 우방 관계를 끝내고 싶었다. "분명히 드골 장군은 고민을 많이 했습니다. 그래도 우리가 한 행동은 우리 입장에서 보았을 때 불가피한 행동이었습니다. (……) 하지만 드골 장군은 이제 우리와 협력할 것인지 말지, 혼자 심지어 캐나다로 떠날 것인지 말지 결정해야 했습니다."[23] 7월 8일 드골 장군은 BBC 방송에서 연설을 했다. 그는 메르 엘 케비르에서 일어난 사건은 "악취 나는 비극"이라고 말했다. BBC 방송은 드골 장군이 영국과의 동

23 Edward Spears, *Pétain et de Gaulle, deux hommes qui sauvèrent la France*, Presses de la Cité, 1966, p. 184.

맹 관계에 문제를 제기할 것으로 생각했다. "우리의 우방이 우리 해군의 함대를 침몰시켰다는 사실에 분노하지 않고 고통받지 않을 프랑스 국민은 단 한 명도 없을 것입니다. 이런 분노와 고통은 사실 우리 자신 깊은 곳에서 나오는 것입니다. (……) 프랑스 국민 여러분, 이런 혼란을 단한 가지 관점에서 바라봐 줄 것을 부탁드립니다. 즉 결국 우리가 고려해야 할 관점, 바로 조국의 승리와 해방이라는 관점에서 말입니다. 불명예스러운 약속을 한 보르도의 프랑스 정부는 우리 해군을 적의 손에 넘겨주었습니다. 원칙적으로 보나 또 필요성에 근거해서 보나 적은 우리 해군을 결국에는 영국과 우리 프랑스 제국에 반하여 이용할 것입니다. 이점은 의심할 여지가 없습니다. 요컨대 단도직입적으로 말하건대 차라리 그러한 해군 함대는 파괴시키는 것이 더 낫습니다." 윈스턴 처칠은 드골의 연설을 잊을 수 없었다. 이렇게 심각한 상황에서 드골 장군은 더욱 확실한 동맹이 되었다.

7월 10일, 페탱 원수는 독일로부터 전권을 부여받았다. 오직 80명의 국회의원들만 그를 반대했다. 페탱이 주창한 '국민 혁명'은 그의 비열함과 함께 실현될 수 있었다. 7월 14일, 드골 장군은 런던에서 행진하는 첫 번째 자유프랑스군 신병들을 열병했다. 같은 달 16일, 드골 장군의 어머니가 팽퐁에서 사망했다. 8월 7일, 드골 장군은 영국 정부와 협정을 체결했다. 이 협정으로 영국은 자유프랑스를 확고히 인정했고, 프랑스와 영국 두 정부 간에 적용시킬 법률을 정했다. 이 협정은 매우 중요했다. 왜냐하면 드골 장군이 단순히 용병부대의 수장이 아닌 프랑스군의 지휘관으로 확실히 인정받았을 뿐 아니라 이제부터 자유프랑스는 조직에 필요한 기관들로 행정적인 조직 체계를 꾀할 수 있었기 때문이다. 드골 장군의 법률 고문이었던 르네 카생이 이 협정안을 작성했고 협상가의 역할을 맡았다. 이 협상안을 퇴고하기 위해 그는 드골 장군에게 당시 단순한 외인부대, 나아가 용병부대로 취급받은 자유프랑스의 지위에 대한 의견을 물어보았다. 드골 장군은 르네 카생에게 확실히 대답했다. "우리는 프랑스인이오." 당시 르네 카생은 초라한 상황에도 불구하고 강렬한 느낌을 받았다. "프랑스의 이 두 자손 덕분에 프랑스는 단순한 책상과 흰색으로 칠해진 나무 의자 세 개가 전부였던 이 사무실에서나마 실제로 존재할 수 있었다."[24]

하지만 1940년 한여름, 자유프랑스 진영에 가담한 병사들은 적었다. "1940년 런던은 우리가 정착했던 곳이 아니라 떠난 곳이었습니다……,"[25]라고 엘리자베스 드 미리벨은 매우 명료하게 요약했다. 드골 장군이 런던에 도착해서 가스통 팔레브스키에게 확인해 주었던 것은 다음과 같았다. "런던 출신 프랑스 사람들은 두 부류로 나뉩니다. 미국에 있는 사람들과, 미국으로 떠날 작정을 하는 사람들로 말입니다……"[26] 그리고 드골 장군은 떠올렸다. "자유를 누리는 프랑스 국민들이 매우 드문 이유는 많은 프랑스 국민들이 부동산 소유자들이기 때문입니다. 그들은 자신들의 사유 재산—작은 집, 작은 정원, 작은 가게, 작은 작업장, 작은 농장, 얼마 되지 않는 책과 채권 더미—과 프랑스 사이에서 하나를 선택해야 했습니다. 그들은 사유 재산을 선택했습니다. 자유를 만끽하는 첫 번째 프랑스 국민들은 누구였을까요? 하나밖에 없는 작은 배를 이끌며 고기를 잡는 셍 섬[일 드 셍(Île de Sein)]의 어부들, 더 이상 잃을 것도 없이 구속받지 않고 살아가는 소년들, 모든 것을 잃게 될 것이라는 점을 알

24 René Cassin, *Les hommes partis de rien*, Plon, 1975, p. 77.
25 Jean Lacouture, *De Gaulle: Le rebelle 1890-1944, op. cit.*, p. 388에서 인용.
26 *Id., ibid.*에서 인용.

아채고 도망친 유대인들이 바로 그들이었습니다. 물질적 재산과 프랑스의 정신 중 하나를 선택해야 했던 이들은 물질적 재산이 그들을 선택해 버렸습니다. 소유하는 자들은 소유하는 것으로 소유되어 버리는 법입니다." 이런 점에서 드골 장군은 1940년 여름만은 절대 잊지 못하는데, 그 이유는 매우 드물게 몇 사람을 제외하고 어떠한 정치인도, 어떠한 고위 공무원도 그에게 동조하려고 하지 않았기 때문이었다. "저는 자유프랑스군이 맞이한 처음 2년을 믿기 어려울 정도로 고독했던 시간으로 기억하고 있습니다[27]." 하지만 그는 어떠한 사람도 거부하지 않고 모두 받아들였다. "유대인이자 인민전선의 사도였고, (……) 레옹 블룸 비서실장이었던" 조르주 보리(Georges Boris)가 들어와 불쾌함을 느낀 한 장교에게 드골 장군은 확실히 설명해 주었다. "그래 조르주 보리는 분명 유대인이고 레옹 블룸 지지자이며 이와 관련해 또 다른 흠을 가지고 있겠지. 하지만 난 그에게서 단 한 가지만 보인다네. 플랑드르에서 종군하고 프랑스를 위해 계속 싸우기 위해 우리에게 와서 52세 나이에 참전하기로 작정한 한 프랑스인이라는 점 말이네. 나에겐 그걸로 충분하다네. 우리들 사이에서 어떤 부류인지, 어떤 정치적 견해를 갖든지 간에 차이점이 있는지 나는 모르겠네. 나는 프랑스 국민들이 단지 두 부류로 나뉘어 있다는 점을 알고 있네. 자신의 의무를 다하는 사람과, 아닌 사람. 조르주 보리 씨는 자신의 임무를 다하고 있다네. 그가 있어야 할 자리는 여기고. 이런 종류의 발언은 이제 더 이상 듣고 싶지 않네."[28]

하지만 프랑스 본국이 아닌 프랑스에 속하는 몇몇 국가들은 드골 장

---

**27** Claude Guy, *En écoutant de Gaulle, op. cit.*, 1996, p. 48.
**28** André Weil-Curiel, *Le jour se lève à Londres*, p. 138에서 인용.

군에 동조했다. 7월 22일 뉴헤브리디스 제도(바누아투 공화국), 8월 2일 타히티 섬, 8월 26일 차드, 8월 27일 카메룬, 8월 28일 콩고, 8월 29일 우방기샤리(중앙아프리카 공화국)와 같은 국가들이 말이다. 8월 31일, 드골 장군은 아프리카 동쪽에 있는 나머지 프랑스령 국가들에게도 자유프랑스 군과 뜻을 같이할 것을 설득할 목적으로 아프리카로 떠났다. 그는 프랑스 정부 본거지는 반드시 프랑스 영토에 위치해야 한다고 생각했다. 런던은 프랑스 정부가 있기에 좋은 위치가 아니라는 생각이 들었다. 드골 장군은 다카르를 선택했다. 거짓으로 밝혀진 정보 때문에 그는 아프리카 현지 정부들이 자유프랑스에 협력할 것이라 생각했다. 9월 말, 영국의 도움으로 그는 상륙작전을 계획했다. 아프리카의 현지 당국들은 강력히 저항했고, 비시 정권에 충성한다고 선언했다. 그들과의 대치는 무의미한 것으로 드러났다. 드골 장군은 프랑스령 국민들의 피를 원치 않았기 때문에 후퇴해서 설득하길 원했다. 드골 장군은 큰 실패로 상처받았다. 하지만 곧 회복됐다. 10월 27일, 브라자빌(Brazzaville)에서 그는 제국 국방위원회(Conseil de défense de l'Empire)를 설치하겠다고 알렸고, 프랑스를 전쟁으로 이끌 것이라는 결심을 재확인했으며, "자유롭게 프랑스의 대표자들을 뽑는 것이 가능하자마자 그들에게 이런 행동들을 보고하겠다는 숭고한 약속을 했다." 11월 9일, 가봉은 자유프랑스와 협력하기로 했다. 같은 달 16일, 브라자빌에서 드골 장군은 "국민과 프랑스 제국의 이름으로" 선언서를 발표함으로써 비시 정권은 불법이며, 헌법을 위반한 정권이라고 선언했다. '해방 훈장(Ordre de la Libération)'도 제정되었다. 11월 11일, 정부 당국의 금지 조치에도 불구하고 프랑스인 학생들이 파리 개선문의 '무명용사의 묘' 앞에서 시위를 벌였다. 11월 29일, 드골 장군은 BBC 방송을 통해 이번 전쟁은 "지금까지의 혁명 중 가장 위대한 혁명"이라고 선언했다. 조금씩 프랑스에서 그의 영향력과 인기가 올라갔다. 1941년 1월 1일, 드골 장군은 프랑스 국민들에게 한 시간 동안 프랑스 거리에 나오지 말 것을 요구하는 명령을 내렸다. BBC 방송은 프랑스 북부의 브르타뉴와 파리 지역의 프랑스인 금지 구역에서도 전파가 잡혔고, 그의 연설도 이곳에서 방송되었다.

3월 1일, 자유프랑스는 전투에서 처음으로 승리했다. 르클레르크 대령은 400명의 병사와 함께 55대의 전차와 75밀리 대포 하나만으로 차드를 떠나 이탈리아군이 점령하고 있던 리비아의 쿠프라 오아시스를 탈환했다. 르클레르크 대령은 병사들과 그 유명한 쿠프라의 맹세를 했다. "스트라스부르 대성당에 우리의 아름다운 깃발이 펄럭일 때에 비로소 무기를 내려놓을 것이다!" 5월 초, 레반트(Levant: 동지중해 연안에 위치한 프랑스 위임통치령의 시리아와 레바논)에서 비시 정권은 나치 독일에게 자리를 넘겨주었다. 6월 7일, 팔레스타인과 트랜스요르단(요르단)을 떠난 프랑스와 영국 연합군은 시리아와 레바논으로 진격했다. 6월 8일, 1940년 8월 드골 장군과 손잡았던 조르주 카트루(Georges Catroux) 장군[29]은 시리아와 레바논의 독립을 선포했다. 비시 정권을 지지하는 군과 자유프랑스군 사이의 대치는 첨예했다. 6월 21일, 영국군과 자유프랑스군 1사단은 다마스쿠스(Damas)로 진격했다. 6월 23일, 드골 장군은 다마스쿠스에 도착하여 카트루 장군을 레반트의 전권공사(全權公使)로 임명했다. 이로 인해 이 독립 국가들에 대한 통치에 관해 영국 정부와 마찰을 빚게 되었다. 드골

---

29 조르주 카트루 장군은 인도차이나에서 총독을 지냈다. 비시 정권으로부터 파면당하기도 한 그는 능력 있고 매우 중요한 저명 인사였다. 그는 임시 여단장인 드골 장군 밑으로 들어갔다. 그가 계급에도 불구하고 드골 장군 밑으로 들어간 것은 상징적이다. "그 이후 드골 장군은 카트루를 위해 계급 체계에서 벗어나, 계급에 구속받지 않은 임무를 부여받았다." 앞의 책, 샤를 드골의 『전쟁 회고록』 116쪽에서 인용.

장군은 스피어스 장군에게 이렇게 말했다. "난 절대 영국과 타협점을 찾을 수 없을 것 같습니다. 당신네들은 모두 똑같아요. 오직 당신들의 이익만을 위하죠. 다른 사람들의 필요에 대해서는 안중에도 없죠…… 내가 영국이 승리하길 소망하고 있으리라 믿으시죠. 제대로 틀리셨네요. 나에겐 오직 프랑스의 승리만이 중요할 뿐입니다[30]."

7월 7일, 자유프랑스군과 연합군은 베이루트로 진격했다. 7월 14일, 비시 정권과 영국 정부 간에 휴전협정이 체결된 후임에도 불구하고, 드골 장군은 몇 번의 협상 끝에 시리아와 레바논에서 민정(民政)을 관할하게 되었다. 그는 여전히 영국과의 협상에서 까다로웠다. 그는 협상에 능통했다. 그는 협상 중 격노했고, 지나친 요구를 했으며, 관계를 끊을 것이라 협박하더니 결국에는 그가 바랐던 것보다 더 많은 것을 얻기 위해 더욱 협조적인 태도를 보였다.[31] 9월 24일, 프랑스 국가 위원회(Comité

---

**30** François Kersaudy, *De Gaulle et Churchill*, Perrin, Tempus, 2003, p. 141에서 인용.

**31** 에드워드 스피어스 장군은 드골 장군의 이런 협상 기술에 대해 다음과 같이 자세히 묘사하고 있다. "그가 영국 고위층을 다루는 방법은 웃깁니다. 억지로 웃기기도 하지만요. 그는 영국 고위층 인사들이 싸움을 싫어한다는 점을 알아차렸죠. 그래서 그는 협상에서 어떤 싸움도 피하기 위해 준비하고 있었습니다. (……) 실제 협상을 통해 전례를 남기며 드골 장군은 예를 들어 어떤 장관과 논쟁이 붙었다면 화난 표정을 지으며 그가 잘 모르는 분야에 봉착할수록 그만큼 더욱 폭력적으로 나갔습니다. 마치 황소가 돌진하기 전 땅에 발굽을 치듯이 그는 군모를 탁자 위에다 내리치며 격노한 표정을 지은 채 코브라처럼 머리를 마구 들이댔습니다. 그리고 문제되는 사람이나 장관에게 매우 불쾌한 비난을 퍼붓고선 정말 참기 힘든 발언을 마구 쏟아 냈습니다. 그와 논쟁하는 영국 사람은 우선 매우 당황했어요. 그리고 화를 냈습니다. 그런데 화를 내면 낼수록 응수할 수 없게 되더군요. 마지막에 가서 드골은 갑자기 일어나서 모자를 집어 들고 다음과 같은 말을 남기고 떠났습니다. '내일 아침 10시 당신의 대답을 들으러 오리다.' (……) 드골은 10시에 도착했습니다. 하지만 이번엔 매우 놀랍게도 그는 영국인들에게 웃는 얼굴로 예의를 갖추고 말 그대로 착한 인상을 풍기는 것이었습니다. 그래서 그 영국인은 나긋나긋한 언사로 밤새 드골에게 자신들의 입장을 표명하지 않아도 되는 것에 안심하게 되었고, 그 즉시 드골 장군이 요구한 100개 중 50개를 양보하더군요. 드골 장군은 그렇게 기대하지는 않았지만요." 에드워드 스피어스의 『프랑스의 몰락, 대참화에 대한 증언(*La chute de la France, témoignage sur une catastrophe*)』 165쪽에서 인용[프레스 드 라 시테(Presses de la Cité), 1964].

national français, CNF)를 창설하고, 제국 국방위원회를 개편하는 자유프랑스의 행정 조직 체계를 담은 명령을 하달했다. 드골 장군은 자신의 권력에 점점 적법성과 합법성을 세워 나가기 시작했다.

6월 22일, 나치 독일의 소련 침공으로 전쟁은 중요한 단계로 접어들었다. 6월 24일이 되자마자 드골 장군은 이에 대해 명백한 입장을 취했다. "소련의 악덕과 심지어 그들의 범죄마저 현재로선 논외로 하고, 처칠이 그러하듯 우리도 솔직하게 소련 국민들과 함께해야 합니다. 왜냐하면 그들도 독일과 싸우고 있으니까요."[32] 연락망은 긴밀해졌다. 모스크바의 프랑스 공산당 간부들은 드골 장군과 가까워졌다. 7월 25일, 그들은 자신들의 군인들에게 자유프랑스와 접촉할 것을 요구했다. "드골주의 운동과 접촉하는 순간이 다가왔습니다. 왜냐하면 히틀러를 추종하는 무리의 공격에 맞서 영웅심으로 싸우는 소련 국민들의 전투는 프랑스의 이익과 합치할 뿐 아니라 프랑스의 해방은 소련의 승리와 관련되어 있기 때문입니다."[33] 9월 26일, 소비에트 사회주의 연방은 드골 장군을 자유프랑스의 지휘관으로 인정했다. 하지만 드골 장군은 소련의 외교 놀이에도 프랑스 공산당 세력이 원하는 목표에도 속아 넘어가지 않았다. 드골 장군은 프랑스가 해방되면 국가 권위를 세우기로 마음먹었고 공산주의자들이 그들의 계획을 실현시키지 못하도록 막겠다고 결심했다. 하지만 그는 당시로선 소련과 국내 레지스탕스 운동에 핵심적인 역할을 차지하는 공산당 없이 전쟁을 치를 수 없었다.

12월 7일, 전쟁은 결정적으로 새로운 국면으로 접어들었다. 일본이

---

**32** Charles de Gaulle, *Mémoires de guerre*, *op. cit.*, p. 195.
**33** Éric Roussel, *Charles de Gaulle*, *op. cit.*, pp. 265-266에서 인용.

진주만에 정박한 미국의 함대 일부를 공격해 미국도 전쟁에 뛰어들게 되었던 것이다. 이탈리아와 독일은 미국에 전쟁을 선포했다. 역설적이게도 이처럼 1942년 초에 미국이 참전함으로써 드골 장군의 상황은 불리해졌다. 그의 위치와 역할은 소외되었다. 이런 상황에 봉착한 드골 장군은 자유프랑스에 그 어떤 경쟁도 피하길 원했고, 국내 레지스탕스 운동에 자신의 권위를 더욱 확인하고 싶었으며, 자신이 온전히 인정받기 위해서 소련에 기대고 싶었다.

10월 25일, 드골 장군과 장 물랭의 첫 만남이 이루어졌다. 장 물랭은 극좌파 인물로 피에르 코 내각의 외무부 부국장이었으며, 외르에루아르(Eure-et-Loir) 도지사를 지내기도 했다. 그는 1940년 6월 프랑스의 패배 당시 독일의 불명예스러운 요구를 용감하게 거절한 이유로 독일로부터 박해를 받고 있었다. 1940년 11월 11일에 그는 도지사 직에서 해임되었다. 장 물랭은 드골에게 프랑스 국내 레지스탕스 운동의 상황과 전망에 대해 자세히 기록한 보고서를 제출했다. 이 두 인물 간에 동맹과 신뢰는 빠르게 형성되었다. 장 물랭은 드골 장군에게 그의 휘하에 있는 국내 레지스탕스 조직들의 규합을 위해서 민주주의와 공화주의의 원칙에 대한 고수를 재확인할 것을 충고했다. 그 이후 드골 장군은 장 물랭에게 두 가지 임무를 주었다. 프랑스에서 효율적인 선전 활동을 조직하고 레지스탕스 운동을 통괄하는 것이었다. 1941년 11월 11일, 드골 장군은 자유프랑스의 두 가지 표어를 재확인했다. 바로 "명예와 조국"과 "평등, 자유, 형제애"였다. 1942년 1월 2일, 임무를 받은 장 물랭은 낙하산으로 비점령 지역에 도착했다. 그의 임무는 "독일과, 독일에 협력하는 자들에게 저항하고 있는 모든 레지스탕스 대원들의 행동을 결집시키는 것"이었다. 같은 해 3월, SFIO(국제노동자동맹 프랑스 지부)의 회원이자 뛰어난 정치부 기자인 피에르 브로솔레트가 런던에 도착했다. 불같은 정신력의 소유자인 그는 전적으로 드골 장군에 협력했다. 1942년 4월 24일, 그는 리베라시옹 노르 지하조직망의 지도자이자 프랑스노동총동맹(Confédération Générale du Travail, CGT)의 회원이며 처음으로 런던에 간 국내 레지스탕스 대원들 중 한 명이기도 한 크리스티앙 피노(Christian Pineau)에게 레지스탕스 운동에 대한 선언문을 전했다. "(⋯⋯) 적의 압제에서 프랑스 국민이 벗어나는 동시에 그들의 모든 자유가 개개인에게 주어져야 할 것이다. 프랑스 영토에서 적을 쫓아내면 우리의 모든 남성이며 여성들은 주권을 가지고 국가의 운명을 결정할 국회를 선거를 통해 구성할 것이다. (⋯⋯) 끊임없이 학대하며 횡포를 부리는 자들에 맞서 개개인이 자신의 일에, 자신의 존재에 자유와 존엄을 확실히 보장해 줄 실질적인 보증이 실현되어야 할 것이다. 국가 안보와 사회 안보는 우리에게 결합되어 이루어져야 할 중요한 목표이다. 우리의 적 독일은 그들 스스로가 다른 사람들을 억압하기에 충분히 강하다는 핑계로 모든 종교, 윤리, 자비를 무시하고서 인류 집단을 기계적으로 조직했다. 이런 그들의 행동은 반드시 막아야 한다. 이와 동시에 지도자가 이끄는 기술을 통해 프랑스 제국의 능력을 새롭게 함으로써, 자유, 평등, 형제애라는 프랑스의 오래된 이상이 우리나라에서 실현되기를 우리는 원하는 바이다. 이는 개개인이 자유롭게 생각하고, 믿고, 행동할 수 있도록 하기 위함이고, 개개인이 사회 활동을 시작하면서부터 다른 사람들과 평등한 기회를 가질 수 있게 하기 위함이며, 개개인이 모두에게 존중받고 필요한 도움을 받기 위함이다. (⋯⋯) 인간 모두를 위해 정의와 자유, 우리 스스로 자유롭게 행사할 수 있는 권리가 실제 법률과 같이 이번 전쟁에서 승리해야 한다."[34]

1941년 12월 24일, 프랑스군은 자유프랑스와 손잡은 생피에르 미클롱(Saint-Pierre-et-Miquelon) 섬에 상륙했다. 1942년 1월 14일, 드골 장군은 이 지역을 연합국 행정 소관으로 편입하려는 미국의 제안을 거절했다. 결국 타협점을 찾았다. 하지만 드골 장군의 권위를 인정하지 않으려는 미국과 영국 때문에 갈등은 심화되어 갔다. 영국과 미국의 몇몇 집단의 인사들은 드골 장군에게 짜증이 나기 시작했다. 다른 인사들은 심지어 그를 교체할 인물을 찾고 싶어 했다. 그리고 윈스턴 처칠은 자유프랑스를 민주화시킬 필요성을 역설하기도 했다. 5월 5일, 영국군이 드골 장군에게 미리 통보도 없이 마다가스카르에 상륙했다. 당시 자유프랑스의 운명은 어려운 상황 속에서 답보 상태였다. 4월 중순, 드골 장군은 위독한 병에 걸렸다. 말라리아 발작을 일으킨 것이었다. 그의 측근들은 상황에 매우 부정적이었다. "우리의 희망을 저버리고 드골 장군은 기력을 잃어 갔고 의사들도 어떻게 손을 쓸 수 없었다. 우리는 불안과 공포 속에서 최악의 상황을 생각하고 있었다." 하지만 드골 장군의 중병 소식은 새어 나가지 않았다. 피에르 비요트(Pierre Billotte) 장군은 폴 레이노의 주치의 앙드레 리슈트비츠(André Lichtwitz)를 불러 치료하게 했다. "드골 장군은 침대에 꼼짝도 않고 누워 시체처럼 창백한 얼굴을 하고 있었다. 그는 거의 말도 못할 지경이었다. 그는 우리가 옆에 있는 것도 신경 쓰지 않았다. 그도 그럴 것이 그는 거의 혼수상태였다. 나는 비탄에 잠겼고 망연자실했다. 리슈트비츠가 말하길 드골 장군은 급성 말라리아에 걸린 것이며, 그가 이렇게 심하게 앓고 있는 원인은 운동 부족과 지나친 흡연, 막중한 책임에 짓눌려 생긴 피로 때문이라고 했다."[35]

---

**34** Charles de Gaulle, *Discours et messages, 1940-1946, op. cit.,* pp. 205-207.

하지만 드골 장군은 결국 회복했다. 6월 10일, 윈스턴 처칠과 드골 장군은 회담을 가졌다. 윈스턴 처칠은 드골 장군에게 프랑스 제국 문제에 대해 안심시켜 주길 원했다. "이번 전쟁은 식민지 전쟁이 아닙니다. 도덕적 문제가 걸린 세계대전입니다. 우리는 프랑스 제국에 대해 어떠한 의도도 품지 않고 있습니다. 강한 군사력을 가진 강한 프랑스를 난 원해요. 우리는 지난 30년 동안 프랑스에 대해 이것 말고 다른 어떤 정책도 가져본 적이 없습니다. 난 이 정책을 고수하고 있어요." 이와 반대로 윈스턴 처칠은 비시 정권을 다루는 미국의 태도를 설명하려고 애썼다. "미국은 비시 정권과 함께 그들의 정책을 포기하려고 하지 않습니다. 미국은 비시 정권이 심하게 박해받고 있기 때문에 언젠가 연합군 편에 서서 다시 싸울 것이라고 믿고 있습니다. 또한 미국은 라발(Pierre Laval)과 다를랑(Jean François Darlan)이 독일에 함대를 포기하는 것을 막도록 한 장본인은 자신들이라고 생각하고 있습니다. 결국 이 정책은 분명 쓸모가 있습니다. 예를 들면 미국 정부는 마다가스카르 정부가 라발에게 다음과 같이 말하도록 했습니다. 만약 프랑스가 영국과 전쟁을 벌인다면 미국과의 전쟁도 피할 수 없을 것이라고 말입니다."[36] 윈스턴 처칠은 드골 장군을 제대로 설득할 수 없었다. 워싱턴에서 큰 영향력을 지닌 프랑스 계층은 드골 장군에게 매우 적대적이었다. 특히 외무성 사무총장을 지낸 알렉시스 레제(Alexis Leger)가 그러했다. 시인이기도 한 그는 생존 페르스(Saint-John Perse)라는 가명으로 더 유명했다. 미국 행정부로부터 자주 자문을 요구받기도 한 그는 드골 장군이라는 인물의 평판을 떨어뜨리기

---

**35** Alain Larcan, Jean-François Lemaire, *De Gaulle et la médecine*, Les Empêcheurs de penser en rond et Fondation Charles de Gaulle, 1995, pp. 238-240에서 인용.

**36** François Kersaudy, *De Gaulle et Churchill, op. cit.*, pp. 160-161.

위해 자신의 모든 영향력을 행사했다. 그럼에도 불구하고 드골 장군은 알렉시스 레제뿐만 아니라 미국인들을 안심시켜 줄 수 있는 또 다른 인물인 자크 마리탱(Jacques Maritain)에게도 런던에 와서 중요한 일을 맡아 줄 것을 제안했다. 물론 소용없는 일이었다. 하지만 7월 9일 미국은 프랑스 국가 위원회(CNF)가 '추축국에 대한 프랑스 레지스탕스의 상징'임을 마지못해 인정했다.

7월 22일, 미국과 영국은 자유프랑스군의 개입 없이 북아프리카에 상륙하기로 결정했다. 드골 장군은 이 사실을 전혀 알지 못했다. 9월 30일, 시리아와 마다가스카르 문제에 대해 윈스턴 처칠과 드골 장군 간에 치열한 공방이 오갔다. 윈스턴 처칠은 격분했다. "참으로 위인일세! 어찌나 거만한지! 너무 이기적이야! 자기가 세상의 중심인 줄 알아…… 그는…… 당신 말이 맞소. 참 잘난 인물이야!" 그는 드골 장군과의 관계를 단절하고 그를 와이트(Wight) 섬에 가둘 생각을 했다. 10월 1일, 드골 장군은 자신이 프랑스 국가 위원회(CNF)에서 떠나는 것이 위원회를 위하는 일이라 생각해 사임을 표명했다. 하지만 위원회의 다수는 그의 사임을 받아들이지 않았다. 10월 6일, 그는 프랭클린 루스벨트에게 자유프랑스를 온전히 인정해 달라는 편지를 썼다. 이에 협력하여 레지스탕스 주요 수장인 콩바의 앙리 프르네(Henry Frenay)와 리베라시옹의 에마뉘엘 다스티에 드 라 비즈리(Emmanuel d'Astier de La Vigerie)도 미국 대통령에게 편지를 썼다. "함께 싸우고 있는 연합국들은 지금 고전 중이지만 앞으로 연합군 편에 서서 싸울 프랑스의 목소리를 들어야 합니다. 이 목소리는 바로 드골 장군의 목소리이기도 합니다. 또한 이 목소리는 프랑스 국가의 의지를 반영하고 있습니다. 프랑스의 물질적, 정신적 이익을 보호해야 합니다. 이 이익은 비시 정권이 보호하는 것이 아니라 현재 런던에서 투쟁하고 있는 프랑스군의 지휘관이 보호할 것입니다."**37** 하지만 편지는 소용없었다.

한편, 드골 장군을 중심으로 국내 레지스탕스 조직이 집결되고 여론이 연합국과 프랑스에서 그에게 유리하게 돌아가면서 드골 장군을 반대하는 사람들의 영향력도 점점 줄어가고 있었다. 이렇게 자유프랑스가 고전하는 동안 한 소식이 활력을 불어넣어 주었다. 6월 11일, 비르아켕(Bir Hakeim)으로부터 승전보가 들려온 것이다. 마리 피에르 쾨니그(Marie Pierre Kœnig) 장군이 이끄는 자유프랑스군 제1여단이 에르빈 로멜(Erwin Rommel)이 이끄는 독일군 부대를 섬멸했다. 이로 인해 어려운 상황에 처해 있던 제8영국군도 새로운 위치에서 다시 일어날 수 있었다. 오직 자유프랑스군의 힘으로 독일군을 물리친 첫 승리였고, 이번 승리를 계기로 같이 전투 중인 연합국의 노력에 실질적인 공헌을 하게 되었다.

6월 22일, 비시 정권의 새로운 수장인 피에르 라발(Pierre Laval)은 공개적으로 다음과 같이 선언했다. "저는 독일의 승리를 기원합니다. 왜냐하면 독일이 승리하지 않으면 볼셰비즘이 도처에서 판을 칠 것이기 때문입니다." 1942년 7월 16일과 17일, 독일의 요구로 프랑스 정부는 12,000명의 유대인을 대대적으로 체포해 벨디브(Vel'd'Hiv) 경륜장(자전거 경기장)에 강제 수용했다. 이 와중에 레지스탕스 운동을 호소하는 크리스티앙 피노의 선언이 결실을 맺기 시작했다. 7월, 리베라시옹 노르를 이끄는 지휘관들 중 한 명인 사회주의자 앙드레 필리프(André Philip)가 런던에 도착했다. 그는 페탱 원수에게 전권을 부여하는 것에 반대투표를 한

---

**37** 앙리 프르네(Henry Frenay)의 1942년 10월 7일자 편지. Éric Roussel, *Charles de Gaulle, op. cit.*, p. 310에서 인용.

80명의 국회의원들 중 한 명이기도 했다. 드골 장군은 즉시 그를 국내 레지스탕스 조직의 국가 위원으로 임명했다. 9월 17일, 샤를 발랭도 런던에 도착했다. 그는 과거에 프랑수아 드 라 로크(François de La Rocque) 대령의 오른팔이었다. 드 라 로크 대령은 과거에 반동 극우 단체 크루아드푀(Croix-de-Feu)[38]를 이끌었고, 페탱 원수에게 전권을 부여하는 것에 찬성하는 투표를 한 후 레지스탕스에 가담한 인물이었다. 10월 3일에서 15일 사이 레지스탕스 조직의 주요 지휘관들을 소집하는 회의가 런던에서 열렸다. 10월 22일, 장 물랭의 주재로 비점령 지역에서 레지스탕스 운동을 조직하는 조정위원회와 샤를 델레스트랭(Charles Delestraint) 장군이 지휘하는 비밀군(Armée secrète, AS)이 창설되었다.

11월 8일, 영국과 미국 연합군이 모로코와 알제리에 상륙했다. 미국 대통령의 요구로 이번 상륙 문제와 거리를 둘 수밖에 없었던 드골 장군은 격분했다. 드골 장군은 윈스턴 처칠에게 이번 미국과 영국의 상륙은 프랑스 영토에 불법 침입을 자행한 것이라고 주장하며 윈스턴 처칠에게 쏘아붙였다. 하지만 바로 그날 저녁 연설에서 드골 장군은 프랑스군에게 연합군의 상륙에 반대하지 말 것을 요구했다. 11월 11일, 독일은 자유 지대를 점령했다. 같은 달 16일, 드골 장군과 프랑스 국가 위원회(CNF)는 다를랑과 영·미 간에 체결한 한 협정을 비난했다. 이 협정은 해군 대장 다를랑을 북아프리카의 고등판무관으로 임명하는 내용을 담고 있었다. 이 협정은 드골 장군의 영향력을 축소시키기 위한 의도에서 이루어진 것이었다. 실제로 프랭클린 루스벨트는 드골 장군이 신경 쓰여

---

38 1927년에 결성된 '불의 십자가'라는 뜻을 가진 프랑스 반동 극우 단체로, 1936년 해체되어 '프랑스 사회당(French Social Party)'으로 개편되었으나 1945년 제2차 세계대전 후 강제 해체되었다. 프랑스 사회당은 현 사회당과는 다른 정당이다—역주.

항상 그를 피하고 싶었다. 그는 끝까지 드골 장군을 피하고 싶었을 것이다. 다를랑 해군 대장은 피에르 라발로 교체되기 전 비시 정권의 수장이었다. 기회주의자이자 양심도 없는 그는 히틀러와의 협력을 끝 간 데까지 적극 밀고 나갔다. 1941년 5월, 그는 베르히테스가덴(Berchtesgaden)에서 히틀러를 만났다. 1942년 11월 16일, 드골 장군과 윈스턴 처칠은 회담을 가졌다. 드골 장군은 심각했다. 그의 말을 빌리면, 이번 일은 "추잡했다." 그는 처칠에게 다음과 같이 말했다. "당신도 이 추잡함에 조금은 기여했기에 매우 유감스럽군요."[39] 윈스턴 처칠은 그를 안심시키려 애썼다. "당신이 선 위치는 어마어마합니다. 다를랑에게는 미래가 없습니다. (……) 명예를 지키는 당신은 정도(正道)를 가고 있습니다. 오직 당신만이 지금 위치를 차지할 것입니다. 미국과 정면으로 충돌하지 마세요. 그것은 무익한 일이고 당신은 얻을 게 하나도 없을 것입니다. 인내심을 가지세요. 미국은 당신에게 올 것입니다. 왜냐하면 그들에게 다른 대안이 없기 때문이죠."[40] 소용없었다. 미국에 정착한 프랑스인들은 그들의 선전을 계속해 나갔다.

하지만 드골 장군이 가진 가장 좋은 패는 프랑스와 연합국에서의 그에 대한 호의적인 여론이었다. 미국 행정부는 드골 장군을 추방하고 싶었지만 여론은 점점 이와 반대로 흘러갔다. 드골은 프랑스가 싸움을 계속해 나감으로써 흠잡을 데가 없을 때에 비로소 연합국에 종속되지 않고 동등한 위치에 설 수 있다고 생각했다. 따라서 그는 절대로 루스벨트에게 고개를 숙이지 않기로 했다. 이때부터 신뢰를 쌓아온 윈스턴 처칠

**39** François Kersaudy, *De Gaulle et Churchill, op. cit.*, p. 188에서 인용.
**40** Éric Roussel, *Charles de Gaulle, op. cit.*, p. 319에서 인용.

과 드골 장군 간의 관계는 이전과 더 이상 완전히 같을 수 없었다.

12월 24일, 해군 대장 다를랑이 알제리의 알제(Alger)에서 암살당했다. "다를랑은 암살당하지 않았소! 레지스탕스 대원에게 처형당한 것이었소!"[41] 라며 드골 장군은 20년 후 당시 사건을 정정했다. 사건 당시 드골 장군은 다음과 같이 확언했다. "프랑스의 통일된 권위를 세우기 위한 큰 걸림돌이 막 제거되었습니다."[42] 실제로 다를랑의 죽음에 슬퍼하는 사람은 없었다. 드골 장군이 그를 암살하라는 명령을 내렸다고 사람들은 비난했다. 하지만 사실은 달랐다. 해군 대장 다를랑을 처형한 것은 한 왕당파 젊은이였다. 그의 이름은 페르디낭 보니에 드 라 샤펠이었다. 왕당파이면서 드골주의자이기도 했던 그는 자신의 뜻대로 행동하였다. 그는 사건 현장에서 체포되었고, 12월 25일 체포된 지 한 시간도 안 되어 예심 판사의 심의를 거쳤다. 그는 알제의 군사법원에 회부되었다. 그날 저녁 그는 사형을 언도받았다. 항소는 중지되었지만 사면 청원이 즉시 제출되었다. 원래 법적으로 이 청원은 국가 원수 페탱에게 제출되어야 했다. 페탱 원수는 전쟁이 끝나기만을 기다리고 있었다. 하지만 제국의 회의 샤를 노게(Charles Noguès) 장군은 해군 대장 다를랑이 1942년 12월 2일자로 내린 명령에 의거해 자신이 임시 고등판무관 직을 맡겠다고 선언했다. 물론 이 명령은 정식으로 공표된 적이 없었다. 페탱 원수의 자리를 부당하게 차지한 그는 한밤중에 즉각 사면 청원을 거절했다. 당시 총사령관으로서 군사재판을 주재하고 있던 앙리 지로(Henri Giraud) 장군은 사형 집행 연기를 거부했고 다음 날 동이 트는 7시 30분에 페르디낭

41 Alain Peyrefitte, *C'était de Gaulle, op. cit.*, t. I, p. 438.
42 François Kersaudy, *De Gaulle et Churchill, op. cit.*, p. 197.

보니에 드 라 샤펠을 총살하라고 명령했다. 이 신속한 사형 집행은 지역 당국과 합의하에 이루어졌다. 두 시간 후 지로 장군은 다를랑의 주검 앞에 무릎을 꿇어 애도했다. 1945년 12월 21일, 알제의 항소심 재판부는 다음과 같은 이유로 1심 군법회의의 판결을 취소했다. "해군 대장 다를랑이 프랑스의 이익에 반하여 행동했던 것은 확실해 보입니다. 따라서 유죄 판결을 받은 보니에 드 라 샤펠의 행동은 실로 프랑스의 이익을 위한 행위였습니다."[43]

하지만 미국 행정부는 드골 장군을 배제시키기 위해 이 사건을 다시 이용했다. 미국에 떠밀려 지로 장군은 북아프리카 고등판무관 및 총사령관으로 임명되었다. 그래서 드골 장군은 임시 중앙 정부를 만들기 위해 지로 장군에게 만날 것을 제안했다. 지로 장군은 단호히 거절했다. 그의 편에 선 프랭클린 루스벨트 대통령도 드골 장군을 만나기를 거부했다. 1942년 12월 28일, 드골 장군은 대중을 증인으로 삼으며 BBC 방송을 통해 다음과 같이 심정을 털어놓았다. "북아프리카와 프랑스령 서아프리카에서 내부 혼란이 계속되고 있습니다. 이유는 비시 정권이 붕괴한 이래 프랑스 권위의 토대도 무너져 버렸기 때문입니다. 또 이렇게 된 이유는 싸움에 뛰어든 프랑스를 구성하며 열망과 희망을 가진 다수의 프랑스 국군이 (……) 프랑스 영토에서 공식적으로 대접받고 있지 못하기 때문입니다. (……) 이 혼란을 잠재우는 방법은 바다 저편 다른 프랑스령 국가들에서처럼 북아프리카와 프랑스령 서아프리카에도 일시적으로 중앙 정부를 확대해 세우는 것입니다. 동시에 통일된 국가의 기치

---

**43** 해군 대장 다를랑이 12월 21일 미국인 외교관 로버트 머피에게 건넨 메모를 증거로 했다. 앞의 책 에릭 루셀(Éric Roussel)의 『샤를 드골(Charles de Gaulle)』 334-336쪽 참조.

를 토대로 삼고, 전쟁을 통해 해방의 영감을 심어주며, 프랑스가 의지를 가진 국가가 될 때까지 공화국의 법을 만들어야 할 것입니다. 바로 이런 것들이 프랑스 민주주의 정신입니다." 그의 호소는 먹혔다. 영국 국민들은 당황했다. 그 결과 영국은 드골 장군과 지로 장군 사이에 타협점을 찾기로 했다. 드골 장군이 다시 우위를 점했다. 1943년 1월 16일, 드골 장군은 지로 장군과 만나지 않기 위해 모로코에서 열린 연합국들 간 회의에 참석하지 않았다. 그는 결국 윈스턴 처칠의 집요한 요구를 받아들였다. 드골 장군은 영국 외상 로버트 앤터니 이든(Robert Anthony Eden)에게 다음과 같이 말하는 것도 잊지 않았다. "지로와 그를 둘러싼 비시 정권의 인물들과 타협하다니 당신 실수하고 있소."44 1월 23일, 드골 장군은 안파(Anfa: 카사블랑카)를 방문해 지로 장군을 만난 후 프랭클린 루스벨트 대통령과도 만났다. 그런데 드골 장군은 그곳에 도착하자마자 속이 뒤틀렸다. 그가 느끼기에 그곳은 마치 미국 영토인 것 같았기 때문이었다. 자신을 맞이하는 의장대는 없고 온통 미국인 보초병들이었다. 그는 안파까지 미국 차량으로 이동했으며, 그의 신원이 노출되지 않도록 차량의 유리는 온통 진흙으로 덮여 있었다. 그는 미국인들이 사는 별장에 머물렀으며 그곳의 서비스 역시 미국인 병사들이 맡고 있었다. 그곳 구역은 철조망으로 둘러싸여 있었고 미군이 보호하고 있었다. 요컨대 드골 장군은 모국의 영토에서 일종의 모욕을 당한 셈이었다.

며칠 전 도착한 지로 장군은 벌써 프랭클린 루스벨트 대통령과 이야기를 나누고 있었다. 그는 프랭클린 루스벨트 대통령에게 드골 장군 주변의 모든 좌파 인사들과 거리를 두고 싶다고 말했다. 드골 장군과 지로

---

44 Éric Roussel, *Charles de Gaulle, op. cit.*, p. 343에서 인용.

장군이 동석한 점심 식사 자리는 싸늘했다. 매우 불쾌함을 느낀 드골 장군은 미국 초병들을 프랑스 초병들로 교체하지 않는 한 자리에 앉지 않겠다고 했다. 그는 지로 장군에게 쏘아붙였다. "뭡니까! 벌써 네 번이나 우리를 만나달라고 부탁했건만 이렇게 외국인들이 득실대는 철조망 안에서 당신을 만나야 합니까? 국가의 입장에서 보았을 때 당신의 행동이 추악해 보이지 않습니까?" 지로 장군은 거만하게 응수했다. "이보게 드골!" 드골 장군은 호통을 쳤다. "이보시오 장군!" 지로 장군은 드골 장군에게 자신은 독일과 싸우기로 마음먹었지만 기본적으로 비시 정권과 페탱 원수에 대해 반감을 품고 있지 않다고 확인시켜 주었다. 또한 페탱 원수를 비난할 마음도 없다고 전했다. 그는 심지어 다를랑 장군을 보호할 구상을 세웠고 북아프리카에 영국이 상륙하기까지 비시 정권을 따르는 영사들을 지지했다. 그의 옆에서 드골 장군은 억지로 이곳에 왔으며 영국의 주선 아래 논쟁하고 싶지 않다고 거듭 말했다. 그날 오후 드골 장군은 윈스턴 처칠과 매우 긴장감 있는 대화를 나누었다. 윈스턴 처칠은 드골 장군에게 만일 타협점을 찾지 못한다면 영원히 관계를 끊을 것이라고 말했다. "날 걸고넘어진다면 당신을 제거할 수밖에 없소." 윈스턴 처칠은 아무도 흉내 낼 수 없는 프랑스어로 드골 장군에게 말했다. 드골 장군은 양보하지 않았다. 윈스턴 처칠은 그가 떠나는 것을 보며 자신의 동조자들에게 말했다. "저 양반 나라는 싸움을 포기했소. 그 역시 일개 피난민에 불과하오. 우리가 그를 도와주지 않으면 그는 끝난 것이오. 자 그를 보시오! 아니 도대체 그 작자를 보시오! 우린 스탈린을 믿었소. 스탈린과 그의 200여 개 사단들을."[45] 드골 장군은 또한 지로 장군

---

45 François Kersaudy, *De Gaulle et Churchill, op. cit.,* p. 258에서 인용.

이 프랭클린 루스벨트 대통령의 사주를 받아 자신에게 전한 제안도 거절했다. 알퐁스 조르주 장군과 3두체제로 지휘하라는 제안이었다. 드골 장군은 런던으로 돌아왔다. 그는 어떤 점에서는 승리했다. 지로 장군은 비시 정권을 비난하길 거부했고 그의 법안, 특히 반(反)유대 차별법을 고수함으로써 프랑스 공화국의 미래를 건설해 나가는 데 마지막 걸림돌로 비춰지게 되었으나 드골 장군은 프랑스 국민의 자유를 위한 마지막 보루이자 레지스탕스 조직을 한데로 규합할 수 있는 마지막 인물로 비춰지게 되었다는 점이다. 안파에서의 드골과의 만남은 윈스턴 처칠에게 쓰디쓴 기억으로 남았다. "우린 그를 잔 다르크라고 불렀고, 그를 화형시킬 주교들을 찾고 있었습니다." 3월 3일, 영국은 드골 장군이 근동(近東)을 방문하게 해달라고 부탁한 요구를 거절했다.

이 같은 1943년 초에 일어났던 사건들은 드골 장군이 옳았다는 점을 보여주었다. 여기저기서 추축국 군대가 후퇴하기 시작했다. 태평양과 북아프리카, 러시아 전선에서 그러했다. 드골 장군은 국내 레지스탕스 조직과 자신과 제일 가까운 동맹군들, 자신이 가장 믿는 사람들을 규합하는 데 계속 주력했다. 또한 그는 연합군이 앞으로 있을 상륙에 비밀군 없이는 전투를 할 수 없도록 만드는 데 노력했다. 1월 13일, 공산당 대표 페르낭 그르니에는 드골 장군에게 프랑스 공산당은 자유프랑스와 손을 잡겠다고 알렸다. 2월 15일 드골 장군은 앙드레 필리프와 샤를 델레스트랭 장군, 피에르 비요트 장군, 파시 장군이 참석한 자리에서 장 물랭에게 해방 십자 훈장(croix de la Libération)을 수여했다. "이번 훈장 수여식은 참석자 개인에게 지금까지 보았던 그 어떤 의식보다 가장 감동적이었다."[46] 3월 30일, 드골 장군은 장 물랭에게 정당들도 아우르는 레지스탕스 전국 평의회(CNR)를 만들라는 임무를 주고 그를 프랑스로 보냈다. 3월 15일, 장 물랭은 드골 장군에게 레지스탕스 전국 평의회를 조직했다고 알렸다. 지로 장군과 진행 중인 협상에 대해서 레지스탕스의 입장은 분명했다. "군 지휘관으로서 드골 장군이 지로 장군에게 굴복하는 것은 프랑스 국민들이 용납지 못할 것입니다. 왜냐하면 프랑스 국민들은, 드골 장군은 지로 장군과 함께 군 통수권자로서 알제에 신속히 임시정부를 세우길 원하고 있기 때문입니다. 협상이 어떻게 끝나든 드골 장군은 모두에게 오직 자신만 레지스탕스 수장으로 남아 있을 것입니다."

5월 27일, 파리에서 처음으로 CNR 모임이 열렸다. 모임 당시 모습은 전설로 남아 있다. 독일이 파리를 한참 점령하고 있는 터에 게슈타포가 가장 체포하고 싶은 17명의 레지스탕스 대원들[47]이 푸르(Four) 가(街)의 한 작은 아파트에서 모였다. 모임을 주재했던 장 물랭은 앞으로 싸워 나갈 프랑스가 세운 목표를 선언했다. 즉 앞으로도 전투를 계속할 것이며, 프랑스 국민들에게 약속을 지키며, 공화국의 자유를 회복하고, 연합국과 공조하여 국제적으로 실질적인 협력을 이끌어 낸다는 목표였다. 그리고 나서 장 물랭은 드골 장군이 CNR에 전하는 메시지를 낭독했다. 공산당 대표들이 시작한 토의를 마친 후 참석자 전원은 마지막으로 드골 장군의 깃발 뒤로 정렬했다. 레옹 블룸과 조르주 망델 역시 연합국에

---

46 Charles de Gaulle, *Mémoires de guerre, op. cit.*, p. 354.

47 모임에 참석한 파리 북부 레지스탕스 대원들은 다음과 같다: 로제 코쿠엥(리베라시옹), 자크 르콩트 부아네(레지스탕스), 피에르 비용(국민전선), 샤를 로랑(리베라시옹 노르), 자크 앙리 시몽[군민(軍民) 조직]. 모임에 참여한 파리 남부 레지스탕스 대원들은 다음과 같다: 클로드 부르데(콩바), 외젠 클로디우스 프티[프랑 티뢰르(의용대)], 파스칼 코포[리베라시옹 쉬드(Libération Sud, 남부 해방)]. 모임에 참여한 정당 의원들을 다음과 같다: 공산당의 앙드레 메르시에, 사회당의 앙드레 르 트로케, 급진사회주의 급진당의 마르크 뤼카르, 인민민주당의 조르주 비도, 민주연합의 조제프 라니엘, 공화제 연맹(fédération républicaine)의 자크 드뷔 브리델. 마지막으로 중앙노동조합의 루이 사양(Louis Saillant)과 가스통 테시에가 참석했다.

게 CNR만이 합법성을 지닌 조직이라는 메시지를 전했다. 드골 장군은 결국 승리할 수 있었다. 그는 국내 레지스탕스 조직을 자기 밑으로 규합하는 데 성공했다. 그의 이름을 가지고 논쟁할 수는 없었다. 그는 자신의 힘이 대중 여론의 지지를 받고 있다는 점을 알고 있었다. 그는 바로 이 점을 1943년 2월 2일 앤터니 이든에게 다시 확실히 일러 주었다. "프랑스 문제는 여론에 크게 좌우됩니다. 현재 여론은 드골을 지지하고 있고 바로 이런 여론이 그가 가진 힘입니다. 이런 여론은 공산주의자부터 극우파까지 모두 걸쳐 있습니다. 또한 이 여론은 추축국에 대항하는 레지스탕스 운동을 보여줄 뿐만 아니라, 비시 정권과 이 정권이 유지해 온 모든 것을 거부하고 있다는 점도 보여주고 있습니다. 어떠한 전쟁도 거치지 않고 어떠한 굴종과 점령도 당하지 않은 북아프리카의 이상한 상황 속에서, 지로 장군은 기회주의자들 한가운데에 머물러 있습니다. 이 기회주의자들은 전쟁의 양상이 바뀐 틈을 타 연합국의 승리라는 거짓 허울 아래 프랑스로 다시 찾아올 계획을 품고 있는 연합국 편에 서 있는 자들입니다. (……) 이런 기회주의자들 편에 선 이들과 손을 잡은 지로 장군은 계속 유지되는 비시 정권을 대표할 뿐 아니라 만일 그가 드골 장군과 연합하기 전에 프랑스로 돌아온다면 프랑스 내전은 불가피할 것입니다. 그리고 공산주의만이 내전을 통해 승승장구할 것입니다."[48]

5월 10일, 드골 장군은 조르주 카트루 장군에게 지로 장군과 합의를 보도록 준비하라는 임무를 주고 알제리로 보냈다. 그는 카트루 장군에게 다음과 같이 미리 주의를 줬다. "모든 일이 우리와 아무것도 아닌 지로 장군과 이루어지는 것이 아니라, 우리와 미국 정부 간에 이루어진다

---

[48] Éric Roussel, *Charles de Gaulle*, *op. cit.*, pp. 349-350에서 인용.

는 점을 잊지 말게." 한편, 프랭클린 루스벨트 대통령은 지로 장군을 자문하도록 장 모네를 보냈다. 모네는 알제리 현장에서 재빨리 깨달았다. 모든 해결안은 불가피하게 드골 장군과의 합의에 달려있다고. 그럼에도 불구하고 그는 지로 장군의 이미지를 수정하기 위해 애썼다. 5월 13일, 장 모네에게 많은 영감을 받아 지로 장군은 비시 정권을 거부하며, 프랑스 공화국과 민주주의 원칙을 고수한다는 연설을 했다. 그는 이런 연설을 해야 했다는 점에 분노했다. "하지만 정치적 연설이야! 망할 연설문의 어떤 말도 난 믿지 않아!"[49] 안파에서 가졌던 모임에서 지로 장군은 이미 카트루 장군에게 다음과 같이 물어본 적이 있다. "당신 정말 민주주의 원칙을 믿습니까?" 카트루 장군과 장 모네 간에 협상은 계속되었다. 드골 장군의 요구는 명확했다. 그의 완고함도 마찬가지로 뚜렷했다. 4월 27일, 두 달간의 이면공작 끝에 지로 장군은 드골 장군에게 자신은 휴전협정을 포기하며 비시 정권의 법을 철폐하고 위원회의 쌍두체제와 군 권력을 정치권력에 내어 주기로 합의할 것이라고 전했다. 드골 장군은 모든 것을 얻었다. 하지만 드골 장군은 알제 밖에서 만나자는 지로 장군의 제안을 거절했다. 5월 4일, 그는 긴급히 단일 정부를 조직할 필요성을 표명했다. "프랑스의 의지는 현재 앞으로 나아가는 중입니다. 아무도 이 의지를 꺾을 수 없습니다. 특히 페탱 원수에게 충성하는 네 명의 관리들로부터 정당성을 확보하는 그 어떤 놈도 이 의지를 꺾을 수 없습니다[50]." 5월 17일, 결국 지로 장군은 드골 장군과 함께 프랑스 중앙 정부를 형성하기 위해 그를 알제로 초대했다.

---

**49** Pierre Ordioni, *Tout commence à Alger,* Albatros, 2000, p. 560.
**50** Éric Roussel, *Charles de Gaulle, op. cit.,* p. 356에서 인용.

5월 21일, 안파에서 가졌던 모임이 실패로 끝난 뒤 드골 장군과 다퉈 사이가 틀어진 윈스턴 처칠은 프랭클린 루스벨트 대통령의 압력을 받아 워싱턴에서 앤터니 이든에게 전보를 보냈다. 이 전보에서 그는 정치 세력에서 드골 장군을 제거할까 생각 중이라는 점을 밝혔다. 그의 구상은 명확했다. "[드골 장군은] 자신이 구세주라고 착각하는 콤플렉스에 빠져 낭패 본 인물이네. 그는 자신이 잔 다르크라고 생각하지. 그래서 그는 위험한 인물이라네. 가장 간단한 방법은 지로를 프랑스군의 수장으로 만드는 것이네. 그리고 CNR에서 앙드레 필리프같이 골치 아픈 인물들을 쫓아버리고, 장 모네와 지로에게 협력하는 인물들로 다시 조직을 짜는 것이네. 프랑스가 해방되면 적어도 6개월은 연합군이 90%의 시장들과 상당히 많은 지방 공무원 관리들을 의지하여 프랑스 정치를 하게 될 것이네. 드골 장군은 마다가스카르 총독으로 임명되겠지."[51] 윈스턴 처칠이 홧김에 지나친 말을 한 것이었지만, 이 전보는 연합국의 계획을 잘 보여주고 있다. 즉 프랑스가 해방되면 신탁통치를 하겠다는 계획 말이다. 윈스턴 처칠은 야당과 충돌하게 된다. 그도 그럴 것이 영국 야당 의원들과 특히 앤터니 이든은 이제 드골 장군을 고려하지 않을 수 없을 뿐 아니라 특히 프랑스 국민들은 드골이 아닌 다른 정권을 지지하지 않을 것이라는 점을 깨달았다. 연합국이 몇 달간 통치하더라도 말이다. 하물며 영국 야당 의원들과 앤터니 이든이 프랭클린 루스벨트의 생각을 믿었겠는가.

5월 31일, 드골 장군은 알제에 도착했다. 싸늘한 분위기 속에서 협상이 진행되었다. 결국 6월 3일, 드골 장군과 지로 장군의 공동 지휘 아래

---

51 *Id. ibid.*, p. 357에서 인용.

프랑스 국가해방위원회(Comité français de libération nationale, CFLN)가 창설되었다. 카트루 장군과 알퐁스 조르주 장군, 장 모네, 외무부 위원 르네 마시글리, 내무부 위원 앙드레 필리프가 이 위원회의 회원이 되었다. 드골 장군의 승리였다. 이 위원회는 그에게 매우 유리하게 작용했다. 이해관계가 없고 능력 있는 드골주의자들이 위원회에 대거 들어왔기 때문이었다. 즉 앙리 보네는 정보부에, 르네 플르방(René Pleven)은 식민지부에, 르네 메예(René Mayer)는 교통 운송과 공공업무부에, 앙드레 디에텔름(André Diethelm)과 아드리앙 틱시에(Adrien Tixier)는 경제부에, 모리스 쿠브 드 뮈르빌은 재정부에 들어왔다. 드골 장군은 체스의 졸을 앞으로 한 칸 전진시킨 것과 다름없었다. 드골 장군은 공화주의와 민주주의의 원칙을 재확인하며 시민의 권력 아래에 군 권력을 놓았다. 그때부터 위원회의 기능과 총사령관 지로 장군의 임무는 양립할 수 없었다. 드골 장군은 선택해야 했다. 이제 국방부 위원 또는 위원회가 군사 업무를 감독할 것이었다. 미국의 지지를 받고 있던 지로 장군은 이를 거절했다. 프랭클린 루스벨트 대통령은 전쟁이 끝날 때까지 자신의 뜻대로 프랑스 영토에 개입할 자격이 있다고 줄곧 생각했다. 6월 19일 드골 장군과 지로 장군은 드와이트 D. 아이젠하워로부터 프랑스가 계속 참전할 수 있도록 준비하기 위한 회의에 초대받았다. 드와이트 D. 아이젠하워는 드골 장군에게 미국 대통령은 지로 장군에게 프랑스군 지휘를 위임하려 한다는 뜻을 전했다. 드골 장군은 프랑스 주권을 내세우며 이를 거절했다. 그의 설명은 단호했다. "병사 여러분, 만일 우리와 연합한 우방 세력이긴 하지만 순전히 다른 나라의 세력에 의해 좌지우지되는 지휘관이 군을 이끈다면, 이런 군 당국이 지속될 수 있겠습니까?" 지로 장군은 일부 승리했다고 생각했다. 그는 아이젠하워에게 다음과 같이 말했다. "드골 장군은 냉정함을 잃었습니다. 그는 모든 협력 관계에 부적격한 자입니다."[52] 위원회는 문제에 봉착했다. 지로 장군은 선택해야 했다. 7월 31일, 그는 '육군 사령관'의 임무를 부여받았다. 단 이 임무는 드골 장군이 새로 만들고 자신이 지휘하게 될 군사위원회의 통제를 받게 되었다. 그렇지만 프랑스 전투군도 여전히 드골 장군의 지휘를 받게 되었다.

8월 26일, 결국 미국, 영국, 소련은 프랑스 국가해방위원회(CFLN)를 승인했다. 프랭클린 루스벨트와 윈스턴 처칠은 여전히 이 위원회 덕분에 드골 장군의 권력을 약화시킬 수 있을 것이라 생각했다. 9월 17일, CFLN의 명령으로 임시자문회의가 알제에서 열렸다. 11월 9일, 위원회의 총사퇴가 있은 후 드골 장군은 CFLN을 다시 조직했다. 지로 장군은 총사령관 직을 보유하더라도 더 이상 위원회에 남아 있지 않게 되었다. 12월 중순, 아이젠하워의 요구로 지로 장군은 드골 장군에게 알리지 않고 이탈리아 야전의 한 개 사단을 교체했다. 위원회는 이 문제를 논의했고, 12월 16일, 드골 장군은 군 최고 지휘 조직에서 지로 장군의 실질적 권력을 박탈하는 명령을 내렸다. 결국 그가 승리했다. 그는 이제 확실히 CFLN의 수장(首長)이 되었다. 또한 이 사건을 계기로 드골 장군은 아이젠하워와 오해를 풀 수 있었다. 12월 30일, 아이젠하워는 알제를 떠나기 전에 드골 장군을 만나러 왔다. 둘은 우호적인 대화를 나눴다. 아이젠하워 장군은 드골 장군을 지지하는 것이 상륙작전의 성공에 결정적이라고 확신했다. 그 둘은 함께 암묵적으로 앞으로 다가올 작전에 상호 협력하기로 조약을 맺었다. 둘 사이의 신뢰는 완전했다.

프랑스에서의 상황은 더욱 심각해졌다. 국내 레지스탕스 조직과 드골

---

**52** Jean-Louis Crémieux-Brilhac, *La France libre*, t. II, Gallimard, 2001, p. 872.

장군의 주요 보좌관들에게 매우 좋지 않은 일이 닥쳤다. 6월 9일, 비밀군 사령관 샤를 델레스트랭 장군이 파리에서 체포되었다. 그는 고문을 당한 후 독일의 다하우(Dachau) 강제수용소로 보내졌다. 그리고 1945년 4월 19일, 머리에 총알 한 발을 맞고서 살해당했다. 1943년 6월 21일, 장 물랭 역시 덫에 걸리고 말았다. 게슈타포는 그를 포로로 잡았다. 그는 고문을 당한 후 7월 8일 사망했다. 1944년 2월 3일, 이제 체포될 차례는 피에르 브로솔레트에게 넘어갔다. 3월 22일, 그는 사형을 피하기 위해서 창문으로 투신해 자살했다.

승리가 임박한 한편, 드골 장군의 마지막 목표는 해방된 프랑스 영토에 연합국 행정부가 들어서는 것을 막는 것이었으며 프랑스 영토에 자신의 권위를 온전히 세우는 것이었다. 1944년 2월 1일, 윈스턴 처칠이 내무부 위원 에마뉘엘 다스티에 드 라 비즈리에게 레지스탕스 조직을 대대적으로 무장하게 하는 승인을 내린 후 프랑스 국내군(FFI)이 창설되었다. 3월 7일, 드골 장군은 제헌국회 의원 선거와, 곧 시도(市道) 선거도 이루어질 것이라고 발표했다. 4월 21일, 그는 여성 선거권을 인정했다. 5월 19일 드골 장군은 해방 기간 동안 프랑스에서 공권력을 조직하는 안을 골자로 한 명령을 새롭게 내렸다. 6월 2일, 프랑스 국가해방위원회(CFLN)는 프랑스 공화국 임시정부로 바뀌었다. 드골 장군이 자연스럽게 대통령이 되었다. 다음 날 3일, 그는 윈스턴 처칠의 초청으로 알제를 떠나 런던으로 향했다. 거의 지난 9개월 동안 드골 장군에게 연합국으로부터 어떠한 제안도 들려오지 않았다. 더군다나 프랑스 주권에 관한 문제는 아무것도 해결되지 않았다. 다음 날 4일, 점심 회동 때에 윈스턴 처칠은 드골 장군에게 앞으로 노르망디 해변에 상륙작전이 있을 것이라고 알렸다. 그리고 그는 드골 장군에게 해방된 프랑스 영토에 연합국의 행정부가 들어서는 것에 대해 논의하자고 했다. 순간 드골 장군으로부터 격렬한 힐책이 쏟아졌다. 그는 격분하며 다음과 같이 말했다. "나는 내일 아이젠하워 장군이 (……) 당신의 동의를 받아 프랑스를 자국의 권위에 맡기도록 기대하고 있습니다. 어찌하여 당신은 우리가 그러한 바탕 위에서 교섭하길 원하는 겁니까?"[53] 윈스턴 처칠도 화를 내며 대답했다. "우리 영국이 어찌하여 미국과 개별적인 입장을 취할 수 있겠소? (……) 나더러 유럽과 저 넓은 바다 중 하나를 고르라면 언제든 저 바다를 택하겠소! 또 루스벨트와 당신 중 고르라면 난 언제든 루스벨트를 택하겠소!"[54] 드골 장군은 여전히 완고했다. 그 후 그들은 아이젠하워 장군의 사령부에 들렀다. 또 한바탕 소란이 일어났다. 아이젠하워는 드골 장군에게 상륙작전 날을 프랑스 국민들에게 알리겠다고 말했다. 드골 장군은 불만을 토로했다. "당신, 프랑스 국민들에게 말하겠다고? 무슨 권리로? 무엇을 위해서?" CFLN에 알려지지 않은 만큼 그의 선포 의지는 더욱이 받아들이기 어려웠다. 드골 장군은 아이젠하워 장군에게 내일이면 마음을 바꾸어 줄 것이라 믿는다고 말하며 떠났다. 하지만 결국 변한 것은 없었다. 상륙작전을 알리는 전단지가 이미 8일 전부터 인쇄되어 있었다.

6월 5일 17시, 드골 장군은 상륙작전이 다음 날 있을 것이라는 통보를 받았다. 아이젠하워 장군은 드골 장군에게 BBC 방송으로 연설을 해달라고 부탁했다. 드골 장군은 거절했다. 이로써 드골 장군과 윈스턴 처칠 간에 가장 심각한 냉전이 흘렀다. 그 둘 간의 냉전은 오해로 더욱 심

---

53 Charles de Gaulle, *Mémoires de guerre, op. cit.*, p. 487.
54 *Id. ibid.*, pp. 487-488.

화되었다. 드골 장군은 연설하지 않겠다고 거절한 것이 아니었다. 단지 아이젠하워 장군 다음에 연설하는 것을 거절했던 것이다. 이 둘 사이에 낀 중재자들은 이들의 분노와 격노를 감내할 수밖에 없었다. 윈스턴 처칠은 드골 장군에게 사슬로 묶어서 알제로 보내버리겠다고 협박했다! 심지어 그는 드골 장군에게 당장 영국에서 꺼져버리라는 편지를 보냈다. 그날 밤은 길었다. 벌써 첫 편대 병사들이 노르망디 해안에 낙하산을 타고 상륙하고 있었다. 첫 상륙 소식은 안심할 만했다. 결국 드골 장군은 BBC 스튜디오에 가서 연설을 하였다. 그의 말을 빌리자면 당시 그의 심정은 "격렬한 감정에 사로잡혀"[55] 있었다. "지상 최고의 전투가 시작되었습니다…… 물론 프랑스의 전투입니다. 프랑스의 전투입니다!…… 프랑스의 아들들이여! 그대들이 어디에 있건 단순하고 성스러운 임무는 그대들이 가진 모든 수단을 이용해서 적과 싸우는 것입니다…… 프랑스 정부와 프랑스 정부가 전쟁을 하기 위해 승인한 프랑스 지휘관이 내리는 명령은 정확히 수행해야 합니다…… 우리의 피와 눈물로 무거운 먹구름이 걷힌 후 우리의 위대함을 표상하는 태양이 떠오를 것입니다."[56] 윈스턴 처칠은 18시경 흘러나오는 이 연설문을 듣고서 주위의 부하들이 놀랍게도 눈물을 흘렸다. 처칠은 국방 장관 수석보좌관 헤이스팅스 이즈메이(Hastings Ismay) 장군을 향해, "이 뚱보야 이리도 분위기 파악을 못하는가?"라며 으르렁댔다.

이처럼 벅찬 감동의 순간이 벌어지는 동안, 연합군과 추축군 사이의 소규모 교전이 재개되었다. 6월 10일, 드골 장군은 프랑스가 해방

55 *Id. ibid.*, p. 490.
56 *Id. ibid.*

되고 나서 연합국이 통치하는 문제, 특히 프랑스가 이들에게 점령당하고 새로운 프랑 지폐를 발행하는 문제에 대해 연합국과 갈등을 벌이고 있다고 대중에게 공개했다. 6월 14일, 그는 프랑스에 도착해 쿠르쇨(Courseulles)에서 멀지 않은 곳으로 갔다. 그 뒤 곧이어 바이외(Bayeux)에 도착했다. 그곳에서 드골 장군은 해방된 프랑스에서 처음으로 연설을 했다. 그는 프랑스 공화국의 최고위원으로 프랑수아 쿨레(François Coulet)를 임명했다. 6월 26일 알제의 자문의회(Assemblée consultative)에서 드골 장군은 미국이 주도하는 상황에 맞서 프랑스 주권을 전적으로 존중해야 할 필요성을 역설했다. 실제로 그는 이미 몇 달 전부터 자신의 영향력을 가늠해 보지 않고서도 윈스턴 처칠 후임으로 임명된 앤터니 이든과 영국 외무부의 지지뿐만 아니라 아이젠하워 장군과 미국군 참모들로부터 지지를 받아오고 있었다. 외교관들은 영국이 전쟁이 끝난 후에 강한 프랑스와 드골의 군대 조직을 필요로 할 것이라고 생각했다. 왜냐하면 드골 장군만이 프랑스 해방 군사작전 동안 모든 내전을 미연에 방지할 수 있는 인물이기 때문이다. 영국과 미국에 미치는 드골 장군의 영향력은 대단했다. 그가 미치는 영향력으로 연합국이 드골 장군을 확실히 인정할지 안 할지 결정할 것이었다. 마찬가지로 영국 여론은 자유프랑스에 대해 존중하기를 머뭇거리는 윈스턴 처칠과 프랭클린 루스벨트에 대한 비판의 목소리가 커졌다.

결국 앤터니 이든과 드골 장군을 위해 협상 테이블에 나간 피에르 비에노(Pierre Viénot) 덕분에 "실질적으로 프랑스 임시정부를 인정하고, 프랑스 주권을 절대적으로 보장하며, 군 사령관이 나라뿐만 아니라 심지어 전선(戰線)까지 '감독'하지 않을 것이며, 프랑스 임시정부와 연합국 정부 사이에 확실한 평등을 보장하는 내용을 담은 조약이 체결되었다."[57] 앤터니 이든은 드골 장군에게 영국이 지지하는 이 조약을 미국 대통령도 반대할 수는 없을 것이라 알렸다. 7월 5일부터 12일까지 드골 장군은 프랭클린 루스벨트의 초청으로 미국을 공식적으로 방문했다. 7월 6일부터 8일까지 드골 장군은 프랭클린 루스벨트와 여러 번 회담을 가졌다.

결국 미국 정부는 프랑스 공화국의 임시정부가 프랑스를 이끌어 나갈 자질이 있다고 인정했다. 드골 장군은 이번 방문 동안 미국이 곧 원자폭탄을 사용할 것이라는 소식을 프랑스 과학자들로부터 비밀리에 전해 들었다. 7월 13일, 그는 다시 알제로 돌아갔다. 7월 25일, 자문의회에서 적을 완전히 섬멸하여 승리할 때까지 전투를 멈추지 말아야 할 필요성을 역설했다. 그는 프랑스가 해방된 후 완전한 국가 독립이 이루어져야 할 당위성에 대해서도 역설했다. 그는 전쟁이 가진 모든 목표들로 인해 확실한 정당성을 획득했다.

연합군이 점점 프랑스 영토에 진입하는 동안 곧 파리가 해방될 날이 임박한 듯했다. 이와 반대로 미국군에게는 파리가 1차적 목표가 아니었다. 미국군은 진격을 더 공고히 다지고 싶었고 파리를 동서로 포위할 구상을 세웠다. 그래서 파리를 고립시켜 독일군이 떠나기를 원했다. 8월 중순 연합군이 샤르트르와 망트, 그리고 플룅으로 진격했다. 파리에서는 레지스탕스의 반란이 우후죽순 일어났다. 레지스탕스 조직들은 행동하길 멈추지 않았다. 여기저기 사건도 많이 일어났다. 드골 장군은 레지스탕스 대원들이 더 이상 피를 흘리게 하지 않기 위해 파리 내 레지스탕스 운동 작전을 통제하길 원했고, 프랑스 국가의 권위를 확실히 세우고 싶었으며, 공산주의자들이 절대로 정권을 쥐지 않기를 원했다. 드골 장

---

57 Jean-Louis Crémieux-Brilhac, *La France libre, op. cit.*, p. 1231.

군은 점령 지역 프랑스에서 국가해방위원회의 총대표인 알렉상드르 파로디(Alexandre Parodi)에게 파리의 상황을 감시하고 총리 공관에서 정부 본청을 설치할 준비를 하라고 지시했다. 레지스탕스 반란을 지켜보고 진정시키라는 명령이 하달되었다. 그럼에도 불구하고 여기저기 반란 사건은 터졌고, 8월 19일 첫 파리 봉기가 일어났다. 하지만 그날 저녁 스웨덴 총영사 라울 노르들링(Raoul Nordling)의 중재로 파리 점령지역(그로스 파리, Gross-Paris)의 독일군 사령관 디트리히 폰 콜티츠(Dietrich von Choltitz) 장군과 휴전협정이 논의되었다. 8월 20일, 알제를 떠난 드골 장군은 노르망디에 도착했다. 그는 아이젠하워 장군에게 파리를 해방시키고 봉기를 일으킨 시민들을 구하기 위해 군사적으로 개입해 줄 것을 요청했다. 아이젠하워 장군은 망설였다. 그는 여전히 파리 주변을 포위하길 원했다. 르클레르크 장군과 제2기갑사단은 파리에서 200km 떨어진 곳에 있었다. 그들은 빨리 파리를 공격하고 싶었다. 같은 날 알렉상드르 파로디와 그의 두 보좌관 에밀 라퐁과 롤랑 프레가 독일군이 수시로 벌이는 검문에 걸려 파리에서 체포되었다. 훗날 에밀 라퐁의 부인이 되는 자클린 드 샹포가 그들의 체포 장면을 목격했다. 그리고 스웨덴 총영사에게 이를 알렸다. 폰 콜티츠 장군이 그들을 뫼리스 호텔에 있는 자신의 사무실로 불렀다. 라울 노르들링도 그 자리에 있었다. 결국 그들은 석방되었다. 폰 콜티츠 장군은 반란에 직접 마주하기보다 반란의 책임자들과 협상하길 원했다.

8월 21일, 알렉상드르 파로디는 알제에서 임명된 사무국장들에게 장관 자리를 맡으라고 지시했다. 그의 보좌관이자 위원회 비서관을 지낸 에밀 라퐁은 내무부 장관으로, 롤랑 프레는 임시 경찰국장으로 임명되었다. 8월 22일, 드골 장군의 압박과 파리 봉기로 일어난 여러 사건의 영향으로 아이젠하워 장군은 결국 르클레르크 장군이 지휘하는 제2기 갑사단에게 파리로 진격할 것을 명령했다. "파리로 즉시 이동할 것!" 르클레르크 장군은 그의 부대원들에게 명령했다. 8월 23일 드골 장군은 작전 지침을 내렸다. "임무: 1)파리를 함락시킬 것, 2)파리를 점령, 보존할 것(확보, 유지할 것)." 8월 24일 저녁, 레이몽 드론(Raymond Dronne) 대위가 이끄는 제2기갑사단의 전차 세 대가 레지스탕스가 포위하고 있던 파리 시청에 도착했다. 그 후 드론 대위는 파리 경찰청사에 도착했다. 알렉상드르 파로디는 그곳에서 프랑스 국군 사령관 자크 샤방델마스(Jacques Chaban-Delmas)와 막 임명된 루이제(Luizet) 도지사와 만났다. 알렉상드르 파로디는 마이크를 쥐고 감동에 벅찬 목소리로 파리 시민들에게 새 소식을 전했다. "제 앞에 수염이 덥수룩한 대위 한 명이 서 있습니다. 그는 피곤해 죽을 지경이죠. 하지만 그런 모습도 아름답군요. 여러분 모두의 이름으로 전 그를 우리의 해방자로 껴안고 싶습니다." 그 순간 동시에 루이제 도지사의 명령으로 파리의 모든 종들이 힘껏 울려 퍼지기 시작했다. 4년간 침묵했던 노트르담 성당의 대종(大鐘)이 한밤중에 울려 퍼지는 순간이었다.

8월 25일, 르클레르크 장군의 제2기갑사단 전 병력이 파리에 입성했다. 같은 날 15시 30분경, 폰 콜티츠 장군이 그의 집무실에서 체포된 후 경찰청사에서 항복 문서에 조인했다. 그 순간 드골 장군이 파리에 입성했다. 동시에 불굴의 의지로 지난 4년간 열심히 지켜왔던 프랑스의 명예도 그와 같이 입성하는 순간이었다. 기나긴 지난 4년 동안 아무것도 그를 위한 것은 없었으나, 그 기간 동안 프랑스에 대한 그의 믿음에 흠이 난 적은 한 번도 없었다. 드골 장군은 랑부예부터 오를레앙 문을 지나 몽파르나스 역까지 행진하는 동안 행진하면 할수록 늘어나는 군중들로부터 영웅이라는 갈채를 받았다. 몽파르나스 역에서 그는 폰 콜티츠 장군이 항복 문서에 조인했다는 사실을 알게 되었다. 드골 장군은 육군 부로 향하는 생 도미니크 가(街)를 지나 파리 시청에 도착했다. 바로 그 곳에서 드골 장군의 가장 감동적인 연설이 울려 퍼졌다. "파리여! 모욕 당했던 파리여! 산산조각 났던 파리여! 박해받았던 파리여! 하지만 이제 그대는 해방된 파리! 프랑스 국민들의 손으로, 프랑스군의 전투로, 프랑 스의 모든 것을 걸고 싸워 승리한 영원하고 유일무이한 프랑스여!"

| 제8장 |

# 동지들

1945-1958

"모험은 정부의
차원에서만 존재한다."
―앙드레 말로

"우리의 민주주의는 정당들의 싸움이고
프랑스는 이 싸움에서
종속적인 역할을 하고 있다."
―앙드레 말로, 『반(反)회고록』

1944년 8월 25일, 드골 장군은 파리를 수복할 때 두 개의 주요 목표를 세우고 있었다. 하나는 공산주의자들과 맞서 국가의 권위를 회복함으로써 공화국의 합법성을 확고히 하는 것이었고, 다른 하나는 최종 승리에 프랑스의 군사적 참여를 확보하는 것이었다. 이를 위해 그가 파리에 입성할 때 취한 첫 번째 행동은 매우 상징적이었다. 그가 정착하기로 선택한 곳은 공화국의 대통령 관저인 엘리제 궁이나 내각 총리의 관저인 마티뇽이 아니라, 4년 전 그가 생 도미니크 가(街)에 있는 육군부에서 폴 레이노 휘하의 육군 담당 정무차관으로 근무하다 떠났던 자신의 사무실이었던 것이다. 이와 같은 행동을 통해 드골 장군이 의도하고자 하는 바는 국가의 권위를 회복하고, 비시 정권에 그 어떠한 정당성이나 합법성도 인정하지 않는 것이었다. "가구 하나도, 장식 융단 하나도, 커튼 하나도 옮겨 오지 않았다. (······) 국가를 제외하곤 이곳에 아무것도 빠진 게 없다. 이곳에서 국가를 복원시키는 일은 내가 할 일이다. 그런 만큼 내가 우선 이곳에 정착을 했다."[1] 그는 또한 공화국의 연속성을 구현하겠다는 분명

---

1   Charles de Gaulle, *Mémoires de guerre, op. cit.*, p. 568.

한 결심을 하게 된다. 육군부에 이렇게 머문 다음에 그는 경찰청과 시청을 방문하는데, 여기서 조르주 비도는 눈물을 글썽이면서 그에게 공화국을 선포할 것을 애원했다. 하지만 드골 장군은 그에게 냉담하게 대꾸했다. "공화국의 존재는 중단된 적이 결코 없습니다. 자유프랑스, 싸우는 프랑스, 프랑스 국가해방위원회(CFLN)는 차례로 공화국과 하나가 되었습니다. 비시 정권은 언제나 아무것도 아니었고 무효였으며 지금도 여전히 그렇습니다. 내 자신이 공화국 정부의 수장입니다. 왜 내가 그것을 선언해야 합니까?" 사적으로 그는 더욱 더 분명한 입장이었다. "나는 페탱의 권력 찬탈에 대해 아무런 의미도 부여하지 않는다. 유일한 심각한 문제는 휴전이다. 프랑스가 어느 날 주권을 단념하고 점령자와 상의하기를 받아들였다고 말할 수 있어서는 안 된다. 그렇지 않으면 우리의 주권에 계속 이의가 제기될 수 있을 것이다. 이 휴전은 역사에서 그 전례가 없었다. 그것은 존재하지 않았다는 것을 확언해야 한다. 따라서 그러기 위해선 휴전을 한 정부는 존재하지 않은 것으로 간주되어야 한다."[2] 드골 장군의 두 번째 목표는 승전국들의 진영에 프랑스가 들어가는 것을 확실히 하는 것이었다. "전쟁이 계속 수행되지 않을 수 없었다는 것은 우리 프랑스인들이 여전히 감당해야 할 손실·손해·비용의 측면에서 볼 때 분명 고통스러웠다. 하지만 프랑스의 보다 고상한 이익—이 이익은 프랑스인들의 즉각적인 이익과는 전혀 다른 것이다—을 고려할 때, 나는 그것을 후회하지 않았다. 왜냐하면 전투가 연장된다면, 아프리카와 이탈리아에서의 경우처럼 라인 강과 다뉴브 강의 전투에서 우리의 협력이 필요할 것이기 때문이다. 세계에서 우리의 위상, 더 나아가 우리 국민이 앞으로

---

2 Éric Roussel, *Charles de Gaulle, op. cit.*, p. 497에서 인용.

여러 세대 동안 자신들에 대해 갖게 될 견해는 기본적으로 이것에 달려 있었기 때문이다."[3]

그 다음 날인 8월 26일, 드골 장군은 샹젤리제 거리의 열광적인 군중 한가운데로 내려왔다. "아! 바다구나! (……) 민족의식의 그 기적들 가운데 하나, 오랜 세월 동안 우리의 역사를 때때로 빛나게 하러 오는 프랑스의 그 행동들 가운데 하나가 지금 전개되고 있다."[4] 하지만 그는 자신의 복귀에는 함정들이 가득할 것이라는 것을 이미 알고 있었다. "나 역시 공산주의자들의 집요한 의도도, 자신들의 오류를 나에게 면하게 해주지 않는 많은 유력자들의 원한도, 다시 정당들을 부추기는 억누를 수 없는 선동의 욕망도 무시할 수 없다. 행렬의 선두에 서서 나는 지금 이 순간에도 야망이 헌신과 동시에 나를 호위하고 있음을 느낀다……"[5] 지극한 명철성과 통찰력이 아닐 수 없었다. 그 다음에 이어지는 날들·주들·달들의 매순간은 당파적인 이익들보다 프랑스라는 유일한 이익이 우선하도록 하기 위한 싸움이 되었다. 그래서 그의 비서실장인 가스통 팔레브스키는 이렇게 쓰고 있다. "드골 장군은 전권의 책임을 인정받고 있는데, 우리는 마치 포위된 장소에 갇히듯 생 도미니크 가(街)에 있는 오텔 드 브리엔(Hôtel de Brienne), 즉 육군부 장관의 관저에 갇혀 있었고, 공산당이 탁월한 기술로 유기적으로 구성하고 조종하고 세포조직화한 기관들·운동들·정당들·신문들의 무리에 의해 사방으로 둘러싸여 있었다."[6]

---

3  Charles de Gaulle, *Mémoires de guerre, op. cit.*, p. 614.

4  *Id., ibid.*, p. 573.

5  *Id., ibid.*, p. 574.

6  Gaston Palewski, "André Malraux et de Gaulle", in *op. cit.*, p. 93.

바로 이와 같은 매우 특별한 맥락에서 1945년 7월에 앙드레 말로가 드골 장군에게 가담하는 행동을 바라보아야 할 필요가 있다. 사실, 모스 크바에서 명령을 받고 있고 대부분의 지식인들에 의해 폭넓게 적극적으 로 지지를 받고 있는 공산당의 권력 쟁취 목표 앞에서, 또 드골 장군이 라는 인물에 대한 미국인들의 결코 부인되지 않은 불신 앞에서 말로가 그들을 돕기 위해 가담한 것은 상징적일 뿐만 아니라 결정적이었다. "앙 드레 말로는 뛰어난 장관이었고, 발상과 행동의 명확성에 있어서 비범 했다. (……) 그는 우리에게 '좌파의 보증'을 가져다준 것만이 아니다. 그 는 국민을 위해 이미 자신의 삶을 행동에 너무나 바쳤고, 사회정의와 형 제애적 평등에 너무 몰두하고 있었다. 그렇기 때문에 그는 그의 주변에 빛을 발하지 않을 수 없었고, 드골에게는 드골 자신이 확신하고 있던 하 나의 필요한 일을 상기시키는 게 아니라, 이 필요한 일에 법적인 힘을 부여해야 할 절박함을 상기시키는 일종의 살아 있는 호소자가 되지 않 을 수 없었다."[7] 이것은 적들이 그 중요성을 훼손시키기 위해 말하는 것 처럼 좌파의 단순한 보증이 아니라 그 이상의 것이었다. 이것은 좌파의 참여·형제애·정의라는 이상을 구현하는 인간이자 1930년대 세대 전체 에 참여 작가의 이상으로 남아 있는 한 인간의 지지인 것이었다. 이와 관련해 말로가 이와 같은 가담을 할 때부터 그에게 가해지는 신랄하고 격렬한 공격들은 그 당시의 분위기를 특징짓고 있었다. 그토록 참고 있 었던 증오에 찬 질투가 그를 배신자로 비난하기 위해 백일하에 터져 나 왔다.

최초 만남이 있은 지 며칠 후, 앙드레 말로는 드골 장군을 위해 일하

---

7  *Id., ibid.,* p. 103.

기로 결심했다. 1945년 8월 16일, 그는 그의 내각에서 문화 담당 기술 고문으로 임명되었다. "나는 장군에게, 그에게 개인적으로 결부되어 있다."[8] 이렇게 해서 그는 지식인들과의 관계, 문화정책을 위한 기획들, 그리고 아직은 초보적인 기술인 여론조사를 담당하게 된다. 그는 드골 장군이 할 일을 준비하는 각료회의에 참여하게 된다. 그는 자신의 영역들에 한정하지 않고 모든 것에 의견을 제시했다. 10월 21일, 전쟁이 터진 이후로 최초로 실시된 국회의원 선거가 치러졌다. 기독교 민주주의의 영향을 받고 드골과 가까운 것처럼 보이는 인민공화운동당(Mouvement Républicain Populaire, MRP)과 사회주의자들 및 공산당은 각기 대략 150석을 확보해 대등하게 되었다. 보수파들은 패배했다. 우파 및 급진주의자들은 100석도 얻지 못했던 것이다. 앙드레 말로는 드골 장군의 개인비서인 클로드 모리아크에게 이렇게 말했다. "공산주의자들과 과감히 맞서야 합니다. 장차 조만간 이게 쉽지는 않을 겁니다. 분명히 말하건대 위험한 일이 벌어질 것입니다. 이것이 내가 이 사무실에 있는 유일한 구실이고 이유입니다."[9] 정당들이 그들의 낡은 관습을 드러낸 기나긴 뒷거래가 있은 후인 11월 21일, 드골 장군은 인민공화운동당(MRP), SFIO(국제노동자동맹 프랑스 지부), 프랑스 공산당(Parti Communiste Français, PCF)으로 이루어진 3당 연립정부를 구성했다. 앙드레 말로는 공보부 장관이자 정부 대변인으로 임명되었다. "이 3당 연립정부에서 공산주의자들의 가짜 보고들이 사회주의자들과 인민공화운동당(MRP)의 가짜 보고들을 야기하기 시작했다. 각의가 끝난 후 장군은 이런저런 장관을 다시 설득하고자 시

---

8  Claude Mauriac, *Un autre de Gaulle, 1944-1954, op. cit.*, p. 144에서 인용.
9  *Id., ibid.*, p. 148.

도했다. 하지만 그가 국가의 작용에 기본적인 것이라고 생각했던 자신의 중재는 허구적인 가짜들 사이의 항구적인 중재가 될 수 없었고, 나는 그가 사기꾼들의 이와 같은 경쟁을 오랫동안 견딜 수 있을지 의심스러웠다."[10]

말로는 자신의 장관직의 범주 내에서 세 개의 중요한 문제를 책임졌다. 모든 신문 발행에 요구되는 사전 허가, 출판물의 종이 양 규제, 그리고 종이 공급의 감독이 그것이었다. "내일 공보부 장관이 종이도 공급하지 못한 채 신문들을 허가하기로 결정한다면 어떤 일이 벌어지겠는가? 이 일은 매우 단순하다. 암시장의 종이가 왕이 될 것이고, 당신이나 나나 실제로 가장 돈이 많은 사람들이 가장 많은 종이를 갖게 될 것이라는 사실을 모르지 않고 있으므로, 우리가 종이의 완전히 자유로운 확보를 정착시키기 전에 종이 양의 허가와 배분을 없앤다면, 이것은 사실상 이 나라에서 자본주의를 조건 없이 복원시키는 것이 될 것이다."[11] 말로의 임무는 까다로웠다. 그것은 상충하는 정치적·재정적 이해관계를 지닌 언론기관들 사이에 중재를 하는 것이었다. "교훈적인 과제는 각 정당이 자기 몫 이상을 요구하는 것을 막는 것이었다."[12] 그의 두 주요 협력자는 공보부 사무국장인 자크 샤방델마스와 비서실장인 레이몽 아롱이었다. "앙드레 말로는 공권력의 작용을 나보다도 더 모르고 있었다. 법·명령·포고의 구분은 그에게 낯선 것이었고, 아마 그는 이것을 모르고 있었던 것 같다. 몇 시간 안에 그는 자신이 알아야 하는 것을 배웠고,

---

10 André Malraux, *Antimémoires*, *op. cit.*, p. 99.
11 *Journal officiel*, Débat de l'Assemblée nationale constituante, n° 21, 1945년 12월 30일자.
12 André Malraux, *Antimémoires*, *op. cit.*, p. 99.

신문기자들이 호기심을 가지고 주목하고 있던 안건들을 똑같이 신속히 소화해 냈다. 그는 엄격한 스케줄을 스스로 잡았고, 미리 정해진 정확한 시간에 신문기자들을 접견했다. 그는 명확한 질문들에 대해 적절한 대답들로 응수했는데, 이 대답들은 보통의 기자들에게는 강한 인상을 심어주었다. 예컨대 앙드레 말로가 그와 같은 하찮은 것들에 신경을 쓰는 것에 대해 애석해했던 조르주 알트만(Georges Altmann) 같은 사람을 슬프게 했다. 그가 신경이 과민했음에도 불구하고, 나는 그가 자신의 협력자들 그 어느 누구에게도 화를 낸 적이 없다고 기억한다."[13]

장관으로서의 이 몇 달 동안 앙드레 말로는 그가 제5공화국에서 문화부 일을 맡게 되었을 때, 착수하게 될 활동의 윤곽 또한 그렸다. 지방마다 세울 문화원들은 이미 그의 정신 속에 있었고, 그는 지방 도시들을 방문하는 하나의 이동 미술관을 창조해 관객이 프랑스 회화의 가장 위대한 걸작들의 복제품들을 찬양하게 하겠다는 기획을 구상했다. "프랑스 문화가 운 좋게 파리에 살거나 부유한 사람들의 전유물이 더 이상 되지 않게 하는 게 반드시 필요하다고 나는 생각한다."[14]

하지만 1946년 1월 20일에 모든 것이 중단되게 된다. 드골 장군은 육군부에서 임시 각의를 열기 위해 정부 각료들을 소집했던 것이다. 그는 자신의 사임을 공표했다. "정당들의 절대적인 체제가 다시 나타났습니다. 하지만 내가 받아들이고 싶지 않고 또 아마 좋지 않게 끝날 독재를 힘으로 확립하지 않는 한, 나는 이와 같은 실험을 막을 방법이 없습니다. (……) 여러분들은 여러분 각자가 택한 정당의 투쟁을 따르고 있습

---

**13** Raymond Aron, *Mémoires*, *op. cit.*, pp. 207-208.
**14** *Journal officiel*, Débat de l'Assemblée nationale constituante, *op. cit.*

니다. 내가 사태를 이해하는 방식은 그런 식이 아닙니다. 따라서 나는 물러나기로 결심했습니다. 나의 결심은 돌이킬 수 없습니다." 정당들이 앙갚음을 했다. 선거 때부터 그는 쓰러트려야 할 인물이 되었던 것이다. 매우 일찍이 앙드레 말로에게는 이 비밀이 알려졌다. "장관 회의를 마치고 나는 관례에 따라 공식 성명서를 작성하기 위해 그와 함께 머물곤 했다. 어느 날, 우리가 수상 관저인 오텔 마티뇽(Hôtel Matignon)의 인조 대리석 계단을 내려가고 있을 때 그는 나에게 이렇게 말했다. '이제 공보부에서 당신은 무얼 할 생각이오?' '장군님, 공보부, 그건 존재하지 않습니다. 6주 후면 끝날 것입니다.' '나는 떠나고 없을 거요.'"[15] 1월 17일, 드골 장군은 그를 육군부에 초대해 자신의 사임 결정을 그에게 알렸다. 자크 샤방델마스를 대동한 그는 말로가 남아 있도록 설득하려고 애썼다. 이게 헛수고로 돌아가자, 드골 장군은 모든 프랑스인들에게 라디오로 방송되는 연설을 기획하기 위한 지시를 내렸다. 자크 샤방델마스는 나오면서 앙드레 말로에게 이렇게 물었다. "드골 장군은 전쟁이나 전쟁과 비슷한 일이 터질 때에만 권좌로 되돌아올 것입니다. 당신은 그렇게 생각하지 않습니까? 어쨌든 그렇게 될 수 있을 만큼 재정적 위기는 없습니다." 이런 언급에 말로는 "나도 당신처럼 생각합니다."[16]라고 대답했다.

임시정부 수반이 사임한 이후로 앙드레 말로는 그가 사임한 동기를 설명하는 라디오 방송 연설문을 작성하기 위해 그를 다시 만났다. 하지만 뱅상 오리올의 고집에 직면하자, 드골 장군은 결국 자신의 임시 대행자이고 제헌의회 의장인 펠릭스 구앵(Félix Gouin)에게 보내는 편지를 쓰

---

15 André Malraux, *Antimémoires*, *op. cit.*, pp. 102-103.
16 Jacques Chaban-Delmas, *L'ardeur*, Stock, 1975, p. 125.

는 데 그쳤다. 이렇게 해서 앙드레 말로는 이 사임 편지가 그렇게 호전적이 아니라고 생각했다. "답답한 것은 그의 사임이 아니라 사임을 동반한 편지였다…… 나는 6월 18일에 구앵 의장에게 보내는 편지 한 장으로 떠날 수는 없다고 실례를 무릅쓰고 그에게 말했다. 그는 동의했지만 아무것도 온 게 없었다……"17 21일에 드골 장군은 자신의 개인적인 재산으로 국가에서 마를리(Marly) 궁을 빌려 정착했다. 그는 앙드레 말로와 마찬가지로, 프랑스의 이익보다는 자신의 작은 이익을 우선시하면서 조그만 내부 싸움에 빠져 만족하는 정치 계급에 대해 불신을 나타내는 가운데 이러한 경험을 통해 위로를 받았다. "우리의 민주주의는 정당들의 싸움이고 프랑스는 이 싸움에서 종속적인 역할을 하고 있다."18

하지만 드골 장군은 신속하게 국사로 되돌아올 것이라고 확신하고 있었다. "나는 내 인생에서 적어도 하나의 정치적인 실수를 했다. 1946년 1월의 나의 사임…… 나는 프랑스인들이 매우 신속하게 나를 다시 부르리라 생각하고 있었던 것이다……"19 그 후 몇 주가 지나자 그는 이미 초조해지기 시작했다. 그의 무위(無爲)는 그를 짓눌렀고, 그는 권좌에 있는 사람들의 무능력과 일관성 없음에 대해 노발대발했다. "당신들은 무능력자들의 이 정부로부터 다른 것을 기대하고 있었다! 하지만 아마 프랑스 국민은 언젠가 이해할 것이다…… 어쨌든 나, 나는 정당들의 부조리한 정치를 내 이름으로 무한정 덮어 가릴 수는 없었다. 나는 내가 정당들에 의해 감시당하지 않았던 한에서만 무언가를 시도할 수 있었다. 왜냐하면 당신은 정부에서 자신의 정당을 대변하는 장관이 국가적 차

17 Claude Mauriac, *Un autre de Gaulle, 1944-1954*, *op. cit.*, pp. 174-175에서 인용.
18 André Malraux, *Antimémoires*, *op. cit.*, p. 99.
19 Jean Lacouture, *De Gaulle: Le politique*, Le Seuil, 1984, p. 249에서 인용.

원에서 어떤 유용성이 있는지 아는가? 그가 생각하는 것은 프랑스의 이익이 전혀 아니고 그에게 책임을 묻게 될 자기 정당의 이익이다."[20] 그에게 프랑스의 정치적 얼굴은 변하지 않았다. "국민의 5분의 1이 정치적인 일에 관심이 없으며 전혀 투표를 하지 않는다. (……) 또 5분의 1은 오늘날 공산주의자라는 이름을 지닌 혁명가들로 구성되어 있다. (……) 또 5분의 1은 모두가 시샘이 강한 얼간이들과 실패자들로 이루어져 있다. 이들은 오늘의 사회주의자들이고 어제의 급진주의자들이다. 그리고 물론 재산가들이 있다……"[21] 정치적 상황에 대해서 말하자면, "진실은 엄청난 무언가가 일어났다가 사라졌으며 아무것도 그것을 대체할 수 없다는 것이고, 이제 당신이 알고 있고, 이전의 것과는 아무런 공통의 척도가 없는 것이 있다는 것이다……"[22] 아카데미 프랑세즈에 들어갈 가능성에 대해선, "프랑스를 대표했다는 것도 있을 수 없었고, 프랑스였다는 것도 있을 수 없었으며, 국가의 어떤 부문에 들어가는 것도 있을 수 없었다. 프랑스의 왕은 아카데미에 속하지 않았고 나폴레옹도 그렇다."[23]

한편 앙드레 말로는 1946년 내내 『예술심리학(*La psychologie de l'art*)』의 준비에 몰두했다. 그렇지만 드골 장군 옆에 매우 자주 나타났고 대단히 활동적이었다. 그는 매주 가스통 팔레브스키가 옛 내각 멤버들과 마련하는 모임에 나갔다. 그 역시 현재의 상황을 보고 격분했다. "괴물 같은

20 Claude Mauriac, *Un autre de Gaulle, 1944-1954, op. cit.*, p. 179.
21 *Id., ibid.*, p. 184.
22 *Id., ibid.*, p. 187.
23 *Id., ibid.*, p. 206.

제국들 앞에서 우리는 주민 4,000만 명의 나라에 불과하다(왜냐하면 우리의 식민지들은 이미 우리의 것이 아니기 때문이다). 종속은 불가피하고 새로운 여건들을 고려하지 않는 정치는 부조리하다…… 터무니없게도 프랑스는 강대국인 양 계속 생각할 뿐 아니라 강대국으로 행동하는 흉내를 내고 있다. 하지만 프랑스는 이미 프랑스와 관계가 없는 체스 놀이에서 말에 불과하다."[24] 하지만 그는 드골 장군과 동일한 노선을 채택했다. "드골 장군이 침묵을 깨지 않는 이상, 침묵하는 것은 그의 사람들—특히 그의 옛 장관들—의 의무에 속한다……"[25] 그렇지만 어떤 사람들은 드골 장군의 복귀를 준비하기 위한 불가사의한 계획들을 그에게 제안했다.

결국 몇 달 동안 초조하게 기다린 후, 드골 장군은 자신의 견해를 표명하기로 결심했다. 1946년 5월 12일, 그는 조르주 클레망소(Georges Clemenceau)의 고향인 무예롱앙파레드(Mouilleron-en-Pareds)를 방문했다. 그렇게 그는 전쟁 동안 런던에서 공식화했던 맹세를 실현했다. 그는 그의 무덤 앞에서 묵상했다. 이 기회에 그는 자신이 물러난 후 첫 번째 공식적인 연설을 했다. "우리는 우리를 분열시키고 우리로 하여금 길을 벗어나게 만드는 영원한 내적 악마들을 끊임없이 불러일으켰던 것이 무엇인지 그 어느 때보다 더 잘 헤아리고 있습니다…… 우리가 결집한 국민의 열정을 드러내면서 강력한 국가의 영도 아래 고귀한 기율을 받아들이지 않는다면 우리는 지난날 그랬듯이 안전과 자유와 생산성의 내일이 있을 수 없다는 점을 그 어느 때보다 더 잘 알고 있습니다!" 6월 16일, 바이외(Bayeux)에서 그는 국민투표에 붙이는 헌법안을 거부하고 헌법안에

---

**24** *Id., ibid.,* p. 175.
**25** *Id., ibid.,* p. 177.

대한 자신의 견해를 설명하는데, 이 안은 1958년에 가서야 적용되게 된다. 하지만 여론은 그를 따르지 않았으며 그는 이것을 아주 빠르게 깨닫게 된다. 두 번째 헌법안의 채택에 대한 국민투표에서의 찬성은 그의 전략이 실패했음을 보여주었다. 그는 명백한 사실, 즉 정치적인 릴레이가 필요하다는 것을 인정했다. 일차적인 망설임에도 불구하고 그는 정치적 단체의 설립을 진지하게 생각했다.

10월에 자크 수스텔·자크 보멜·알랭 리슈몽·자크 포카르·브리지트 프리앙이 이끄는 그룹이 드골 장군을 중심으로 정치적 활동들을 묶어내기 위해 조직되었다. 이 그룹은 파리의 9구 테부(Taibout) 가(街)에서 모임을 가졌다. 앙드레 말로는 참석하지 않았다. "약속된 아무런 행동 수단이 아직 갖추어지지 않은 상황에서 앙드레 말로가 뭐 하러 왔겠는가? 다소 이야기를 하고, 조언을 제시하고, 계획을 끌어내기 위해서? 이런 것은 그의 관심 밖이다."[26] 1947년 1월, 드골 장군은 앙드레 말로·자크 수스텔·가스통 팔레브스키·알랭 보젤·미셸 드브레 그리고 자크 보멜을 모이게 했다. 이들 모두가 드골 장군이 행동을 해야 한다는 점에 일치하고 있었다. 앙드레 말로는 처음으로 이런 주제를 개진했다. "프랑스에는 두 개의 현실—드골과 공산주의자들—이 있다. 나머지는 환상을 오래 심어줄 수는 없는 유령들로 가득한 배경이다."[27] 다른 비밀 회합들이 계속되었다. "앙드레 말로는 앙드레 말로였다, 다시 말해 그는 다음 번 충돌 위험에 대한 장군의 분석을 낭만적 경향의 관점에서 명확히 밝히면서 이 분석을 지지했으며, 이 낭만적 관점은 그 후 그로 하여

26 Brigitte Friang, *Un autre André Malraux*, Plon, 1977, p. 21.
27 Michel Debré, *Trois républiques pour une France*, Albin Michel, 1988, t. II, p. 81.

금 도처에서 음모들을 쉽게 알아보게 해주었던 것이다. 국민에 대한 엄청난 호소로 귀결되는 이와 같은 음모 분위기는 그의 마음과 상상력에 꼭 맞는 것이었다."[28] 보다 진지하게 앙드레 말로는 역량 있는 간부들이 부족하다는 것과 재원이 빈약하다는 사실을 알렸다. 그는 드골 장군과 미래의 활동에 대해 이야기를 나누었다. "앙드레 말로는 장군의 초조함이 지닌 위험에 대해서뿐 아니라 (……) 그의 다음과 같은 논지가 지닌 힘에 대해서도 공감한다. '프랑스를 구하려고 노력하는 데 있어서 더 이상 프랑스가 없는 상황까지 내가 기다릴 수 있겠는가?'"[29] 그는 자크 수스텔과 함께 "[장군이] 혼자만 이야기하지 않고 무언가 다른 것을 같이 나누는 드문 존재들 가운데 한 명이다."[30]

1947년 초엽, 사태가 급박해졌다. 드골 장군은 이제 정치단체를 설립하기로 결심했다. "나는 자유프랑스를 다시 만들 것이다……" 3월 30일, 항독(抗獨) 운동의 성지인 노르망디 지방의 절벽 지대인 브륀발(Bruneval)에서[31] 그는 무언가 결정적인 일이 준비되고 있음을 공표했다. "비생산적인 게임을 배격하면서, 또 국민이 방황하고 국가가 실추되는 상황에 떨어진 제대로 구축되지 않은 틀을 개혁하면서 엄청난 대중의 프랑스인들이 프랑스에 의지해 결집하는 날이 곧 올 것이다."[32] 그보다 며칠 앞서 앙드레 말로는 지역들에 기본 조직들을 갖추기 위해 인내를 보여 달라고 그를 설득했다.

---

**28** *Id., ibid.,* p. 83.

**29** Claude Mauriac, *Un autre de Gaulle, 1944-1954, op. cit.,* p. 268.

**30** *Id., ibid.*

**31** 1942년 2월 27일 브륀발에서 영국과 캐나다의 낙하산 부대원들은 노르망디의 레지스탕스 조직의 도움으로 영불해협 해안에 있는 중요한 레이더를 파괴한다.

**32** Charles de Gaulle, discours de Bruneval du 30 mars 1947.

마침내 4월 7일, 스트라스부르에서 드골 장군은 프랑스 국민연합(Rassemblement du Peuple Français, RPF)의 창설을 공표했다. "법의 테두리 안에서 제(諸) 견해들의 차이를 넘어서 공공의 안녕을 위한 위대한 노력과 국가의 심층적 개혁을 촉진하여 승리를 거두게 하는 프랑스 국민연합이 형성되어 조직되어야 할 시점입니다. 이제 행위와 의지를 하나로 모아 프랑스 공화국이 새로운 프랑스를 건설해야 할 때입니다."[33] 며칠 후 불로뉴(Boulogne)에 있는 앙드레 말로의 집에 간 클로드 모리아크는 이렇게 그 분위기를 묘사했다. "나는 방으로 안내되었다 (……). 앙드레 말로의 여권이 눈에 띄는 낮은 책상 앞에 한 사람이 앉아 있는데 드골이다. 광채가 번득이는 그의 안색, 환희가 충만한 고요를 드러내는 그의 목소리는 나를 기분 좋게 만든다. (……) 그는 우선 스트라스부르에서의 날들에 대해 만족스럽게 설명하고, 이어서 권모술수가 난무하는 정치판을 심술궂고 즐겁게 상기하며 이렇게 말한다. '이것이 그만큼 비극적인 부패의 징후가 아니라면 우스꽝스러울 것입니다. 그들을 얼빠지게 만드는 데는 몇 마디 말이면 족합니다. 분명 이건 그들이 걸린 병의 심각함을 입증하고 있어요.' (……) 내가 다시 내려갈 때, 앙드레 말로의 책상을 뒤덮고 있던 장군의 친필 서류들은 사라지고 없다. 세 장의 서류가 그것들을 대신했고 앙드레 말로와 클로드 기(Claude Guy)는 나에게 읽어보고 평가해 달라고 요청한다. 그것은 장군이 나에게 말했던 세 개의 계획으로 된 공식 성명서의 원문인데, 어쨌든 이것은 그가 전에 나에게 알려 주었던 바와는 반대로 며칠 내에 발표되지는 못할 것이다. 나는 두 가지 계획을 가리켜 똑같이 좋다고 말한다. 앙드레 말로는 매우 기뻐한다. 내가 제외

---

33 Charles de Gaulle, discours de Strasbourg du 7 avril 1947.

했던 것은 장군의 계획으로 이것에 토대해 (그의 요청에 따라) 앙드레 말로와 클로드 기가 그들의 것을 만들었던 것이다."[34] 14일이 되자, 앙드레 말로와 클로드 기가 작성한 공식 성명서는 프랑스 국민연합(RPF)의 창당을 공식화했다. 앙드레 말로는 드골 장군 다음으로 제2의 창당자로서 함께 정관에 서명했다. 그는 선전부장으로 임명된다. 클로드 모리아크는 그에게 말했다. "당신은 다시 한 번 당신의 작품을 희생시키고 있습니다……" 말로는 이렇게 답했다. "나는 밤에 일을 합니다. 견딜 수 있을 만큼 견딜 수 있겠죠……"[35]

드골 장군은 파리의 솔페리노(Solférino) 가(街) 5번지에 프랑스 국민연합(RPF)의 당사를 갖추었다. 이 조직의 선두에는 드골 장군을 필두로 "현실 상황의 관리자"인 자크 수스텔, "상징의 분배자"[36]인 앙드레 말로라는 '최고 3거두(巨頭)'가 있었다. "드골 장군이 정치적인 술수에 따를 때에만 비로소 권력을 잡을 수 있다고 생각했던 사람들과, 솔직한 태도의 미덕을 믿었던 사람들이 (……) 있었다. 전자들은 수스텔과 가까웠고, 후자들은 보다 앙드레 말로와 결합되어 있었다."[37] 드골 장군은 정당 조직을 이끌면서 집행부와 최고회의를 주재했는데, 최고회의는 1948년 1월 8일부터 1953년 4월 15일까지 모임이 계속되었다. 이 기관은 "드골 장군이 그 자신이 이끌 책임이 있는 방향에 맞는 회의체가 되도록 하기 위해 선택한 동지들"[38]로 이루어졌다. 즉 최초 동지들은 앙드레 말로·자크 보멜·

---

**34** Claude Mauriac, *Un autre de Gaulle, 1944-1954, op. cit.*, pp. 272-274.

**35** *Id., ibid.*, p. 274.

**36** 이것은 장 라쿠튀르(Jean Lacouture)의 표현이다.

**37** André Astoux, *L'oubli, 1946-1958*, Jean-Claude Lattès, 1947, p. 37.

**38** Jean Charlot, *Le gaullisme d'opposition, 1946-1958*, Fayard, 1983, p. 140.

길렝 드 베누빌·알랭 보젤·앙드레 디에텔름·크리스티앙 푸쉐·레옹 마조·가스통 팔레브스키·장 퐁페·'대령(colonel)' 레미(Gilert Renault Rémy)·자크 수스텔·파스퇴르 발레리 라도 그리고 루이 발롱이었다. 이와 같은 일종의 장관회의에서 앙드레 말로는 이미 드골 장군의 오른쪽에 자리를 잡고 있는 데 비해 사무국장인 자크 수스텔은 수상처럼 그의 맞은편에 앉았다. 두 사람 사이에 경쟁 구도가 신속히 나타났다. 비록 "이처럼 나타나기 시작했던 경쟁이 고백되지는 않았지만 (……) 프랑스 국민연합의 주역들 사이의 관계뿐 아니라, 어쩌면 훨씬 더 이들의 부서 직원들 사이의 관계에 기반이 되었다. 물론 이 경쟁이 앙드레 말로로부터 비롯되었던 것은 아니다. 그는 인간관계의 평범한 일상적 긴장을 맹목적일 정도까지 무시해 버리는 재능을 지니고 있었던 것이다. 사실, 이윽고 그의 팀은 투사들이 정상배(政商輩)들에 대해 지니고 있는 그 의례적인 무시를 드러내면서, 자크 수스텔이 책임자로 있는 사무국을 바라보게 된다. 한편 솔페리노 가(街)의 사무국 사람들에 대해 말하자면, 이들은 앙드레 말로를 둘러싸고 있던 후광이 야기하는 어떤 질투 때문에 실제보다 더 과시된 오만을 드러내면서, 그들이 패거리라고 규정한 사람들, 그러니까 전쟁의 기억과 정치적 목표, 좋은 동료와 좋은 후보자를 혼동한다고 비난받는 그 사람들을 조롱하는 것 같다."[39] 결국 앙드레 말로는 상황을 이렇게 요약했다. "나는 고양이고 그는 개다!"[40]

1948년 2월 6일, 드골의 막내딸 안(Anne)이 죽었다. 샤를 드골과 부인 이본 드골은 깊은 슬픔을 느꼈다. 윈스턴 처칠이 언급했듯이, 드골 장군

**39** Brigitte Friang, *Un autre André Malraux, op. cit.*, p. 21.
**40** Georges Pompidou, *Pour rétablir une vérité*, Flammarion, 1982, p. 69.

의 냉정하고 태연한 외모 아래는 "고통에 대한 놀라운 감성"이 감추어져 있었다. 그리고 앙드레 말로도 이렇게 확인했다. "그가 런던에서 했던 산책에 대해서 사람들은 별로 생각하지 않았다. 그가 이 어린 딸의 손을 잡고 정원을 산책하곤 했을 때는 그가 그 자신으로 돌아간 유일한 순간들이었다. 그것은 그에게 불행에 대해 명상하는 일상적 기회였다. 이 점은 이 인물을 부분적으로 설명해 준다. (……) 죽음에 대해, 안(Anne)의 죽음에 대해 장군은 어떤 설명할 수 없는 부드러움을 느끼면서 그것에 대해 생각하는 때가 오곤 한다고 나에게 말했다."

3월에 앙드레 말로는 얼마 전부터 드골 부인을 매우 당황하게 했던 자신의 가정 상황을 법적 절차에 따라 정상화시켰다. 그는 알자스로렌 여단에서 고참 군인이었던 르네 도프가 면장으로 있는, 보주(Vosges) 지방의 리크위르(Riquewihr)라는 마을에서 마들렌과 결혼했다. 사실, 전쟁이 끝난 후부터 앙드레 말로는 불로뉴에 있는 집에서 이복동생 롤랑 말로의 미망인으로 자신의 제수(弟嫂)인 마들렌 리우(Madeleine Lioux), 자신의 두 아들인 피에르 고티에와 뱅상 그리고 롤랑과 마들렌의 아들인 알랭과 함께 살고 있었다. 앙드레와 마들렌은 날들이 흘러감에 따라 가까워졌던 것이다.

선전부장인 앙드레 말로는 RPF(프랑스 국민연합)에 하나의 스타일과 에너지를 부여하게 된다. 그가 볼 때 그것은 정당들의 전통 및 관례와 단절함으로써 여타 정당 조직들과는 완전히 다른 결집체였다. "RPF는 정당이 아니라 전진하는 국민이어야 하고 이것이 그가 그것에 부여하는 사명이다. 그것의 역할은 프랑스인이라고 느끼는 모든 사람들의 잠자는 에너지를 일깨우고, 포착하여 응대한 목표를 향해 이끄는 것이다."[41] 앙드레 말로는 온몸으로 뛰어들었다. 그는 파리의 오페라 광장에 선전부

사무실을 차렸다. "앙드레 말로의 규칙적인 출근은 모든 예상을 반박한다. 그의 자동차 심카(Simca) 8의 운전기사인 마치(Macchi)는 일요일을 빼고는 매일 아침 9시 45분에 그를 사무실로 출근시키곤 했다. (……) 아무리 늦어도 15시 15분에 앙드레 말로는 자신을 도와주는 협력자들 가운데 하나와 정치적인 점심 혹은 단순한 식사를 하고 불로뉴로부터 사무실로 돌아오곤 했다. (……) 앙드레 말로는 대체로 20시 혹은 20시 30분이 되어서야 비로소 카퓌신(Capucines) 대로(大路)를 떠나곤 했다."[42] 그는 막대한 힘을 지닌 커다란 팀의 수장이었다. 그 멤버는 그의 보좌관인 디오메드 카트루, RPF의 집회를 책임지고 있는 트리스탕 카트루, 알베르 뵈레, 브리지트 프리앙, 그리고 특별임무를 띤 조르주 루베·피에르 쥐이에·자크 브뤼노·넬리타 마크 널티·알리스 스타이트였다. 앙드레 말로는 작가로서의 자신의 작업과 RPF의 일 사이에 자신의 밤낮을 나누어 일하면서, 선전부의 문제들에서부터 『예술심리학』의 삽화 선택까지 자신의 모험에 가장 가까운 협력자들을 끌어들였다. 세 개의 정기간행물이 발간된다. 첫 번째는 『레텡셀(L'Etincelle)』인데, 그가 볼 때 재빠르게 너무 정통적이고 당파적으로 보였다. 그는 이것을 주간지인 『르 라상블르망(Le Rassemblement)』으로 대체했는데, 제1호가 1948년 2월 21일에 나오고 그의 바람대로 정치 분야에만 한정되지 않았다. 끝으로 클로드 모리아크와 월간지 『라 리베르테 레 리스프리(La Liberté de l'Esprit)』를 창간했다. 그는 이것을 갈리마르 출판사의 『NRF』와 비견되는 잡지로 만들고자 했다. 1949년 2월에서 1953년 6월까지 발행된 이 잡지는 현실적으

**41** Janine Mossuz-Lavau, *André Malraux et le gaullisme, op. cit.,* p. 72.

**42** Brigitte Friang, *Un autre André Malraux, op. cit.*, pp. 45-46, 48 그리고 52.

로 목적을 달성하지는 못했다.

또한 앙드레 말로는 미사와 같은 드골주의 의식 행사를 책임지는 대사제(大司祭) 같은 역할을 했다. 흔히 즉석으로 이루어지는 연설에서 그는 청중을 매혹시켰고 순화시켰으며 열광케 했다. 집회가 있을 땐 그는 순서에서 언제나 드골 장군 바로 앞에 나왔다. 마르세유 연설 때 장군은 그에게 물었다. "'당신은 무슨 말을 할 생각입니까? (⋯⋯) 음, 장군님, 제가 저들을 새로운 기사도에 초대하는 데 대해 어떻게 생각하십니까?' 그러면 그는 나를 비스듬히 흘겨보는 시선으로 바라보고는 다만 이렇게 대답했다. '그렇게 한번 해봐요. 해보세요. 보면 알 거요.'"[43] 이렇게 해서 앙드레 말로는 마르세유에서 RPF의 투사들에게 이렇게 외쳤다. "이제 곧 연설하게 될 분은 우리한테는 우선 이 나라가 끔찍하게 잠자고 있던 상황에서 무적의 꿈처럼 이 나라의 명예를 지켰던 분입니다. 뿐만 아니라 오늘날 우리 귀에 들리는 꾸르륵거리는 소리를 내는 보잘것없는 열정을 넘어서, 오랜 세월 이래로 프랑스에서 유일하게 여러 해 동안 이렇게 말할 수 있었던 분입니다. '프랑스에서 자신의 몸값을 지불하기 위해 실을 뽑은 여자 방적공(紡績工)으로서 이토록이나 불쌍한 사람은 없습니다.' (⋯⋯) 우리는 이른바 기사도라는 무언가에 대해서 자주 들었습니다. 그것은 갑옷들이 아닙니다. 그것은 자신들이 원하는 것이 무엇인지 알고서 자신들의 의지에 삶 전체를 희생시키는 사람들 전체를 말합니다. 오, 나를 둘러싸고 있는 프랑스 사람들의 얼굴이여, 나는 당신들의 그 얼굴에서 내가 갇혀 있을 때 내 옆에 있었던 고딕 시대의 그 얼굴들을 다시 보고, 베르됭의 보병들이 지닌 순박한 그 얼굴을 다시 봅니

---

43 Claude Mauriac, *Un autre de Gaulle, 1944-1954, op. cit.*, p. 316.

다. 프랑스의 얼굴들인 이 얼굴들이여, 나는 당신들을 기사도라 부를 것입니다! 엄청난 영광이 여러분에게 주어지고 있습니다. 어둠 속에서 더듬고 있는 프랑스라는 이 위대한 몸, 그토록 자주 매혹되었던 세계가 그 암중모색을 바라보고 있는 이 위대한 몸을 여러분의 그 덧없는 손으로 다시 일으켜 세우는 사명이 여러분에게 주어지고 있습니다."[44]

1948년 1월부터 1949년 6월까지 앙드레 말로는 RPF 최고회의 모임에 지속적으로 참여해 드골 장군의 옆에서 쉬지 않고 일했다. 대규모 집회들과 집행부 회합들 이외에도 "두 사람은 단독으로 매우 자주 만났지만 언제나 약속에 따른 것이었다."[45] 1949년 6월에 최고회의는 형태를 바꾸었다. 이제부터 일부 국회의원들이 거기에 참여했다. 이때부터 1953년 4월 15일까지 앙드레 말로는 자주 참여하지 않았다. 그는 자신이 동조하지 않는 의견을 공개적으로 표명하지는 않았지만, RPF가 이와 같이 국회화되는 것에 반대했던 것이다. 또한 앙드레 말로는 조직이 우경화로 진화하는 것을 한탄했다. 드골 장군도 역시 스스로 의문을 제기했다. 이렇게 해서 앙드레 말로는 1949년 6월에 모든 것을 집어치울까 망설일 정도까지 되었다. 1949년 여름에 앙드레 말로와 그의 팀 그리고 선전부는 RPF의 재정적 어려움 때문에 카퓌신 대로의 사무실을 떠나 솔페리노 가(街) 당사의 지붕 밑 3층에 자리를 잡게 된다. 이때부터 앙드레 말로는 회의 참석 횟수가 훨씬 더 줄어들었다. 1951년 6월의 국회의원 선거에서 실패한 후, 그는 다만 "우연한 기회에 사무실에"[46] 들를 뿐이었다. "무너져 내리는 배를 떠날 수는 없지", 라고 그는 클로드

44 André Malraux, discours en date du 17 avril 1948 à Marseille.
45 Brigitte Friang, *Un autre André Malraux, op. cit.*, p. 76.
46 *Id., ibid.*, p. 22.

모리아크에게 말했다. 선전부는 1952년에 기능이 정지되었다. RPF의 모험은 1953년에 마침내 끝이 났다. "애초에 나는 RPF를 순전히 봉기적인 것으로 간주했다. 장군에 관해서는 나는 그가 특히 이 조직을 '두고 볼 것이다', 라는 식으로 구상하고 있었다고 생각한다. 어쨌든 그는 그것을 봉기적인 것으로 나타내지는 않았다. 그런데 봉기의 가정이 끝났을 때, 나는 RPF에 대해 완전히 흥미를 잃었다. 나에게 흥미가 있었던 것은 드골 장군이었고 나는 프랑스의 운명이 그를 거쳐 가고 있었기 때문에 사막을 통과하는 시기를 거쳐야 한다면(왜냐하면 또한 도착점이 없을 수도 있었기 때문이다), 나로서는 할 수 없지! 라고 생각하고 있었다."[47]

이렇게 해서 앙드레 말로가 에드몽 미슐레의 말을 빌려 대중화시켰듯이 사막의 횡단이 시작되었다. 기나긴 5년 동안 드골 장군과 앙드레 말로는 아마 낙담했겠지만 희망을 버리지 않은 채 다른 일을 할 시간을 갖게 된다. 두 사람 모두 자신들의 상대적인 조용한 상황을 글을 쓰는 데 이용했다. "그때 나는 라 부아세리(La Boisserie)에 살면서 완전히 은둔해 있었고 내 가족이나 마을 사람들의 방문만을 받았고, 다만 가끔 파리로 가서 매우 적은 수의 방문객들을 맞이하는 것을 받아들였다. (……) 1952년부터 1958년까지 나는 정치적인 일에 개입하지 않고 나의 『전쟁 회고록』을 집필하는 데 6년을 사용할 생각이었지만 기형적인 체제는 조만간 심각한 국민적 위기에 봉착하리라 의심하지 않고 있었다."[48] 드골 장군은 『전쟁 회고록』 제1권을 1954년에, 제2권은 1956년에, 제3권은 1958년에 출

47 Michel Cazenave, *André Malraux, en son temps*, Balland, 1985, p. 101.
48 Charles de Gaulle, *Mémoires d'espoir*, Plon, 1970, pp. 19-21.

간행했다. 그는 앙드레 말로를 맞아서 일부 대목을 읽어주고 그의 의견을 알아보았다. "그가 나에게 읽어준 것은 질이 아주 대단한 것이다. 용어와 장르의 고전적 의미에서 어쩌면 약간 너무 문학적이다. 하지만 약간 너무 레츠(Retz)적인[49] 측면은 주제의 지극히 흥미 있는 시사성에 의해 균형이 잡히고 있다……"[50] 한편 앙드레 말로는 예술에 대한 자신의 3부작을 계속 집필했는데, 1947년에 나온 『상상의 박물관(Le musée imaginaire)』, 1948년에 출간된 『예술의 창조(La création artistique)』 그리고 1950년에 나온 『절대의 화폐(La monnaie de l'absolu)』를 하나로 묶어 나중에 『침묵의 소리(Les voix du silence)』라는 제목으로 출간했다. "사람들이 종교 속에 있듯이 나는 예술 속에 있다", 라고 그는 단언했다. 1957년에 그는 『제신(諸神)의 변모(La métamorphose des dieux)』를 내놓았다. 1950년에 고야에 대한 에세이를 출간한 후, 그는 장 폴 사르트르가 갈리마르 출판사에서 출간되는 『현대[레탕모데른(Les Temps modernes)]』라는 잡지에다 매우 무례한 글을 게재한 이후로 사이가 틀어져 있었던 가스통 갈리마르와 화해했다. 그는 『NRF』의 예술부장으로 자신의 활동을 재개했다. 그는 삽화가 든 두 편의 전문적 연구서를 출간했다. 하나는 레오나르도 다빈치에 대한 것이었고, 다른 하나는 요하네스 베르메르(Johannes Vermeer)에 관한 것이었다. 그는 40권으로 된 《형태의 세계(L'Univers des formes)》라는 총서의 기획을 입안하여 추진했는데, 각 권은 하나의 개별 문화에 할애되었다. 그때 많은 사람들이 그가 더 이상 소설을 쓰지 않는다고 비난했다. 그러자 앙드레 말로는 조르주 베르나노스의 말을 빌려 이렇게 말했다.

---

49 장 레츠(Jean Retz): 17세기 프랑스의 정치가·회상록 작가로 1648년 '바리케이드의 날' 지도자로 유명하다. 저서로 『회상록(Mémoires)』(전3권, 1717)이 있다—역주.
50 Claude Mauriac, *Un autre de Gaulle, 1944-1954, op. cit.*, pp. 387-388.

"전쟁들이 인간들을 죽이고 있다. 뭘 원하는가! 또한 작품들을 죽이는 전쟁들도 있다."

1954년 10월, 작은 정치적 막간이 있었다. 에드몽 미슐레와 자크 샤방델마스의 중재로 앙드레 말로의 집에서 드골 장군과 피에르 망데스 프랑스(Pierre Mendès France)의 만찬이 추진되었다. 이 만남은 누설되었기 때문에 결국 라페루즈(La Pérouse) 호텔에서 이루어졌다. 몇 주가 지난 후, 드골 장군은 당시 수상이었던 피에르 망데스 프랑스의 "열정, 가치, 활력"을 공개적으로 찬양했다.

두 사람은 또한 여행도 했다. 앙드레 말로는 그리스·이집트·이란·뉴욕으로 떠났다. 한편 장군은 긴 일주(一周) 여행을 시도했다. 장군이 미국을 두 번째 방문할 때인 1945년에 트루먼 대통령이 제공한 비행기 다코타(Dakota)를 타고 1953년 3월에 아프리카[다카르·니아메·바마코·레오폴드빌(킨샤사)]를, 그리고 10월에는 인도양(마다가스카르·레위니옹·코모로·지부티·아디스아바바)를 방문한다. 8월부터 9월까지 드골 장군은 부인을 동반하고 가봉·앤틸리스 제도 그리고 태평양의 프랑스 영토들(타이티 섬·뉴헤브리디스 제도·뉴칼레도니아 섬)을 방문했다. 1957년 3월에 그는 사하라를 여행했다. 또한 앙드레 말로는 에드몽 미슐레·가스통 팔레브스키·조르주 퐁피두·자크 수스텔·자크 샤방델마스·미셸 드브레·루이 테르누아르·에밀리앙 아모리·클로드 기·로제 프레·자크 포카르 그리고 올리비에 기샤르와 함께 수요일마다 라틴아메리카의 집에서 "남작들의 조찬" 모임에 참석했다. 한편 드골 장군은 파리의 솔페리노 가(街)에 있는 자신의 사무실에서 매주 수요일에 방문객을 계속해 맞이했다. 그는 세 번의 기자회견을 했고, 네 번의 연설을 했으며, 열 번 정도의 성명을 발표했고 에투왈 광장의 민중 데모에 참가했다. 앙드레 말로와 그는 솔페리노 가(街) 혹은 콜롱베레되제글리즈 (Colombey-les-Deux-Églises)에서 만났다.

　이 여러 해 동안, 활동을 하지 않는다는 것이 두 사람에게는 자주 힘
겹게 느껴졌지만 곧 점차로 드골 장군은 정치 제도들이 무너지고 있는
프랑스에서 유일한 의지처로 나타나게 되었다. 알제리 전쟁은 체제의
위기로 변모되었다. 한편 앙드레 말로는 그의 딸 플로랑스의 주도하에
공화국 대통령인 르네 코티에게, 또 프랑수아 모리아크·로제 마르탱 뒤
가르·장 폴 사르트르에 보내는 호소문을 『렉스프레스(L'Express)』지에 게
재함으로써 알제리 상황과, 이곳에서 자행되는 고문을 고발했다. 프랑
스 국민연합(RPF)의 이상한 운명을 가장 정확히 요약했던 인물은 프랑수
아 모리아크였다. "내가 (옳게) 단죄했던 RPF는 그 나름의 심층적 필요성
이 있었다. 사실 그것은 외관상으로만 좌초했다. 그것은 결국 승리했다.
그것은 권력을 잡았을 뿐 아니라 드골이 원했던 대로 우리의 제도들을
근본적으로 변화시켰다. 그리고 이것만이 그에게는 중요했다. 이것은
드골 이후에도 계속되고 드골주의를 지속되게 만드는 것이다…… 이유
가 없진 않았지만 그 당시에 그토록 나쁘게 받아들여졌고 그토록 나쁘
게 판단되었던 RPF는 오늘날 정당화되고 있다. 사람들은 장군이 독재
적인 의도를 갖고 있다고 다시 한 번 비난했지만 사실 그가 RPF를 창당
한 것은 오로지 합법적으로 권력을 잡고, 헌법을 바꾸고 지속적인 다수
의 지지를 통해 민주적으로 통치하기 위한 것이었다."51

---

51 François Mauriac, *De Gaulle*, Grasset, 1964, p. 198.

# 제9장

# 권좌에의 복귀

1958-1962

"근본적인 문제는 (……) 프랑스인들이
프랑스를 재건하기를 원하는지,
아니면 잠자기를 원하는지 아는 것이다."
—샤를 드골

"그날, 그는 나머지 모든 사람들에 대항해,
그리고 우선 자기 자신에 대항해
프랑스의 영혼이 되기를 선택했다."
—알제리에 대한 앙드레 말로의 입장

"어떻게 장군은 되돌아오게 되는가? 그를 이용할 생각을 하고선 이를 후회하게 될 인도차이나 군대의 음모를 통해서."[1] 디엔비엔푸(Diên-Biên-Phu) 전투 훨씬 이전에 앙드레 말로는 엘리자베스 드 미리벨에게 이렇게 답변함으로써 거의 정확히 보았던 것이다. 그것은 알제리 군대였다.

1954년 이후부터 알제리 문제는 서서히 고통을 주면서 제4공화국을 파괴하고 있었다. 치명적인 결정타는 1958년 2월 8일에 가해졌다. 프랑스 공군이 튀니지와 알제리의 국경에 있는 사키트 시디 유시프(Sakhiet-Sidi-Youssef) 마을을 폭격했다. 4월 15일, 펠릭스 가이야르 정부는 사임을 하지 않을 수 없게 되었다. 이날부터 프랑스는 이제 정부가 없다. 알제에서 혼란은 총체적이다. 데모들이 조직되었다. 정신은 흥분되었다. 5월 13일, 봉기가 알제에서 일어났다. 하나의 공공구조위원회가 조직되었다. 자크 마쉬 장군은 알제 지역의 군 지휘를 책임지고 있는데, 이 위원회를 주재했다. 그는 드골 장군이 권좌에 복귀할 것을 주장했다. 15일에 본국에서 혼란이 점증하자 드골 장군은 능란하게 안심시키는 방식으로 성명서를

---

1  André Malraux, *Antimémoires, op. cit.*, p. 104.

발표했다. "국가의 추락에 반드시 뒤따르게 되어 있는 것이 연합된 국민들의 멀어짐이고, 전투 중인 군대의 혼란이며, 민족의 붕괴이고, 독립의 상실입니다. 12년 전부터 프랑스는 정당 제도로는 너무도 힘든 문제들과 씨름하고 있는데, 이제 재앙적인 과정에 돌입하고 있습니다. 지난날 이 나라는 그 심층적인 면에서 저에게 신뢰를 주어 구국을 할 때까지 총체적으로 이끌도록 해주었습니다. 오늘, 나라에 다시 닥쳐오고 있는 시련 앞에서, 제가 공화국의 정권 이양을 받아들일 준비가 되어 있음을 국민들께서는 알아주시리라 믿습니다……"2 사실, 1958년 2월 8일, 사키트 시디 유시프의 폭격 다음 날부터 드골 장군은 만약에 대비해서 자신의 푯말을 세우기 시작했다. 2월 9일, 그는 콜롱베레되제글리즈에서 막 떠날 참인 프랑스 주재 튀니지 대사를 맞이했다. 이 대사는 튀니지 대통령인 하비브 부르기바의 소환을 받고 있었다. 그렇게 하여 드골 장군은 여론에 심층적으로 충격을 준 하나의 작전으로부터 자신을 분리시키고자 했다. 2월 11일부터 피에르 망데스 프랑스를 포함한 일부 국회의원들은 그의 이름을 상기시켰다. 그들은 『렉스프레스』지에서 프랑수아 모리아크의 바통을 이어받았다. "이 나라 국민은 모든 것이 상실된 것처럼 나타났을 때 [드골]에게 의지할 수 있다는 것을 알고 있었다. 이제 그 시간이 울렸다." 드골 장군은 이 시기 동안 많은 사람을 맞이하고 드골주의의 조직망은 다시 활성화되었다.

1958년 5월 13일, 앙드레 말로는 베네치아에 있었다. 그는 치니(Cini) 재단의 초청으로 이곳에서 위대한 베네치아인들에 대한 순회강연을 하고 있었다. 로마 주재 프랑스 대사인 가스통 팔레브스키가 그의 강연

---

2 Éric Roussel, *Charles de Gaulle, op. cit.,* p. 588에서 인용.

을 들으러 왔다. 두 사람 모두 5월 13일의 위기에 놀랐다. 앙드레 말로는 신속하게 파리로 돌아왔다. 이틀 후 드골 장군은 그를 라페루즈 호텔로 불러 이렇게 말했다. "근본적인 문제는 (······) 프랑스인들이 프랑스를 재건하고자 하는가, 아니면 잠자기를 원하는지 아는 것입니다. 나는 그들 없이는 프랑스를 만들지 않을 것입니다. (······) 우리는 내가 국민들한테 다른 제도들을 선택하도록 호소할 때까지 제도들의 연속성을 보장해야 합니다. 임시적으로도, 국민은 대령들을 원하지 않아요. 따라서 국가를 다시 만들고, 통화를 안정시키며, 식민주의를 청산하는 게 중요합니다."[3] 몇 마디 말로 그는 이미 자신의 해법을 제시하고 있었다. "국가다운 하나의 국가를 만드는 것은 헌법다운 하나의 헌법을 만드는 것을 의미합니다. 따라서 보통선거는 모든 권력의 근원입니다. 행정부와 입법부는 실질적으로 분리되고, 정부는 의회에 대해 책임을 지는 것입니다. 통화를 안정시키는 것은 쉽지 않을 것입니다. 하지만 국가가 연속성과 확고한 의지만 있다면, 다시 말해 국가가 제대로 된 국가라면, 사람들이 말하는 것보다는 어렵지 않을 것입니다. 식민지 문제는······ 제국을 이루고 있는 모든 사람들에게 식민지는 끝났다고 말해야 합니다."[4] 다가오는 4년의 나아갈 방향은 정해졌다. 드골 장군을 몇 달 동안 보지 못했던 앙드레 말로에게 본질이 언급된 것이었다. 그는 지극히 만족스러운 이 대담으로부터 다음과 같은 결론을 끌어내고 있었다. "그가 언제나 자신 안에 지니고 있었던 위대한 고독, 그 고독을 협상을 위해서뿐만 아니라 그토록 오랜 햇수 동안 그를 강박관념처럼 따라다녔던 프랑스의 운

3 André Malraux, *Antimémoires, op. cit.*, p. 106에서 인용.
4 *Id., ibid.*에서 인용.

명을 위해서 버렸다. 이와 같은 그림자와의 냉정한 대화에서 그 어떤 것도 변한 게 없었다. 더없이 광적으로 그를 불렀던 사람들이 파시스트이고자 했고, 그를 가장 많이 공격했던 자들이 공산주의자이고자 했으며 프랑스가 전체주의적인 정당들의 대결에 운명 지어진 것 같았던 그 시절에, 그는 국가를 다시 만드는 일만을 생각하고 있었다."[5] 드골 장군은 그를 배웅하면서 그에게 이렇게 털어놓았다. "내가 죽기 전에 프랑스의 젊음을 다시 볼 수만 있다면, 그 미래의 모습은……" 앙드레 말로는 이렇게 결론을 내렸다. "어조는 아마 프랑스 해방만큼 중요한 의미를 띠고 있었던 것 같다."[6] 그에게 프랑스와 드골 장군에게 바치는 봉사의 시간이 다시 울렸다. "내 귀중한 연구는 끝났다!"

5월 19일자 기자회견(1955년 6월 30일 이후 처음으로 하는 회견)에서 드골 장군은 자신의 복귀는 일부 사람들이 의심할 수도 있었던 것을 고려해 적법 절차에 따라서만 이루어질 것이라고 재차 확인했다. "어째서 내가 67세의 나이에 독재자의 길을 시작하리라 보십니까?" 27일에는 그는 성명서를 통해 운명에 도전하는 담대한 기도를 나타냈다. "어제 나는 이 나라의 통일성과 독립성을 보장할 수 있는 공화정부의 확립에 필요한 합법적 절차를 밟기 시작했습니다……" 29일에는 르네 코티 대통령이 자신은 "프랑스인들 가운데 가장 저명한 인물"에게 호소하기로 결정했음을 발표했다. 31일에 드골 장군은 라페루즈 호텔에서 국회 단체들의 대표

---

5  *Id., ibid.,* p. 108.
6  앙드레 말로, 『반(反)회고록(*Antimémoires*)』, 위의 책, p. 108. 레몽 투르누(Raymond Tournoux)는 다른 진술을 제시한다. "내가 살아생전에 프랑스의 젊은이들이 내가 그들에게 거는 모든 장래성을 실현시키는 것을 볼 수 있다면, 나는 이것이 이 나라에게는 프랑스 해방보다 더 중요하다고 생각할 것입니다. 그때는 내가 샹젤리제 거리를 내려갔던 1944년의 그날은 나한테 더 이상 중요하지 않을 것입니다." 『장군의 비극(*La tragédie du Général*)』, 플롱(Plon), 1967, p. 290에서 인용.

들을 소집했다. 6월 1일에 그는 수상에 임명되었고, 3일에는 국회로부터 6개월 동안 전권뿐 아니라 헌법의 개정 과정에 착수하는 데 필요한 권한을 부여받았다. 그는 앙드레 말로를 공보 담당 장관으로 임명했다.[7] 말로는 그를 옹호하는 데 자신의 모든 에너지를 쏟았다. "이제 (……) 우리는 곧 통치할 수 있게 될 것이다."[8] 설령 일부 사람들이 궤변을 늘어놓고 있긴 하지만 사막의 횡단은 끝났다. "우리가 우파라고 어떻게 주장할 수 있습니까? (……) 우리는 더 이상 RPF(프랑스 국민연합)가 아닙니다."[9], 라고 앙드레 말로는 응수했다. 장관회의가 끝나면 그는 기자들 앞에서 공식 성명서를 읽고 설명했다. 그가 공보부에서 보내게 될 35일 동안 그는 그에게 매우 값진 역할을 했다. 즉 그는 드골 장군을 보필할 뿐 아니라 프랑스의 목소리를 대변했던 것이다. 24일에 기자들 앞에서 그는 분명한 영역은 없지만 모든 것에 대해 이야기했다. "마비된 프랑스는 전진을 원합니다. (……) 프랑스는 지난날 자신의 허약한 모습이 아니라 희망을 되찾고 싶어 합니다. 그래서 드골 장군에게 분할 불가능한 사명을 맡아달라고 호소한 사람들이 그에게 요청했던 것처럼 정부는 이제부터 프랑스에 그 수단을 제공하고자 합니다. (……) 오늘날 장군이 없는 공화국을 원하는 사람들이 있고, 공화국이 없는 장군을 원하는 또 다른 사람들이 있습니다. 하지만 다수의 프랑스인들은 공화국과 드골 장군을 동시에 원하고 있습니다. (……) 나는 내가 프랑스 혁명 이후로 그 혁명의 역사에 속하는 광장들 하나에서 국민에게 우리는 여러분의 적이 아닙니

7  프랑수아 모리아크는 앙드레 말로가 알제리 담당부, 나아가 내무부 같은 실질적인 책임이 따르는 보다 활동적인 장관을 더 원했다고 암시했다.

8  Pierre Viansson-Ponté, *Histoire de la république gaullienne*, Bouquins, Robert Laffont, 1971, p. 38.

9  Jacques Debû-Bridel, *Charles de Gaulle contestataire*, Plon, 1970, p. 173.

다, 라고 외치러 가게 될 때 [국민은] 내 말을 들으리라 생각합니다." 앙드레 말로는 고문에 대해 질문을 받자, 이렇게 말했다. "내가 알기로도 또여러분이 알기로도, 드골 장군이 알제에 다녀간 이후, 그 어떤 고문도일어나지 않았습니다. 이제 그것은 더 이상 일어나서는 안 됩니다. (……)프랑스 정부의 이름을 걸고, 나는 여기서 노벨상으로 특별히 권위가 있고 이 문제들을 이미 검토한 세 명의 프랑스 작가들이 하나의 위원회를구성해 알제리로 떠날 것을 제안합니다. 나는 그들이 드골 장군으로부터 모든 것을 위임받으리라 그들에게 보장할 수 있습니다." 그가 남기는인상들은 고르지가 않았다. "드골 정부의 대변인이 모든 정치적인 현실문제들을 다루는 것은 처음 있는 일이었다. 참으로 대단한 대변인이었다! 그는 수상의 협력자들 가운데 가장 명망 높고 그의 생각과 가장 가까운 인물이었다. 무대에서는 『왕도』의 클로드 바넥, 『정복자』의 가린, 『인간의 조건』의 기요와 페랄, 『희망』의 마누엘, 그리고 특히 마지막으로 『알텐부르크의 호두나무』의 뱅상 베르제가 공보부 및 정부 대변인 장관의 입을 통해 말하고 있었다. 하지만 또한 그의 말은 프랑스와 공화국이었고, 드골 장군과 정부였으며, 영구 혁명과 영원한 질서였다. 이것들은 모두 지난날 소설이나 비평과 나란히 했고 오늘날은 정치 생활과 나란히 하는 그 역사적인 명상의 성격을 띠고 있었는데, 이 명상은 앙드레말로 작품에서 행동과 사유의 항구적인 관계를 이루고 있는 것이다."[10]

앙드레 말로는 또한 검열을 책임지고 있었다. 비록 언론의 예방적 검열이 드골 장군에 의해 정지되었지만, 그는 자신한테 상의도 없이 라울 살랑(Raoul Salan) 장군의 요청에 따라 알제에서 『르 몽드(Le Monde)』지의

---

10 Pierre Vainsson-Ponté, *Le Monde*, édition du 25 juin 1958.

반복된 발매 금지는 말하지 않더라도, 프랑스에서조차 『렉스프레스』와 『프랑스 옵세르바퇴르(France-Observateur)』의 발매 금지를 감추고 정당화하는 데 대해 싫은 기색을 나타낸다. 7월 2일 외국 기자단 앞에서 그는 파리 신문들(『르 몽드』, 『렉스프레스』, 『프랑스 옵세르바퇴르』)에 대해 알제에서 이루어진 발매 금지와 알제리에서 자행된 고문 행위와 관련된 질문들에 대해 답변을 하지 않을 수 없었다. 그는 전시 사태를 구실로 내세우고는 검열을 없애고 고문을 중지시키기 위해 새로운 정부나 기울인 노력을 옹호했다. "정부는 사상범죄를 바로잡고자 하는 게 아닙니다. (……) 프랑스인에게 민주주의는 우선 국민에 의한 정부의 통제입니다. 즉 전제정치의 반대입니다. (……) 보다 위협적인 두 계승자들이 깨어나고 있습니다(공산주의자들과 낙하산 부대원들). 프랑스가 그들의 승리를 원하지 않는다면, 프랑스 자체가 자신의 변모와 자유를 떠안게 될 것입니다." 그가 알제리 민족해방전선(Front de Libération Nationale, FLN)의 당원인지, 아니면 젊었을 때 이슬람교도였는지에 대해 알고 싶다는 질문에, 앙드레 말로는 이렇게 대답했다. "내가 이슬람교도라면 나는 아마 알제리 빨치산들과 함께 싸울 것입니다만, 지금 나는 고문을 쳐부수기 위해 싸운 인물 쪽으로 돌아섬으로써 행복하다 할 것이고 용기를 옹호했던 인물을 도울 것입니다." 그러고 나서 그는 드골이 나타내는 새로운 야망을 요약했다. "프랑스는 세계의 고귀함 가운데 일부를 책임질 때 프랑스입니다. 프랑스인들이 미국인들에게 힘을 의미하는 책무를, 예전에 러시아인들에게는 정의를 의미하는 책무를 넘겨준 이래로 이 나라에는 깊은 질병이 있습니다. 프랑스인들은 다른 국민들에게도 자기 자신들에게도 사명이 없는 국민이 되었다는 것을 용인하지 못하고 있습니다."

8일에 그의 공보부 장관직은 자크 수스텔로 교체되었다. 그는 너무 혼란스럽게 만들기 시작하고 있다는 것이었다. 조르주 퐁피두는 이 소식을 알려 주는 임무가 미묘하다고 예감하고 있었지만, 그에게 알려 주기로 되어 있었다. "공보부는 당신한테 너무 옹색합니다. 수스텔이 책임을 맡을 수 있을 겁니다. 장군은 국가의 활동에 또 다른 차원을 부여하게 될 하나의 부인, 커다란 문화부를 만들고자 합니다. 이와 같은 시도에 필요한 스타일과 위대함을 부여해 줄 사람은 당신밖에 없습니다." 앙드레 말로는 열정적으로 받아들였다. 이렇게 해서 그는 결국 드골주의자들이 별로 남지 않게 된 정부 내에서 프랑스 문화의 확장과 전파를 책임지는 장관으로 임명되었다. 이와 같은 새로운 권능은 1958년 7월 25일자 법령 58-630에 의해 결정되었다. "그는 수상이 그에게 위임한 모든 일들을 알고 필요하다면 관련 부처들과 함께 그것들에 대한 연구를 수행한다. 그는 수상의 개인적이고 직접적인 위탁을 받아 다양한 계획들과 특히 프랑스 문화의 확장과 전파와 관련된 계획들의 실현을 책임진다." 사실, 앙드레 말로는 특히 드골 장군의 예외적인 특사가 된다. 11월 22일부터 26일까지 그는 테헤란에 있었고, 11월 27일부터 12월 7일까지는 뉴델리에 있었으며, 12월 8일부터 14일까지는 도쿄에 있었다. 그는 프랑스의 몇몇 파트너들을 안심시키는 책임을 부여받고 있었다. 뉴델리에서 그는 네루를 만나 드골 장군의 서신을 전달했다. 여행은 아주 좋은 전조로 나타나지는 않았다. 드골 장군이라는 인물과 새로운 체제는 매우 나쁘게 느껴지고 있는 것이었다. 독재가 회자되고 있었고, 거기에다 인도차이나의 기억과 작금의 알제리 문제가 덧붙여졌다. 네루는 그를 처음 만나자 이런 말로 그를 맞이했다. "당신을 다시 만나 반갑습니다. 마지막으로 보았을 때는 당신이 스페인에서 부상을 입고 난 후였고 당신은 병원에서 나오고 있었고 나는 감옥에서 나오고 있었지요……" 마침내 단둘이 있자 예술에 대한 이야기를 몇 마디 주고받은 후 앙드레 말로는 네루에게 이렇게 알렸다. "알제리에 평화를 가져다줄 사람은 드골 장군입니다." 드골 장군은 자주 이런 종류의 사명을 앙드레 말로에게 부여했다. 그는 자신이 이 역할을 얼마나 잘 수행하고 있는지, 그리고 자신이 방문 국가들의 수장들에 대한 드골 장군의 특별한 관심과 존경을 대변하고 있음을 알고 있었다[11].

1958년 여름, 드골 장군의 우선적 관심사는 제도 개혁이었다. 그것은 그가 권좌에 복귀할 때 내놓은 본질적인 조건들 가운데 하나였다. 이 영역에서 그는 빠르게, 매우 빠르게 나아가기로 결심하기까지 했다. 3개월도 안 되어 새로운 헌법이 1946년 6월 16일 바이외에서 한 연설에서 착상을 얻어 구상되었다. 두 그룹이 텍스트의 구상을 책임졌다. 첫 번째 그룹은 전문가들의 그룹이었다. 이 그룹의 주재는 법무부장관인 미셸 드브레가 했다. 이 그룹은 기본적으로 최고행정재판소 위원들로 구성되었다. 두 번째는 정치인들의 그룹으로, 드골 장군이 주재했다. 이 그룹은 네 명의 정무장관인 피에르 플랠랭·기 몰레·루이 자키노·펠릭스 우푸에 부아니(Félix Houphouët-Boigny), 최고행정재판소 부의장인 르네 카생,

---

11 1959년 5월 28일, 앙드레 말로는 아테네를 방문해 아크로폴리스에서 문화에 대한 중요한 연설을 했다. 1959년 8월 24일부터 9월 12일까지 그는 라틴아메리카의 5개국을 방문했다. 1960년에 그는 계속적으로 일본(2월), 멕시코(4월)로 가고 8월에는 검은 아프리카로 떠나 차드·중앙아프리카·콩고·가봉의 독립 축제에 참가했다. 1961년 5월에 그는 말리에 있었다. 1962년 5월, 그는 미국에 체류했고, 1963년 1월에는 「모나리자」를 들고 미국을 다시 방문했다. 그는 그 기회에 케네디가와 특별한 관계를 맺게 된다. 1962년 가을에 그는 핀란드와 퀘벡에 있었다. 1965년 여름에 그는 아시아를 향해 기나긴 항해 여행을 했다. 1965년 6월 22일, 알베르 뵈레와 배를 탄 그는 캄보디아를 떠나 싱가포르로, 이어서 홍콩·중국·인도·이란으로 갔다. 그는 1965년 8월 18일 장관회의에서 마오쩌둥(毛澤東)과의 만남을 보고했다. 1966년 5월에 그는 이집트에 있었다. 그는 1967년 11월에는 옥스퍼드에, 1968년 3월엔 모스크바에, 1969년 2월엔 나이지리아에 있었다.

전문가 그룹에서 온 한 위원인 M. 자노, 미셸 드브레 그리고 당시 드골 장군의 비서실장인 조르주 퐁피두로 구성되었다. 6월 13일, 정치위원회가 처음으로 소집되었다. 드골 장군은 새로운 헌법의 지도 원칙들을 정했다. "오로지 보통선거만이 권력의 원천이다. 행정부와 입법부는 실질적으로 분리되어야 한다. 정부는 의회 앞에 책임을 져야 한다. 사법부는 독립적으로 남아야 한다. 헌법은 공화국과 일체를 이루는 국민과 공화국의 관계를 체계화하도록 허용해야 한다."[12] 8월 말에 제5공화국의 헌법 원문이 준비되었다. 9월 3일에 드골 장군은 그것을 국민투표를 통해 프랑스인들의 승인을 얻기 위해 장관회의에 제시했다.

한편, 앙드레 말로는 새로운 헌법의 도래에 대한 국론을 준비하는 책임을 졌다. 1958년 여름 동안 엄청난 군중들 앞에서 행해진 세 차례의 야심 찬 연설을 통해 그는 드골 장군의 복귀를 프랑스 역사의 방향 속에 위치시키면서, 열리고 있는 새로운 드골 공화국에 자신의 서사적인 흔적을 각인시켰다. 7월 14일, 8월 24일 그리고 9월 4일이라는 상징적인 3일 동안, 그는 마침내 연합되고 화해한 공화국을 축하했다. 7월 14일, 시청 광장에서 그는 열정적으로 이렇게 외쳤다. "어떤 사람들은 드골 장군 없는 공화국을 원하고, 또 어떤 사람들은 공화국 없는 드골 장군을 원합니다. 하지만 프랑스는 파리와 마찬가지로 드골 장군과 함께하는 공화국을 원합니다. 프랑스가 이런 공화국을 원하는 것은 10년도 넘게 우리 국민이 희망을 품는 것을 잊어버렸지만 이제부터는 아무한테도 희망을 **빼앗기고** 싶지 않기 때문입니다. 결국은 불행의 체제여 사라져라! 드골 장군이 프랑스를 위해 희망의 박애적인 얼굴을 돌려주고, 세계를

---

12 Éric Roussel, *Charles de Gaulle, op. cit.*, p. 605에서 인용.

위해 6주 만에 긍지의 얼굴을 돌려준 공화국 만세!"[13] 8월 24일, 그는 드골 장군의 이름으로 아프리카에서 파리 해방 기념 연설을 했다. "그 투쟁의 진정한 목표는 파리라는 도시를 재점령하는 것이라기보다는 프랑스를 되찾는 것이었습니다. 이 프랑스는 드골 장군의 적들이 믿고 있었던 그런 프랑스가 아닙니다. 왜냐하면 그것은 그것을 위해 싸웠던 사람들의 마음속에만 존재했기 때문입니다. 그들이 알았든 알지 못했든, 파리 해방에서 죽은 자들이 쓰러진 것은 바로 이런 프랑스를 위한 것이었지 그 어떤 다른 것을 위한 것이 아니었습니다. 그들이 그것을 상실함으로써 국가의 과거 전체와 분리되었던 그런 불가사의한 긍지를 되찾기 위한 것이었습니다. 그들 가운데 많은 사람들이 이 긍지에 대해서 단 한 가지만 알고 있었는데, 다름 아니라 그들이 볼 때 프랑스가 그것을 상실했다는 것입니다. 자유와 독립은 연합국들만으로도 그들에게 그것들을 돌려줄 수 있었습니다. 그래서 이 투사들은 틀리지 않았던 것입니다. 왜냐하면 프랑스는 이들 연합국들의 승리에 의지해서가 아니라 자신들의 투쟁과 희생에 의지해 다시 일어섰던 것입니다."[14]

앙드레 말로는 또한 프랑스인들에게 새로운 헌법을 소개하기 위한 행사를 기획하는 책임을 졌다. 드골 장군은 날짜를 제2제정의 몰락과 공화국 선언의 상징적 날짜인 9월 4일로 선택했다. 앙드레 말로는 장소를 공화국 광장으로 선택했다. 그는 RPF 시절처럼, 연설에서 드골 장군보다 먼저 나왔다. 연단 높은 곳에 홀로 위치해 광장을 지배하면서 그는 되찾은 공화국을 찬양했다. "우리에게 공화국이 무엇인지를 우리는 독

---

13 André Malraux, *Paroles et écrits politiques, 1947-1972, Espoir*, n° 2, pp. 42-43.
14 *Id., ibid.*, pp. 44-47.

일의 점령 기간 동안 가장 잘 이해했습니다. (……) 공화국에 대한 기억은 우리에게 사는 즐거움의 기억이 아니었고 각료 구성에 대한 기억은 더더욱 아니었습니다. 1848년의 몽상적인 것에 대한 기억도, 파리 코뮌의 돌출에 대한 기억도 아니었습니다. 그것은 우리에게 오늘날 여러분에게 그렇듯이, 또 언제나 프랑스에 그렇듯이, 혁명의회에 대한 기억이었고, 일정한 국민 전체가 자신의 역사적 운명을 향해 돌진했던 것에 대한 향수였습니다. 그것은 형제애였지만 노력과 희망에서 형제애였습니다. 바로 이런 공화국 앞에서 정부 수반은 새로운 헌법안을 소개할 것입니다. 그 어느 누구도 프랑스인들 없이는 프랑스를 재건할 수 없으며, 공화국은 유배되었던 공화국의 희미한 목소리가 모든 프랑스인들에게 예전에 말했던 것을 외치고 있습니다. '나는 프랑스가 다시 되고자 한다', 라고 말입니다. 청동공화국 프랑스를 위해 영광스러운 오래된 배의 대답을 들을지어다. '여기는 파리. 명예와 조국. 다시 한 번 더 공화국과 역사와의 랑데부에서 여러분은 장군의 목소리를 듣게 될 것입니다.'"[15] 바로 그때 커다란 장막들이 열리더니 검은 DS 승용차가 들어오고 거기서 드골 장군이 나와 헌법안을 소개하기 위해 연단에 올랐다. 9월 28일 헌법은 프랑스인들의 압도적인 다수로 가결되었다. 투표의 80%가 찬성한 것이었다.

드골 장군은 국가를 재건하고 프랑스를 현대화하기 위해 헌법뿐 아니라 6개월 동안 부여된 전권도 활용했다. 4개월도 안 되어 수많은 기본적인 법안들이 가결되었다. 심지어 어떤 사람들은 이 시기를 나폴레옹 보나파르트가 혁명의 기득권을 강화하면서 근대 프랑스의 기초를 다졌던

---

15 *Id., ibid.,* pp. 48-49.

집정 정부 기간과 비교했다. 통치 행위가 가장 결정적인 것은 경제 분야였다. 실제로, 당시에 프랑스 경제는 세 개의 주요한 문제들에 직면하고 있었는데, 이것들은 막중한 예산 적자, 높은 인플레이션 비율 그리고 프랑화의 안정에 필요한 외국 통화들의 고갈이었다. 1957년의 로마협약의 추인, 새로운 프랑화의 도입 그리고 뤼에프(Rueff) 계획의 실천을 통해 드골 장군은 오래전부터 프랑스 경제를 불구로 만들고 있던 경제적 해악들 전체를 몇 달 만에 해결했다. 신뢰는 보답을 받았다. 12월 21일, 샤를 드골은 상원 선거인단 투표의 78.50%를 얻어 공화국 대통령에 선출되었다. 1959년 1월 9일, 그는 제5공화국의 첫 대통령이 되었다. "프랑스인들 가운데 최고 인물이 이제 프랑스에서 최고 인물입니다", 라고 제4공화국의 마지막 대통령인 르네 코티는 엘리제 궁에서 치러진 취임식이 끝날 때 정권을 이양하면서 감동적으로 공표했다.

드골 장군은 1958년 5월의 첫 대담에서부터 그가 식민지들에 대해 구상하고 있던 계획을 앙드레 말로에게 털어놓았다. "프랑스 제국을 이루고 있는 모든 사람들에게 식민지는 끝났다고 말해야 합니다. 공동체 같은 것을 함께 만들어 봅시다. 우리의 국방, 우리의 대외정책 그리고 우리의 경제정책을 함께 수립해 봅시다. 물론 가난한 나라들은 덜 급한 부자 나라들과 관계를 맺으려 합니다. 두고 봅시다. 그들 나라들이 국가를 만드는지를. 그들이 그럴 능력이 있고 그들이 동의한다면. 우리는 반대하지 않을 것입니다. 그렇게 우리는 다른 나라들과 프랑스 공동체를 만들 것입니다."[16] 앙드레 말로는 이 선택이 따라가야 할 단 하나의 길이라고 확신했다. "우선 프랑스 군대는 더 이상 식민제국의 자유가 아

---

16 André Malraux, *Antimémoires, op. cit.*, pp. 106-107.

니라 열일곱 개 나라에 자유를 제공하는 프랑스의 군대여야 했다. (······) 알제로 가는 길은 다시 한 번 브라자빌을 통과할 것이다."[17] 알제리에서 내란은 제4공화국의 몰락을 야기했지만, 드골 장군은 그것이 나아가 프랑스를 쇠퇴로 이끌기를 원하지 않았다. 앙드레 말로는 그의 행동을 이해했다. "그의 적들은 그가 자신의 편향된 기호에 따라 권력을 행사하고 알제리 분규의 종식으로부터 프랑스의 복원을 기대할 것이라고 생각하고 있었다. 나는 그가 프랑스의 복원으로부터 이 분규의 종말을 기대하고 있지 않나 자문했다."[18]

1958년 6월 4일부터 드골 장군은 알제를 방문했다. 그는 현장에서 상황을 판단해 볼 뿐 아니라 특히 자신의 권력을 확고히 하고 자신의 권위와 다시 태어나고 있는 국가의 권위를 재확인하고 싶어 했다. "나는 여러분을 이해했습니다", 라고 알제 광장의 높은 발코니에서 능란하게 외치면서도 그는 당시의 내란의 맥락에서 이렇게 단언했다. "프랑스는 알제리 전체에 단 하나의 범주의 주민들만 있으며, 동일한 권리와 동일한 의무를 지닌 (······) 전적으로 별도로 떨어진 프랑스인들만이 있다고 간주합니다." 3일 동안 그는 이 나라를 두루 돌아다녔다. 그는 군인들, 공안위원회 사람들 그리고 알제리에서 영향력이 있는 자들을 만났다. 프랑스로 돌아올 때, 그의 옛 신념은 확신이 되었다. "현 상황은 정치적으로, 재정적으로 그리고 군사적으로 바닥없는 늪 속에 파묻힌 프랑스를 결국 유지시켜 줄지 모르지만, 그 반대로 그는 대내적으로는 세기가 요구하는 변모를 이루고 대외적으로는 난관 없이 자신의 활동을 수행하기

---

**17** *Id., ibid.,* p. 107.

**18** *Id., ibid.*

위해서 아무 구속도 받지 않고 자유로워야 했다. 동시에 현 상황은 식민지 탄압이라는 헛되고 한없는 싸움의 곤경 속에 우리 군대를 가둘지도 모를 일이었다."[19]

자신의 첫 여행에서 국가의 권위를 재확립한 후, 그는 7월 초에 알제리로 다시 와서 시민권이 군대보다 우선한다는 것을 재확인했다. 10월 3일, 그는 콩스탕틴(Constantine)을 방문해 두 사회 사이의 생활수준 격차, 실업 그리고 가난을 줄이기 위해 이슬람 주민의 취학, 공직 개방, 알제리인들에게 토지 분배를 실시하고 중공업에 투자하는 조치들을 취하겠다고 공표했다. 23일자 기자회견에서 그는 선량한 사람들의 평화를 호소했다. "선량한 사람들의 평화가 오면 나는 증오가 사라질 것이라고 확신합니다." 그 다음 한 해 동안 상황은 별로 개선되지 않았다. 드골 장군에게 알제리에서 해법은 우선 평화 회복의 단계를 거치는 것이었다.

식민지들에 대해선 그는 훨씬 더 명료했다. 그는 각자가 자유롭지만 대외·국방·경제에 대한 공동 정책을 따르는 공동체를 찬성하고 있었다. 8월 8일, 그는 헌법자문위원회가 자리 잡고 있는 최고행정재판소에서 자신의 계획을 설명했다. 특히 구성원들 가운데 네 명인 아프리카의 레오폴 세다르 셍고르(Léopold Sédar Senghor)·라민 게예(Lamine Guèye)·가브리엘 리제트 그리고 르 말가슈 치라나나(le Malgache Tsiranana)에게 설명했다. "무엇 때문에 '연방'이나 '연합국가'와 같은 추상적인 용어들을 가지고 싸운단 말입니까? 진정한 문제는 그게 아닙니다. 그것은 협력과 이탈 사이에서 선택입니다. (……) 어떤 지위가 부여되거나 강제되는 게 중요하다고 말할 수 없을 것입니다. 왜냐하면 속령들은 국민투표에서 자

---

19 Charles de Gaulles, *Mémoires d'espoir*, Omnibus/Plon, 1996, p. 43.

유롭게 산택을 할 수 있을 것이기 때문입니다." 드골 장군이 볼 때 새로
운 헌법에 대한 국민투표는 또한 각자가 자신의 책임을 지는 수단이었
다. 따라서 그가 그것을 원한 것은 상황을 보다 분명히 하기 위해서였
다. 20일부터 29일까지 그는 이를 설명하기 위해 마다가스카르, 검은
아프리카 그리고 알제리로 떠났다. 그보다 14년 전에 그가 국민들은 그
들 자신을 마음대로 할 수 있는 자유가 있다고 선언했던 브라자빌에서
그는 그들을 기다리고 있는 선택을 분명히 공표했다. "하나의 일정한 속
령은 '노'라고 투표하자마자 [독립]을 획득할 것입니다. 이것이 의미하게
될 것은 이 속령이 위험과 위기를 무릅쓰고 고립적으로 자신의 길을 스
스로 추구하겠다는 것입니다. 본국은 결과를 도출할 것이고 나는 본국
이 이에 반대하지 않을 것임을 보장합니다. 하지만 아프리카 속령들에
서 선거인단이 국민투표에 '예스'라고 투표한다면 이것은 자유로운 결정
을 통해 시민들이 프랑스 공동체를 구성하겠다는 것을 선택했다는 것을
의미할 것입니다. (……) 이 공동체 내에서 어떤 속령이 세월이 흐름에 따
라, 내가 명시할 수 없는 일정한 시간이 지난 후 독립의 모든 비용과 모
든 의무들을 감당할 수 있다고 느낀다면, 그렇다면 그것을 결정하는 것
은 이 속령에 달려 있을 것입니다. (……) 그런 후 프랑스 공동체는 법적
행위를 취할 것이고, 독립을 통해 자신의 길을 가게 될 이 속령과 공동
체 자체 사이의 양도 조건들을 합의를 통해 해결할 것입니다." 그는 세
계의 위험들에 직면해 독립보다는 커다란 공동 구상으로 활성화된 공
동체를 내세웠다. "우리는 프랑스-아프리카 공동체를 곧 형성할 것입
니다. 이 공동체는 내가 볼 때 우리의 공동의 정치적 힘, 공동의 경제발
전, 공동의 문화발전 그리고 필요하다면 우리의 국방에 필요 불가결한
것입니다. 왜냐하면 세계 안에 잠재되어 있는 커다란 위험들, 우리의 머

리를 괴롭히고 있는 커다란 위협들, 특히 아프리카를 괴롭히는 커다란 위협들이 있다는 것을 아무도 모르지 않기 때문입니다. (……) 우리가 한 사람의 인간, 그리고 한 사람의 자유로운 인간일 때, 우리는 이것을 숨길 권리가 없으며 그렇기 때문에 또한 프랑스는 아프리카인들에게 (……) 하나의 공동체 전체를 제시하는 것이며, 프랑스와 함께하는 이 공동체 전체는 특히 이와 같은 위협에서 벗어나게 할 수 있기 위한 것입니다. 이제 나는 말을 마쳤습니다. 여러분은 내 말을 들었습니다. 아프리카인들은 선택할 것입니다……"

드골 장군은 앙드레 말로에게 국민투표에서 '예스'를 확실히 하기 위해 앤틸리스 제도와 가이아나로 가 자신의 생각을 홍보하는 책무를 맡겼다. 9월 중순 출발에 앞서 앙드레 말로는 그에게 이렇게 물었다. "도지사가 가이아나는 가능성이 없다고 단정하고 있는데 왜 그곳으로 가야 합니까?" 그러자 드골 장군은 그에게 이렇게 대답했다. "그곳은 아메리카에 있는 마지막 프랑스 땅입니다…… 그리고 그곳이 갈가리 찢겨지고 있는 상황이기 때문에 가야 합니다……"[20]

앤틸리스 제도와 가이아나로의 여행은 최소한 소란스러웠다. 혼란스럽고 격렬한 데모들이 전개되고 있었다. 연설들은 엉망진창이 되었다. 앙드레 말로는 주민들이 드골 장군에게 신뢰를 보내도록 하기 위해 그의 전설적인 인물됨을 상기시켰다. "프랑스는 거대한 위험에 처해 있었고, 프랑스 연합은 조각날 판이었습니다. 드골 장군은 내란을 해결했고 프랑스 공동체를 탄생시킬 헌법을 받아들이게 했고, 정부의 안정을 확실히 했습니다. 4개월도 안 되어 그는 프랑스를 위해서는 공화국에 희

---

20 André Malraux, *op. cit.*, p. 117.

망의 얼굴을 돌려주었고, 몇 주 만에 세계를 위해서는 긍지의 얼굴을 공화국에 돌려주었습니다……"[21] 또한 그는 해야 할 선택을 분명히 공표했다. "인간적인 삶과 미지의 세계 사이에서, 현재의 비참과 공동의 행복 사이에서, 고독과 형제애 사이에서"[22] 선택을 해야 한다는 것이었다. 9월 28일 기니만이 결국 반대투표를 했다. 앤틸리스 제도와 가이아나는 찬성투표를 했다. 하지만 드골 장군은 프랑스 공동체에 대해 여전히 명료한 입장이었다. "가입되자마자 [연합 국가들은] 단 하나의 생각, 곧 탈퇴할 생각만을 갖게 될 것이다!"

1959년 8월 26일, 알제리에서 나흘 동안의 군(軍) 시찰을 떠나기에 앞서 드골 장군은 장관회의에서 하나의 정치적 해법에 대한 장관들의 자문을 구했다. 두 개의 경향이 분명하게 윤곽을 드러냈다. 알제리 국가의 그 어떠한 자립, 독립이나 인정을 거부하는 사람들이 있는데, 이들을 주도하는 게 자크 수스텔과 베르나르 코르뉘 장티유였다. 그리고 알제리인의 인격이 인정되기를 바라는 사람들이 있는데, 이들을 이끄는 게 앙드레 말로와 에드몽 미슐레였다. 드골 장군은 경청하고는 이 장관회의에 단호한 방식으로 결론을 내렸다. "여러분, 감사합니다. 이런 종류의 일에서는 전진하거나 아니면 죽어야 합니다. 나는 전진하기로 선택합니다. 다만 이로 인해 또한 죽을 수도 있습니다."[23] 시찰 여행 동안 그는 군인들에게 자신의 견해를 분명히 공표했다. "일단 평화를 얻고 나면, 모두에게 자유와 형제애의 새로운 시대가 열릴 것입니다. 그 시대에는 알제리에 사는 사람은 누구나 자신의 운명을 스스로 이루어 나갈 것입니다."

21 *Id., ibid.*, pp. 121-122.

22 *Id., ibid.*, p. 123.

23 Jacques Soustelle, *l'espérance trahie*, Éditions de l'Alma, 1962, p. 114.

또한 그는 군인들에게 그들의 의무를 상기시킨다. "여러분은 군대를 위한 군대가 아닙니다. 여러분은 프랑스의 군대입니다. 여러분은 프랑스를 통해서만, 프랑스를 위해서만 그리고 프랑스에 봉사하기 위해서만 존재합니다. 그런데 프랑스가 살기 위해선 명령 계통에서 책임이 있는 나라는 사람에게 군대는 복종해야 합니다……"

알제리의 평화 회복을 시도한 이후 9월부터 드골 장군은 자신이 볼 때 유일하게 현실주의적인 해법, 즉 선택의 자유를 드러냈다. 16일의 연설에서 그는 "프랑스는 위대한 국가로서, 그리고 알제리인들 스스로 원하는 그들 미래의 자유로운 선택이라는 유일하게 가치 있는 길을 통해서 (……)" 문제를 해결할 것이라고 선언했다. 뿐만 아니라 그는 그들이 이탈, 프랑스화 그리고 제휴라는 세 가지 중에서 선택할 수 있을 것이라고 공표했다. 이와 같은 발언은 진정한 단절을 나타냈다. 그가 자신의 실질적 의도에 대해 신중한 채로 있으면서 사람들의 마음을 진정시키고자 노력했던 한 시기가 지난 후에 나온 이 연설은 색깔을 분명하게 알리고 있었다. 즉 알제리인들이 그들의 미래를 결정할 것이라는 사실이 그것이었다. 그는 1959년 11월 10일 기자회견에서 이 점을 재확인했다. "알제리인들은 그들 스스로 그들의 미래를 결정해야 할 것입니다. 그들의 선택은 전적으로 자유로울 것입니다."

프랑스 알제리를 지지하는 자들의 반응은 지체 없이 나왔다. 1960년 1월 24일, 바리케이드가 설치되는 날들이 시작되었다. 민족자결의 정책에 반대하는 첫 번째 봉기가 알제에서 일어난 것이었다. 상황은 폭발적이었다. 폭동으로 20명이 죽었다. 25일에 드골 장군은 단호한 메시지를 보냈다. "알제에서 막 발생한 폭동은 프랑스에 가해진 나쁜 타격이다." 그 다음 날 그는 장관회의를 소집했다. 앙드레 말로는 지지를 표명했다. "이런 혼란 속에서 프랑스는 어디에 있는가? 프랑스는 알제리의 운명에 종속되어 있지 않습니다. 프랑스의 운명을 따라야 하는 것은 알제리에서 우리의 행동입니다. (……) 국제적인 관점에서 그런 우스꽝스러운 바리케이드가 무엇을 의미하겠습니까? 모두에게 그것은 정부 권위의 한계를 의미합니다. 우리는 드골 장군이 복귀한 이래로 이끌어온 프랑스의 재건에 대항하는 가장 심각한 공격 앞에 직면하고 있습니다. 드골 장군의 활동은 정부 에너지의 부활 희망과 분리될 수 없습니다. 바리케이드에 굴복하는 것은 알제 정책 때문이 아니라 프랑스에 대한 신뢰 때문에 드골 장군을 따르는 모든 사람들을 낙담시키는 것입니다. 우리는 결말을 내기를 원하지 않든지, 아니면 끝장을 내는 결정을 하든지 해야 합니다. 후자의 경우라면, 수단을 취합시다. 우리는 그것을 갖고 있습니다. 분쟁을 일으키는 자들과 타협해서는 안 됩니다. 봉기를 끝내는 게 중요합니다. 우리가 알제리에서 저항자들이 있는 대학의 고립지대를 항복시키기 위한 4,000명의 병력과 장갑차들을 구하지 못하고 있다면 누가 믿겠습니까? 바리케이드를 해결하는 것은 어린애 장난 같은 것입니다. 문제는 거기에 있는 게 아니고 군대를 이동시키지 않는 것입니다. 나는 군대를 이동시키지 않고 해결하는 게 불가능하다고는 생각하지 않습니다. 하나의 전체적 구도 속에 우리 자신이 이동해 봅시다. 그러니까 우선 문명들의 운명과 관련해 중요한 것이 무엇인지 자문해 봅니다."[24]

드골 장군도 같은 방향에서 계속 발언했다. "국가에 대항해 무기를 든 자들은 용서받을 수 없습니다. 마치 군인들은 자신들이 거기 없는 것처럼 피를 흘리게 하고 싶지 않아요. 하지만 군대가 피를 두려워하기 위해

---

[24] Raymond Tournoux, *La tragédie du Général*, Plon, 1967, p. 350에서 인용.

만들어진 건 아닙니다. 군대는 복종하기 위해 있는 것입니다. (……) 국가는 양보하지 않을 것이고 정해진 정책은 바뀌지 않을 것입니다. (……) 최고의 책임을 부여받은 나는 이 책임을 버리지 않을 것입니다. 나는 1946년에 물러났습니다. 왜냐하면 나는 프랑스가 나 없이도 해낼 수 있다고 믿었기 때문입니다. 지금은 나는 하나의 사명이 있습니다."[25]

과격파들의 데모들은 이슬람교도 주민들의 "형제화" 운동을 선동하려는 시도에 실패했다. 반면에 무장을 한 일부는 대학가들과 알제리 회사에 구축한 진영들을 만들었다. 1월 29일에 장군은 군복을 입고 텔레비전에 나와 단호한 어조로 연설을 했다. "민족자결은 프랑스에 걸맞은 유일한 정책입니다." 알제리 봉기는 이틀 후 종결되지만 드골 장군의 일부 주변 인물들과 군대가 얼마나 타락했는지를 여실히 보여주었다. 따라서 장군의 주변 인물들이 조직화되었다. 그는 자크 수스텔과 베르나르 코르뉘 장티유같이 프랑스 알제리를 지지한 가장 단호한 자들을 제외시킴으로써 정부를 철저히 개편했다. 2월 2일, 그는 1년 동안 정부에 전권을 주는 안을 국회의 표결에 붙였다. 14일에는 알제리 사태를 위한 위원회를 만들어, 엘리제 궁에서 위원회를 소집했다. 3월 3일에는 알제리에서 "장교 식당 순회"라는 이름으로 알려진 새로운 여행을 시작했는데, 그 목적은 FLN(알제리 민족해방전선)에 대한 매우 강경한 연설을 통해 군인들의 사기를 북돋기 위한 것이었다.

6월 10일, 더없이 은밀하게 드골 장군은 FLN의 지도자들 가운데 하나인 시 살라(Si Salah)를 접견했다. 그는 자신이 공개적으로 선언했던 것을 그에게 다시 말했다. "알제리인들은 그들의 운명을 자유롭게 결정할

---

**25** Id., ibid., pp. 354-355.

것입니다." 며칠 후 그는 라디오 연설을 통해 처음으로 직접적으로 FLN 지도자들에게 말했다. "나는 프랑스의 이름으로 봉기의 주도자들을 향해 말합니다. 나는 아직도 질질 끌고 있는 투쟁에 명예로운 종말을 그들과 함께 찾아내기 위해서, 또 무기들을 어떻게 할 것인지 해결하기 위해서, 그리고 투사들의 운명을 보장해 주기 위해서 여기서 그들을 기다리고 있음을 선언하는 바입니다. 그런 다음엔 모든 것은 알제리 국민이 평온 속에서 발언권을 갖도록 조치될 것입니다. 결정은 오직 알제리 국민의 결정이 될 것입니다." 알제리 공화국 임시정부(GPRA)는 대화를 시작할 준비가 되어 있음을 알렸다. 25일과 29일 사이에 GPRA의 두 명의 밀사들과 두 명의 프랑스 대표들 간의 대화가 믈룅(Melun)에서 이루어졌다. 논의는 갑자기 중단되었다. 프랑스인들이 모든 논의에 앞서 정전(停戰)을 사전 조건으로 요구했기 때문이었다.

9월에 121명에 달하는 예술인들과 문인들이 알제에서 불복종의 권리를 주장했다. 서명자들 가운데는 변함없는 인물 사르트르·보부아르·뒤라스·브르통·로브그리예뿐만 아니라 특히 더욱 놀랍게도 앙드레 말로의 딸인 플로랑스가 있었다!…… 앙드레 말로는 폭발했다. "그 애가 무슨 책을 썼지? 그 애가 어떤 그림을 그렸기에 그 성명서에 서명을 한 거지? 우리가 알제리에 평화를 이룩할 때, 내가 수행한 행적의 이름으로 내가 해야 할 바를 나에게 설명하는 이 대단한 혁명가들, 저들은 얼굴을 펼 것이다. 사르트르는 내 슬리퍼를 신었다……26" 그와 딸과의 불화는 거의 10년이나 지속된다.

11월 4일, 드골 장군은 라디오로 중계된 연설에서 알제리에 대해 조

---

26 자신의 일이나 신경 쓰지 왜 나의 일에 참견하느냐는 뜻─역주.

만간 국민투표를 실시할 것임을 공표했다. 그는 처음으로 "알제리 공화
국"이라는 말을 했고, 알제리인의 알제리에 대한 자신의 규정을 내놓았
다. "이것이 의미하는 것은 해방된 알제리이고, 알제리인들이 자신들의
운명을 결정하게 될 알제리이며, 알제리인들이 원한다면—나는 이 경
우가 좋다고 생각합니다—자신의 정부, 제도 그리고 법을 갖게 되는 그
런 알제리입니다." 그 당시 그는 이렇게 털어놓았다. "내 나이와 나의
교육을 고려할 때 이것은 기분 좋은 일은 아니지만 나는 브라자빌 이후
로 내 영혼 안에서 이것을 결정했습니다."[27]

  9일의 장관회의에서 그는 1961년 1월 8일에 국민투표를 실시할 것을
알렸다. 그는 "이 나라가 그에게 부여한 두 가지 사명, 즉 프랑스를 재
건하고 알제리에서 전쟁을 종식시켜야 한다는 사명"을 성공적으로 완수
하겠다는 확고한 태도를 재확인했다. 22일에 그는 그가 전적으로 신임
을 하고 있는 인물인 교육부 장관 루이 족스(Louis Joxe)를 알제리 담당의
새로운 장관으로 임명했다. 12월 9일부터 12월 13일까지 그는 알제리
로 마지막 여행을 했는데, 이 여행은 유럽계 알제리인들과 이슬람계 알
제리인들 사이의 폭력적인 충돌들, 대결들 그리고 심각한 돌발 사고들
을 수반한 최악의 조건 속에서 이루어졌다. 하지만 드골 장군은 수동적
으로 동요되는 그런 인물이 아니었다. 그는 위험이 있음에도 불구하고
관례적으로 그랬듯이 그 자신 군중들 사이로 파고들었다. 20일에 그는
다시 프랑스인들에게 연설했다. "그러니까 내일의 알제리는 알제리인
의 것이 될 것입니다. 알제리인들은 그들 자신의 문제들을 스스로 해결
할 것이고 정부·제도·법을 지닌 국가를 세우는 것도 오직 그들에게 달

---

27 Louis Terrenoire, *De Gaulle et l'Algérie*, Fayard, 1964, p. 196에서 인용.

려 있습니다. 프랑스는 이에 동의하는 결정을 엄숙하게 조만간 내릴 것입니다. 프랑스는 때가 왔을 때 다른 사람들을 해방시키는 프랑스의 정신에 따라서, 그리고 이때부터 이들이 아무도 억압하지 않기만 한다면 이 결정을 내리게 될 것입니다." 1961년 1월 8일, 알제리의 민족자결에 대한 국민투표는 75.26%의 찬성표를 얻었다. 이제 교섭을 위한 길은 열렸던 것이다. 알제리 공화국 임시정부(GPRA) 대표들과 접촉이 시작되었다. 길고도 복잡한 이면공작이 있은 후, 2월 20일 조르주 퐁피두가 포함된 두 명의 밀사와 GPRA의 두 대표가 스위스에서 다시 만났다. 교섭은 3월 5일까지 계속되었다. 협상이 1961년 4월 7일부터 에비앙에서 열린다는 공식 성명이 신속하게 발표되었다. 11일자 기자회견에서 드골 장군은 자신의 선택을 재확인했다. "식민지 해방이 우리의 관심이고 따라서 우리의 정책이다."

하지만 프랑스 알제리의 지지자들은 너무 오래전부터 휘젓고 있었다. 근래에는 참을 수 없는 상황이 되어 있었다. 그들은 그들이 볼 때 너무 많이 모멸을 받았다. 그들은 아직도 프랑스 알제리를 믿고 있었다. 그들은 현장에서 승리를 믿고 있었다. 그들은 FLN(알제리 민족해방전선)이 기진맥진하고 있다고 생각하고 있었다. 그들은 꿈을 꾸고 있었다. 4월 21일 밤에 드골 장군과 앙드레 말로가 레오폴 세다르 셍고르를 맞아 코메디 프랑세즈(Comédie-Française)에서 라신의 『브리타니쿠스(Britannicus)』를 관람하고 있을 때, 알제에서 실력 행사가 발생했다. 장군들인 라울 살랑, 모리스 샬, 에드몽 주오 그리고 앙드레 젤레가 "최고사령부"의 직무를 맡았다. 낙하산 부대원들로 된 제1외인부대 연대의 지원을 받아 그들은 정부가 파견한 새로운 대표 장군인 총독 장 모랭을 체포했다. 22일, 드골 장군은 17시에 장관회의를 소집했다. 앙드레 말로는 호전적이었다. "우리는 필요하다면 전차들로 맞설 것입니다……" 드골 장군은 매우 고요한 모습이었다. "여러분, 이 사건에서 심각한 것은 그것이 진지하지 않다는 것입니다!"[28] 긴급사태가 선포되었다. 23일, 드골 장군은 헌법 제16조에 규정된 전적인 비상권을 발동하기로 결정했다. 그는 20시에 국민들에게 연설을 했다. "알제리에 군부 쿠데타를 통해서 반란 정권이 세워졌습니다. (……) 이 반란 정권은 소수의 퇴역 장군들의 모습을 하고 있습니다. 그것은 장교들·지지자들·야심가들·광신자들로 된 집단인 하나의 현실적 실체가 있습니다. 이 집단과 소수의 장군들은 신속하면서도 제한된 수완을 지니고 있습니다. (……) 프랑스의 이름으로 나는 이들을 굴복시키기를 기대하면서 이들에게 길을 차단하기 위해 모든 수단, 다시 말하건대 모든 수단이 사용될 것을 명령하는 바입니다. 나는 모든 프랑스인들에게, 그리고 무엇보다 모든 병사들에게 그들의 명령을 이행하는 것을 금지합니다. (……) 오늘과 내일을 위한 나의 명확한 태도는 국민이 나에게 부여한 프랑스와 공화국의 합법성에 있으며, 어떤 일이 일어나든, 내 임기 끝까지 혹은 나의 힘이나 생명이 다할 때까지 나는 이 합법성을 유지할 것이며, 그것이 본인 이후에도 지속될 수 있도록 보장하기 위한 수단을 취할 것입니다. (……) 프랑스인들이여, 프랑스인들이여, 나를 도와주십시오!"

23일 저녁, 내무부에는 노동자들·작가들·초현실주의 시인들·극좌파 투사들로 구성된 군중이 모였다. 만일의 경우에 대비책을 강구하기 위해 앙드레 말로는 임시 내무부 장관직을 맡은 로제 프레와 참석해 있었다. 내무부 마당에서 그는 모인 군중에게 연설했다. "다시 한 번 프랑스

---

28 J. Fauvet et J. Planchais, *La fronde des généraux*, Arthaud, 1961, p. 157.

는 역사적인 순간을 체험하고 있습니다. 세 시간 후면 낙하산 부대원들이 틀림없이 여기에 올 것입니다만, 여러분들이 여기 있으니 그들은 통과하지 못할 것입니다!"[29]

텔레비전으로 방영된 발언을 통해 드골 장군은 쿠데타에 종지부를 찍게 된다. 징집 병사들은 반란을 획책하는 장교들에게 복종하기를 거부했다. 해군은 드골 장군에게 충성을 맹세했다. 25일, 모리스 샬은 포로가 되었다. 5월 6일, 앙드레 젤레는 항복했다. 에드몽 주오와 라울 살랑은 잠적했다. 낙하산 부대원들로 된 제1외인부대 연대는 알제를 떠나 4월 27일 해산되었다. 프랑스 알제리 신봉자들은 결정적으로 패배했다.

5월 20일부터 에비앙에서 FLN의 대표들과 교섭이 열렸다. 이 교섭은 길어졌다. 특히 그것은 드골 장군이 탄화수소 저장고를 위해 전략적 요충으로 간주하고 있는 사하라 사막으로 인해 난항을 겪게 된다. 교섭은 7월에 스위스 뤼그랭(Lugrin)에서 다시 시작되었다. 또 한 번 협상은 성공하지 못하는데, 그 이유는 특히 튀니지에 있는 프랑스 군사기지인 비제르트(Bizerte)의 위기 때문으로 튀니지인들은 이 기지를 무력으로 되찾으려 했고, 드골 장군은 이를 받아들이지 않았던 것이었다. 드골 장군은 낙하산 부대원들로 이루어진 분견대(分遣隊)를 파견해 다수의 사망자가 발생하는 교전 끝에 이 기지를 탈환했다. 앙드레 말로가 볼 때 그는 알제리 문제를 해결하는 데 참을성이 없었다. "장군에게 알제리 사태를 신속하게 해결하게 해주기만 하면 어떤 해법도 다 좋은 것이다. 시간이

---

**29** 피에르 비앙송 퐁테(Pierre Viansson Ponté), *Histoire de la république gaulienne*, *op. cit.*, p. 218. 그 다음 날 드골 장군은 앙드레 말로와 로제 프레에게 다음과 같이 말하고 싶었다고 했다. "당신들은 당신들이 내 창가에서 조직한 이 괴이한 소요의 원인을 내게 설명해 주겠소? 어떤 사람들은 어쩌면 스페인 전쟁을 다시 체험할지도 모른다고 생각하고 있소……" 이것은 아마 결코 언급된 말이 아닐 것이다.

급한 것이다. 그는 두 세력권 사이에서 지구적 차원의 위대한 정치, 자신만이 펼칠 수 있고 유일하게 프랑스의 위상에 걸 맞은 그 정치를 시작하기 위해 자유롭게 되고자 한다."[30] 9월 5일자 기자회견에서 드골 장군은 처음으로 사하라 사막이 지닌 알제리적 특징을 인정했다. FLN과의 협상은 더할 나위 없이 보안이 유지된 채 다시 시작될 수 있는 가능성이 있었다.

하지만 분위기는 매우 무거웠다. 비밀군사조직(Organisation armée secréte, OAS)으로 편성된 프랑스 알제리 신봉자들은 알제리와 본국에서 테러 공격을 시작했다. 8일, 드골 장군이 자동차를 타고 콜롱베레되제글리즈를 향해 갈 때 행렬이 폭탄과 자동폭발 무기의 공격을 받았다. 드골 장군과 그의 부인은 공격을 모면했다. OAS와의 싸움은 강화되었다. 이 테러 조직에 대한 가차 없는 타격이 가해지지만, 이 조직은 암살과 테러 공격을 배가시켰다. 27일의 장관회의에서는 OAS와 연결된 폴 바뉘그장(Paul Vanuxem) 장군의 딸들과 관련된 말썽이 환기되는데, 레지옹도뇌르 상훈국 총재가 이 딸들이 레지옹도뇌르 학교[31]에 들어가는 것을 막았던 것이다. 앙드레 말로는 이렇게 표명했다. "약자들에게 복수하는 것은 드골주의 정신이 아닙니다."[32] 국회에서 대결은 점점 더 거칠어진다. 사회주의자들은 내각불신임안을 상정해 놓았다. 프랑스 알제리 신봉자들은 소요를 일으키고 있다. 1962년 2월 7일, 불로뉴에 있는 말로의 거처에 폭탄이 터졌다. 이곳 소유주의 네 살 반 된 손녀가 유리 파편을 맞아 왼쪽 눈을 다쳤다. 그 아이는 그로 인해 반 맹인으로 남게 된다. 민심은 이 사

---

30 Alain Peyrefitte, *C'était de Gaulle, op. cit.*, p. 80.

31 훈장을 받은 인물들의 자녀들을 위해 세운 학교—역자.

32 Louis Terrenoire, in Éric Roussel, *Charles de Gaulle, op. cit.*, p. 695에서 인용.

실에 깊은 충격을 받았다.[33]

그 사이에 FLN과의 협상은 진전되었다. 드골 장군이 2월 5일 연설에서 파리와 미래의 알제 정부 사이에 유기적인 협력에 대해 언급하는 것을 삼갔을 때 마지막 장애물은 철폐되었다. 그때부터 알제리의 주권은 완전할 수 있었다. 2월 19일, 루이 족스가 이끄는 프랑스 쪽 협상자들은 마침내 FLN과 합의를 이끌어냈다. 21일, 장관회의에서 루이 족스는 FLN과의 협상의 결산을 설명했다. 드골 장군은 각자에게 발언할 기회를 주었다. 앙드레 말로는 자신의 입장을 이렇게 요약했다. "프랑스 알제리의 옹호는 역사적으로 불가능했습니다. 프랑스의 운명은 어디에 있습니까? 알제리에 달라붙어 남아 있는 데 있습니까? 아니면 프랑스의 어떤 해방에 있습니까? 여기에 진정한 승리, 심층적인 승리가 있습니다. 이제 디엔비엔푸(Diên-Biên-Phu)가 아닙니다. 프랑스는 투쟁을 바꾸고 있습니다."[34] 미셸 드브레는 감동을 받고 그의 말을 되풀이했다. "앙드레 말로는 승리라는 말을 했습니다. 이 표현은 나를 놀라게 했습니다. 하지만 나는 그것을 이렇게 이해합니다. 즉 무엇보다 그것은 우리 자신에 대한 승리라는 것입니다[35]. (……) 각자는 드골 장군의 생각을 이해해야 합니다. 프랑스, 우선 프랑스가 중요합니다."[36] 드골 장군은 각자 의

---

33 같은 시점에 한 젊은 작가가 제대를 하기 위해 싸운다. 그는 그 어떤 대가를 치르더라도 알제리에서 전쟁을 하고 싶지 않다. 그의 검진 서류만으로도 충분했어야 했다. 군대는 반항자들을 좋아하지 않는다. 그는 단식투쟁을 시작한다. 앙드레 말로는 결국 그를 제대시키도록 조치한다. 이 반항자가 감사를 표하자, 그는 이렇게 답한다. "오히려 당신이 세상을 적어도 한 번 덜 어리석게 만들어준 데 대해 내가 감사할 따름입니다." 이 젊은 작가는 필리프 솔레르스(Philippe Sollers)였다.

34 Jean-Raymond Tournoux, *La tragédie du Général, op. cit.*, p. 398에서 인용.

35 드골 장군은 공식 성명을 발표케 해, 이 표현에 찬성하지 않음을 나타낸다.

견을 발표한 회의의 결론을 이렇게 내렸다. "우리는 알제리에서 인간적으로 가능한 모든 것을 시도했습니다. 이번 합의는 기나긴 위기의 결말입니다. 하나의 결말은 단연코 하나의 시작점에 불과합니다. 우리는 세계의 현실을 고려해야 합니다. 그것은 명예로운 해법입니다. (……) 프랑스로 말하면 프랑스는 이제 다른 것에 관심을 가지는 것이 필요합니다. 우리는 우리 자신들에 관심을 가져야 합니다. (……) 나는 우리의 결정이 많은 프랑스인들에, 그들의 감정에, 그들의 감성에 나타내는 인간 드라마를 이해합니다. 다른 길은 없습니다. 이제 우리는 유럽에 관심을 쏟아야 합니다. 조직화된 대륙들의 시대가 식민지 시대를 잇고 있습니다."[37]

3월 18일, 결정적인 협정문이 장관회의에 제출되었다. 4월 8일, 프랑스인들은 국민투표에서 90.70%라는 압도적인 다수의 찬성을 통해 에비앙협정을 승인함으로써 드골 장군이 4년 전부터 추진한 정책에 조건 없는 지지를 보냈다. 몇 주가 지난 후인 5월 15일 뉴욕에서, 앙드레 말로는 적절한 표현을 찾아내 알제리에서의 드골 장군의 활동을 묘사했다. "프랑스는 정의를 택했기 때문에 민족자결을 선택했습니다. (……) 에비앙협정은 어려운 협정이었기에 여러분의 언론이 그것을 '시일을 요하는 작업에서 가장 감동적인 영웅적 행위'로 규정한 것은 옳습니다. (……) 하지만 알제리 전쟁의 종식이 하나의 역사적 날을 나타낸다면, 우선 그 이유는 이 알제리 전쟁이 거의 두 세기 전부터 세계가 프랑스에 품고 있었고 프랑스가 스스로 만들어냈던 그 이미지를 문제 삼고 있었기 때문입니다. 오늘 저녁 제 말에 귀를 기울이는 프랑스인들이여, 나는 여러분에

---

36 *Id., ibid.,* p. 400에서 인용.
37 *Id., ibid.,* p. 401-402에서 인용.

게 여러분 모두가 알고 있는 것을 거의 나지막이 말하고 싶습니다. 동방의 많은 길들에는 프랑스 기사들의 무덤들이 있습니다. 유럽의 많은 길들에는 혁명의 병사들의 무덤들이 있습니다. 영국 같은 그런 나라들은 스스로를 방패로 삼을 때 가장 위대합니다. 프랑스나 미국과 같은 다른 나라들은 세계의 눈으로 보면, 아마 세계를 위해 싸울 때에만 그들 자신이 될 것입니다. 이곳에는 베르됭에서 싸웠던 내 미국인 친구 한 사람이 있고, 파리의 해방으로 기뻐했던 미국인 여자 친구 한 사람이 있습니다. 두 사람 모두 알제리의 많은 무덤들이 파리의 무덤들과 유사하다는 것을 알고 있습니다. 하지만 그들은 그들이 사랑했던 프랑스를 에비앙에서 다시 발견했습니다. (……) 아프리카의 강들이 여러 해 동안의 노력으로 뿌리 뽑힌 섬들을 휩쓸어 가듯이, 운명은 알제리의 비극을 휩쓸어갈 것입니다. 우리가 목격하고 있듯이 세계가 놀랍게 변모하는 상황에서, 인구통계상 유럽에서 가장 오래된 나라들 가운데 하나인 우리나라가 가장 젊은 국가들 가운데 하나가 되어 가고 있는 이 시점에서, 드골주의는 우선 프랑스로부터 프랑스가 자신 안에 지니고 있는 것을 끌어내는 의지를 나타냅니다."[38]

---

[38] André Malraux, *La politique, la culture……, op. cit.*, pp. 286-287.

# 제10장

# 창립자 반(反)장관과 문화 문제

1959–1969

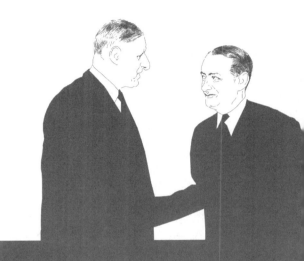

"문화를 이야기하는 사람들보다
내가 우월한 점은, 내가 문화가 무엇인지
모른다는 것입니다."
—앙드레 말로

"나는 문화부 장관이 아니고,
나는 드골 장군의 장관입니다."
—앙드레 말로

1959년 1월 8일, 아침에 엘리제 궁에서 드골 장군이 공화국의 새로운 대통령이자 제5공화국 첫 대통령으로 취임하는 행사가 열렸다. 오후에는 그는 조각(組閣)을 위해 엘리제 궁에서 미셸 드브레를 맞이했다. 이틀 전부터 드골 장군은 그가 수상이 될 것이라고 확인해 주었다. 그들은 함께 미래의 가능한 장관들을 검토했다. 첫 번째 의견 교환부터 드골 장군은 앙드레 말로가 내각에 참여하기를 바란다는 점을 나타냈다. "앙드레 말로를 붙잡아두는 게 당신에게 이로울 것입니다. 그에게 예컨대 당신이 '문화 문제'라 부를 수 있을 공무들을 통합한 부처 하나를 그에게 떼어서 만들어주세요. 앙드레 말로는 당신의 내각을 돋보이게 할 것입니다."[1] 미셸 드브레는 별로 열의를 보이지 않는 것 같았다. 하지만 드골 장군의 소망은 명령이었다. 그는 앙드레 말로를 옆에 두고 싶어 했다. 보다 분명히 말하면 자신의 오른쪽에 두고 싶어 하는데, 이 오른쪽 자리는 10년도 넘게 장관회의에서 그의 자리가 되었다. 앙드레 말로는 또한 정무장관의 지위도 갖는데, 이것은 다른 장관들에 대해서뿐 아니라

---

1  Michel Debré, *Gouverner. Mémoires 1958-1962*, t. III, *op. cit.*, pp. 13-14.

의전상의 순서에서도 중요성이 있었다.[2] 언제나 상징과 의전에 매우 관심이 있었던 드골 장군에게 이런 세부적인 일은 매우 중요했다. 앙드레 말로 역시 그것을 그렇게 느꼈다. 그래서 애초에 문화부가 결국 설립된 것은 오로지 앙드레 말로에게 "무언가를 찾아주고자" 하는 드골 장군의 소망에 답하기 위한 것이었다. 하지만 그것은 시간이 흘러감에 따라 앙드레 말로의 창조적 천재성과 번뜩이는 능력 덕분에 제5공화국에서 가장 성공한 업적들 가운데 하나가 되었다.

사실, 앙드레 말로는 문화부에 임명될 때 문화를 발견한 게 아니었다. 1930년대부터 예술의 역할과 문화의 중요성에 대한 그의 깊은 사유는 풍요롭고 농밀했다. "예술은 도피가 아니라 소유를 통해서 인간들로 하여금 그들의 인간 조건으로부터 벗어나게 해주는 기능으로 살아간다. 모든 예술은 운명을 소유하는 수단이다. 문화유산은 인간들이 존중해야 할 작품들 전체를 말하는 게 아니라 그들이 살아가도록 도와주는 작품들 전체를 말한다. (……) 예술의 모든 운명, 문화라는 낱말 속에 인간들이 집어넣은 것의 모든 운명은 단 하나의 관념으로 요약된다. 즉 운명을 의식으로 변모시키는 것이다……"[3] 그는 이와 같은 생각들을 문화부 장관으로서 지낸 여러 해 동안 내내 발전시키고 끊임없이 그것들로 되돌아왔다. 1964년 4월 18일, 부르주(Bourges)의 문화원 개막식 때 그는 이것을 다시 말했다. "문명은 우리의 문명은 물론이고 부분적으로 종교적인 국가들에서조차 더 이상 종교 문명이 아닙니다. 문화의 뿌리라고 하

---

2 정무장관의 지위는 내각 내에서 그 지위를 지닌 자의 우월함을 의미 있게 나타내기 위해 사용되는데, 그는 의전상 수상 다음에 위치하고 다른 장관들보다는 앞에 위치한다. 정무장관의 유일한 특권은 통상적으로는 수상의 권한인 장관회의를 주관할 수 있는 것이다. 정무장관은 흔히 부수상에 비견된다.

3 *Commune*, n° 37, septembre, 1936.

는 것은 이와 같은 문명이 인간을 홀로 자신의 운명과 자기 삶의 의미와 마주하게 남겨 놓는다는 것입니다. 이른바 '문화'라는 것은 인간이 자신의 죽은 얼굴이 어떻게 될 것인지를 거울 속에서 바라볼 때 품을 수 있는 불가사의한 대답들 전체를 말합니다."

하지만 운명을 의식으로 전환시키기 위해서는, 다시 말해 예술의 초시간성을 통해 죽음을 벗어나기 위해서는 각자에게 문화에 접근할 수 있는 수단을 제공해야 했다. 1959년 11월과 12월, 하원의원들과 상원의원들 앞에서 행한 첫 발언에서부터 앙드레 말로는 문화원을 통한 자신의 야심을 분명히 했다. "민주주의란 말이 아무리 고상하고 아무리 진부하다 할지라도, 단 하나의 민주적 문화만이 중요하며 그것은 매우 단순한 어떤 것을 의미합니다. 그것이 의미하는 것은 프랑스의 각 도(道)에서 우리가 파리에서 시도하고 있는 것을 보급하게 될 이 문화원들을 통해서 열여섯 살 된 아이라면 누구든, 아무리 가난할지라도, 민족의 유산과 인류 정신의 영광과 진정으로 접촉할 수 있어야 한다는 것입니다."⁴ 그는 자신의 깊은 생각을 더욱 더 멀리 밀고 나갔다. 그의 발상은 가르치는 게 아니라 사랑하도록 해야 한다는 것이었다. "경계는 어디에 있는가? 교육부는 가르친다. 우리가 해야 할 일은 눈앞에 드러나게 하는 것이다. 단순화시켜 말하면, (……) 라신을 알게 하는 것은 대학이 할 일이지만, 그의 연극들을 사랑하게 만드는 것은 그것들을 연출하는 사람들만이 할 일이다. 우리의 작업은 인류의 천재들, 특히 프랑스의 천재들을 좋아하게 만드는 것이지, 그들을 알게 하는 것이 아니다. 지식은 대학의 것이다. 반면에 사랑은 아마 우리의 것이리라."⁵ 1959년 1월부터 10월

4  1959년 11월 18일 하원에서 문화 예산에 대한 발언.

까지 대략 열 달 만에 앙드레 말로는 고급 공무원들로부터 장관이 될 그의 능력을 공개적으로 의심받았다. 하지만 그는 새로운 부(部)를 설립하는 어려운 일을 성공적으로 해내면서, 모든 변화에 일단 적대적인 기관들을 이 부(部)에 결합시키고, 그가 처음부터 주장하는 야심에 헌신하는 인물들을 자기 주변에 끌어 모았다. "제3공화국이 교육을 위해 했던 것을 문화를 위해 하는 것이다. 프랑스의 모든 아이는 알파벳을 배울 권리가 있는 것처럼 그림·연극·영화를 접할 권리가 있다."[6]

1959년 2월 3일자 제59-212호 법령을 통해 여러 부처들과 기관들의 상당수 권한이 정무장관인 앙드레 말로에게 이전되었다. 교육부로부터는 예술과 문학의 전체적인 지휘 감독권이 이전되는데, 여기에는 박물관들의 지휘 감독, 예술 교육과 생산 서비스, 공연과 음악의 하위 지휘 감독, 건축과 프랑스 기록물 관리의 지휘 감독이 포함되었다. 청소년과 체육 담당 고등판무관으로부터는 문화 활동을 담당하는 부서들이 이전되었다. 산업통상부로부터는 국립영화센터가 이전되었다. 7월 22일, 앙드레 말로는 "문화 문제를 책임지는 정무장관"으로 임명되었다. 새로운 부(部)의 임무들은 24일자 제59-889호 법령에 의해 규정되었다. 앙드레 말로는 자신의 손으로 첫 번째 조항을 작성했다. 혼자서, 자기 사무실에서 조용히 일하도록 해달라고 요구하면서 말이다. 단어 한마디 한마디가 숙고되었다. "제1조. 문화부의 임무는 인류의, 그리고 우선 프랑스의 중요한 작품들을 가능한 한 많은 프랑스인들이 접할 수 있게 하는 것이다. 우리의 문화유산에 더없이 방대한 지지층을 확보하고, 우리의 문

---

5  1959년 12월 8일 상원에서 문화 예산에 대한 발언.
6  1966년 10월 27일 하원에서 문화 예산에 대한 발언.

화를 풍요롭게 해주는 예술과 정신의 작품들을 창조하도록 도움을 주는 것이다."

이와 같은 모험을 위해 앙드레 말로는 자신의 측근들에 둘러싸였다. 1940년의 옛 전우인 알베르 뵈레는 비서실장에 임명되었다. 어린 시절의 두 친구인 루이 슈바송과 마르셀 브랑댕은 그의 보좌관이 되었다. 1944년에 비시 정권의 정보 담당 정무차관인 필리프 앙리오를 죽인 그룹에 속했던 조르주 루베는 비서실 국장으로 임명되었다.[7] 문화부의 핵심 요직들에 앙드레 말로는 또한 작가들과 예술가들을 앉혔다. 가에탕 피콩은 문예국장에, 앙드레 샹송은 프랑스 기록물 관리국장에, 앙리 세이리그는 박물관 국장에, 발튀스(Balthus)는 로마의 프랑스 아카데미 관장에, 마들렌 르노와 장 루이 바로는 프랑스 연극 담당 실장에, 조르주 오릭은 오페라 총괄 실장에 임명했다.[8] 그는 피에르 무아노를 문예국 내의 연극 및 음악 담당관으로 임명해 자신의 비서실에서 근무토록 했다. 드골 장군의 조카인 주느비에브 드골 앙토니오의 남편 베르나르 앙토니오는 현대 창작과 예술가들을 담당하는 임무를 맡았다. 또한 문화부는 식민지 해방으로 자유롭게 된, 해외 프랑스의 옛 공무원들의 지원을 받았다. 이들은 그들의 능숙함과 적응력으로 인해 흔치 않은 효율성을 드러냈다. 에밀 장 비아지니(Émile-Jean Biasini)는 이에 대한 완벽한 사례를 나타냈다. 그는 문예국에서 문화원들이 주목받도록 활동했다. 앙드레

---

7   이후에 그는 고급 공무원들로 대체된다. 1962년부터 앙드레 올로(André Holleaux), 그리고 1966년부터는 앙투안 베르나르(Antoine Bernard)로 대체된다.

8   1962년 4월 18일 장관회의에서 앙드레 말로는 조르주 오릭의 임명을 이렇게 지지했다. "40년 이래 처음으로 오페라는 음악가가 지휘 감독을 맡게 됩니다." 그러자 드골 장군은 이렇게 농담을 했다. "때로는 적임자들에게 호소해야 하지요." Alain Peyrefitte, *C'était de Gaulle*, *op. cit.*, t. I, p. 105.

말로는 자크 조자르를 문화부 사무국장에 임명했는데, 이 인물은 교육부에서 역사적 기념물들을 담당할 때 인정받고 높이 평가받은 행정 관료였다. 전쟁 동안 그는 매우 많은 수의 걸작들(그림들과 조각 작품들)이 괴링을 포함한 일부 독일 장교들이 훔쳐가는 것을 막기 위해 로트(Lot) 도(道)의 성(城)들에 숨겨놓는 데 성공했다.

1959년 10월 21일, 새로운 문화부 첫 공식행사가 드골 장군이 테아트르 드 프랑스(Théâtre de France, 오데옹 극장)에서 주재하는 폴 클로델(Paul Claudel)의 『황금의 머리(Tête d'or)』 공연과 함께 현대 창작물의 분위기 속에서 과감하게 개최되는데, 장 루이 바로가 연출했고, 음악은 피에르 불레즈가 맡고, 무대 배경은 앙드레 마송이 맡았다. 하지만 이해 말에 앙드레 말로의 과업은 완성과는 거리가 멀었다. 이제부터 문화부를 존속시켜야 하는 것이었다. 어려움이 없지 않았다. "조건들은 매우 나쁘다. 수단들이 거의 없고, 상상하기 어려울 정도로 돈이 없으며, 전적으로 회의적이고 흔히 적대적인 주변의 행정 관료들은 이 실험의 결말을 노려보고 있고, 일단의 지지층인 창조자들은 자신들을 부르지 않는다고 격분하고 있거나 자신들을 부르는 것을 경계하고 있으며, 나아가 흔히 정치적인 입장들 속에 위치함으로써 더욱 경계를 나타내거나 더욱 격분하고 있는 것이다."[9] 앙드레 말로는 자신의 문화부 임무들을 견고히 하기 위해 문화부의 활동을 경제사회 현대화 5개년 계획의 틀 안에 집어넣는 훌륭한 발상을 했다. "국가의 현대화 계획 속에서, 그리고 이 계획을 통해서만 우리는 문화부의 지속적인 진정한 발전을 생각할 수 있다."[10]

---

9  Pierre Moinot, "La difficulté du trentenaire: entre histoire et mémoire", in Comité d'histoire du ministère de la Culture, *Les affaires culturelles au temps d'André Malraux, 1959-1969*, La Documentation française, 1996, p. 12.

이 현대화 계획은 드골 장군의 커다란 관심사였다. 그는 국가가 경제 정책에 관한 자신의 선택들을 홍보하고 분명히 드러내는 특별한 수단을 계획화라고 생각했다. 이제 오로지 생산을 우선적인 분야들로 유도하는 게 중요한 게 아니라 프랑스의 경제적·사회적 발전에 가능한 한 가장 좋은 조건들을 확보하는 게 중요한 것이었다. 제4차 5개년 계획은 세 가지 주요 목표가 있었다. 첫째는 높은 정도의 수지 균형을 존중하는 가운데 강력한 성장이었고, 두 번째는 공공 설비 시설들을 국내총생산 증가보다 두 배 빠르게 증가시키는 것이었으며, 세 번째는 사회적·지역적 불평들을 수정하는 노력이었다. 전쟁 이후에 실시된 모든 계획들 가운데 이번 계획은 가장 잘 실천된 것으로 남았다. 그것을 준비하는 일환으로 '문화시설 및 예술유산 위원회'가 설립되었다. 이 위원회 앞에서 피에르 무아노(M. Pierre Moinot)는 앙드레 말로가 문화원들을 통해 추진하고자 하는 문화 활동 정책을 설명했다. 여섯 가지 커다란 목표가 정해졌다. 창조·보존·활용·보급―활성화·교육 그리고 연구 및 관리가 그것이었다. 이렇게 해서 여덟 개의 작업 팀이 문화 활동의 중심으로 간주된 영역에서부터 구성되었다. 음악·연극·미술관·건축·조형예술·책·기록보관·영화가 그것이었다. 제4차 5개년 계획(1960)과 제5차 5개년 계획(1965)은 이렇게 해서 국민 각자가 창조물과 전체적 문화유산에 접할 수 있는 기회를 확대할 뿐 아니라, 현대 예술과 관련한 국가의 활동을 구체적으로 명확히 하는 수단들을 앙드레 말로에게 제공했다.

문화부 창설의 또 다른 주요 단계는 1961년에 총괄적인 관리를 담당하는 하나의 과, 그 다음에는 하나의 국을 설립한 것이었다. 이것은 중

---

10 1959년 11월 17일 하원에서 문화 예산에 대한 발언.

앙 기관의 직원들과 3,500명에 달하는 외근 직원들을 관리했다. 인사 관리가 없는 부처는 아무런 현실성이 없었다. 실제로 이 행정국의 설립은 문화부의 자율성과 영속성을 보장해 주었다. 점차로 기구의 편성은 정책적 의지의 행정적 응대로 충실해졌다. 새로운 조직들이 옛 문예총국에서부터 발전되었다. 1961년 12월에 공연 및 음악을 담당하는 과는 연극·음악·공연을 담당하는 국이 되었다. 중앙 기관의 조직은 1963년에 지방문화위원회들, 1965년에 지방 예술창조 자문관 제도, 1969년에 문화부의 지방분권을 가동시키는 세 명의 첫 지방문화국장 제도를 설립함으로써 보완되었다. 1969년에는 여섯 개의 국과 하나의 총괄 감독국에다 비서실에 딸린 문화재 발굴팀과 분류기록팀이 행정 기관의 이 같은 성장을 구체화시켰다. 하지만 이런 정복은 드골 장군의 지원에도 불구하고 저절로 이루어진 게 아니었다. "이 문화부는 (……) 오로지 매순간 여러 부처들과 투쟁을 통해서만 살아남았다. 왜냐하면 이들 부처들은 문화부의 존재까지 인정하지 않았고, 마땅히 문화부는 '미술관청'이라 불러야 한다고 생각했고, 그들이 일시적이고 미래가 없다고 판단한 문화부라는 하나의 시도가 좌절되기를 기대하고 있었기 때문이다. 그리고 미셸 드브레까지 십중팔구 전복적이고 위험한 이 세력권을 끊임없이 엄중하게 통제했던 것이다."[11] 좌파 지식인들이 흔치 않게 적대적으로 드러내는 격렬한 태도는 말할 것도 없다.

앙드레 말로의 우선적 활동이 목표하는 것은 모든 예술 분야들에서 현대적인 창작을 고무시키고, 특히 연극·음악·문화적 자산의 영역에서 문화의 보다 민주적 보급을 확실히 보장하는 것이었다. 처음부터 그는

---

[11] Pierre Moinot in *De Gaulle et André Malraux, Actes du colloque, op. cit.*, p.243.

자신의 노력을 연극에 기울이는 선택을 했다. 이것은 어떠한 분산도 금지시키는 재정적 수단이 취약하기 때문에 고심 끝에 이루어진 선택이었다. 그는 1960년 예산 심의 때 국회에서 이 점을 분명히 말했다. "연극의 문제는 가장 시급합니다. (……) [그래서] [문화부가] 운용할 수 있는 자금을 가장 잘 활용하는 게 중요합니다." 현대 작가들을 알아보고 지원하는 정책 또한 추진되었다. 그는 공공기관의 주문들과 아틀리에들의 수를 증대시켰다. 그는 가능한 최대한 관객을 끌어 모으기 위해 대단위 전시회들을 기획했다. 뿐만 아니라 그는 예술가들을 위한 사회보장제도를 설립했다. 또한 그 모든 해들 동안에 그는 예술가들의 보증자로 남았다. 그에게 어떠한 대가를 치르더라도 국가와 문화의 관계에서 결코 고려되어서는 안 되는 유일한 기준은 창조자들이나 관객들의 정치적 색깔이었다. 그래서 장 루이 바로는, 앙드레 말로가 퉁명스럽게 그에게 고마움을 표했던 1968년의 위기에도 불구하고, 이렇게 묘사했다. "테아트르 드 프랑스(오데옹 극장)를 담당한 9년 동안 결코 [앙드레 말로는] 나에게 영향을 주려고도 나를 구속하려고도 하지 않았다."[12] 그리고 정부 지원을 받고 있지만 일부 의원들이 반(反)프랑스적으로 규정한 오데옹 극장에서 상연된 극작품으로 장 주네의 『병풍(Les Paravents)』 사건이 여론에 점령당했을 때, 앙드레 말로는 독립성의 보장자로서 국회에서 이렇게 선언했다. "자유가 항상 깨끗한 손은 아니지만, 그것이 깨끗한 손이 아닐 때, 그것을 창문 밖으로 내밀기 전에 두 번 그것을 바라보아야 합니다. (……) 우리는 사람들이 『병풍』에 대해 비난하는 것 때문에 어쩌면 합법적으로 이 작품을 허가하지 않을 수도 있습니다. 하지만 우리는 그럼에도 불

---

12 Jean-Louis Barrault, *Souvenirs pour demain*, Le Seuil, 1972, pp. 315-316.

구하고 그것을 허가하는 것입니다. 우리가 결국은 보들레르의 시 「썩은 짐승 시체(Une Charogne)」에서 시체의 묘사 때문이 아니라 이 시의 마지막 때문에 시인을 찬양하듯이 말입니다."[13] 앙드레 말로는 "'금지하는 것', 나아가 금지를 암시하는 것을 '스스로에게 금한다'"[14] 그래서 장 루이 바로는 이렇게 확인해 주었다. "당시의 정부, 즉 드골 장군과 앙드레 말로의 정부는 프랑스의 민주주의 하에서 연극이 검열을 받지 않고 있음을 단호히 입증했다. (……) 결코 연극은 표현에서 그만큼 자유를 누린 적이 없었다."[15]

문화적 혁명은 전진하고 있고, 옛 미술관청과의 단절은 총체적이었다. "국가는 예술을 지도하기 위해 있는 게 아니라 예술에 봉사하기 위해 있는 것이다. (……) 모든 것은 마치 문화부가 예전에 교육부 산하에 있었던 옛 미술관청의 후신이며, 나의 문화부가 말하자면 약간 더 근대적인 방향을 가지고 있는 것처럼 진행되고 있다. 이것은 절대적으로 잘못된 것이다. 미술은 삶의 장식을 위해 있었다. 마르크스주의적 관점에서 보면 그것은 부르주아지를 위해 있었다고 말할 수 있을 것이다. 확실한 것은 드골 장군이 권좌에 복귀할 때까지 국가가 전적으로 확정된 공무들을 담당했는데 이 공무들이 오늘날 완전히 달라졌다는 것이다."[16]

"당신은 내가 죽었다고 생각하나요? 피카소 드림" "당신은 내가 장관이라고 생각합니까? 앙드레 말로 드림."[17] 앙드레 말로는 자신의 번득이는 재치들과 불운한 측면들을 수반한 자기 방식의 장관이었다. 1959

---

13 1966년 10월 27일 하원에서 문화 예산에 대한 발언.

14 André Holleaux, *André Malraux ministre au jour le jour*, Comité d'histoire du ministère de la Culture, 2004, p. 69.

15 Jean-Louis Barrault, *Souvenirs pour demain, op. cit.*, p. 330.

16 1967년 11월 9일 하원에서 문화 예산에 대한 발언.

년에서 1969년까지 창설적 시기 동안 문화부는 앙드레 말로가 자신의 직관으로 영감을 불어넣은 "무질서한 용기를 나타낸 모습"이었다. "오직 그에게 속했던 절단기 같은 스타일로, 번득이지만 다소 수수께끼 같은 방식으로, [앙드레 말로는] 자신의 정책의 큰 방향들을 [표현하곤 했다]. 그가 휘하 국장들에게 내린 지시들은 대개의 경우 거의 그보다 더 나가지 않았다. 그는 말했고, 그들은 이해했으며, 그는 그들에게 그들이 이행하는 데 있어서 신뢰를 주었다. 이렇게 해서 에밀 장 비아지니는 문화원들의 재정 메커니즘들과 그것들의 운영 형태들을 몽땅 창안해야 했다. (……) 결코 장관은 길고도 까다로우며 때로는 정치적으로 미묘한 그 행정적 작업 동안 개입하지 않으면서, 자신의 권위로 국장을 감싸주고 작업이 성공적으로 끝났을 때 그에게 만족을 표하는 것으로 그쳤다."[18] 조직적이고 세심하며 사람들이 말한 것보다 더 어김없는 앙드레 말로는 성실한 장관이었다. 그는 전날 비서실장이 건네준 서류들을 안고 9시경에 베르사유에 있는 랑테른(Lanterne) 관저(이것은 조르주 퐁피두가 그에게 남겨 준 수상 관저이다)에서 팔레 루아얄(Palais-Royal, 문화부 소재지)에 도착했다. 오전은 대개의 경우, 구술하는 공문서들, 밀린 우편물들, 비서실 사람들과의 회합 등 행정 업무에 할애되었다. 11시 30분경에 그는 약 한 시간 반 동안 비서실장과 문화부의 여러 가지 일들을 검토했다. 일과는 19시 30분경 끝났다.

---

17 이 문장들은 파블로 피카소와 앙드레 말로가 교환한 전보들인데, 말로가 1966년 가을 파리의 그랑 팔레(Grand Palais)와 프티 팔레(Petit Palais)에서 개최하는 피카소의 대단위 회고전에 피카소에게 초대장을 보내지 않은 행정적 실수에 따른 것이다.

18 Guy Brajot, "Les premières années des maisons de la culture", in Comité d'histoire du ministère de la Culture, *Les affaires culturelles au temps d'André Malraux 1959-1969, op. cit.*, p. 74.

한편, 앙드레 말로가 국회에 출석할 때 국회의원들은 아주 편안한 시간을 보냈다. "문화부의 예산을 설명하기 위해 온 앙드레 말로는 비서실이 준비해 준 텍스트의 첫 부분을 망설이면서 불명료하게 어름어름 말하기 시작하다가 실례를 무릅쓰고 매우 신속하게 그것을 단념하고는 '수치를 좋아하는 사람들에게' 다음 날 『관보(Journal officiel)』를 통해 검토해 보라고 제안하곤 했다. 그러면 이와 같은 무례함에 충격을 받기는커녕 하원의원들과 상원의원들은 문화에 대한 그토록 기다려진 연설을 황홀하게 경청하곤 했다. 이 연설에서 그는 스스로 만족하여 자신의 연설 버릇, 자신이 좋아하는 이미지들, 예컨대 알렉산더 대왕·루이 14세·나폴레옹·페르디낭 포슈 사이에 가능한 블롯(belote) 게임 같은 이미지들을 되풀이하곤 했는데, 이 블롯 게임 이미지에는 아이젠하우어도 포함되어 있지만 그는 다른 세계의 대표로서 오로지 배제되기 위해서만 나타났다. 그렇게 하여 앙드레 말로는 국회 본회의실을 만원이 되도록 하곤 했다."[19]

사실, 앙드레 말로의 장관으로서의 활동은 여러 시기들을 경험했다. 그것들은 그의 휘하 여러 비서실장들 및 여러 가지 불운들과 일치했다. 1962년까지 매우 결속이 잘된 작은 팀과 함께 창조적인 강력한 활동을 주도했다. 하지만 1961년 5월 23일, 죽음이 그의 삶에 다시 불청객으로 찾아왔다. 그와 조제트 클로티 사이에서 태어난 두 아들, 피에르 고티에와 뱅상이 자동차 사고로 죽었다. 앙드레 말로는 내면적으로 깊이 충격을 받았다. "그는 고티에와 뱅상의 죽음을 아직도 자각하지 못했었고, [그것은] 공허의 온 무게로 아직도 짓누르지 않고 있었다. 그는 알고 있었

---

19 Émile Biasini, *Sur André Malraux, celui qui aimait les chats*, Odile Jacob, 1999, p. 160.

지만 그는 느끼지 못하고 있었다. 적어도 아직은 말이다." 하지만 두 아들의 장례가 있은 후 한 주일도 안 되어 그는 베르사유에서 드골 장군과 케네디 부부를 맞이했다. "사고가 있은 후 앙드레 말로는 시체 같은 파리한 모습으로 베르사유 성(城)의 극장에서 케네디를 위한 연회에 참석했는데, 나는 그 복스 좌석에서 그의 얼굴을 보기만 했는데도 고통스러웠다. 나는 그가 그 당시 거의 읽을 수 없을 정도로 늙은이처럼 비틀거리는 글씨체로 쓴 쪽지들을 간직하고 있다. 그날부터 일을 함께하는 사람들과의 점심 식사는 드문드문해졌고, 절대적으로 필요한 때가 아니면 우리는 그것을 더 이상 원하지 않았다. 얼굴은 놀라울 정도로 움푹 팼고 안면 경련은 다시 시작되었다. 우리는 다시는 그 끔찍한 날들에 대해 이야기하지 않았고, 그는 결코 다시는 이전같이 되지 않았다."[20] 그리고 앙드레 말로는 『반(反)회고록』에서 그 연회에 대해 이렇게 묘사했다. "눈부신 조명들을 받으며 하나의 만찬이 [보이지도 않은 채] 250명분의 세트, 타피스리(tapisserie) 아래의 음악가들, (······) 모차르트 음악 그리고 합스부르그가(家)의 마지막 행렬······ 베르사유의 거울의 방과 출발이 끊이지 않는 트리아농(Trianon) 궁에서 흐루시초프·네루·케네디와 함께 무(無)를 향해서 떠나가는 것을 나는 결코 본 적이 없다." 1961년 6월 24일 르아브르(Le Havre)의 문화원 개원식에서 그가 이들 문화원들이 젊은이들에게 어떤 것이 될지를 상기할 때, 마들렌 말로는 눈물을 흘렸다. "시장님, 나는 오늘 문화원들이 개원하는 목적인 열다섯 살 난 아이들, 드골 장군이 무엇을 구상하고 있는지 이해할 것이기 때문에 그들이 자신 안에 지니고 있는 그대로 장차 되게 될 그 아이들을 위해 건배의 잔을 들겠습니다."

---

**20** Pierre Moinot, *Tous comptes faits*, Quai Voltaire, 1993, p. 152.

1962년부터 1965년까지 앙드레 말로는 자신의 새로운 비서실장인 효율적이고 탁월한 앙드레 올로 덕택에 문화부에 대한 보다 행정적인 관리를 하게 되었다. 두 사람이 처음 대담을 했을 때 앙드레 말로는 그를 프랑스 역사에 대한 한 시간짜리 중요한 강의를 하라고 루브르의 쿠르 카레(Cour Carrée, 사각형 안뜰)로 데리고 갔다.[21] 그가 볼 때 이것만으로도 문화부에서 이 인물의 새로운 직무를 평가하는 데 충분하다고 보았던 것이다.

1964~1965년 겨울 동안 앙드레 말로는 아팠다. 그는 신경쇠약증에 빠지게 된다. 그는 틀어박혔다. 그의 아내 마들렌과의 관계는 점점 더 어려워졌다. 드골 장군은 지극히 섬세한 배려를 하여 1965년 6월부터 8월까지 그가 회복할 수 있도록 그를 아시아에 사절로 파견했다. 1965년부터 문화부 장관은 그의 부재를 경험하게 되었다. "장관은 좋지 않습니다. 그는 그의 사무실에서 글을 쓸 수 있도록 조치될 것이며 그렇게 함으로써 우리는 일을 할 수 있을 겁니다."[22] 이렇게 해서 새로운 비서실장인 앙투안 베르나르는 문화부에 대한 자신의 권력을 확실히 하는 데 전력을 기울였다. "문제를 해결했던 것은 나, 즉 비서실이었다."[23] 1966년에 앙드레 말로는 문화부 청사에 거의 나타나지 않았다. "그의 직접적 개입은 시간이 흘러감에 따라 부르고뉴의 도로에서 두 아들이 함께 죽은 1961년의 비극에서 생긴 위기가 점차로 커져 가면서 점점 더 줄어들었다…… 그는 점점 더 문화부의 일에 흥미를 잃어갔고 일이 되어 감을 휘하 협력자들에게 맡겼다. 조금씩 그는 자신이 출근해 있는 시간을 줄

---

21 André Holleaux, *Malraux ministre au jour le jour, op. cit.*, p. 26.

22 Max Querrien, *L'antiministre fondateur*, Linteau, 2001, p. 54.

23 Institut Charles de Gaulle, *De Gaulle et André Malraux, Actes du colloque, op. cit.*, p. 230.

였으며, 1965년 중국으로 장기간 멀리 떠나는 여행으로 시작된 치료를 받아들인 이후로 1966년에는 실질적으로 청사에 나타나는 것을 멈추었다. 오랫동안 잠복해 있던 위기는 절정에 달했던 것이다. 그 이후에 육체적으로 회복된 그는 드골 장군이 결정적으로 물러날 때까지 장군 곁에 자리를 함께하는 것을 유지했다……"[24] 문화부 청사에 나타나지 않은 이와 같은 부재가 있었다고 해서, 그의 주치의 루이 베르타냐 박사가 상기했듯이, "그의 정신의 빛, 놀라운 그 빛이 결코 흔들린 적이 없었다"[25]는 점을 망각해서는 안 될 것이다. 1966년 봄, 그는 그의 아내 마들렌과 결별했다.[26] 결국 그는 글쓰기 덕분에 다시 일어섰다. 그가 중국으로 여행하는 여객선에서 쓰기 시작한 『반(反)회고록』이 그를 그 자신으로부터 구해 주었다. 그것은 1967년 9월에 출간되었다. 그것은 베스트셀러가 되어 크게 성공을 거두었다. 그것은 앙드레 말로를 달래주었다.

앙드레 말로가 때때로 말라르메의 고양이가 이 시인의 고양이인 척했듯이 장관인 척하고 싶어 하지만, 어쨌거나 그는 자신의 책무에 대한 의무를 확실히 했다. 물론 통상적인 일들보다는 특별한 일들에 더 주의를 기울였지만 말이다. "어쨌든 그가 특히 초창기 몇 년 동안 자신의 직무에 무심하지는 않았지만, 그는 결코 보통 장관으로 행동하지 않으면서 관리 문제들이나 재정적 현실들에 대해선 거의 관심을 기울이지 않았다. 그는 이것들을 휘하 협력자들에게 맡김으로써 그의 휘하 국장이

---

**24** Émile Biasini, *Sur André Malraux, celui qui aimait les chats, op. cit.*, p. 44.

**25** Louis Bertagna, "Il a vécu jusqu'à sa mort", in *La Nouvelle Revue française*, n° 295, juillet, 1977, p. 114.

**26** 1965년 7월 26일 앙드레 말로가 아시아를 여행하는 동안, 드골 장군은 엘리제 궁에 마들렌 말로를 점심 식사에 초대하는 세심한 배려를 한다. 그는 그녀가 장관의 공식적 이동에 함께하지 못하고 멀어져 있을 때 그녀에게 관심을 보여 자신의 존경을 나타내고자 한 것이다.

된다는 것은 완전히 특별한 책무를 나타낼 정도가 되었다."[27] 하지만 그는 하나의 위대한 구상으로 활기를 띠고 있었다. "세상에 그 어떤 체제 하에서도 이와 유사한 것은 결코 존재한 적이 없었으며, 결코 한 국민의 10%가 정신의 차원에서 결집한 적이 없었다. (……) 문화는 인간이 지상에서 자기가 하는 게 무엇인지 자문할 때 대답하는 바로 그것이다." 앙드레 말로가 표현한 유일하게 아쉬운 것은 재정부의 인색이다. 그는 이에 대해 자신의 비서실장 앙드레 올로에게 불평을 한다. "근본적 차원에서 정부는 우리한테 발전을 기대하든지, 아니면 우리를 도와주는 발전의 수단을 거부하든지 선택을 해야 한다."[28] 하지만 그는 언제나 이 점에 대해 드골한테 간청하는 것을 거부했다. "그는 리볼리 가(街)에서도 마티뇽에서도 지원을 거의 찾아내지 못했고, 나는 그가 자신이 평범하다고 판단한 문제들에 드골 장군과 함께 접근하는 것을 싫어했다고 생각한다. 그가 겨우 꾸려갈 정도만의 몫을 받지 않았다면 특히 문화원들의 증가를 통해 더 많은 일을 했을 것이지만, 그는 성공한 것들로 자위를 했다."[29] 그런데 성공한 것들은 그 수가 많았다.

앙드레 말로의 문화 활동의 상징은 문화원들이었다. "문화원들은 현대의 성당들이다. 그것들은 사람들이 자신들 안에 있는 가장 훌륭한 것을 만나기 위해 서로 만나는 장소이기 때문이다."[30] 앙드레 말로가 각 도(道)마다 하나의 문화원을 세우겠다는 꿈을 열정적으로 꾸긴 했다. 하지만 장관으로서 그는 그 반대로 그것들의 설립을 주도하는 원칙들이

---

**27** Émile Biasini, *Sur André Malraux, celui qui aimait les chats, op. cit.,* p. 40.

**28** Charles-Louis Foulon (sous la direction de), *André Malraux et le rayonnement culturel de la France,* Complexe, 2004, p. 351에서 인용.

**29** *Id., ibid.,* p. 351.

**30** 1966년 10월 27일 하원에서 문화 예산에 대한 발언.

실행되는 적은 수의 시설들에 자신의 수단들을 집중함으로써 자신의 문화적 야심을 실현하는 것을 선택했다. 에밀 장 비아지니는 문화원들의 실현 및 기능의 실질적인 양태들을 규정하고 또 "특권을 공동의 자산으로 변모시키려" 노력하면서 이와 같은 과업에 착수했다. 1961년에 첫 번째 5개년 문화계획 추진의 일환으로 피에르 무아노는 문화원 계획위원회에서 문화부를 위한 의견서를 작성했다. 문화원들의 임무는 각자가 누구이고 어디에 있건, 그에게 문화의 유혹을 제공하는 것이었다. "이런 만남으로부터 각자가 자신의 조건을 고려하는 데 있어서 어떤 친근함·충격·열정·또 다른 방식이 비롯될 수 있다. 문화의 성과물들은 기본적으로 모두의 자산이고 우리의 거울이기 때문에 중요한 것은 각자가 그것들 속에서 자신의 풍요로움을 헤아려 볼 수 있고 자신에 대해 깊이 생각해 볼 수 있는 것이다. (……) 문화원은 전(全) 문화를 배제하며 (……) 문화의 모든 형태들을 온갖 모습들로 보호하고 있다. (……) 그것은 예술들에 대한 교육 자체를 기획하고자 하는 관심은 없고 언제나 작품에 우선권을 부여한다. 그것이 야기하는 대면은 직접적일 뿐 아니라, 단순 통속화의 위험과 빈곤화를 피하게 해주며, 당연한 것이지만 대면된 부분들의 상호 위험을 무릅쓰고 이루어진다. (……) 통상적으로 이른바 예술에의 '입문'이라는 것, 게다가 이 입문이라는 낱말은 마법적이지만, 이 입문의 첫 형태는 내밀한 만남이다."[31] 가에탕 피콩은 차례로 이렇게 분명히 했다. "대학들은 과거 문화들의 완성된 이미지가 전수되는 장소들이므로, 문화원들은 현재 문화의 미완성 이미지를 만드는 사람들 자신

---

**31** 1961년 5월 제4차 5개년 계획의 '문화시설 및 예술유산 위원회' 산하 '문화활동' 소위원회 앞에서 피에르 무아노의 설명, Comité d'histoire du ministère de la Culture, *Les affaires culturelles au temps d'André Malraux, 1959-1969, op. cit.*, p. 384에서 인용.

이 이 이미지의 성격을 보통 자신도 모르게 지니고 있는 사람들에게 그 것을 보여주는 장소들이다."[32] 결산은 놀라웠다. 40년 동안에 "문화원 들"은 그것들의 벽에서 빠져나와 프랑스와 외국에서 대부분의 문화적 제도들의 정신과 작동 방식에 배어들었던 것이다.

문화원들 이외에도 또한 매우 일찍이 앙드레 말로는 세상을 떠난 위 대한 인물들과 예술을 기리는 데 열성을 보였다. 1959년 5월 28일, 그는 아테네에서 아크로폴리스의 유적에 관한 첫 번째 중요한 연설을 하면 서 그리스에 경의를 표했다. "경전이 없는 최초 문명을 통해서 지성이라 는 낱말은 탐구를 의미했습니다. 이 탐구로부터 사유를 통한 우주의 정 복, 비극을 통한 운명의 정복, 예술과 인간을 통한 신성의 정복이 비롯 되게 됩니다. (……) 문화는 상속되는 게 아니라 정복됩니다." 1960년 3월 8일, 그는 물 때문에 위협받고 있는 고대 이집트의 유적을 구하기 위한 연설을 했다. "성좌들의 무심도 강들의 영원한 속삭임도 지배하지 못하 는 행위는 단 하나밖에 없다. 그것은 인간이 죽음으로부터 무언가를 끌 어내는 행위이다." 1961년 5월 8일, 그는 오를레앙에서 잔 다르크라는 역사적 인물을 "연민의 인물로서는 승리의 유일한 인물"이라고 추모했 다. 1963년 9월 3일 그는 처음으로 프랑스의 한 위대한 예술가의 죽음 을 기념했다. 조르주 브라크의 장례식에서였다. 연설은 루브르의 주랑 아래서 이루어졌다. "결코 어떤 현대 국가도 죽은 화가에게 이와 같은 성격의 경의를 표한 적이 없습니다. (……) 브라크라는, 프랑스의 영예의 일부가 있습니다. 왜냐하면 한 나라의 영예는 또한 그 나라가 세계에 주

---

**32** Gaëtan Picon, conférence prononcée à Béthune le 19 janvier 1960, in *id., ibid.,* p. 347 에서 인용.

고 있는 것으로 이루어지기 때문입니다. (……) 부인, 내일 아침, 조르주 브라크를 사랑했던 바랑주빌의 선원들과 농부들에게 누군가 이렇게 말할 것입니다. '어제, 그가 세계에서 으뜸가는 박물관과 왕궁 앞에 있었을 때, 비 오는 밤이었는데 감사합니다, 라고 말한 희미한 목소리가 있었습니다. 또 프랑스의 손인 여자 농부의 닳아빠진 손이 어둠 속에서 마지막으로 올라가 그의 백발을 조용히 어루만졌습니다.'" 1964년 12월 19일 앙드레 말로는 장 물랭의 유골을 팡테옹(Panthéon)에 이장할 때 그의 가장 유명한 연설을 했다. "장 물랭이여, 그대를 따르는 위대한 행렬과 함께 이곳에 들어오게나. (……) 어둠에서 태어나 어둠과 함께 사라진 사람들—저 영원한 밤의 질서 속에 있는 우리의 형제들—과 함께 이곳에 들어오게나……" 1965년 9월 1일에는 루브르의 쿠르 카레에서 르 코르뷔지에(Le Corbusier)의 장례식이 열렸다. "그 어떤 사람도 그토록 강력한 힘을 드러내면서 건축의 혁명을 의미하지 못했습니다. 왜냐하면 그 어떤 누구도 그토록 오랫동안, 그토록 참을성 있게 모욕을 당하지 않았기 때문입니다. 영광은 모욕에서 최고의 광채를 발하는 것인데, 그의 영광은 준비가 되어 있지 않았던 한 인물보다 하나의 작품과 더 관련이 있었습니다. (……) 잘 가소서, 스승이여, 친구여. 편히 잠드소서…… 웅장한 도시들이 바치는 경의, 뉴욕과 브라질리아의 조화들을 받으소서. 갠지스 강의 신성한 물과 아크로폴리스의 흙을 받으소서."

성공한 일들 가운데는 또한 일본에서 열린 로댕의 「생각하는 사람(Le Penseur)」전과, 미국에서 열린 「모나리자(La Joconde)」전과 같이 해외와 파리에서 열린 대단위 전시회들의 기획이 있었다. 1963년 1월 9일, 장관 회의에서 드골 장군은 앙드레 말로를 이렇게 변호했다. "앙드레 말로는 오늘 우리와 함께하지 않을 것입니다. 그는 그럴 만한 이유가 있습니다.

그는 「모나리자」와 함께 갑니다." 그리고 「모나리자」를 워싱턴으로 운반하는 데 따른 모든 행정적·기술적 망설임과 반대를 문자 그대로 물리친 앙드레 말로는 백악관에서 행한 연설에서 존 F. 케네디 대통령에게 이렇게 말했다. "어떤 이들은 루브르에서 「모나리자」를 옮겨 오는 동안 겪게 된 위험을 상기시킵니다. 이 위험은 과장되긴 했지만 실재합니다. 하지만 어느 날 노르망디에 상륙했던 청년들—그보다 25년 앞서 그들보다 먼저 상륙했던 청년들은 말할 필요도 없겠지만—이 감수했던 위험은 훨씬 더 확실했습니다. 그들 가운데 가장 비천했던 자들에게 (……) 나는 (……) 대통령께서 오늘 밤 역사적 경의를 표하는 걸작은 그들이 구했던 그림이라고 말하고자 합니다." 에밀 장 비아지니는 그로부터 25년이 지난 후 재클린 케네디가 1980년대 말 루브르를 방문했을 때 그녀의 감격을 이렇게 이야기하고 있다. "이 우아한 여인은 눈에 눈물을 글썽이면서 앙드레 말로에 대해 이야기했는데, 그녀의 기억 속에는 그녀가 받은 다이아몬드들 가운데 그 어떤 것도 그의 몸짓에 필적하지 못하는 것 같았다."[33]

문화부에서 앙드레 말로의 업적에 대한 결산은 엄청났다. 1961년에 제4차 5개년 계획의 틀 내에서 문화시설 및 예술유산을 담당하는 위원회가 만들어졌다. 1962년에는 보존 분야들에 대한 법이 제정되고, 건축 교육을 개혁하는 시행령이 만들어졌으며, 예술 창조를 담당하는 부서가 설립되었다. 1963년엔 두 개의 지역문화위원회와 연구조사 부서가 만들어졌다. 1964년에는 프랑스의 기념물들과 예술적 자산들에 대한 전

---

33 Émile Biasini, *Sur André Malraux, celui qui aimait les chats, op. cit.,* p. 39.

체적인 목록 일람이 나왔는데, 이것의 목적은 프랑스의 문화유산, 민간 연극에 대한 지원기금 그리고 통계된 도시 오페라 극장들, 이 모두를 국가적 차원에서 재집계하는 것이었다. 1965년에는 예술창조에 대한 최초 지역자문관들이 직무에 들어갔다. 1966년에는 음악 담당 부서가 설립되고 역사 기념물들의 분류에 관한 법이 제정되었다. 1967년에는 유적지들의 보호에 대한 법뿐 아니라, 생존 예술가들의 지원을 위한 국립현대예술센터, 환경연구소, 파리 오케스트라, 그리고 부와다르시(Bois-d'Arcy)에 영화 기록물 관리 부서가 설립되었다. 1968년에는 최초의 문화 활동 센터들이 개발되고, 상속세를 대신해 국가에 예술작품의 기증을 허가하는 법이 제정되었는데, 이것은 박물관들로 하여금 전례 없는 풍요를 가져다주게 해주었다. 열다섯 개의 위대한 역사적 기념물들(베르사유·루브르·엥발리드……)이 복원되었다.

문화부의 첫 10년 동안은 결정적이었다. 이 시기에 문화부는 앙드레 말로라는 인물을 넘어서 영속할 수 있는 확고한 기반을 잡았다. 그 기간 동안 큰 방향들이 그려졌을 뿐 아니라 행정적인 설비들도 갖추어져 그 다음 시기에 효율성을 나타냈다. 문화부는 조직화가 거의 되어 있지 않았고 돈과 인적 자원이 빈약했지만, 새로운 발상들에 있어서 매우 창조적인 결과를 드러내게 된다. 옛 기념물들의 복구를 위한 법-프로그램들, 프랑스 문화 자산들의 명세 목록의 확립, 예술가들의 신분 보장 시작, 음악 정책의 주도, 문화 제도들의 지역화 추진 시작 그리고 특히 앙드레 말로 정책의 중심축인 문화원들을 들 수 있었다. "'앙드레 말로라는 그 관할권'은 우선 국가의 정점에서 분명하고도 단호한 지원을 해야 한다는 절대적 필요성이다. (……) 또한 그것은 기념물들의 보수, 루브르의 해자(垓子) 파기, 튈르리 공원에 있는 아리스티드 마욜(Aristide Maillol)의 조각상들, 오페라 극장의 샤갈 천정화처럼, 여론에 충격을 주는 데 적절한 상징적인 강력한 행동들의 필요성이다. 또 그것은 문화원들이 그랬던 것처럼, 예술적인 광휘를 드러내는 강력한 거점들로 전 국토를 관개하려는 의지이다. 그것은 또한 문화에 대한 국가의 발언으로, 이 발언은 통상적인 정치적 연설이 드러내는 전적인 밋밋함이나 공허함에서 벗어난 강력하고 영감에 찬 것이다. 끝으로 그것은 특히 자유와 정신을 항구적으로 세심하게 배려하는 확실한 보증이다."[34] 두 가지 인간적 요소들이 문화의 공공 정책을 엄청나게 개발하게 해주었는데, 하나는 예술이 삶의 의미를 준다고 보았던 앙드레 말로의 직관이고, 다른 하나는 이와 같은 정책을 위해 열정적으로 헌신했던 행정 관료들의 자발적인 참여이다. 일부 사람들이 뭐라고 말하든, "6년 동안의 간격과 4년 동안의 부재가 있다고 해서 진부한 조직들 바깥으로 솟아오른 하나의 메시지가 지닌 힘, 끊임없이 반향이 들려온 그 힘을 망각해서는 안 된다."[35]

앙드레 말로의 진정한 성공은 모든 사람들을 위해 "상상의 박물관"을 실현시킨 것이었다. 바로 이 점에서 그는 제5공화국의 가장 훌륭하고 지속적인 성공작들 가운데 하나를 창립한 반(反)장관[36]이었고 또 그렇게 남을 것이다. 나머지는 별로 중요하지 않다. "그는 위대한 구상으로 활기를 띤 인물이었는데, 그것을 실현하기 위한 수단은 너무나 우스꽝스러웠기 때문에 이와 같은 불균형이 멍청이들을 웃게 만들 수도 있었다. 우리 가운데 도박 같은 이런 건축이 성공하리라 믿는 사람은 거의 없었

---

**34** Jacques Rigaud, "Les intuitions fondatrices d'André Malraux", in Charles-Louis Foulon (sous la direction de), *André Malraux et le rayonnement culturel de la France, op. cit.*, p. 338에서 인용.

**35** Max Querrein, *L'antiministre fondateur, op. cit.*, p. 101.

**36** Max Querrein의 훌륭한 표현에 따르면 말이다.

다. 우리는 거의 아무런 수단이 없었고, 거의 사람도 없었으며, 비서들도 충분치 않았고 설비도 충분치 않았다. 문화부는 막연한 대지에 판자로 된 작은 오두막, 땅에서 집을 만들어내야 하는 임무를 띤 노동자들을 수용하고 있는 그런 오두막 같았다. 지금 문화부는 초고층 빌딩이지만, 집이 만들어지고 마천루가 올라가기 위해선 그 작은 오두막이 존재해야 했었다."[37]

1961년 12월 30일, 드골 장군은 여타의 다른 장관이 하나의 법률안 설명을 했다고 해서 결코 받은 적이 없는 그런 편지를 앙드레 말로에게 썼다. "당신이 위대한 역사적 기념물들의 복원에 관해 국회에서 한 연설을 읽어보았는데 매우 감동을 받았습니다. 물론 거기엔 뛰어난 사상, 훌륭한 스타일, 번득이는 행동이 있을 뿐 아니라 하나의 정치가 있는데, 바로 정치는 그런 식이 되어야 했습니다. 감사합니다."

---

[37] Pierre Moinot, *Tous comptes faits, op. cit.*, p. 150.

# 제11장

# 권좌의 기간

1962-1969

"드골주의는 프랑스의 운명이다.
앞에 있는 모든 것은 조합된 수단들이다."
—앙드레 말로

"[1969년] 4월 27일,
어쨌든 찬성표를 던지기 위해선
진정으로 드골주의자가 되어야 했다."
—샤를 드골

1962년 1월, 앙드레 말로는 알랭 페이르피트에게 이렇게 토로했다. "이제 장군은 어디로 우리를 끌고 갈까요? 그는 알제리 사태를 해결하느라 급합니다. 그는 또한 자신의 나이로 인해 급합니다. 그는 다른 일로 넘어가고자 합니다. 다른 일이란 세계를 말합니다. 그는 이 세계의 지평들을 성급하게 다시 열고자 합니다⋯⋯"[1] 실제로 드골 장군은 프랑스에 전적인 독립성을 다시 주고자 급했다. "서유럽은 알아차리지도 못한 채 미국인들의 보호령이 되었다. 이제 우리는 그들의 지배에서 벗어나야 한다. (⋯⋯) 전쟁이 끝난 이후로 미국인들은 고통도 없이, 그리고 거의 저항도 받지 않고 우리를 예속시켰다. (⋯⋯) 미국의 자본은 프랑스 기업들에 점점 더 침투하고 있다. 그것은 하나하나 지배해 나가고 있다. (⋯⋯) 주권의 진정한 양도 같은 게 있다. (⋯⋯) 지구 차원의 전략에 관한 미 국방성의 관점, 세계 경제에 관한 미국 비즈니스계의 관점이 우리에게 강제되고 있다. (⋯⋯) 물론 유럽 국가들은 자본을 받고 있지만, 이 자본을 만들어낸 것은 달러를 찍어내는 조폐판이라는 것을 깨닫고 싶지

---

1　Alain Peyrefitte, *C'était de Gaulle, op. cit.*, t. II, 1997, p. 9에서 인용.

않다. 동시에 자신들이 명령들을 받고 있다는 것도 말이다. 그들은 맹목적이고자 한다. 하지만 결국에 가서는 인간들의 존엄성은 반항을 하게 될 것이다."[2]

1962년 4월 15일, 드골 장군은 수상을 교체했다. 그보다 일주일 전 프랑스인들은 에비앙 국민투표의 90.77%의 찬성으로 에비앙협정을 승인했다. 미셸 드브레에게 감사가 표해졌고, 그는 조르주 퐁피두로 교체되었다. 그 당시 프랑스인들에게 거의 알려지지 않고 한 번도 공직에 선출된 적이 없는 후자는 로스차일드 은행 사장이었다. 드골 장군이 그를 선택한 이유는, 그가 오래전부터 신뢰한 자신의 사람일 뿐 아니라, 알제리 분규의 해결 후 자신이 급하게 시도하고 있는 국가적 독립 정책에 선결 문제인 프랑스 경제의 정상화를 확보하고자 했기 때문이었다.[3] 새로운 내각에서 앙드레 말로는 당연히 문화 담당 국무장관으로 남아 있었다. 하지만 에비앙협정에 대한 국민투표 이후 휴지는 짧았다. 알제리 자치를 반대하는 비밀군사조직(OAS)은 끊임없이 테러 공격을 감행했다. 8월 22일, 드골 장군과 그의 부인은 다시 프티 클라마르(Petit-Clamart)에서 감행된 테러 공격의 피해자가 되었다.[4] 알제리 사태가 마지막으로 요동친 이 사건을 계기로 드골 장군은 자신의 제도적 과업을 완수했

---

2  *Id., ibid.*, pp. 15-16에서 인용.

3  1969년 12월 앙드레 말로가 드골에게 언제 그와 프랑스인들 사이의 신뢰계약이 깨졌다고 간주했는지 알고자 질문하자, 드골은 1965년 대통령 선거에서 2차 결선투표와 1968년 5월을 배제하고는 이렇게 대답한다. "그보다 훨씬 전입니다. 그렇기 때문에 나는 퐁피두를 맞이했습니다." 조르주 퐁피두는 1962년 4월 15일 수상에 임명된다! 이와 같은 응대를 통해 이해해야 할 점은 드골이 프랑스를 위한 자신의 위대한 꿈을 추구할 것이 아니라 내각의 일들을 관리하기를 프랑스인들이 기대하고 있다는 것을 장군이 아마 이해했으리라는 사실이다.

4  드골 장군은 딸 안(Anne)의 사진을 틀에 끼어 작은 트렁크 안에 항상 가지고 다녔는데, 그날 자동차의 뒷유리 앞의 평평한 곳에 놓아둔 이 트렁크 속 사진틀이 총알 하나를 막아주었다고 이야기했다.

다. 그는 국민이 공화국의 대통령을 주권을 통해 선출할 수 있도록 국민에게 발언권을 주고자 했다. 이와 같은 개혁을 통해서 그는 제5공화국이 영속하게 만들었다. 오래전부터 그는 이것에 대해 생각하고 있었다. 1958년에는 너무 일렀다. 1962년에 마침내 때가 된 것이다. "오래전부터 나는 유일한 방법은 국민이 공화국 대통령을 선출하는 것이라고 생각하고 있다. 대통령이 프랑스인들 전체에 의해 지명된다면—그 어떤 다른 누구도 이 일을 할 수 있는 입장이 아니다—그는 '국가의 인물'이 될 수 있을 것이다." 그는 국민투표를 선택했다. 정치계는 국민투표와 쿠데타를 이야기하고 국민투표 과정의 위헌을 요란하게 비난하면서 두려움이 이는 것을 즐겼다. 명사(名士)들은 국민을 두려워했다. 1962년 9월 19일, 장관회의에서 드골 장군은 당연히 자신의 옆 좌석에서 앙드레 말로를 다시 만났다. "장군님 자신이 모든 프랑스인들의 보통선거를 통해 보이지 않게 선출된 것입니다. (……) 개혁은 삶입니다. 삶을 계속하기 위해선 개혁을 해야 합니다. 이번 개정은 충분한 것일까요? 결코 그렇지 않습니다. 세계가 지금 같은 세계가 된 이후로 역사가 다른 색깔을 취하지 않는 이상 결코 그 어떤 것도 충분하지 않습니다. 저의 동료 장관들은 당신의 물러남을 염려했습니다. 장군님의 은퇴가 보다 바람직한 경우입니다. 우리는 명사들의 체제에 다시 떨어질 수 없습니다. 텔레비전·제트 비행기·원자폭탄·인공위성(스푸트니크) 들의 시대에 명사들은 더이상 없습니다. 조르주 클레망소·폴 팽르베(Paul Painlevé)·아리스티드 브리앙(Aristide Briand)은 보통선거가 없었기 때문에 선출된 게 아니었습니다. 하지만 그들은 공화국을 구할 수도 있었습니다. 장군님의 계승자는 공화국을 구할 수 있어야 합니다."⁵

10월 4일, 조르주 퐁피두의 새로운 내각은 불신임안으로 인해 총사퇴

했다. 그러자 드골 장군은 하원을 해산했다. 그는 조르주 퐁피두에게 국회의원 선거 때까지 자리에 남아 있으라고 요청했다. 선거는 헌법 개정에 대한 국민투표가 있은 지 3주가 지난 후 치러졌다. 28일 이 헌법 개정은 프랑스인들의 62.25%의 찬성으로 가결되었다. 11월에 국회의원 선거는 드골주의자들에게 승리를 안겨주었다. 그들은 하원에서 절대 다수를 점유했다. 드골 장군의 반대파들은 약화된다. 이제 그는 프랑스를 현대화시키고 독립성을 확보해 주며 세계에서 프랑스의 위치를 다시 부여할 수 있기 위해 자유롭게 행동할 수 있었다.

1962년 10월 말, 같은 순간에 쿠바에서 미사일 위기가 시작되었다. 미국의 첩보 비행기들이 쿠바에서 소련제 미사일들의 배치 상황을 사진으로 찍었다. 위협은 매우 심각했다. 세계는 며칠 만에 다시 두 진영이 대결하는 일보 직전에 있었다. 미국은 그들의 영토에 대한 이와 같은 핵위협을 받아들일 수 없고, 모스크바는 후퇴함으로써 체면을 구기고 싶지 않았다. 1962년 10월 22일, 드골 장군은 존 F. 케네디의 특사를 통해 사정에 대한 전모를 알게 되었다. 그는 아무런 문제도 스스로 제기하지 않는다. 그는 분명하게 미국 대통령을 지지한다. 그는 이와 같은 단호한 입장을 취한 드문 국가 원수들 가운데 첫 번째였다. 그는 1961년 8월 베를린 장벽 구축으로 인한 위기 때처럼 미국 편이었다. 하지만 그가 현재로선 힘의 관계에 대해 착각하지 않고 있다 할지라도 미국의 정치를 비판하는 것을 결코 유보하지 않았다. 앙드레 말로가 1962년 5월 14일 한 대담에서 미국 대통령 존 F. 케네디에게 강조했던 것처럼 말이다. "물론

---

5  Jean-Raymond Tournoux, *La tragédie du Général, op. cit.*, p. 428에서 인용.

드골 장군은 자주 각하의 정치를 비판합니다. 그러나 긴장이 발생할 경우 그는 미국의 우산에 의지합니다."[6] 같은 날, 존 F. 케네디는 미국 국민에게 연설을 해 위협을 알렸다. 또한 그는 새로운 미사일들이 들어오는 것을 막기 위해 쿠바의 해상봉쇄 포고령을 내림으로써 단계적인 반격을 선택하였음을 공표했다. 28일에 위기는 끝났다. 니키타 후르시초프가 쿠바에서 핵시설의 철폐를 공표했다. 그렇다고 드골 장군의 전적인 지지가 프랑스-미국 관계를 변화시키지는 못했다. 미 국무성은 그에 대해 여전히 매우 경계를 했다.

드골 장군은 자신의 자주적인 정치를 확립하기 위해 프랑스에 핵 억제력을 갖추게 하고자 했다. 그가 1945년에 미국을 여행할 당시 맨해튼 계획을 알게 된 이후로, 이 분야 연구들에 지대한 관심을 끊임없이 기울여 왔다. 1945년 10월 18일부터 그는 과학·산업·국방과 같은 다양한 분야들에서 핵에너지의 사용을 위한 과학적·기술적 연구를 지속하는 임무를 띤 핵에너지 위원회를 설립했다. 하지만 『전쟁 회고록』에서 그는 히로시마와 나가사키의 원폭에 관해 이렇게 쓰고 있다. "끔찍한 핵폭탄들이 드러난 사실은 내 영혼까지 뒤흔들어 놓는다. (……) 놀라지는 않지만, 여전히 나는 어쩌면 인간으로 하여금 인류를 파괴시키게 해줄 수도 있는 수단들이 나타나는 것을 보면서 절망의 유혹을 느낀다."[7]

권좌에 복귀한 이후로 드골 장군은 프랑스에서 최초로 핵폭탄을 개발하는 전진적 단계들을 가까이서 고무시키고 지켜보았는데, 이 핵폭탄은 1960년 2월 13일 알제리의 사하라 사막에서 폭발했다. 이와 같은

---

6  Éric Roussel, *Charles de Gaulle, op. cit.*, p. 731에서 인용.
7  Charles de Gaulle, *Mémoires de guerre, op. cit.*, pp. 813-814.

첫 번째 성공 이후에 그는 프랑스에 신뢰성 있는 핵 억제력을 갖추게 하는 일을 추진했다. 한편 미국인들은 프랑스인들의 열성에 제동을 걸었다. 1962년 12월 이른바 바하마 제안을 통해 미국인들과 영국인들은 프랑스가 대서양동맹을 통한 다자적인 힘을 받아들이고 자율적인 핵 타격 능력을 구축하는 것을 포기하기를 바랐다. 1963년 1월에 드골 장군은 당연히 거부했다. 그의 국방정책은 자율적인 결정권, 군사적 신뢰성, 그리고 어려움에 처한 동맹국들과의 연대라는 세 개의 주요한 구상에 바탕을 두고 있었다. 그는 미국의 불확실한 손에 프랑스의 운명을 맡기고 싶지 않았던 것이다. "미국 국민의 운명이 직접적으로 위협받지 않는데 어떻게 미국 대통령이 핵 단추를 누르리라 확신하겠습니까? (……) 독일이 제1차 세계대전과 제2차 세계대전을 일으키자, 미국인들은 우리 프랑스에 상륙하는데 각기 3년과 5년을 기다렸습니다. 서유럽이 러시아인들의 침략을 받을 경우 미국인들이 몇 초 만에 결정을 하리라 어떻게 기대하겠습니까?"[8]

하지만 프랑스-미국의 관계가 행정부의 차원에서 어렵긴 하지만, 존 F. 케네디와 드골 장군 사이에는 여전히 따뜻했다. 앙드레 말로가 1963년 1월에 「모나리자」를 갖고 미국에 가서 케네디와 장시간에 걸쳐 대담을 할 때, 드골 장군은 이런 행동에 대해 매우 만족해했다. "「모나리자」와 앙드레 말로를 환대하기 위해 케네디가 마련한 이 행사는 프랑스-미국의 우정을 나타내는 대단한 행동이었다. (……) 내가 바하마 제안을 거부했다고 해서 프랑스-미국의 우정에서 변하는 것은 아무것도 없다. 두 세기 전부터 우리의 두 국민을 결합해 주는 감정들과 협상의 이런저런 돌발사

---

8  Alain Peyrefitte, *C'était de Gaulle, op. cit.*, t. II, pp. 113-114에서 인용.

태와는 아무런 관계가 없다. 케네디는 그가 프랑스에 했던 다국적 힘의 제안이 성공하기를 보고자 하는 가능성에 대해 아무런 환상을 품고 있지 않았다. 이 때문에 그의 열렬한 환대가 조금이라도 식은 것은 전혀 아니었다."[9] 드골 장군은 존 F. 케네디라는 인물에 대해 실질적으로 매료되었다. 그렇기 때문에 케네디 암살 소식을 접하자마자, 그는 장례식에 참석할 것이라고 알렸다. 또 한 번 그는 국가 원수들 가운데 이를 알린 최초의 인물이었다. 그는 케네디의 서거에 진심으로 충격을 받았다. 그 다음 날 장관회의에서 그는 다음과 같은 말로 시작했는데, 이것은 드골 정권 하의 장관회의 역사에서 유일한 일이었다. "존 피츠제럴드 케네디는 암살당했습니다. 그는 국가 원수라 말할 수 있는 매우 흔치 않은 지도자의 한 사람이었습니다. 그는 용기가 있었고 자신의 조국을 사랑했습니다."[10] 워싱턴에 도착하자, 그는 이렇게 간단히 말한다. "내가 이곳에 있는 것은 프랑스 국민이 나를 보냈기 때문입니다. 프랑스–미국의 우정은 현실이고 이것만이 중요합니다."[11] 그렇다고 해서 이것이 존 F. 케네디가 알링턴 국립묘지에 아직 묻히지도 않았는데, 미국 국무성으로 하여금 새로운 대통령인 린든 B. 존슨을 위해 드골을 경계하라는 의견서를 작성하는 것을 막지는 못했다! 여전한 사실은 "모든 것을 고려하고, 또 모든 것에도 불구하고, 존 F. 케네디의 대통령직 수행은 프랑스들이 오래전부터 미국과의 관계에 대해 품고 있는 관념과 연결되어 그들의 마음속에 남게 된다."[12]라고 외무장관 모리스 쿠브 드 뮈르빌(Maurice Couve de Murville)은

---

9 *Id., ibid.*, t. I, p. 359에서 인용.

10 Jean Lacouture, *De Gaulle: Le Souverain 1959-1970*, Le Seuil, 1984, p. 369에서 인용.

11 Olivier Germain-Thomas et Philippe Barthelet, *Charles de Gaulle au jour le jour*, François-Xavier de Guibert, 2000, p. 249에서 인용.

12 Maurice Couve de Murville, *Une politique étrangère*, Plon 1971, p. 119.

정확하게 요약했다.

　프랑스의 자주권을 위한 또 다른 커다란 받침대는 유럽 구축의 추진
이었다. 드골이 볼 때 바람직한 것은 미국인들의 트로이 목마인 영국인
들은 제외하고 독일과 함께 유럽을 구축하는 것이었다. 1963년 1월 22
일, 그는 독일 수상 콘라드 아데나워와 한 세기 동안의 피비린내 나는 대
결이 있은 후 두 나라의 화해를 공식화하는 동맹 협력 조약을 체결했다.
1963년 수상직에서 물러날 때 콘라드 아데나워는 드골 장군에게 이렇게
털어놓았다. "특히 프랑스가 핵과 관련해 노력을 게을리 해서는 안 됩니
다. 장군, 당신의 견해는 훌륭하고 옳습니다. 나는 무조건 그것에 공감
합니다. 미국인들이 미 해군의 미사일에도, 다국적 힘에도 너무 믿도록
해서는 안 됩니다. 정치적인 이유들 때문에 나는 이 다국적 힘을 받아들
여야 한다고 생각했습니다만, 나는 그것을 신뢰하지 않습니다…… 유럽
에서 독일과 프랑스 이외의 다른 실체는 없으며 이 두 실체가 모든 분야
에서 하나가 되지 않는다면 우리는 침몰될 것입니다."[13] 드골 장군은 이
를 매우 의식하고 있었다. 미국인들과 소련인들의 냉전이라는 양극적
세계에서 그는 프랑스의 역할을 부각시키고자 했다. "현재 우리는 미국
인들과 러시아인들을 제외하면 민족적 야심을 가지고, 이 야심을 이행
하며 그것을 말하는 용기를 지닌 유일한 국민입니다. (……) 프랑스의 사
법적 역할은 도덕적입니다. 아프리카에서, 아시아에서, 남아메리카에
서 우리나라는 인종들의 하나 된 통일성, 인권 그리고 국가들의 존엄성
을 존중하는 상징을 나타냅니다. 프랑스는 본질적인 무언가를 표상합니
다. 프랑스는 한 세기 전부터 지나치게 쇠퇴해 있습니다. 프랑스는 자신

---

13 Alain Peyrefitte, *C'était de Gaulle, op. cit.*, t. II, pp. 236-237에서 인용.

의 위치를 되찾아야 합니다…… 우리나라는 그 소명이 그 어떤 다른 나라보다 더 사심 없고 더 보편적이기 때문에 다른 나라들과 구분됩니다. 프랑스가 프랑 자체일 때마다 프랑스는 인간적이고 보편적입니다. 프랑스의 소명은 공동 이익을 위해 일하는 것입니다."**14**

1963년 초, 앙드레 말로는 알랭 페이르피트와의 대담에서 이렇게 결산하고 있다. "드골이 엘리제 궁에 입성한 지 정확히 4년이 됩니다. 장군께서 너무도 빨리 나아가기 때문에 우리는 되돌아서서 그간 뚫고 지나온 것을 평가해 볼 시간이 없습니다. (……) 우리의 역사에서 전례가 없는 성공입니다. 제1집정(보나파르트)조차도 장군에 비하면 빛이 바랩니다. (……) 사람들은 세월이 역사적 차원을 부여한 인물들을 찬양하면서도 현대의 인물들에는 이 역사적 차원을 거부하는 경향이 있습니다. (……) 드골 장군은 프랑스가 루이 14세와 나폴레옹 이후로 경험하지 못했던 찬란함을 이 나라에 주었습니다. (……) 그런데 루이 14세와 나폴레옹이 권력을 잡았을 때, 프랑스는 이미 유럽에서, 따라서 지상에서 가장 강력했으며, 그들이 권력에서 물러났을 때 프랑스는 실추되었고 작아져 있었습니다. 드골 장군은 프랑스가 심연의 바닥에 있거나 그 속에서 뒹굴고 있었을 때 자신의 의지라는 유일한 힘으로 통해 두 번 프랑스를 붙잡아 다시 일으켜 세웠습니다." 하지만 앙드레 말로는 여전히 신중했다. "그는 자신의 모든 구축물들이 취약하다는 것을 맨 먼저 알고 있는 분입니다. 파괴가 그것들을 노리고 있습니다. 그는 급하게 축조된 이 구조물들을 공고하게 해야 하는데, 이 또한 헤라클레스의 작업입니다. 국가의 효

---

**14** *Id., ibid.*, pp. 282-283에서 인용.

율성, 프랑스의 자주성, 방대한 세계에서 프랑스의 이미지, 이 모든 것은 일련의 실력 행사를 통해서만 이루어졌습니다. 만약 장군이 물러나 떠난다면, 모든 게 휩쓸려 사라질 것입니다. 제4공화국은 뒤에서 늘상 존재하면서 조그만 실수라도 엿보고 있습니다. 그리고 미국인들, 초라한 유럽의 지지자들, 또 그를 증오하는 복수심에 찬 그 부르주아들, 이들 모두는 짐승이 누워 죽기를 기다리면서 끈기 있게 돌고 있는 독수리들처럼 기다리고 있습니다."[15]

그 다음 몇 년 동안 드골 장군은 세계에서 프랑스의 본질적 역할을 재확인하기 위해서 모든 대륙들에서 자신의 국제적 야심을 끊임없이 추구했다. 이렇게 해서 1964년 1월 24일, 그는 유엔에 아직 가입하지 않은 공산국가 중국을 공식적으로 인정하는 최초의 인물이 되었다. 포르모스(Formose) 섬으로 밀려난 중화민국이 중국의 의석을 차지하고 있었다. 1971년 10월이 되어서야 비로소 공산국가 중국은 유엔과 안전보장이사회에서 이 의석을 되찾았다. 1965년 8월, 드골 장군은 앙드레 말로를 특사로 지명해 마오쩌둥(毛澤東)을 만나러 보냈다. 앙드레 말로는 류사오치(劉少奇) 중화인민공화국 주석에게 보내는 드골 장군의 친서를 지니고 간다.[16] 그는 또한 중국 외교부장인 저우언라이(周恩來)를 만났다.

1964년 한 해 동안 드골 장군은 프랑스의 목소리를 전달하기 위해 라틴아메리카를 두 번 방문했다. "라틴아메리카는 미국인들을 혐오하고

---

15 *Id., ibid.*, pp. 9-10에서 인용.

16 "주석 각하, 나는 정무장관인 앙드레 말로에게 위대한 중국 인민에 대한 프랑스 국민의 우정의 감정을 각하와 마오쩌둥 각하에게 전하는 임무를 주었습니다. 앙드레 말로 장관은 프랑스와 중국, 따라서 세계의 미래와 관련된 커다란 문제들에 대해 깊은 견해들을 교환하는 데 기꺼이 응할 것입니다. 기대하건대, 그가 각하와 중화인민공화국의 지도자들에게서 청취하여 저에게 보고하는 정보들에 저는 커다란 가치를 사전에 부여합니다. 각하의 건승을 빕니다." Charles de Gaulle, *Lettres, notes et carnets, op. cit.*, t. X, p. 181.

이들의 헤게모니에서뿐만 아니라 체제 전복과, 나아가 러시아나 중국에의 호소가 포함하고 있는 위험에서 벗어나기를 간절히 바라고 있다. (……) 이는 훌륭한 카드 패이다."[17] 그는 3월 16일부터 19일까지 멕시코에 있었다. 멕시코에서 그는 30만 명이 넘는 군중 앞에서 이렇게 스페인어로 외쳤다. "손에 손을 잡고 나아갑시다." 9월 20일부터 10월 16일까지 그는 베네수엘라·콜롬비아·에콰도르·페루·볼리비아·칠레·아르헨티나·파라과이·우루과이·브라질 등 10개국을 연속적으로 순방했다. 그는 이들 나라에서 분명하게 자신의 야심을 설명했다. "우리의 세계는 변모하고 있고 자신의 고유한 발전을 책임지는 국가들로 이루어져 있습니다. 세계가 오로지 양극체제에 기대어 이끌려가서는 안 됩니다. 이 양극의 체제들이 전혀 비교될 수 없는 것이라 할지라도—미국 체제는 자유를 존중합니다만 소련 체제는 인간에게 자리를 주지 않는다면 붕괴될 수도 있습니다—어쨌거나 세계가 이 둘만의 힘들 사이에 붙들려 있다는 것은 위험합니다. 세계는 풍요롭고 다양합니다. 라틴아메리카는 유럽이 통합될 줄 안다면 그렇듯이 세계의 균형에 필요합니다. 프랑스의 정책은 유럽이 통합되고 라틴아메리카가 발전하도록 돕는 데 목표를 두고 있습니다. 라틴아메리카의 발전은 균형·평화·진보에 필요불가결합니다. 프랑스는 진지하며 그 어느 누구에게도 불리하게 행동하지 않습니다. 프랑스는 또한 유럽 국가들과 고유한 관계를 맺고 있습니다. 이것은 그 어떤 측면에서도 모순되지 않습니다."[18] 이 모든 여행들과 이 모든 선언들은 워싱턴을 성가시게 하기 시작했다. 이는 베트남에서 미국

---

**17** Alain Peyrefitte, *C'était de Gaulle, op. cit.*, t. II, p. 507에서 인용.

**18** Éric Roussel, *Charles de Gaulle, op. cit.*, pp. 766-767에서 인용.

병사들이 더러운 전쟁의 진창 같은 난처한 지경을 발견하고 있는 만큼 더욱 그러했다. 베트남과 관련해 드골 장군은 그 어떠한 군사적 개입도 실패할 수밖에 없고, 유일한 현실주의적 해법은 이 나라를 중립으로 만드는 것이라고 생각했다. 그는 자신을 숨기지 않고 이런 생각을 미국의 지도자들에게 말했다.

"1965년엔 지겹지 않을 것이다." 드골 장군은 틀리지 않게 되었다. 이해의 커다란 사건은 공화국 대통령을 보통선거로 뽑는 것이었다. 문제는 드골 장군이 입후보할 것인가 아닌가를 아는 것이었다. 이는 그에게뿐만 아니라 다른 사람들에게도 문제였다. 1965년 6월 29일, 그는 엘리제 궁에 가스통 팔레브스키·미셸 드브레·조르주 퐁피두·앙드레 말로를 불러 모았다. 이들은 중요한 인물들로 드골 장군이 귀를 기울였다. 조르주 퐁피두는 불편한 상황에 있었다. 1962년부터 그는 정치를 좋아하게 되었고 자신의 존재를 전적으로 부각시켜 왔다. 드골 장군이 아니라면 그는 진지하게 입후보를 생각하고 있었다. 하지만 앙드레 말로가 1965년에 인도 여행을 할 때 털어놓았듯이, "드골 장군은 후계자를 선택하는 그런 종류의 인물이 아니었다."[19] 따라서 이 만찬에서 조르주 퐁피두는 신중한 태도로 미묘한 구석들을 드러내며 찬반을 저울질했다. 미셸 드브레와 가스통 팔레브스키는 단호했다. 드골 장군이 후보로 나서야 한다는 것이었다. 앙드레 말로 또한 그가 입후보하는 데 찬성했다. 비록 그가 한편으로 두 번째 임기가 드골 장군의 역사적 이미지에 가할 수도 있을 불확실한 위험과, 다른 한편으로 국가를 위한 최고의 방책의 기회를 마련하는 퇴진이 지닌 이점을 상기하고 있긴 했지만 말이다. 11월 4일, 드골

---

19 *Id.*, *ibid.*, p. 778에서 인용.

장군은 결국 후보자가 되었다. 하지만 그는 선거운동을 하는 것을 거부했다. 또한 그는 자신의 지지자들이 프랑수아 미테랑을 포함한 자신의 적들을 헐뜯는 것을 금지했다. 내무부 장관 로제 프레는 그에게 프랑수아 미테랑의 과거, 특히 후자가 페탱 원수의 손으로부터 비시 정권 문장인 도끼 문장을 받는 사진을 이용하자고 제안하자, 그는 이렇게 대꾸했다. "당신은 나에게 아무것도 알려 주지 못합니다. 프랑수아 미테랑과 르네 부스케(René Bousquet)는 다시 나타나는 유령들입니다. 대독협력의 가장 깊은 곳으로부터 나온 반(反)드골주의의 유령 말입니다. 미테랑이 출세제일주의자이고 경솔한 사람이라고 생각하려고 나는 당신을 기다린 게 아닙니다. 미테랑은 망나니입니다. (……) 아닙니다, 나는 악취가 나는 자들의 정치를 하지 않을 것입니다. (……) 안 됩니다, 고집을 부리지 말아요! 그가 대통령의 직위를 차지하게 될지라도 이 직위를 침해해서는 안 됩니다."[20]

12월 5일, 대경실색할 일이 벌어졌다. 드골 장군은 1차 투표에서 선출되지 못했다. 그는 결선 투표에 나가게 되었다. 43.70%밖에 얻지 못했던 것이다. 그에게 이 타격은 견디기 힘들었다. "나는 잘못 생각했고 내가 타격을 받지 않았다고 말한다면 난 거짓말을 하는 것이리라." 결국 잠시 낙담을 한 후, 그는 싸움에 뛰어들기로 결심했다. 그는 미셸 드르와(Michel Droit)와 텔레비전 대담을 녹화했다. 그 충격 효과는 매우 긍정적이었다. 12월 14일, 파리의 종합체육관에서 앙드레 말로는 십자군·잔 다르크·플뢰루스(Fleurus) 전투(1794)·아우스터리츠(Austerlitz) 전투(1805)·세바스토폴(Sébastopol) 포위공격(1854-1855)·베르코르(Vercors) 산악지

---

20 Alain Peyrefitte, *C'était de Gaulle, op. cit.*, t. II, p. 606에서 인용.

대[21]를 환기시키면서 열정과 에너지를 배가시켰다. "오 나의 동지들이여, 일당이십(一當二十)으로 스트라스부르를 방어한 그대들이여, 미국 군대가 이미 포기해 버린 한 도시에서 드골 장군이 없었다면 어떤 일이 벌어졌을지 알고 있습니다. 그대들은 그 당시 공화국과 드골 장군이 분리될 수 없었다는 것을 망각했습니까? (……) 드골 장군에게 좌파와 우파는 둘 다 프랑스를 위해서 무엇을 할 수 있는지에 의해 규정된다는 것을 우리 모두는 알고 있습니다. (……) 우리에게 좌파는 역사에서 관용, 다시 말해 세계에 대해 프랑스를 프랑스이도록 해주었던 저 관용인 것입니다. (……) 다른 모든 나라들을 위해 위대해지려고 시도할 때에만 가장 위대한 나라들이 있습니다. 십자군과 혁명의 프랑스처럼 말입니다. (……) 지난날 네루와 마오쩌둥에게 그렇듯이, 프랑스는 혁명과 드골 장군입니다." 12월 19일, 프랑스인들은 결국 드골 장군을 54.50%의 득표로 선출했다. 그렇지만 그가 여전히 씁쓸한 것은 마찬가지였다. "어떤 슬픔의 물결이 나를 멀리 끌고 갈 뻔했다……" 1968년 6월, 그는 이렇게 고백하고 있다.

선거가 지나가자 큰일은 북대서양조약기구에서 탈퇴함으로써 실질적으로 프랑스의 자주성을 확립하는 것이었다. 이와 같은 탈퇴를 통해 드골 장군은 세 가지 목표를 추구하는데, 첫째는 특히 군사적으로 프랑스의 자주성을 재확립하고, 두 번째는 미국 및 소련과 나란히 핵보유국으로서의 프랑스의 새로운 역할을 주장하는 것이고, 세 번째는 미국과 약속한 모든 자동적인 개입으로부터 프랑스를 벗어나게 함으로써, 특히 프랑스의 이익이 걸리지 않은 전쟁에 마지못해 수동적으로 개입하도록

---

21  제2차 세계대전 중 항독 운동의 주요 피난 거점 가운데 하나—역주.

하지 않음으로써 자신의 운명에 대한 지배권을 프랑스에 돌려주는 것이었다. 이와 같은 목표들은 새로운 것이 아니었다. 1960년대 초부터 드골 장군은 그가 다양한 외교관들이나 정치 지도자들과 가진 많은 대담들에서 그것들을 여러 번에 걸쳐 진술했다. 1966년 3월, 그는 7월 1일부로 독일에 있는 프랑스 군대들은 나토(NATO)군의 배치로부터 철수할 것이고, 프랑스 군인들과 공무원들은 통합지휘부로부터 철수할 것이며, 늦어도 1967년 4월 1일까지는 모든 미국 기지들이 폐쇄될 것이라고 존슨 대통령에게 알렸다. 워싱턴은 이는 "단도로 찌르는 것"이라고 말했다. 프랑스–미국의 관계는 다시 긴장되었다. 대사관 사무국들이 철수를 준비하기 위해 외교 각서를 교환하는 한편, 1966년 6월 말에 드골 장군은 1944년 이후로는 방문하지 않았던 소련으로 떠났다. 소련 현지에서 그는 미국인들과의 긴장 완화의 필요성을 다시 주장하고, 자신의 민족적 자주 정책을 표방하며, 동독을 인정하라는 함정을 거부했다. 두 달후인 1966년 9월 1일, 캄보디아의 프놈펜에서 그는 자신이 여러 달 전부터 사적으로 비난하는 것, 즉 베트남에서 미국인들의 영향력을 공개적으로 비난하는 중요한 연설을 했다. 그는 국민들이 스스로 자유롭게 결정할 수 있는 권리를 다시 주장했다. 미국인들은 다시 격분했다. 그들은 고통의 끝에 와 있지 않았다. 1967년 7월 중순 드골 장군은 캐나다, 보다 특별히는 퀘벡을 방문했다. 1960년대 초부터 그는 퀘벡 문제를 관심을 가지고 지켜보고 있었다. 1963년 10월, 앙드레 말로는 이미 프랑스의 과학기술 박람회 개막식을 거행하기 위해 몬트리올을 방문했고, 1963년 10월 23일에 장관회의에서 보고를 하면서 "캐나다에서 유일한 문제는 퀘벡의 자치"라고 강조했다. "(……) 프랑스는 치러야 할 게임이 있습니다. 프랑스는 더 이상 캐나다의 과거만이 되어서는 안 되고 미래의 일부가 되어야 합니다."[22] 그러자 이에 대해 드골 장군은 이렇게 답변했다. "프랑스는 잠자는 국가였습니다. 프랑스는 다시 깨어나고 있습니다. 이것은 또한 마음으로 프랑스인이라 느끼고 프랑스 쪽을 바라보기 시작하는 사람들을 일깨우는 효과가 있습니다. (……) 우리는 퀘벡의 독립이라는 다소간 장기간의 예측 가능한 미래를 준비해야 합니다."[23]

1967년에 드골의 여행은 엄중한 경계 속에서 이루어졌다. 오타와 당국과 영어권 사회는 그를 꺼렸다. 하지만 그들은 실망하지 않게 된다. 7월 24일, 그는 퀘벡이라는 도시와 몬트리올이라는 도시를 갈라놓는 270킬로미터에 달하는 긴 도로를 편력했다. 이렇게 편력하는 동안 내내 모여든 군중은 엄청났다. 50만 명 이상이었다. 각각의 여정지마다 드골 장군은 짧은 연설을 했다. 점차로 열광이 커졌다. 모든 사람이 조만간 무언가 일어날 것을 예감했다. 몬트리올에서 군중은 그를 요구했다. 시청의 발코니에 마이크들이 설치되었다. 드골 장군이 나타났다. "나는 여러분이 되풀이하지 않을 하나의 비밀을 여러분께 털어놓겠습니다. 오늘 밤과, 길을 오는 동안 내내 나는 파리 해방의 분위기와 같은 종류의 분위기 속에 있었습니다. (……) 나는 몬트리올의 이 놀라운 집회에 대한 잊지 못할 추억을 갖고 갈 것입니다. 프랑스인들 전체는 여기서 일어나고 있는 일을 알고 있고, 보고 듣고 있으며, 나는 프랑스가 더 많이 대단한 의욕을 가지고 있다고 여러분께 말할 수 있습니다. 몬트리올 만세! 퀘벡 만세! 자유퀘벡 만세!" 마지막 말이 나온 것이었다. 군중은 열광했다. 캐나다 당국은 격분했다. 만찬이 취소되었다. 드골 장군은 결국 오

---

22 *Id., ibid.,* t. III, p. 313과 316에서 인용.
23 *Id., ibid.,* pp. 316-317에서 인용.

타와에서의 체류를 취소하고 파리로 출발했다. 행복한 마음으로. 눈부신 공적이 이루어진 것이었다. 그것은 당시 캐나다에서 프랑스어권 사회의 상황이 어려웠기 때문에 그만큼 더욱 더 잘 이루어진 것이었다. 연방정부의 노력에도 불구하고, 프랑스어를 쓰는 사람들은 흔히 이류 직장들에 한정되었고 하류의 시민들처럼 나타났다. 드골 장군의 행동은 프랑스어권 사람들에게 단번에 긍지를 되살려주면서 그들의 조건을 변화시켰다. 그는 귀국하는 비행기에서 이렇게 털어놓았다. "가련한 인간 드골이 있고 사람들이 역사를 기대하는 드골이 있습니다. 드골이라는 인간이 역사적 드골을 바라볼 때, 그는 역사적 드골은 사람들이 그로부터 기대하는 것처럼 행동해야 한다는 것을 인정합니다. 드골이라는 인간이 얻어맞은들 그게 무슨 대수이겠습니까! 의무는, 내 말 듣고 있지요, 머지않아 죽게 될 드골의 의무는 바로 이 말을 하는 것이었습니다."[24]

1967년 5월부터 근동(近東)은 새로운 위기를 겪고 있었다. 가말 압델 나세르(Gamal Abdel Nasser) 대령은 이스라엘에 대해 실력행사를 시도했다. 이것은 드골 장군에게는 이 지역에서 미국의 정책과 차별될 뿐 아니라, 프랑스의 아랍 정책이라는 새로운 대외정책을 주도함으로써 이스라엘의 수립 이후의 프랑스 외교 노선과 단절하는 기회로 주어졌다. 이스라엘이 이 위기에서 드골 장군의 지지를 추구하는데도 후자는 귀머거리가 되었다. 이스라엘의 충실한 친구인 앙드레 말로는 드골 장군과의 결속을 깨트리지 않은 채 일을 원만히 수습하고자 시도했다. 5월 30일, 그는 프랑스의 불안한 유대인 공동체의 두 대표를 맞이했다. "모든 작전은

---

24 Anne et Pierre Rouanet, *Les trois derniers chagrins du Général*, Grasset, 1980, p. 27.

소련에 의해 계획되었습니다. 이집트는 온갖 수단으로 이스라엘에 도발하고자 하고 있습니다. 이스라엘은 다음과 같은 이유들 때문에 현재로선 군사적으로 반응하지 않는 힘을 지녀야 합니다. 법적인 책임이 이스라엘에게 돌아올 수도 있습니다. (……) 프랑스는 (……) 해법이 4개 강대국들 간의 협상에 있다고 판단하고 있습니다. 따라서 이스라엘은 그 어떠한 양보도 받아들여서는 안 됩니다. 받아들이면 그건 항복입니다. 그 대신 협상이 시작되는 것을 기다리는 힘이 있어야 합니다. 프랑스의 모든 행동은 이스라엘을 위해 강대국들로부터 결정적인 보장을 얻어 내는 방향으로 잡혀 있습니다. 프랑스가 공감을 공개적으로 나타내지 않는다 할지라도, 이스라엘은 이 공감이 향하는 대상이 이스라엘이라는 사실을 잊어서는 안 됩니다."[25] 한편 드골은 몇 해 전부터 특히 석유의 전략적 중요성 때문에 아랍 국가들과의 접근이 필요하다고 생각하고 있었다.

6월 5일부터 11일까지 결국 이스라엘은 이집트·요르단·시리아가 형성한 연합에 직면하여 "방어적 공격"을 시작했다. 이것이 6일 전쟁이다. 전투가 끝날 때 이스라엘은 가자지구, 시나이반도, 요르단 강 서안지구 그리고 골란고원을 정복했다. 드골 장군의 새로운 정책은 그를 지지하는 사람들에서까지도 이의가 강력하게 제기되었다. 당연한 것이지만, 어느 누구도 그를 반유대주의라 비난하지 않지만, 많은 사람들이 그가 이스라엘에 대해 냉혹하고 가혹하다고 생각했다. 특히 그가 1967년 11월 기자회견에서 이스라엘을 "자신에 대한 확신에 차 있고 지배적인 엘리트 국민"으로 언급함으로써 커다란 흥분을 야기했다. 그는 충격을 받을 수 있었던 사람들한테 자신이 한 언급의 영향을 완화시키려고 노력했다. 그는

---

**25** Éric Roussel, *Charles de Gaulle, op. cit.*, pp. 826-827에서 인용.

벤 구리온(David Ben Gurion)에게 이렇게 편지를 썼다. "이 국민이 상상을 초월하는 조건에서 보낸 1900년이 지난 후에도 살아남아 자기 자신으로 남을 수 있게 해준 성격을 강조하는 데 있어 마음 상하게 하는 것은 어떤 것도 있을 수 없을 것입니다."[26]

하지만 드골 장군은 자신의 국제적인 야심이 있다고 해서 내적인 문제들을 돌보지 않는 게 아니었다. 실제로 대통령에 선출된 이후로 그는 그가 중요하다고 생각하는 자본-노동의 협력이라는 사회적 계획을 받아들이도록 열성적으로 노력했다. 그는 샐러리맨들이 또한 참여를 통해 기업 이익의 일부를 받을 수 있기를 원했다. 조르주 퐁피두는 이와 같은 발상에 전혀 매력을 느끼지 못했다. 이렇게 해서 그는 그와 결별하는 것을 생각했다. 불행하게도 1967년의 국회의원 선거는 약간의 차이로 다수를 유지하는 드골주의자들에게는 잘못 치러진 선거였다. 드골 장군은 퐁피두를 붙잡아두지 않을 수 없었다. 국회의원 선거 1차와 2차 투표 사이의 3월 장관회의에서 그는 노동조건과 핵 감축을 비교함으로써 장관들을 놀라게 했다. "이제부터 핵 감축과 더불어 우리 시대의 커다란 문제들을 조건 짓는 것은 노동 문제입니다."[27] 사실, 노동 문제를 통해 드골 장군은 단순히 노동자들을 넘어서 이 문제를 모든 샐러리맨들과 관련시켜 드러냈던 것이다. 국회의원 선거 2차 투표에 이은 15일의 장관회의에서 앙드레 말로는 경계를 나타내도록 하기 위해 발언을 했다. "우리는 우리가 5년 전 기대했던 것보다 확실한 다수를 차지하고 있습니다. 문제는 우리와 맞서 이루어진 제휴가 지속될 것인지 아닌지를

---

26 *Id., ibid.*, p. 848에서 인용.
27 Alain Peyrefitte, *C'était de Gaulle, op. cit.*, t. III, p. 224에서 인용.

아는 것입니다. 이 부자연스러운 집단이 해체되기 위해선 상당히 오랫동안 버텨야 하고, 그렇게 되면 그것은 조만간 해체될 것입니다. 쟁점은 엄청납니다. 보다 관용적인 사회보장 정책이 필요합니다. 꽉 찬 우리의 금고들을 나누어주어야 합니다. 젊은이들에 대해선 조심합시다! 드골주의는 프랑스의 운명입니다. 앞에 있는 모든 것은 조합된 수단들입니다. 반대자는 드골 장군이 오래전부터 시도하고 있는 게 무엇인지 이해하지 못한 것입니다. 드골주의 현실이 보다 잘 이해되도록 하는 것은 우리의 일입니다."[28]

　이와 같은 경고는 예언적이었다. 몇 달 후인 1968년 초에 분위기는 착각을 일으키고 있었다. 모든 게 외관상 고요하긴 하지만 경제적·사회적 현실들은 달랐다. 상황은 점차로 나빠졌다. 인플레이션이 돌아왔고, 성장은 둔화되고, 실업은 증가하면서, 주로 젊은이들에게 타격을 주었다. 대학 문제라는 하나의 문제가 또한 중대해졌다. 대학생들은 점점 더 많아졌다. 대학은 이를 따라가는 데 어려움을 느꼈다. 드골 장군의 요구로 새로운 교육부 장관은 선발과 방향을 도입하기 위해 하나의 계획을 준비했다. 둘 모두 고등사범학교 출신인 조르주 퐁피두와 알랭 페이르피트는 별로 열의를 보이지 않았다. 하지만 대학들에서, 특히 낭테르(Nanterre)에서 지성은 흥분하기 시작했다. 법안은 4월 24일에 제출되었다. 5월 2일 국무총리 조르주 퐁피두는 10일 예정으로 아프가니스탄으로 공식 여행을 떠난다. 3일부터 사태는 악화되었다. 여러 주 전부터 동요가 잠복해 있었다. 일부 학생들에 대한 징계 절차와 단죄는 좋지 않게 느껴졌다. 낭테르 대학교는 다시 한 번 폐쇄되었다. 대학생들은 소

---

28 *Id.*, *ibid.*, p. 227에서 인용.

르본에 침입했다. 드골 장군은 이와 같은 대학생들의 반항에 고전적으로 대응했다. 그는 국무총리 대행을 맡고 있는 루이 족스에게 단호하라고 권했다. 그가 볼 때 이들 반항하는 대학생들은 진지하지 못한 것이었다. 파리에 바리케이드가 설치되었다. 5월 11일 조르주 퐁피두가 돌아왔을 때, 드골은 결국 루마니아의 공식 방문을 취소하는 것을 받아들이지 않고 차례로 여행을 떠났다. 15일, 대학생들은 오데옹 극장에 침입해 점령했다. 18일, 드골 장군은 파리로 돌아왔다. 그는 조르주 퐁피두에게 "개혁은 찬성한다. 소동은 안 된다", 라고 말하게 했다. 그는 상황을 타개하기 위해 국민투표에 대해 언급했다. 그는 이 생각을 23일의 장관회의에 제시했다. "내가 상황에 대해 생각하고 있는 바를 여러분에게 말하겠습니다…… 이 나라는 변화하고 있는 중입니다. 국민은 전쟁에 대해서도 비참에 대해서도 두려워하지 않습니다. 프랑스인들이 더 이상 두려움이 없을 때, 그들은 국가의 권한에 이의를 제기합니다…… 이 나라는 어찌할 수 없는 운동, 그러니까 기계적이고 기술적인 문명의 운동에 사로잡혀 있습니다. 우선 자신들의 불안을 나타내고 있는 게 젊은이들인 것은 대학이 더 이상 그들의 목표에 맞추지 못하기 때문입니다. 하지만 언제나 그렇듯이, 우리는 길을 보여줄 것입니다. 언제나 그렇듯이 프랑스는 모범적입니다. 대학의 영역에서, 치안의 영역에서 많은 것들을 할 수도 있었습니다…… 왈가왈부해 보아야 무슨 소용이 있겠습니까…… 어쨌든 이 상황은 국가를 강점하도록 놓아두지 않는 이상 더 이상 지속될 수 없습니다. (……) 치안을 확립함과 동시에 국가의 안전이라는 본질을 문제 삼지 않고 협상을 해야 합니다. (……) 국민이 우리한테 이렇게 말하도록 해야 합니다. 나는 여러분이 대학을 개혁할 수 있고 가장 혜택을 덜 받은 사람들을 위해—직원들이 기업 경영에 참여함으로써—경제를 개선할 수 있다고 신뢰를 보냅니다, 라고 말입니다."[29] 앙드레 말로는 이렇게 찬동한다. "그렇습니다. 불가피한 것은 국민투표이지 다른 게 아닙니다. 선택은 국민이 해야 합니다. 당신들만이 당신들의 정부와 함께 이끌 수 있는 개혁을 선택한다든지, 아니면 혁명을 선택한다고 말입니다. 국민은 이것을 이해할 것입니다. (⋯⋯) 국민투표에 이어지는 것은 무언가 근본적인 것, 체계적인 뉴딜 정책 같은 것의 수립이 될 것입니다."[30]

24일, 드골 장군은 텔레비전에 나와 국민투표를 알렸다. 그는 자신이 꾸민 일에서 실패했다. "나는 목표를 맞추지 못했다." 상황은 악화되었다. 조종간은 더 이상 반응하지 않았다. 심지어 드골의 부인마저도 DS 차를 타는 부르주아처럼 기사를 대동하고 자동차로 이주할 때, 비난을 받고 모욕을 당했다. 이것은 처음 있는 일이었다. 이 사건은 드골에게 충격을 주었다. 한편 25일에 앙드레 말로는 문화부의 간부들을 집합시켰다. 그들 앞에서 그는 "사건들을 분석하고 젊은이들을 동요시키는 세계적인 운동이 갑자기 파리에서 폭발했다"고 말했다. 그는 상황을 혁명적이 아니라고 판단했던 것이다. 왜냐하면 그것은 무기에 전혀 의존하지 않고 있고 죽음 앞에서 멈추고 있기 때문이었다. 그 대신 그는 그것을 봉기적이라고 판단했다. 왜냐하면 그것의 근본적 의도는 하나의 구조를 전복시키는 것이지만 다른 구조를 강제하는 것은 아니기 때문이었다. 국장들은 저마다 자기 분야의 상태를 설명했다. 그러고는 대경실색한 참석자들 앞에서 앙드레 말로는 이렇게 말했다. "나는 갑자기 포위

---

**29** Jean Lacouture, *De Gaulle: Le Souverain 1959-1970, op. cit.*, p. 684에서 인용.
**30** Olivier Todd, *André Malraux, une vie, op. cit.*, p. 767.

된 루브르, 일요일 방문객을 위한 문을 통해 쇄도하고 고대 예술작품들을 침범하며, 계단으로 밀려드는 폭동을 봅니다. 저들이 저기까지 들어오도록 합시다. (……) 아래쪽의 그 모든 조각상들은 잘 깨지지 않습니다. 많은 모조품들이 있는데 그들은 거기까지 들어올 수 있습니다. 하지만 계단에부터는, 그러니까 사모트라케(Samothrace)의 니케 앞에서는 나는 계단들 한가운데 있을 것입니다. 당신들 모두는 내 뒤에 있으세요. 우리는 팔을 벌리고 거기 있을 것입니다……"31

29일 드골 장군은 은밀히 바덴바덴으로 떠나 독일 주둔 프랑스군 사령관인 오래된 동지 자크 마쉬(Jacques Massu) 장군을 만났다. 파리에서는 아무도 그가 어디 있는지 몰랐다. 조르주 퐁피두마저도 몰랐다. 정치권은 당황했다. 권좌가 비어 있는 것을 견딜 수 없었던 것이다. 드골 장군은 잠시 낙담한 뒤 원기를 되찾았다. 이는 특히 그로 하여금 콜롱베로 다시 물러나라고 설득하는 마쉬 장군 덕분이었다. 그는 몇 주가 지난 후 이를 인정했다. "나는 은퇴할 마음이 있었다."

30일, 드골 장군은 조르주 퐁피두를 맞아 그에게 자신의 결정을 알렸다. 같은 날 그는 1958년처럼 텔레비전이 아니라 라디오로 프랑스인들에게 연설했다. 효과는 즉각적이었다. "나는 국가와 공화국의 정당성을 보유한 자이기 때문에 24시간 전부터 나는 나에게 이 정당성을 유지하게 해줄 수 있는 모든 가능성들을 예외 없이 검토했습니다. 나는 결정을 내렸습니다. 현재의 상황에서 나는 물러나지 않을 것입니다. 나는 국민이 위임한 직무가 있습니다. 나는 그것을 완수할 것입니다. 나는 국무총리를 바꾸지 않을 것입니다. 그의 가치·결속력·능력은 모든 사람의 존

---

31 Pierre Moinot, *Tous comptes faits, op. cit.*, pp. 158-159에서 인용.

경을 받을 만합니다. (······) 나는 오늘 하원을 해산합니다. (······) 공화국은 포기하지 않을 것입니다. 국민은 냉정을 되찾을 것입니다. 진보·자주 성·평화는 자유와 함께 승리를 할 것입니다."[32] 그는 승부수에서 이겼 다. 드골주의의 거물들과 백만 명에 육박하는 사람들과 함께 앙드레 말 로는 피에르 르프랑이 기획한 행렬의 맨 앞에서 샹젤리제 거리를 올라 갔다. 군중은 엄청났다. 프랑스인들은 마지막으로 드골 장군의 부름에 답했다. 행사가 끝나자 앙드레 말로는 피에르 르프랑에게 이렇게 말했 다. "승리했으니 당신은 낚시를 하러 가도 됩니다."[33]

6월의 국회의원 선거는 드골주의자들에게 넉넉한 다수를 안겨주었 다. 드골 장군은 이를 계기로 국무총리를 바꾸면서, 이미 관계가 식은 조르주 퐁피두에게 감사를 표했다. 그는 그 자리에 모리스 쿠브 드 뮈르 빌을 임명했다. 조르주 퐁피두의 이임을 위해 내각 전체가 참석한 만찬 에서 앙드레 말로는 캉탈(Cantal)에서 국회의원으로 당선된 그에게 경의 를 표하기 위해 건배를 제창했다. "캉탈의 의원님, 저는 의원님의 운명 을 위해 건배를 합니다."[34] 무언가가 조르주 퐁피두와의 사이에서 깨진 것이었다. "결별이었던 것을 격려로 받아들여졌다." 6개월 후에 앙드레 말로는 1968년 5월에 대해 이렇게 말했다. "권좌에서 상상력은 아무것 도 의미하지 않는다. 권력을 잡는 것은 상상력이 아니라 조직화된 힘이 다. 정치는 욕망하는 것이 아니라 이루어내는 것이다. 중요한 것은 '자 유 만세!'라고 외치는 것이 아니라 자유로운 것들이 국가에 의해 실현되 게 하는 것이다. 젊은이들이 우리한테 기대하고 있는 것은 무엇보다, 그

**32** Charles de Gaulle, *Mémoires d'espoir, op. cit.*, pp. 1079-1080.

**33** Pierre Lefranc, *Avec de Gaulle*, Plon, 1979, p. 360.

**34** Olivier Guichard, *Mon général*, Grasset, 1980, pp. 242-243에서 인용.

들이 우리보다 더 느끼고 있는 불안 속에서 거는 희망이며, 이 희망은 본질적으로 종교적인 성격이다. 왜냐하면 인간과 우주, 인간과 세계 사이에 전례 없는 단절의 상황에 처해 있기 때문이다……"[35]

폭동과 그르넬 협정(Accords de Granelle)의 부담은 프랑스 경제의 악화, 다시 말해 인플레이션의 재발과 예산 적자의 증가로 나타났다. 환율 통제, 수입 제한, 할인율 인상 그리고 상황을 저지하기 위해 여름부터 취해진 물가 상승의 제한과 같은 강력한 조치들에도 불구하고, 재정 상황은 악화되었다. 1968년 가을, 프랑화를 중심으로 한 통화 위기가 발생했다. 프랑화를 유지하기 위한 노력은 매우 비싼 대가를 치르는 것으로 드러났다. 투기가 성행했다. 중앙은행들은 자신들의 통화를 유지하기 위해 개입했다. 평가절하는 피할 수 없었다. 11월 13일, 장관회의에서 드골 장군은 "프랑화의 평가절하는 절대로 말도 안 될 것이다"는 점을 분명히 공표했다. 19일, 본(Bonn)에서 외국 통화들의 조정을 조화롭게 하기 위해 10개국 재정장관들이 모임을 갖지만, 독일 장관은 소문과는 반대로 독일연방은 마르크화를 재평가할 생각이 없다고 설명했다. 20일, 파리 주식시장은 무거운 분위기 속에서 폐쇄되었다. 어떤 사람들은 체제가 약화되는 것을 보고 즐겼다. 평가절하는 드골 장군의 경제정책의 실패를 의미하는 것이었다. 22일 저녁에 평가절하는 그 다음 날 토요일에 소집된 비상국무회의 때에 맞추어 계획되어 있는 것 같았다. 어떤 사람들은 10%가 약간 못 되는 평가절하와 함께 새로운 환율을 예고하기까지 했다. 이 회의에서 앙드레 말로는 충실하고 결정적인 모습으로 발언했다. "드골 장군은 평가절하하지 않습니다……" 19시 45분, 엘

---

**35** Jean Lacouture, *André Malraux, une vie dans le siècle, op. cit.*, p. 409에서 인용.

리제 궁은 공식성명서를 발표했다. "공화국의 대통령은 11월 23일의 국무회의 결과에 따라 결정이 취해졌다. 프랑화의 등가는 유지된다." 드골 장군은 특히 국무장관 장 마르셀 잔느네, 교육부 장관 에드가르 포르, 유럽공동시장위원회 부의장인 레몽 바르 그리고 1958년 마티뇽에서 옛 재정 담당 고문이었던 로제 괴츠(Roger Goetze)의 논거들과 확신에 설득되었다. 이들 모두는 경제적·재정적·예산상의 조건들이 성공적인 평가절하를 보장할 만큼 결집되어 있지 않다고 생각했다. 일부 사람들이 드골 장군과 그의 경제재정정책의 실패를 공개적으로 이용하고 혼란이 여론을 장악하고 있는 상황에서 이와 같은 결정은 국가원수의 새로운 분발 행위로 느껴졌다. 투기는 멈췄다. 정부는 예산 적자를 줄이기 위한 에너지 조치들을 취했다.

하지만 드골 장군은 프랑스에 대한 어떤 관념을 유지하기 위해 거의 혼자서 모두에 대항해 싸워야 한다는 사실에 점점 더 지쳐갔다. 오래전부터 그는 참여라는 자신의 발상에 애착을 느끼고 있었다. "하나의 기업에서 참여는 세 개의 구분된 형태를 띠어야 했다. 기업에서 일하는 사람들에게 우선 참여는 획득된 결과에 따른 직접적인 물질적 이익 분배를 포함해야 하고, 다음으로 각자의 운명을 결정하는 기업의 운영 실태를 알아야 한다는 것이고, 끝으로 그들의 실용적인 제안들을 알리는 가능성이 있어야 한다는 것이다." 그리고 앙드레 말로는 이렇게 지적했다. "왜 장군은 (······) 사회정의를 원했는가? 그것은 기독교 때문이 아니고, 정의 때문도 아니고, 그가 프랑스는 사회정의가 존재하는 터전에서만 프랑스가 다시 될 수 있다고 생각했기 때문이다. (······) '우리는 대결로는 프랑스를 만들 수 없습니다', 라는 말은 그에게 본질적이다. 결집이라는 용어는 그에게 무엇보다 중요하다는 점을 나는 이미 언급했다. 그를 마르크스주의 사상과 분리시키는 것은 생산수단의 국유화 문제가 전혀 아니다. 그는 생산수단의 국유화를 받아들였는데, 이것은 그에겐 아무래도 상관없다. 하지만 그가 생각하고 있던 것은 프랑스인들을 결집함으로써 프랑스를 만들어야 한다는 것이고 마르크스주의 사상은 어쨌거나 계급투쟁을 내포하고 있다는 것이다. (……) 레닌에게 결집이라는 관념은 생각도 할 수 없고 용인될 수 없었듯이, 분규라는 관념은, 그것이 피할 수 없다 할지라도, 드골 장군에게 용인될 수 없고 생각할 수 없는 것이었다."[36]

조르주 퐁피두는 참여에 대해 말하는 것을 듣고 싶어 하지 않았다. 드골 장군에게는 이제부터 바야흐로 참여를 실천해야 할 시점이었다. 하지만 1969년 2월 2일 켕페르(Quimper)에서 그는 참여라는 주제가 아니라 지방분권화와 상원을 경제사회자문의회로 바꾸는 주제에 대한 국민투표 실시를 공개적으로 알렸다. 이와 같은 변화는 사실 그의 성급함을 통해 설명되었다. 그는 참여에 대한 법안들이 마침내 준비될 때까지 여러 주의 긴 시간을 또 기다리고 싶지 않은 것이었다. 그는 프랑스인들한테 다시 자신의 정당성을 확실히 하기 위해 신속하게 행동하고자 했다. 사실, 1969년의 국민투표는 각자로 하여금 그와의 갈등을 해결하게 해주었다. 그와 대립하는 모든 반대자들의 제휴가 이윽고 이루어지게 되었다. 그에게 중요한 것은 프랑스인들의 지지를 얻는 것이었다. 하지만 국민투표의 날짜가 가까워오면 올수록, 더욱 더 그 결과가 부정적으로 예고되었다. 4월 20일 일요일, 드골 장군은 그의 자식들에게 이렇게 털어놓았다. "나는 이 국민투표가 가망이 없다는 것을 안다. 나는 발레리

---

36 Roger Stéphane, *André Malraux*……, *op. cit.*, pp. 123-124에서 인용.

지스카르 데스탱이 국민투표와 관련된 법에 찬성하지 않겠다고 말한 이후로 이것을 확실하게 알고 있다. 지스카르를 추종하는 무당파들의 표들이 나에게 부족할 것이다."[37] 23일, 국민투표 실시 전의 마지막 장 관회의가 열렸고, 드골 장군은 예고된 패배의 분위기 속에서 매우 의연하게 이렇게 말하면서 결론을 내렸다. "우리는 원칙적으로 말하면 다음 주 수요일에 모일 것입니다. 사실, 우리는 다음 주에 다시 만나기를 희망합니다. 그렇게 되지 않을 경우, 프랑스의 역사의 한 장이 마감될 것입니다."[38]

이 회의 이후로 앙드레 말로는 조르주 퐁피두와 점심 식사를 하기 위해 여러 각료들을 다시 만났고, 이 점심 식사 때 그는 "미래에 대한 끔찍한 것들을 예고한다." 바로 이 점심 식사 때 앙드레 말로는 조르주 퐁피두에게 드골 장군이 패배할 경우, 공화국 대통령 후보에 나서지 않겠다고 선언하라고 요청했다. 하지만 헛된 일이었다. 그날 저녁에 파리의 종합체육관 집회에서 드골 장군을 열정적으로 지지했다. "드골 장군과 대립하는 후기드골주의는 없다는 것을 바야흐로 이해해야 할 때입니다. (……) 드골주의의 승리를 토대로 후기드골주의를 수립할 수 있습니다만 드골 장군의 패배로는 그 어떠한 후기드골주의도 수립할 수 없습니다." 24일 목요일, 드골 장군은 더 이상 속지 않았다. "프랑스인들은 내가 떠나기를 바라고 있다. 하지만 나는 끝까지 갈 것이다. 나는 그들에게 마지막으로 말할 것이다. 하지만 나는 더 이상 환상을 품지 않는다." 그는 엘리제 궁을 떠나고 자신의 문서들을 옮기는 세부적인 일들을 해결했

---

**37** Jean Mauriac, *Mort du général de Gaulle*, Les cahiers rouges, Grasset, 1972, p. 13에서 인용.
**38** *Id., ibid.,* p. 16에서 인용.

다. 그는 엘리제 궁에 근무하는 군 참모장에게 이렇게 털어놓았다. "설령 내가 실패하더라도 나는 승리자가 될 것입니다. 왜냐하면 나와 관련된 유일한 차원인 역사의 눈으로 볼 때, 미래는 내가 국민을 위해 본질적이었던 계획 때문에 쓰러졌다고 말할 것이기 때문입니다. 그 다음에는 내가 옳았음을 사람들은 알게 될 것입니다."[39] 1969년 4월 25일 금요일 11시, 드골 장군은 프랑스인들에게 보내는 마지막 메시지를 녹음했다. "여러분의 대답은 프랑스의 운명을 걸게 될 것입니다. 왜냐하면 여러분 다수가 이 매우 중차대한 사안과 관련해 엄숙하게 나를 부정한다면, 나를 지지하면서 어찌 되었든 조국의 미래를 쥐고 있는 사람들 무리의 수, 열기 그리고 헌신이 어떠하든, 국가원수로서의 나의 현재 책무는 분명 불가능하게 될 것인바 나는 곧바로 내 임무의 수행을 정지할 것입니다. (……) 프랑스인들이여, 프랑스인들이여, 곧 프랑스에서 일어나게 될 사태에서 여러분 각자의 결정은 더할 나위 없는 중요한 결과를 낳을 것입니다! 공화국 만세! 프랑스 만세!"

엘레제 궁 안의 분위기는 매우 무거웠다. 휘하 측근들은 동요되어 있었다. 그들은 드골 장군을 마지막으로 본다고 의식했다. 12시 45분, 그는 부인과 간단한 식사를 했다. 콜롱베레되제글리즈로 물러나는 시간이 가까워 왔다. 자크 포카르는 민간 아파트의 계단 아래서 그를 기다리고 있었다. 그는 그에게 보다 결과가 좋게 나온 여론조사를 알렸다. 드골 장군은 그에게 이렇게 대꾸했다. "천만에, 포카르, 가망이 없어, 내 당신에게 말하지만, 가망이 없다고……"[40] 그러고 나서 흔들리지 않는 모

---

**39** Id., ibid., p. 25에서 인용.
**40** Id., ibid., p. 30에서 인용.

습으로 심각하고 슬픈 얼굴을 하고는 그는 부인을 동반하고 엘리제 궁의 살롱 다르장(salon d'argent)을 지나갔다. 드골 장군의 부관이고 함장인 프랑수아 플로익(François Flohic)이 그들을 수행했다. 그들은 자동차에 올랐다. 그렇게 엘리제 궁의 모든 직원들이 드골 장군이 떠나는 것을 바라보았다. 시간은 13시 45분이었다. 엘리제 궁의 군 지휘관 로랑 대령은 항상 그렇듯이 차렷 자세를 취했다. 그는 국가원수의 떠나는 모습에 경의를 표했다. 검은 DS 자동차가 철문을 넘어서려 할 때, 드골 장군은 차를 멈추게 했다. 이것은 처음이자 마지막이었다. 그는 유리창을 내리고 말없이 로랑 대령의 손을 잡았다. 엘리제 궁의 지붕 위에 삼색기가 내려졌다. 드골 장군은 콜롱베레되제글리즈를 향해 길을 나섰다. 16시 30분경 그는 라 부아세리(La Boisserie)에 도착했다. 그는 자신의 두 여자 시중 가운데 한 사람한테 이렇게 알렸다. "샤를롯, 우리는 이번엔 결정적으로 돌아오는 거야. 진심이야."[41]

　27일, 반대파는 투표의 53.97%로 승리했다. 곧 바로, 드골 장군의 공식 성명서가 간결하게 발표되었다. 그는 그것을 그보다 며칠 전 작성하여 엘리제 궁의 총무비서관 베르나르 트리코에게 맡겼던 것이다. "나는 공화국 대통령으로서의 나의 직무를 정지합니다. 이 결정은 오늘 정오부터 효력을 발휘합니다. 샤를 드골." 이렇게 해서 종합체육관에서 앙드레 말로가 행한 연설에서 다음과 같은 언급이 전적인 의미를 띠게 되었던 것이다. "드골 장군과 대립하는 후기드골주의는 없습니다. (……) 드골주의의 승리를 토대로 후기드골주의를 수립할 수 있습니다만 드골 장군의 패배로는 그 어떠한 후기드골주의도 수립할 수 없습니다." 그리고

41 *Id., ibid.,* p. 32에서 인용.

드골 장군은 1969년 12월에 이를 확인했다. "내가 여러분에게 말한 바를 기억하세요. 나는 나와 현재 일어나고 있는 일 사이에는 아무런 공통점이 없다는 것을 말하는 것입니다." 그 후 많은 이들이 드골이라는 인물을 내세우고자 했지만, 자신들의 생애 어떤 순간에 프랑스의 마음과 영혼을 매우 드물게 구현했던 사람들의 노선에서 볼 때도 그는 아무런 계승자도 갖지 못했다. 드골 장군이 없는 드골주의는 더 이상 없었던 것이다.

# 제12장

# 1969년 12월 11일 목요일
# 마지막 만남

"우리는 묘지보다 더 강력한 나무들이라는 거대한 종(種) 앞에서,
인간이 자신의 덧없는 손으로,
죽음을 면할 수 없는 정신으로 할 수 있는 것을 시도했다 하리라."

―앙드레 말로, 『쓰러지는 떡갈나무(*Les chêne qu'on abat*)』

"앙드레 말로와 나의 아버지 두 분 모두에게는
인간의 조건에 대한 동일한 열정이 자리 잡고 있었다.
둘 다 그 어느 누구에게도 속하지 않았다.
그들은 내면적으로 서로 타고난 재능을 알아보았다.
오로지 하느님에 대한 믿음만이 그들을 갈라놓고 있었다……"

―필리프 드골

1969년 4월 29일, 국민투표 다음 날 앙드레 말로는 절망적인 모습처럼 보였다. 그는 그날 그리스에서 귀국하는 브리지트 프리앙(Brigitte Friang)이라는 옛 언론 보좌역과 약속이 있었다. 그녀는 그리스의 대령들에 대항해 무언가 할 수 있도록 그에게 도와달라고 왔다. "'내가 프랑스를 위해 아무것도 할 수 없는데 그리스를 위해 무엇을 하길 원합니까?' 내 앞에 있던 사람은 절망적인 인간이었다. 평소보다 더 창백하고 안면경련으로 괴로운 얼굴을 한 채, 그는 끊임없이 방을 왔다 갔다 하면서 드골 장군이 없는 프랑스가 빠져들게 될 혼란을 나에게 묘사했다. (······) 두 눈은 남성적으로 건조했지만, 사실 앙드레 말로는 드골을 슬퍼하고 있었다."[1] 그러고는 브리지트 프리앙은 이렇게 덧붙였다. "그 늙은 인물이 비틀거리는 순간에 자신의 옛 재정장관이었던 발레리 지스카르 데스탱과 우파에 의해 등에 칼을 맞았기 때문에 아마 나 또한 상처를 입고 있었던 것 같다. 우파는 자신들의 야심에 상응하는 퐁피두 같은 사람을 사령탑에 앉히고자 열망했고 퐁피두는 로마에서부터 지휘봉을 잡

---

1    Brigitte Friang, *Petit tour autour d'André Malraux*, Éditions du Félin, 2001, p. 205.

을 준비가 되어 있다고 선언했는데, 사실 이 우파 정치권 전체는 그보다 1년 전 1968년 5월 30일 드골이 사방으로 불안정하게 흔들리고 있던 프랑스의 키를 다시 잡았을 때 비굴하게 굽실거리면서 감사의 말을 꼬꼬댁거렸다." 앙드레 말로는 자기가 만나는 다양한 대화 상대자들에게 발레리 지스카르 데스탱과 조르주 퐁피두의 "기습"에 의해 얼마나 자신이 마음에 깊은 상처를 입었는지를 되풀이했다. 몇 주가 지난 6월에 앙드레 말로는 드골을 따라 은퇴했다. "당신은 장군이 물러난 후 내가 '그들'과 함께 남아 있는 것을 상상합니까? 그건 마치 스페인 전쟁 같은 전쟁에서 승리할 경우, 승리한 후에 후안 네그린[2]이 나에게 근위대장이 되라고 요청하는 것을 가정하는 것과 마찬가지입니다!" 드골 장군은 그를 안심시켰다. "당신이 내가 물러난 바로 다음 날 물러나지 않은 것은 잘한 일입니다. 당신이 물러나리라는 것을 사람들은 알고 있었습니다." 그러자 앙드레 말로는 그에게 이렇게 답했다. "헌법의 함축적 의미에 따르면 장군님의 후계자는 상원의장이 아니라 내각, 그러니까 장군님의 내각이었습니다. 그래서 선거가 치러지기 전에 많은 일들이 벌어질 수 있었습니다. 게다가 이것은 매우 비현실적이었습니다. (……) 장군님께서 물러나신 후 의장석에 샤방(자크 샤방델마스)이 앉아 있는 의회의 첫 회기에서 2, 3분 동안 나는 장군님께서 알고 있는 그 창백한 빛 속에서 쿠브(모리스 쿠브 드 뮈르빌)와 함께 장관들의 자리에 홀로 있었습니다. 어느 의원도 감히 맨 먼저 들어오려 하지 않았습니다……" 아무것도 라 부아세리에서 새어나오지는 않았지만 드골 장군에게 느껴진 충격은 끔찍했다. "그것은 커다란 슬픔이었고, 커다란 괴로움이었다…… 그의 사임

---

2  후안 네그린(Juan Negrín): 1937~1945년까지 스페인의 제2공화국 정부 수반이었음―역주.

이 준 괴로움은 그의 심장을 부수는 것 같은 것이었다."[3]

　콜롱베레되제글리즈로 은퇴하여 매우 드문 방문객들만을 맞이하면서 드골 장군은 자신이 『희망의 기억(*Mémoires d'espoir*)』을 끝내기 위한 시간과의 경주를 시작했다고 느꼈다. 이 작업은 그의 시간의 대부분을 차지했다. 그것이 중단되는 것은 두 번의 여행 때뿐이었다. 한 번은 조르주 퐁피두가 공화국 대통령에 선출되는 결과로 끝나는 대통령 선거운동 기간 동안인 1969년 5월과 6월에 아일랜드로 떠난 여행이었고, 또 한 번은 그 다음 해 1970년에 스페인으로 여행해 프랑코 장군을 만난 것이었다. 후자의 여행은 앙드레 말로를 동요시켜 이렇게까지 털어놓았다. "만일 장군이 정부에 있었을 때 이런 방문을 했었다면 그는 사임했어야 했을 것이다." 또한 드골 장군은 1971년에 마오쩌둥을 만나기 위해 중국을 방문할 계획을 세웠다. 콜롱베레되제글리즈에서 맞이한 드문 방문객들 가운데는 앙드레 말로가 있었다. 1969년 12월 11일 목요일에 두 사람은 마지막으로 만나며 고귀한 것들에 대한 대화를 나누었다. 앙드레 말로는 그를 맞이한 드골 장군과 점심을 함께했다. 그는 눈과 빙판 때문에 파리에서 바르 쉬르 오브(Bar-sur-Aube)까지 기차로 왔다. 그는 런던에서 드골 장군의 옛 부관이었던 조프루아 드 쿠르셀 부부, 그리고 현재의 부관인 장 데스크리엔(Jean d'Escrienne)을 대동했다. 이들이 기차에서 내리자 자동차가 와 이들을 안내했다.

　그들이 도착하고서, 드골 장군은 점심 식사 전에 앙드레 말로를 자신의 사무실로 데리고 가 35분 동안 대화를 나누었다. 어떤 사람들은 앙

---

3　Philippe de Gaulle, in Jean Mauriac, *Mort du général de Gaulle, op. cit.*, p. 55에서 인용.

드레 말로가 이때의 대화를 다시 이야기하고 있는 그의 저서 『쓰러지는 떡갈나무』에 대해 빈정대기도 했다. 35분간의 대화로는 이런 책이 나올 만큼 충분하지 않았다는 것이다. 그것은 중요하지 않다. 본질적인 것은 1945년 7월에 시작된 대화의 귀결점을 그 책 속에서 볼 수 있다는 것이었다. 이 점은 앙드레 말로 자신이 이렇게 알렸다. "이 책은 『인간의 조건』이 르포르타주이듯이 인터뷰이다. 다시 말해 전혀 그렇지 않다."

두 인물은 엘리제 궁의 전(前) 총무비서관인 베르나르 트리코가 파리와 콜롱베레되제글리즈를 왔다 갔다 하면서 연결하는 방식 혹은 우편을 통해 접촉하고 있었지만, 장군이 공화국 대통령직에서 물러난 후 한 번도 다시 만나지 않았다. 단번에 드골 장군은 대화를 자신이 사임한 이유들로 끌고 갔다. "내가 물러났을 때, 나이가 아마 역할을 했을 겁니다. 가능한 일입니다. 하지만 당신도 이해하듯이, 나는 프랑스와 계약을 맺고 있었습니다. 이것은 잘될 수도 잘못될 수도 있었으며 프랑스는 나와 함께하고 있었습니다. 프랑스는 항독 운동 기간 내내 나와 함께하고 있었죠. (……) 계약은 파기되었습니다. 더 이상 필요가 없습니다. 그 계약은 중대한 것이었습니다. 왜냐하면 그것은 형태가 없었기 때문이죠. 그것은 형태를 가진 적이 없었습니다. 나는 상속권도 없이, 국민투표도 없이, 아무것도 없이 프랑스의 방위와 운명을 책임지도록 움직이게 되었죠. 나는 프랑스의 말없는 명령적인 호소에 응했습니다."[4] 앙드레 말로는 어떤 순간에 그가 균열을 느꼈는지 알기 위해 그에게 이렇게 질문했다. "장군께서는 5월에 아니면 그보다 빨리 재(再)선출될 때 계약이 파기되었다고 판단했습니까?" 그러자 드골 장군은 이렇게 대답했다. "그보

---

4  André Malraux, *Antimémoires, op. cit.*, p. 578.

다 훨씬 이전입니다. 그래서 나는 조르주 퐁피두를 붙들었습니다."[5] 조르주 퐁피두는 1962년 4월 15일에 총리로 임명되었다! 이와 같은 고찰은 드골 장군의 쓰라림에 대해 많은 것을 말해 준다. "(……) 프랑스인들은 이제 민족적인 야망이 없습니다. 그들은 프랑스를 위해 더 이상 아무것도 하고 싶지 않아요. 나는 그들을 깃발들로 즐겁게 해주었습니다. 나는 그들이 무언가를 기다리면서 참아내도록 했는데, 그게 프랑스가 아니고 무엇이겠습니까?"[6] 그는 그가 신뢰를 다시 받는 방식이었던 국민투표에 대해 다시 언급했다. "당신도 아시다시피, 참여, 나는 그것을 국민을 다시 일깨우고, 국민이 자신의 존재를 자각하게 하고, 국민을 구하는 방법이라고 생각했습니다! 하지만 국민은 이미 선택해 버렸습니다."[7] 앙드레 말로는 이에 대해 더 많이 알고 싶어 했다. "장군께서는 왜 지역들의 문제와 같은 부수적인 문제들 때문에 물러나셨습니까? 터무니없는 부조리함 때문입니까?" 드골 장군은 "터무니없는 부조리함 때문이죠"[8], 라고 털어놓았다.

앙드레 말로 앞에서 드골 장군은 자신의 비관론을 드러냈다. "우리가 원했던 것—당신과 나 사이인데 그것에 진짜 이름을 부여하지 못할 이유가 무엇이겠습니까? 그것은 위대함입니다—그 위대함은 끝났습니다. 오! 프랑스는 아직도 세계를 놀라게 할 수 있습니다. 하지만 보다 나중의 일이죠. 프랑스는 조만간 모든 것을 협상하게 될 것입니다. 미국인들과, 그리고 심지어 러시아인들과, 독일인들과 공산주의자들과 말입니다. 이

5  *Id., ibid.*, p. 580.
6  *Id., ibid.*, p. 579.
7  *Id., ibid.*, p. 581.
8  *Id., ibid.*, p. 582.

건 이미 시작되었습니다. 그것은 지속될 것입니다만 대단한 의미는 없습니다. 어떤 사건이 없는 한 말입니다. 프랑스는 그런 사건을 기대하지 않습니다. 다른 나라들도 마찬가지죠. 나는 이게 지속되리라 결코 생각하지 않습니다. 당신도 두고 보면 알 것입니다. 국회의원들은 행동을 마비시킬 수 있지만, 그것을 결정할 수는 없습니다. 프랑스는 의회주의에 대항해 다시 일어났습니다. 프랑스는 의회주의로 몰려들 것이고 의회주의는 내가 장갑차들을 받아들이도록 시도했을 때처럼 지혜롭게 프랑스를 방어하겠죠! (······) 모든 위대한 구상은 장기적 구상입니다. 나는 미국이 강대한 힘에도 불구하고 장기적 정책을 갖고 있다고 생각하지 않습니다. (······) 그리고 프랑스는 구상 같은 것이 전혀 없습니다. (······) 내가 죽을 때, 우선 당신은 정당들과 이것들의 불행한 체제가 다시 나타나는 것을 보게 될 것입니다만 그것들은 결국 서로 포용할 것입니다."[9] 하지만 그는 자신의 차이를 분명히 드러내고자 하며 회유당하지 않겠다는 의도를 드러냈다. "나는 나라가 문제될 때에만 침묵에서 벗어날 것입니다. 사람들이 알아야 할 것은—그리고 나는 당신을 믿습니다만—내가 현재 일어나고 있는 일과 무관하다는 것입니다. 그것은 나와는 아무 상관이 없습니다. 그것은 내가 원한 게 아니거든요. 그것은 다른 것입니다. 나는 그 누구도 비난하지 않고 싶어요. 누군가를 비난하는 것은 언제나 나약함을 의미합니다. 하지만 역사의 페이지는 넘겨졌습니다."[10]

이어서 앙드레 말로는 드골 장군이라는 인물이 불러일으키는 카리스마를 환기시켰다. "예전에 저는 멀리까지 장군을 둘러싸고 있던 열광을

---

**9** *Id., ibid.,* p. 586.
**10** *Id., ibid.,* p. 588.

이해하고자 했습니다. 캐나다, 루마니아, 좋습니다! 그런데 엄밀하게 말해 라틴아메리카까지. 하지만 시라즈(Chiraz, Shiraz)는?[11] 이 사람들은 프랑스가 지도 위에 어디 있는지도 모를 것입니다…… 그리고 그 어떤 선전도 작용하지 않았으며, 예컨대 후르시초프 여행 때 커다란 역할을 했던 열정적인 선전도 작용하지 않았습니다. 나는 장군께서 그들에게 어떤 의미가 있는지 알고 싶었습니다. 어떤 사람들은 'Shah in Shah(황제중의 황제)'라 외쳤고, 다른 사람들은 대사가 나에게 말한 바에 따르면 '루스템 만세(Vive Roustem)'와 같은 말을 외쳤는데, 이것은 우리 식으로 표현하면 '롤랑 만세!(Vive Roland!)'입니다. 그러니 장군은 그들의 영웅들 가운데 한 사람의 화신이었습니다. 헌데 저는 이것이 무엇을 의미하고자 하는지 알고 싶은 겁니다. 드골 장군을 갈채하는 이 사람들에게 그는 누구였는가 말입니다. 이란에서는 아니라 할지라도 프랑스에서 장군의 선임자는 그 어떤 정치인도 아니고 클레망소조차도 아닙니다. 그는 바로 빅토르 위고입니다!"[12] 그러자 드골 장군은 유머 있게 이렇게 대답했다. "본질적으로, 당신도 아다시피, 나의 유일한 국제적 경쟁자는 땡땡 [Tintin: 벨기에의 만화 작가 에르제의 세계적인 인기연재 장편만화 『땡땡의 모험(Les Adventures de Tintin)』의 주인공]이죠! 우리는 커다란 자들이 우리를 소유하도록 내버려두지 않는 작은 자들입니다. 사람들은 내 큰 키 때문에 이것을 알아차리지 못합니다."[13] 이렇게 하여 대화는 보다 내면적인 양상을 띠게 되었다. "죽음, 그게 무언지 아시나요?" 드골 장군이 물었다. 앙드레 말로가 대답했다. "잠의 여신입니다. 나는 죽음 자체에 대해선 전혀 흥미를 느

---

11 이란의 옛 수도.

12 André Malraux, *Antimémoires, op. cit.*, pp. 590-591.

13 *Id., ibid.,* p. 591.

끼지 않았습니다. 장군님도 마찬가지죠. 우리는 죽임을 당한다는 것에 무심한 사람들에 속합니다. (……) 하지만 죽음에 대한 관념, 그것은 나에게 진정한 형이상학적 문제, 즉 삶의 의미의 문제를 불가피하게 만듭니다. 사람들은 고통 속에 있을 때와, 고통을 벗어난 상태에 있을 때 동일한 방식으로 죽지는 않을 것입니다. (……) 우리가 사랑했던 자들의 죽음이 남아 있습니다."[14] 그러자 드골 장군은 이렇게 결론을 내렸다. "우리가 사랑했던 사람들의 죽음에 대해선 우리는 얼마의 시간이 지나면 설명할 수 없는 부드러움을 드러내면서 생각합니다."[15] 마침내 대화는 레지스탕스 운동을 주제로 하여 마감되고, 드골 장군은 자신의 투쟁을 이렇게 회상했다. "레지스탕스 운동은 가장 고상한 동기까지 여러 동기가 있습니다. 나는 내가 어떤 다른 정치를 내세워 하나의 정치에 저항하지도 않았고, 보다 진지하게는 우리의 문명을 내세워 하나의 광적인 문명에 저항하지도 않았다는 것을 프랑스가 알고 있다고 생각합니다. 기독교 세계를 내세우지도 않았습니다. 나는 프랑스의 레지스탕스 운동 자체였습니다. 내가 모든 사람들을 맞이했다는 것을 사람들은 잊을 수 없을 것입니다. 그렇지 않았다면 나는 추방된 한 정당의 수장에 불과했을 것입니다. 불행한 자들은 내가 프랑스를 책임지려 한다고 비난합니다. 하지만 다른 무엇을 하겠습니까?[16]

이 대화에 이어지는 점심 식사 동안에 특별한 형식을 띠지 않은 논의는 아쟁쿠르(Azincourt)에서 시작해 고양이·『뤼 블라(Ruy Blas)』·나폴레옹·역사·케네디·인디라 간디·여자를 거쳐 「모나리자」로 끝났다. 거실에

---

14 _Id., ibid.,_ pp. 595-596.

15 _Id., ibid.,_ p. 596.

16 _Id., ibid.,_ p. 601.

서 커피 타임을 가졌다. "드골주의라는 말을 유포시킨 게 당신이죠, 그렇지 않아요? 애초에 그 말을 통해 무엇을 의미하고자 했나요?", 라고 드골이 물었다. "레지스탕스 운동 동안에는 좌파나 우파의 열정을 위한 프랑스에 대항하는, 프랑스를 위한 정치적 열정 같은 것을 의미했습니다. 그 다음에는 하나의 감정이었습니다. 내가 볼 때 장군님을 따른 사람들의 대부분에게 장군님의 이데올로기는 중대한 게 아니었습니다. 중요한 것은 다른 데 있었습니다······"[17] 드골 장군은 다시 활기를 띠었다. "내가 모여든 정상배들을 처음 보았을 때, 나는 곧바로 그들이 모두에 대해 확실하게 적의를 품고 있는 것을 느꼈습니다. 그들은 내가 독재하리라 전혀 생각하지 않았죠. 하지만 그들은 내가 국가를 표상하고 있다는 것을 이해했습니다. 하지만 마찬가지였습니다. 국가는 악마입니다. 왜냐하면 국가가 존재한다면 그들은 더 이상 존재하지 못하기 때문입니다. 그들은 그들이 무엇보다도 애착을 느끼는 것을 잃는데, 이것은 돈이 아니라 그들의 허영심을 만족시키는 활동이죠."[18] 앙드레 말로는 다시 말을 받았다. "장군님은 다른 사람들이 프랑스인들에게 해주지 못하는 하나의 선물을 해주었습니다. 그것은 다름 아닌 그들 안에 있는 가장 훌륭한 부분을 뽑아내는 것입니다. 희생을 정당화시키는 것은 아마 한 인간이 할 수 있는 가장 위대한 일일 것입니다. (······) 장군님의 프랑스는 합리적인 영역에 결코 속한 적이 없었습니다. 십자군의 프랑스, 공화력 2년의 프랑스처럼 말입니다. 셍 섬[일 드 셍(Île de Sein)]의 용감한 자들이 왜 장군님과 합류하러 왔겠습니까? 왜 우리가 장군님을

---

17 *Id., ibid.*, p. 629.
18 *Id., ibid.*

추종했겠습니까? 장군님은 우리가 결국은 아마 승리자가 될 것이라고 말하곤 했죠. 우리 또한 우리는 우선 죽을 것이라고 생각하곤 했습니다. (……) 드골주의가 하나의 민족주의가 되는 것을 막아주었던 것은 그 것의 취약함입니다. 장군님의 힘은 장군님이 아무것도 가지지 않았다는 것에 기인하였습니다. (……) 장군님은 그 6월 18일에 혼자였고 오늘도 혼자이십니다. 아마 마땅히 그렇게 되어야 했었을 것입니다……"[19]

드골 장군은 이렇게 결론을 내렸다. "프랑스인들은 언제나 특권에 대한 자신들의 욕망과 평등에 대한 취향 사이에서 해법을 찾는 데 어려움을 느껴 왔습니다. 하지만 이 모든 멋진 세계 한가운데서 나의 유일한 적, 즉 프랑스의 적은 돈이라는 것을 멈춘 적이 없었습니다. (……) 파리 해방 때 정치집단은 나를 아마추어로 간주했죠. 하지만 그들을 알고 있었던 나는 자신들이 말하는 게 무엇인지 알지 못하는 그들의 무능력에 당황했습니다. 혁명? 유일한 혁명적 존재는 나였습니다! (……) 중요한 것은 (……) 내가 말했던 것이 아니라 내가 가져다준 희망이었습니다. 내가 프랑스를 복원시킨 것은 내가 프랑스 속에 세계의 희망을 다시 복원시켰기 때문입니다."[20]

대화는 끝났다. 자동차가 기다리고 있었다. 바르 쉬르 오브에서 기차를 타야 했다. 두 친구는 헤어졌다. 그들은 다시는 서로 보지 못하게 된다. 드골 장군은 앙드레 말로에게 자신의 정치적 유언을 남겼다. "내가 당신에게 말한 것을 기억하시오. 나는 나와 지금 벌어지고 있는 사태 사이엔 아무런 공통점이 없다는 것을 말하는 것입니다. (……) 나는 프랑스

---

19 Id., ibid., pp. 630-631.
20 Id., ibid., pp. 637-645.

에 대해서도, 프랑스를 위해 해야만 했던 것에 대해서도 별로 틀리지 않았습니다. (……) 하지만 진지한 것은 우리가 프랑스의 운명을 책임지고 있었는지 아는 것이었습니다. (……) 나는 하나의 세계의 종말에 맞서 프랑스를 일으켜 세우고자 했습니다."[21]

돌아오는 기차에서 앙드레 말로는 드골 장군과 방금 가진 대화에 대한 메모를 했는데, 이것은 타자기로 31페이지에 해당되는 분량이었다. 이렇게 해서 그는 이 만남에 대한 책의 집필을 시작하게 된다. 12월 26일, 루이즈 드 빌모랭이 죽었다. 1967년 말부터 루이즈 드 빌모랭은 앙드레 말로와 삶을 함께했다. 그들은 기이한 만큼이나 눈부신 커플을 이루고 있었다. "루이즈 드 빌모랭이라는 수수께끼를 푸는 열쇠는 일화적인 사교계 생활 취미에 있는 것도, (……) 유명한 우아한 미에 있는 것도 아니었고, 충동적이고 꿈같은 환상에 있었다."[22] 앙드레 말로는 사랑하는 존재의 죽음으로 다시 타격을 받자, 집필 작업을 중단했다. 『쓰러지는 떡갈나무』라는 책은 결국 드골 장군이 죽고 4개월이 지난 1971년 3월 17일에 출간되었다. 한편, 드골 장군은 자신의 죽음이 가까워지고 있다는 것을 느꼈다. 그는 자신의 『희망의 기억』을 마치기 위해 열성을 배가했다. 제1권은 1970년 10월 23일에 나왔다. 이 책에서 앙드레 말로는 드골이 그에게 할애한 대목을 발견했다. "나의 오른쪽에는 항상 앙드레 말로가 있고 또 앞으로도 그럴 것이다. 고귀한 운명을 지녔던 인물들에 대해 열정적인 뛰어난 이 친구가 내 옆에 있을 때면 나는 세속의 현실적인 것으로 뒤덮여 있는 인상을 받는다. 이 비할 데 없는 증인이 나에 대해 품는 관

---

21 Id., ibid., pp. 656-657.
22 André Malraux, préface à Poèmes de Louis de Vilmorin, Gallimard, 1970.

념은 내가 확고하게 되는 데 기여한다. 논쟁에서 주제가 심각할 때 그의 번득이는 판단력이 나로 하여금 불확실한 것들을 일소하는 데 도움을 주리라는 것을 나는 알고 있다."[23] 모든 게 씌어 있었다. 앙드레 말로는 너무도 감동되어 그의 친구 마네스 스페르베에게 달려가 그에게 이 발췌문을 큰 소리로 읽었다.

사실, 드골 장군은 앙드레 말로에게서 자신과 같은 높이에 있고 자신에 상응하는 또 다른 자아, 그러니까 그를 포기의 유혹에 대해 경계하게 해준 그런 존재를 만났던 것이다. 그의 앞에서는 드골 장군은 드골 장군으로만 존재할 수 있었고 행동할 수 있었다. 해군제독 필리프 드골은 이렇게 설명했다. "앙드레 말로 안에서 드골 장군은 자신이 같은 높이에서 호흡했던 유일한 인물을 발견했다. 그와 마찬가지로 비전의 천품, 역사에 대한 직관, 위대함의 진정한 의미를 지닌 그런 인물 말이다. 앙드레 말로는 한 사람의 증인 이상이었다. 그는 대화가 역사의 인물과 견자(見者) 사이에 성립되는, 천재의 수준에 있었다. 바로 이와 같은 수준에서만 그들의 관계를 찾아야 한다……" 하지만 드골 자신이 강조했듯이 이 두 인물보다 서로 다른 존재들이 어디 있겠는가. "또한 그는 나에게 가능한 만큼 다른 존재이다. 그는 불가지론자, 다시 말해 절대, 따라서 인식 불가능한 신을 표명하는 불가지론자이고, 개인적·물질적 삶에서 모험가이며, 정치에 고무되고, 예술에 열정적인 위대한 소설가이다…… 하지만 아마 바로 이와 같이 비슷하지 않음 때문에 나는 그와 뜻이 잘 맞는다. 왜냐하면 서로 다른 사람들은 보완적일 수 있기 때문이다."[24] 그

---

23 Charles de Gaulles, *Mémoires d'espoir, op. cit.*, p. 1119.

24 Philippe de Gaulle, *De Gaulle mon père, entretiens avec Michel Tauriac, op. cit.*, t. I, p. 367.

리고 앙드레 말로는 이렇게 분명이 밝혔다. "특히 내게서 그의 호기심을 끈 것은 종교와 나의 관계였다. 그는 반교권주의적이 아니고는 불가지론자가 될 수 없었던 그런 세대에 속했다."[25] 이렇게 해서 이에 대해 드골 장군은 알자스로렌 여단의 부속사제였던 피에르 보켈 신부와 이런 농담까지 했다. "당신은 앙드레 말로를 잘 알지요. 당신은 그를 개종시켜야 할 것입니다. 그러면 나는 만족할 것입니다."[26] 앙드레 말로는 이 말을 전해 듣고는 미소를 지었다.

두 인물은 그들의 성격에서조차도 매우 달랐다. 앙드레 말로는 "가만히 앉아 있지 못했다. 그는 사방으로 성큼성큼 방을 걸으면서 말을 했고, 담배를 피웠으며, 숨을 몰아 내쉬었다. 동시에 말이다. 담배가 반쯤 타 없어지자마자, 그는 그것을 짓이기고는 다른 담배에 불을 붙였다. 담배 연기 속에서 떨리고 열렬하며 번득이는 그의 말은 튀어 오르곤 했다. 그의 목소리의 음색은 다른 세계에서 오는 것 같았다. 그에게서 모든 것은 마치 그가 끊임없이 자신의 깊은 사색을 낳고 있는 것처럼 경련적이었다. (……) 게다가 앙드레 말로는 그에게 고유한 어휘와 문장 구조가 있는데, 이것들로 인해 그의 언어는 익숙하지 않은 사람들에게는 이해하기가 거의 불가능했다. 그가 끊임없이 사용하는 수많은 상징들·비유들·과장들은 이해를 더욱 복잡하게 만들었다. (……) 그에게 드골주의는 역사 자체였다. 그는 드골주의의 기사도를 나타냈다. 그의 용기와 그의 사심 없음은 술책들에 보다 민감한 일부 사람들과 그를 구분하게 해주었다. 이 인물은 이 세기의 예외적 존재들에 속함으로써 천재성을 구

25 Claude Mauriac, *Et comme l'espérance est violente, op. cit.*, p. 163.
26 Pierre Bockel, *L'enfant du rire*, Grasset, 1973, p. 128.

현했다."[27] 그 반대로 드골 장군은 "앙드레 말로의 눈부신 소란스러움과는 달리 단순하고 명료하며 고요한 언어"를 지니고 있었다. "이와 같은 간결함으로부터 내가 그 어떤 다른 곳에서도 만나지 못한 위대함이 나왔다. 이 인물에 영향을 미친 역사는 그를 초자연적인 인물로 만들었다. 시선·말·몸짓의 소통이 그와 확립될 때 그는 더욱 더 위대했다. (……) 그의 논리는 놀랄 만큼 엄격했다. 그가 하나의 상황을 분석하고 그 메커니즘들을 분해하여 결론을 끌어내는 것을 귀담아들으면, 사람들은 기본적이었던 것을 복잡하게 만들었고 분명한 것을 흐릿하게 해놓았던 사실에 놀라움을 금치 못했다."[28] 프랑수아 모리아크는 앙드레 말로와 드골 장군의 매우 내면적이고 매우 특별한 관계를 가장 잘 파악했다. "앙드레 말로가 있는 그대로의 모습으로 드골 장군의 마음에 든다는 것은 모든 천재가 그렇듯이 이 위대한 인물 안에는 우리로 하여금 그를 사랑하게 만드는—그리고 일련의 국가원수들과는 그를 매우 다르게 만들어주는 —다소 광적인 부분이 있다는 징후이다. (……) 극좌에서 왔고, 국제여단의 옛 투사였던 앙드레 말로는 아마 샤를 드골에게는 혁명 프랑스의 얼굴을 그에게 상기시켜 주기 위해 온 대표가 아닐까? 어쨌든 샤를 드골 역시 가장 고상하고 가장 영웅적인 의미에서 하나의 모험가로 남을 것이다."[29]

드골 장군은 또한 앙드레 말로의 지적인 번득임이 지닌 매력에 압도되었다. 그는 후자의 지식에 의해 깜짝 놀랐고 감탄했다. 앙드레 말로가 이란의 황제와 드골 장군의 안내 역할을 했던 〈이란 예술 7000년〉전(展)

---

**27** André Astoux, *L'oubli, 1946-1958, op. cit.*, pp. 131-132.

**28** *Id., ibid.*, pp. 135-136.

**29** Claude Mauriac, *Et comme l'espérance est violente, op. cit.*, pp. 25-26에서 인용.

을 관람하고 돌아온 후자는 M. 조프루아 드 쿠르셸(M. Geoffroy de Courcel)
에게 이렇게 털어놓았다. "나는 앙드레 말로가 그 많은 것들을 알기 위
해 어떻게 하는지 모르겠단 말이야!"[30] 그렇기 때문에 그는 그와 함께
박물관을 방문하는 것을 무한히 높게 평가했다. "그는 비범하고 비교할
수가 없다고."[31] 드골 장군은 예술에 관한 앙드레 말로의 모든 책들을
읽기까지 했다. "앙드레 말로에게 예술은 살아 있는 존재와 같다. 그의
영혼은 영감이고 자유는 언제나 이 영감에 도움을 준다. 그렇기 때문에
예술은 생명력을 얻고, 개화되고 작품들을 낳기 위해 해방되어야 한다.
따라서 예술을 내세우는 모든 사람들은 예술을 위해서, 그것을 고려하
여, 그것의 이름으로 행동하고, 모든 구속과 예속에서 벗어나서만 그것
을 할 수 있다. 분명한 것은 이와 같은 자유가 필요하지만 그렇다고 이
자유만으로 항상 충분한 것이 아니라는 점이다. 게다가 이것이 창조된
모든 것이 반드시 천재적이거나 걸작은 아닌 이유들 가운데 하나이다!
하지만 이와 같은 수확물이 증대하고 전체적으로 숙성되도록 해야 할
필요성이 있다…… 수확이 있고 난 후 시간이 흐르면서 자연스럽게 선
별이 이루어질 것이다. 이 선별이 어떤 것이 될지는 사전에 확실하게 말
할 수 없으므로, 이런 사정이 미리 이것을 '한정지을 수' 없는 또 하나의
이유이다! 뿐만 아니라 회화·음악·건축·시 그리고 문학에서까지도 어
떤 경향, 다시 말해 어떤 '폭발'은 충격적이고 빈축을 살 수 있지만 시간
이 지남에 따라 공식적으로 인정될 수 있게 된다는 점을 받아들여야 한
다. 왜냐하면 그것은 한 시대의 증인이자 반영일 수 있고, 역사·인류 혹

---

30 Geoffroy de Courcel, Introduction au colloque *De Gaulle et André Malraux, op.
   cit.*, p. 14.
31 Jean d'Escrienne, *Le Général m'a dit*, Plon, 1973, p. 122.

은 한 국민의 단면을 특징적으로 나타내는 정신 상태나 생활양식의 표현일 수 있기 때문이다! 내가 생각하기에는 이것이 앙드레 말로가 생각하는 것이다!"[32] 또 드골 장군이 일반적으로 사람들에 대한 칭찬에서 상당히 인색했지만 앙드레 말로에 대해선 전혀 그렇지 않았다. "[앙드레 말로]가 공화국을 위해 지도했던 모든 것은 오로지 가장 정통적인 방식으로, 내가 원했던 바대로, 또 특별한 조직 감각으로만 지도되었다", 라고 말로가 실현한 것들에 대해 매우 자랑스럽게 생각한 드골은 털어놓았다. "루브르·앵발리드·베르사유 궁전의 그랑 트리아농의 복원, 아카데미들·파리 오페라극장·오페라 코미크 극장(Opéra-Comique)의 발전, 프랑스 융단 산업과 코메디 프랑세즈의 건축적 장식의 구제, 도시들에서 민중이 찬란한 국가 문화유산에 접하도록 하기 위한 문화원들의 설립 같은 것들을 말한다. 특히 그의 주요한 업적인 '문화시설 및 예술유산 위원회'를 빼놓을 수 없다."[33]

드골 장군은 앙드레 말로에게 보낸 다양한 편지들에서 우정과 찬양을 동시에 보여주고 있다. "당신이 나의 친구이기 때문에, 나는 내가 당신을 찬양하는 데 필요한 것을 그토록 훌륭하게 당신이 수행하는 데에 대해 감사하는 것입니다." "프랑스로 말하면, 매일같이 프랑스는 앙드레 말로가 자신의 자식들 사이에 있으면서 고려할 만한 가치가 있다고 생각하는 것을 헤아린다." 1964년 부르주(Bourges)의 문화원 개원식 때 드골 장군은 앙드레 말로가 "인간 정신이 무엇인지를 이해하고, 알기를 원하고 알게 해주는 데 있어서 가장 뛰어난 적임자"라고 공개적으로 선언하면서

---

**32** *Id., ibid.*, p. 122.

**33** Philippe de Gaulle, *De Gaulle mon père*……, *op. cit.*, t. I, p. 370.

그를 칭찬한다. 그가 볼 때 앙드레 말로는 자신의 옆에서 절대로 필요한 역할을 수행했던 것이다. "각각의 정치제도는 시민들의 열정을 일깨우기 위한 빅토르 위고 같은 사람이 필요하며, 그렇지 않을 경우 시민들은 전망도 없는 일상사 속에 빠져들 것이다. 앙드레 말로는 불꽃을 지니고 있다."[34] 그는 앙드레 말로를 만나면서 이 만남으로부터 그런 우정이나 그런 충실이 비롯되리라는 것을 예감하지 못했다. 앙드레 말로는 이렇게 털어놓았다. "그는 나를 믿을 줄 알았다."[35] 이것은 상호적이었다.

그들의 관계는 RPF(프랑스 국민연합)의 초창기에 매우 돈독했기 때문에 드골 부인은 이를 이렇게 불평했다. "그날 저녁 앙드레 말로는 갑자기 들이닥친다. 그는 다시 저녁 늦게까지 그를 끌고 갈 것이다!" "그는 언제나 자신의 생각들을 가지고 그를 성가시게 한다. 제발 그를 조용히 내버려두었으면 좋으련만."[36] 하지만 앙드레 말로는 드골 장군의 독백을 듣기만 하는 명망 높은 단순한 신봉자가 아니었다. 함께 그들은 대화를 나누었다. 앙드레 말로만이 드골 장군과 이런 교류를 할 수 있었다. "그가 [앙드레 말로]에 대해 느꼈던 것은 탄복이었다. [그들은] 서로를 존경했고 —[앙드레 말로]는 드골이 자신의 주위 사람들 가운데서 그렇게 간주했던 유일한 인물이었다—동료적 관계였다. 물론 동일한 영역에서 그런 것은 아니었다. (……) 드골 역시 작가였고 작가이고자 했다.(특별히 불가능한 것도 아니었다!) 그는 앙드레 말로가 되고 싶어 했을 것이다. 그리고 [앙드레 말

---

**34** 완벽함을 염려하여 저자는 또한 참고삼아 주간지 『르 카나르 앙쉐네(*Le Canard enchaîné*)』가 인용한 평가(아마 진위를 알 수 없는 평가)를 언급하는데, 드골 장군이 앙드레 말로에 대해 이런 평가를 했다는 것이다. 즉 "때때로 걷히기는 하지만 안개가 끼어 있다"는 것이다.

**35** Claude Mauriac, *Et comme l'espérance est violente*, *op. cit.*, p. 163.

**36** Philippe de Gaulle, *De Gaulle mon père……*, *op. cit.*, t. I, p. 460 et 371.

로는] 드골이 되고 싶어 했을 것이다."**37** 사실, 그들은 그들 자신 안에 있었지만 그들에게서 멀어졌고 그들이 헛되이 추구했던, 그 부분을 상대방에서 찬미했다. 그것이 한 사람에게는 언어였고, 다른 한 사람에게는 역사였다. 이와 관련해 세계 역사에서 그런 대화는 전례가 전혀 없었다. 그리고 이것이 앙드레 말로가 매우 긍지를 지녔던 것이다. 그것은 예술가와 역사적 인물, 언어와 역사의 대화였던 것이다.

하지만 드골 장군의 옛 부관 조프루아 드 쿠르셀이 쓰고 있듯이, "정치 분야에서 드골에 대한 앙드레 말로의 직접적 영향을 과대평가하는 것은 잘못일 것이다. 사실 그것은 전혀 다른 차원에 위치했다. 그것은 간접적이었고 전반적이었으며, 아마 바로 이 때문에 그것은 훨씬 더 강력했다 할 것이다. (……) 그들의 만남이 이루어지고 그들의 차이가 소멸하는 것은 우발성에 의한 것이 아니라 본질적인 것에 의한 것이다."**38** 가스통 팔레브스키는 그들이 처음 만남을 가졌을 때 두 예외적 존재의 공통점을 이렇게 강조한다. "인간들과 작품들에 대한 박학·지식, 번득이는 사유의 장벽 뒤에 숨겨져 있는 것은 강렬하고 깊은 동일한 감성이다. 비정상적으로 발달된 이 두 감성, 일상의 실현 속에서 위대함과 이타주의의 풍토에 대한 그 동일한 욕구는 서로 만나고 이 두 예외적 존재 사이에 흐름이 확립된다. (……) 곧바로 [드골은] 같은 집단에 속하는 하나의 존재, 다시 말해 자신의 변화를 책을 통해서뿐 아니라 행동을 낳는 사유를 통해 이룩한다고 보이는 한 지식인을 간파해 낸다. 나란히 하면서 그토록 오랫동안 전진할 운명을 타고난 이 두 인간은 이상하게 비슷

---

**37** Claude Mauriac, *Et comme l'espérance est violente, op. cit.*, pp. 152-153.

**38** Geoffroy de Courcel, Introduction au colloque *De Gaulle et André Malraux, op. cit.*, p. 16.

하면서도 비슷하지 않게 보인다. 한 사람은 확신에 의해 구분되고, 다른 한 사람은 탐구에 의해 구분된다. 드골 장군은 전문가로서 행동에 접근한다. 반면에 앙드레 말로는 행동에서 모험을 한다."[39]

바로 이와 같은 모든 이유들 때문에 드골 장군은 자신의 행동과 명성을 방어하는 임무를 띤 샤를 드골 연구소를 앙드레 말로에게 책임지도록 맡기게 된다. 1970년 4월, 그는 자신의 충실하고 헌신적인 휘하 협력자인 피에르 르프랑을 맞이해 다음과 같은 지시를 했다. "가능한 오랫동안 이 기획은 사적이 되어야 하고 그에게 충실하게 될 협력자들에 의해 관리되어야 한다고 그는 결정했다. 그는 나에게 이 연구소의 설립자들이 될 여섯 위원[앙드레 말로, 가스통 팔레브스키, 조프루아 드 쿠르셀, 해방훈장 상훈국 총재(당시 에티에 드 부아랑베르), 자유프랑스인 연합회 총재(당시에 라 아예(La Haye) 제독] 그리고 피에르 르프랑]의 리스트를 주었다. 그는 내가 제안한 몇몇 인사는 배제했다. 왜냐하면 그들은 그의 계승자의 행동에 동조했기 때문이다. 그리고 그는 앙드레 말로가 소장직을 맡아 주었으면 하는 소망을 피력했다."[40] 이와 같은 선택은 상징적이면서도 본질적이었다. 드골 장군은 앙드레 말로에게 자신의 존경과 경의를 나타내 보인 것만이 아니었다. 그를 자신의 명성의 지킴이로 지정함으로써 그는 그를 자신의 운명과 전설의 높이에 있는 유일한 인물로 간주했던 것이다. 1958년 1월 12일자 편지에서 그는 앙드레 말로가 『제신(諸神)의 변모』를 보내 준 데 대해 감사하면서 이렇게 편지를 쓰고 있다. "당신 때문에 참으로 많은 것을 보았거나 보았다고 생각했습니다. 그렇지 않았다면 나는 그것들을 식별하

**39** Gaston Palewski, "André Malraux et de Gaulle", in *op. cit.*, pp. 98-99.
**40** Pierre Lefranc, *Avec de Gaulle*, Plon, 1979, pp. 379-380.

지도 못한 채 죽어야 할 것입니다. 그런데 바로 그것들은 모든 것들 가운데서 가장 그럴 만한 가치가 있던 것들입니다."

# 제13장

# "비극적인 자매인 이 두 영혼은 서로가 빛과 그림자로 뒤섞여 함께 날아갔다…"

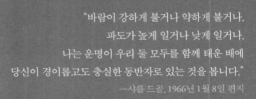

"바람이 강하게 불거나 약하게 불거나,
파도가 높게 일거나 낮게 일거나,
나는 운명이 우리 둘 모두를 함께 태운 배에
당신이 경이롭고도 충실한 동반자로 있는 것을 봅니다."
—샤를 드골, 1966년 1월 8일 편지

"당신을 도울 수 있는 영광을 누리게 되었던 것은
내 인생에 긍지였으며
지금은 허무 앞에서 더욱 더 그렇습니다."
—앙드레 말로, 1970년 9월 15일 편지

『희망의 기억』의 집필 작업과 나란히 드골 장군은 또한 최초의 텍스트—1940년 6월 18일의 호소문—에서부터 마지막 텍스트—국민투표 결과에 따라 사임을 발표하는 1969년 4월 28일의 공식 성명서—이르기까지—즉, 800개 이상이 되는 텍스트들—자신의 연설·메시지·성명서·기자 회견문을 모아 출간하는 작업을 시도했다. 제1권은 1970년 4월 17일에 출간되었고, 마지막 권은 같은 해 9월 18일에 출간되었다. 10월 23일 『희망의 기억』의 제1권 『부흥(Le renouveau) 1958-1962』 역시 서점에 나온다. 드골 장군은 1962년 8월부터 1965년 12월까지 다루면서 『노력(L'effort)』이라는 제목을 붙인 제2권에 대해 이미 작업을 하고 있었다. 이 작업은 그의 일과의 주요 부분을 차지했다. 그는 이제 자신에게 시간이 얼마 남지 않았다는 것을 알고 있었다. 그는 앙드레 말로에게 이렇게 털어놓은 바 있었다. "나는 암살당해 죽거나 급사할 것입니다."[1] 실제로 그는 급사했다.

1970년 11월 9일 아침나절 내내 드골 장군은 평소대로 자기 사무실

---

1  Jean Mauriac, *L'après de Gaulle, notes confidentielles 1969-1989*, Fayard 2006, p. 140.

에서 『희망의 기억』 제2권 3장의 집필에 매진하고 있었다. 그는 점심 식사 때 부인을 다시 보았다. 짧은 산책을 한 후, 그는 정원을 확장해 그곳에 많은 나무를 심고자 최근에 사들인 땅뙈기를 정리하는 문제를 상의하기 위해 마을의 농부를 맞이했다. 그 다음에 그는 사무실에서 다시 작업을 시작했다. 오후 5시가 조금 못 되었을 때 그는 다시 짧은 산책을 한 후 부인과 차를 마셨다. 그런 다음 그는 사무실로 돌아가 서신을 교환하는 일에 시간을 할애했다. 18시 30분경 식당에 있는 부인에게서 몇몇 주소들을 얻은 후 자기 사무실 덧문들을 닫았다. 그는 15분 후, 19시 15분경에 차려지는 저녁식사를 기다리면서 평소 카드 점치기를 하는 브리지 테이블 앞에 앉았다. 갑자기, 19시 직전에 그는 소리를 외치더니 "오, 여기, 등이 아프구나"[2]라고 중얼거렸다. 이것이 의자에 무너지기 전에 그가 남긴 마지막 말이었다. 그렇게 그는 의식을 잃었다.

냉정을 잃지 않고 드골 부인은 그의 시중을 드는 두 명 가운데 한 명인 샤를롯을 불러 바르 쉬르 오브에 있는 의사 기 라슈니에게 전화를 걸라고 시켰다. 의사는 진행 중인 진찰을 중단하고는 즉시 자동차를 타고 콜롱베로 전속력으로 달려 도로의 여러 출구들을 벗어나 10분 만에 라 부아세리에 도착했다. 한편, 또 한 명의 시중드는 여자인 오노린은 저택 정문 맞은편에 기거하는 운전사 프랑시스 마로를 불렀다. 운전사는 도착하자 드골 부인, 샤를롯 그리고 오노린이 서재의 바닥에 놓인 소파의 매트리스 위에 드골 장군을 옮기는 것을 도왔다. 그런 다음 그는 콜롱베 레되제글리즈의 사제인 조제(Jaugey) 신부를 찾으러 갔다. 신부는 자신의 사제관 사무실에 있었다. "빨리 오세요, 장군이 실신했습니다."[3] 그는

---

2  Jean Mauriac, *Mort du général de Gaulle, op. cit.,* p. 160.

환자들의 성사(聖事)를 위한 상자를 챙긴 후 19시 10분 의사와 같은 시각에 도착했다. 그는 즉시 장군을 살펴보는 의사에게 자리를 비켜주었다. "나는 헐떡거리는 소리인 신음소리를 들었다. 바로 그 순간에 다만 나는 모든 게 끝났다는 것을 알았다. 그것은 단말마의 헐떡거림이었다."**4** 의사는 아직도 희망을 품고 있던 드골 부인에게 몸을 돌렸다. "눈으로 보건대, 아무것도 시도할 수 없고 희망이 없다는 것을 알았습니다." 이렇게 해서 그는 드골 장군에게 모르핀 한 대를 놓아 혹시 모를 고통을 완화시켰다. 이때 조제 신부가 드골 부인의 요청으로 방으로 다시 들어왔다. 그는 무릎을 꿇고 환자의 성사를 집전했다. "이 성유(聖油)를 통해 주님께서 당신이 지은 모든 죄를 용서하시길, 아멘."**5** 시간은 19시 25분이었고, 드골 장군의 심장은 박동을 막 멈추었던 것이다.

그들 모두가 드골 장군 주위에 조용히 무릎을 꿇고 있는 가운데 드골 부인이 "그분은 2년 전부터 많이 괴로워하셨어요", 라고 중얼거렸다. 그녀는 침착을 유지하면서도 충격을 받고 흔들렸다. 시중드는 두 여자는 눈물을 흘렸다. 그리고 드골 부인은 비애를 참으면서 냉정하게 필요한 첫 결정을 했다. 그녀는 신부에게 사위인 알랭 드 부아시외(Alain de Boissieu) 장군에게 전화를 해 타계를 알리고, 아들 필리프 드골에게 알려달라고 요청했다. 그녀는 의사·신부·운전사에게 드골 장군에게 군복을 입혀 반쯤 프랑스 국기로 덮을 것을 부탁했다. 바오로 6세(Paul VI) 교황이 선물한 묵주가 그의 손에 놓였다. 그리고는 의사와 신부는 떠났다. 같은 시간에 공안 경찰관 한 명이 사제관에 도착했다. 라 부아세리를 자주

---

3  *Id., ibid.*

4  *Id., ibid.,* p. 161.

5  *Id., ibid.,* p. 162.

왕래하는 헌병들로부터 연락을 받고 무슨 일이 일어났는지 알기 위해 온 것이었다. "아무것도 걱정할 게 없소", 라고 조제 신부가 대답했다.

죽음의 소식은 가족에게 알리기 위해 그 다음 날 아침까지 비밀로 유지되었다. 드골 장군의 딸 엘리자베스 드 부아시외가 남편과 딸 안(Anne)과 함께 아침 1시경에 라 부아세리에 도착했다. 드골 장군의 아들은 파리로 오는 기차를 탔다. 그는 자기 아버지가 두 자식들과 조르주 퐁피두에게 위임한 유언을 분명히 하고자 했다. 1952년부터 드골 장군은 웅장한 의례를 거부하고 유언장에다 장례식의 세부적 사항들을 명시해 놓았던 것이다. "나는 나의 장례식이 콜롱베레되제글리즈에서 거행되기를 원한다. (……) 나의 무덤은 나의 딸 안(Anne)이 영면하고 있고 언젠가 나의 아내가 영면하게 될 무덤이 될 것이다. (……) 장례식은 (……) 지극히 단순해야 한다. (……) 국장을 치러서는 안 된다. (……) 나의 가족, 나의 동료들 (……). 프랑스와 다른 나라들의 남녀들은 그들이 원한다면 나를 추모해 내 마지막 안식처까지 내 육신을 뒤따르는 경의를 표할 수 있을 것이다……"[6] 11월 10일 7시 20분에 공화국 대통령 조르주 퐁피두는 알랭 드 부아시외의 전화를 받은 엘리제 궁의 군 참모장 드길(Deguil) 장군으로부터 드골 장군의 서거를 보고 받았다. 9시 40분에 긴급 보도를 통해 AFP 통신은 전(前) 국가 원수의 서거를 알렸다. 앙드레 말로는 여비서를 통해 이것을 알게 된다. 여비서는 라디오로 이 소식을 듣고는 즉시 그에게 알렸던 것이다. 전화통화들이 계속 이어진다. 드골 장군의 가족 또한 그와 연락을 취했다.

---

6  이 유언은 1952년 1월 16일 드골 장군이 아들인 필리프 드골, 딸인 엘리자베스 드 부아시외 그리고 당시 드골 장군의 비서실장이었던 조르주 퐁피두에게 한 것이다.

11월 12일 목요일, 드골 장군의 개인 장례식은 그의 가족과 해방훈장 수여자(Compagnons de la Libération)들이 참석한 가운데 엄격하게 단순한 형식으로 거행되었다. 같은 날 아침 노트르담 성당에서 많은 국가 원수들과 정부 수반들이 참석한 가운데 미사가 거행되었다. 콜롱베레되제글리즈의 작은 교회에서는 가족 주위에 350명의 동지들이 운집했다. 하지만 단 한 사람 앙드레 말로만이 없었다!…… 자유프랑스의 비행사 유니폼을 걸친 로맹 롤랑을 동반하고 오를리에서 샬롱쉬르마른으로 오는 헬리콥터를 타고 오느라 늦어진 것이다. 그들은 미사가 집전되기 잠시 전에 바퀴 소리를 내면서 시트로엥 DS 자동차를 타고 도착했다. 그들은 드골 부인을 방문하러 갔지만, 보지 못하고서 라 부아세리에서 되돌아오는 길이었다. "장군의 가족은 앞줄들에 자리를 잡았었다. 그 뒤에는 (……) 해방훈장 수여자들과 마을 주민들이 자리 잡았다. 바깥에는 프랑스의 남녀 국민들이 침묵 속에서 콜롱베를 가득 채우고 있다. 갑자기 정문이 열리고 태양빛이 교회에 넘쳐난다. 앙드레 말로가—머리는 헝클어지고, 상반신을 숙인 채, 외투는 단추를 잠그지 않고, 급격하고 불규칙한 거동을 하며 정신이 나간 모습을 하고는—자유프랑스 시절 입었던 유니폼을 걸쳤던 로맹 롤랑을 대동하고 중앙 홀을 가로질러 갔다. 푸르케(Fourquet) 장군이 일어나서 자리를 양보했다. 문들은 열리자마자 곧바로 다시 닫혔었다. 영구차의 소리가 멎었다. 조종도 멎었다. 태양이 비치는 가운데 콜롱베의 열두 명의 젊은이들이 어깨에 짊어진 드골 장군의 길고 가느다란 관이 천천히 들어왔다."[7]

며칠 뒤 앙드레 말로는 장 모리아크에게 이렇게 토로했다. "기사의 장

---

7  Jean Mauriac, *L'après de Gaulle*……, *op. cit.*, p. 69.

례식이었소. 다만 가족, 훈장 수여자들, 구역의 신자들만이 있었소. 하지만 장군의 유해는 관 속에 있는 게 아니라 기사의 유해처럼 통나무 위에 놓여 있어야 했었는데……"[8] 앙드레 말로는 드골 부인의 초췌한 얼굴과 이상하게 6월 18일의 인물을 닮은 필리프 드골의 얼굴을 알아보았다. 드골 장군의 관이 딸 안(Anne)의 관 옆에 놓이고 사람들이 그의 무덤 앞을 행렬을 지어 지나갈 때, 앙드레 말로는 자신의 연설에 그토록 자주 등장했던 검은 숄을 걸친 늙은 여자 농부를 알아보았다. "경계를 서고 있는 해병대원들 뒤의 군중 속에서 검은 숄을 걸친 여자 농부가 코레즈(Corrèze)에 있는 항독 지하운동가들의 은닉처의 여자 농부처럼 이렇게 울부짖는다. '왜 나를 지나가지 못하게 하는 겁니까! 모든 사람이 따를 수 있다!, 고 그분은 말했습니다. 모든 사람이 따를 수 있다!, 고 그분은 말했다고요.' 앙드레 말로는 해병대원의 어깨에 손을 얹고 말했다. '당신은 그녀를 내버려두어야 할 겁니다. 그게 장군을 기쁘게 할 테니까요. 그녀는 프랑스처럼 말합니다.' [해병대원은] 말없이 돌아서서 팔을 움직이지 않은 채 무기를 가련하고 충실한 프랑스에 향하는 것 같았다."[9]

앙드레 말로는 드골 장군이라는 인물에 대해 많은 생각을 표현했지만, 그 반대는 그렇지 않았다. 자신의 글들, 연설들 혹은 대담들을 통해서 그는 그 자신이 볼 때 이 드골이라는 인물의 전설적인 미스터리를 계속적으로 파헤치려고 애썼다. 그것들을 통해 말로의 사유가 그리는 변화들을 볼 수 있다. 설령 매우 커다란 연속성이 도출된다 할지라도 말이

---

8  *Id. ibid.*, p. 70.

9  André Malraux, *Antimémoires, op. cit.*, p. 687.

다. 1945년 7월 드골 장군과 처음으로 만나고 난 후 육군부를 나오면서 앙드레 말로는 이 면담을 다시 생각했다. 그는 "방금 질문을 해대는 한 인간을 만났는데, 그의 힘은 우선 (……) 그의 침묵의 형태를 띠고 있었다. (……) 내적 거리가 작용하고 있었다. 민간인이었다 해도, 드골 장군은 드골 장군이었을 것이다. (……) 나는 사상들을 좋아했고 도중에 감지할 수 없을 만큼 그것들에 경의를 표했던 한 장군을 보았었다. 그는 프랑스의 운명을 책임지고 있었기 때문에 그는 그 앞에서 각자가 책임을 느끼는 그런 인물이었다. 끝으로 그는 그가 발견할 수밖에 없었고 긍정할 수밖에 없었던 이 운명으로 정신이 채워져 있는, 사로잡힌 인물이었다."[10] 앙드레 말로는 그들의 최초 만남에 대한 다음과 같은 인상을 로제 스테판에게 내비쳤다. "내가 그를 알게 되었을 때, 나의 즉각적인 감정은 그가 그렇게 리슐리외(Richelieu)를 닮지 않았고, 물론 위대한 장수를 닮지도 않았다는 것이었습니다. 왜냐하면 그는 전투에 승리한 적이 없었기 때문입니다. 그는 무엇보다도 성 베르나르, 다시 말해 어떤 소명 의식이 있는 그런 인물을 닮아 있었습니다. 당연히 그의 소명의 이름은 프랑스였습니다."[11] 앙드레 말로는 클로드 모리아크에게 이렇게 털어놓았다. "그는 비범하게 반추하는 인물인데, 그의 모든 힘은 바위처럼 단단하고 흔들리지 않는다는 데 있습니다. 그는 몇몇 질문을 던지고 '발표' 같은 것을 하게 하고는, 이윽고 중단시키고 자신에게 흥미 있는 요점을 개진하면서 말을 하지만 교환하지는 않아요. 요컨대 『칼날(Le fil de l'epée)』 이라는 용어가 그를 놀라울 정도로 잘 그려 줍니다. 게다가 그의 모든

10 *Id., ibid.*, p. 98.
11 Roger Stéphane, *André Malraux……* *op. cit.*, p. 121.

것이 이 책에 있다는 것은 우리한테 놀라운 일이 아닙니다. 대다수의 위대한 인물들은 자신의 운명을 체험하기도 전에 그것을 표현합니다. 이것은 모든 전기들이 우리에게 확인시켜 주는 이상한 현상이죠."[12]

앙드레 말로는 임시정부 때 또한 드골과 프랑스인들의 관계에 대해 탐구했다. "장군은 프랑스인들이 패배를 받아들였었다는 것을 알고 있었다. 그는 그들이 페탱을 받아들였었다는 것을 알고 있었다. 그리고 나는 그가 해방의 열광 이후로 자신이 수백만 사람들의 위안이었다는 것을 알고 있었다고 생각한다. 항독 운동에서 프랑스는 프랑스가 실제 모습이었던 것보다 그렇게 되었으면 했던 모습을 알아보았던 것이다. 하지만 장군의 진정한 대화는 프랑스와의 대화였다. 프랑스가 공화국이든, 국민이든 혹은 민족이든 그 어떻게 불리든 말이다. '국가수반이라는 인물은 한편으로 늘 혼자이고 다른 한편으론 세상 사람들과 함께 있다'고 나폴레옹은 말했다. '오직 프랑스와' 함께 있다고 아마 드골 장군은 생각했을 것이다."[13]

1958년 5월 말 라페루즈 호텔에서 앙드레 말로는 자기 자신에 충실한 드골 장군을 다시 만났다. "그는 그가 늘 자신 안에 간직해 온 위대한 고독을 협상을 위해 버리고 있었지만, 이는 또한 그가 오랫동안 사로잡혀 있었던 프랑스의 운명을 위해서였다. 그가 이 그림자와 침착하게 나누는 대화에는 아무것도 변한 게 없었다."[14]

이 대담 뒤에 앙드레 말로는 드골 장군에 대한 개인적인 초상을 그려 냈다. "사적인 자리에서의 그 인물은 사적인 일들을 말하는 사람이 전

---

**12** Claude Mauriac, *Et comme l'espérance est violente, op. cit.*, p. 129.

**13** André Malraux, *Antimémoires, op. cit.*, p. 102.

**14** *Id. ibid.*, p. 108.

혀 아니었고 다만 국사를 언급하지 않는 사람이었다. 그는 자기 자신으로부터 충동적 성격도 포기도 받아들이지 않았다. 그는 리셉션이나 그가 선택한 기회에서 피상적인 대화를 기꺼이 받아들였다. 그는 이 대화를 친절하게 이끌었다. 하지만 그것은 예의에 속했고 예의는 그의 인물됨에 속했다. 나폴레옹은 자신의 주변 여자들을 공포에 사로잡히게 했다. 장군의 주변 여자들은 그를 거리가 있으면서도 '매력적'(매력적이란 낱말은 주의 깊다는 의미였다)이라고 평가하고 있었다. 왜냐하면 이 인물은 그들의 아이들에 대해 말할 때조차도 여전히 드골이었기 때문이다. 우리나라의 역사를 만든 사람들의 전기에서 그들의 아내 이외에 다른 여자들이 나타나지 않는 경우는 매우 드물다…… 이 모든 것은 예전에 육군부에서 나를 맞이했던 성당 기사들의 위대한 지배자와 일치했다. 왜냐하면 그와 같은 친절은 성직에서 비롯되는 것이지 그 반대가 아니기 때문이다. 내가 볼 때 아마 그의 가족을 제외하고 모든 사람에게 그는 그 성직의 전설적인 인물됨을 반영하고 있었다."[15]

가족 같은 허물없음에 대해서 말하자면 "슬리퍼를 신고 있는 모습을 통해 인간적으로 접근할 수 있는 사람들이 있다. 이와는 매우 다른 방식으로 접근할 수 있는 사람들이 있다. 하지만 나의 감정은 내가 한 번도 보지 못한 슬리퍼를 신은 모습을 통해 드골 장군의 가장 친근하거나, 가장 은밀하고 가장 감추어진 부분에 결코 접근하지 못했다는 것이고, 그뿐 아니라 나는 아무도 슬리퍼 신은 모습을 본 적이 없다고 생각한다. (……) 나는 아무도 본질적인 것과의 대면이라는 (……) 영역 이외의 다른 방식으로 드골 장군을 안 사람이 결코 있다고 생각하지 않는다. (……)

---

15 *Id., ibid.*

'샤를은 없는 것이다.'[16]"[17] 그리고 앙드레 말로는 이렇게 분명히 말하고 있다. "내가 결합되었던 것은 드골이라는 개인이 아니라 그가 나타내고 있던 인간이고 그가 나타내고 있던 것입니다. 드골이라는 사람으로부터 우리는 아무것도 받아들이지 않았거나 거의 받아들인 게 없었다는 것을 유념하세요."[18]

어떤 사람들은 앙드레 말로가 드골 장군에 봉사하는 선택을 했다고 많이 비난했다. 그들은 그의 우정과 충실이 투쟁적 소설가와 반파시스트 투사로서의 영광을 고려할 때 길을 잘못 든 것이라고 간주했다. 그에게 드골 장군을 위한 참여는 그의 투쟁의 연속에 불과했다. "[앙드레 말로가] 느끼고 방어하는 것과 같은 드골주의는 자유·형제애·권위라는 세 가지 요구에 부합한다. (……) 그가 보기에 드골주의는 진정한 자유의 지배가 이루어지게 해준다. (……) 그는 그것을 '자유를 위한 책임'으로 규정할 뿐 아니라 단 하나의 국민으로 통합되고 결집한 시민들의 (……) 형제애로 규정한다. 끝으로 드골주의는 유일하게 개인들의 자유를 보장해줄 수 있고 모든 에너지가 함께 향해야 할 이상을 구현시킬 수 있는 권위가 전면에 존재하는 그 현전에 의해 특징지어진다. 자유로운 인간들의 형제애는 한 지도자의 영도 아래 위대한 목표를 향해 전진한다. 그렇게 앙드레 말로에게 드골주의는 나타난다."[19]

사실, 말로의 사상은 본질적으로 하나의 형이상학이다. 다시 말해 그것은 삶의 신비에 가져다주는 하나의 대답이다. 아니 그보다는 앙드레

---

**16** 공적인 인간 드골과 대비되는 사적인 인간 샤를을 말함—역주.

**17** Roger Stéphane, *André Malraux*…… *op. cit.*, p. 124에서 인용.

**18** Claude Mauriac, *Et comme l'espérance est violente, op. cit.*, p. 203.

**19** Janine Mossuz-Lavau, Préface à André Malraux, *La politique, la culture*……, *op. cit.*, pp. 20-21.

말로한테는 죽음에 가져다주는 하나의 대답이다. 그는 죽음에 대해 매우 예리한 의식과 매우 내밀한 인식이 있기 때문이다. 그는 생애 내내 죽음에 직면하게 되며 중단 없는 대화를 통해 자신을 "죽음에 대항하는 존재"[20]로 규정하면서 죽음에 대항해 일어서고자 한다. "한 인간이 자신의 인간 조건을 극복할 수 있다는 것은 흔치 않다."[21] 신의 죽음이 각자로 하여금 자신의 가치들을 선택하게 했다고 주장한 니체에 이어서, 앙드레 말로는 죽음을 인간의 피할 수 없는 지평으로 보고 그것으로부터 벗어나고자 한다. 인간은 자신의 현 존재, 자신의 조건, 자신의 자유, 자신의 환원 불가능성을 의식하면서 자신의 숙명으로부터 벗어난다. 행동을 통해서, 그리고 이어서 창조를 통해서 인간은 스스로를 해방시킨다. 말로의 형이상학에서 예술과 행동은 분리 불가능하며 자유를 가져다주는 것이다. 통일성으로서의 그의 이상은 "인간들 자신 안에 있는데도, 그들이 모르고 있는 위대함에 대한 의식을 그들에게 주고자 시도하는 것이다."[22]

1969년 12월 말 루이즈 드 빌모랭이 죽은 후 앙드레 말로는 베리에르르뷔송(Verrières-le-Buisson)에 영주(永住)했다. 그는 1969년 6월 문화부 장관 사임 이후 팔레 루아얄에 얻어 놓았던 아파트에 거주하는 것을 포기했다. 루이즈는 내부 장식을 직접 책임졌다. 너무도 가슴이 아팠다. 사실, 그가 문화부 장관직을 떠난 후 그는 또한 수상관저로서 1962년 7월 이후로 자신이 사용해 온 베르사유의 파비용 드 라 랑테른(Pavillon de la

---

20 Gaëtan Picon, *André Malraux par lui-même, op. cit.*, pp. 74-75.
21 André Malraux, *La condition humaine*, in *Œuvres complètes, op. cit.*, t. I, p. 1642.
22 André Malraux, *Le temps du mépris*, in *Œuvres complètes, op. cit.*, t. I, p. 777.

Lanterne)으로부터 이사를 했었다. 팔레 루아얄의 아파트가 수리가 끝나기를 기다리면서 그는 루이즈 드 빌모랭이 자신의 집 2층에 쓰도록 해 준 작은 아파트에 그의 책들·탈들·그림들을 옮겨 놓았던 것이다. 그녀가 죽은 후 루이즈의 남자 형제들과 합의해 앙드레 말로는 이 거처에 입주한다.

하지만 앙드레 말로는 비활동적으로 남아 있는 그런 인간이 아니었다. 1971년 3월에 동파키스탄에서 반란이 터졌다. 벵골인들은 그들의 지도자인 원로 무지부르 라만이 이끄는 자치적인 이슬람 체제에 찬성하는 투표를 했다. 야히아 칸 원수의 군부체제의 반동은 가차 없었다. 그는 이 반란을 피로 제압했다. 수백만의 벵골인들이 그들의 나라를 떠나 인도로 피신했다. 인도 군대가 벵골인들을 지원하러 오는 한편 미국은 국무총리 인디라 간디의 열정을 진정시키기 위해 이 지역에 항공모함을 보냈다. 9월 17일, 라디오 유럽 1은 앙드레 말로가 자원자들을 선동하는 호소문을 내고 자신이 벵골에 싸우러 가겠다고 한다고 알렸다. 앙드레 말로는 사실 곤경에 다시 처했다. "나는 지극히 갑갑하다. 인디라 간디는 자신이 파키스탄 문제를 해결하기 위해 마련하는 지식인 원탁회의에 나더러 참여해 달라고 요청했다. 나는 이것을 믿지 않는다. 그런 만큼 나는 말은 아무 짝에도 쓸모가 없고 다만 행동만이 효율적이라고 말하면서 거부하기 위해 편지를 썼다. 나의 대답은 마치 내가 싸우기를 원하는 것처럼 해석되었다!"[23] 자신의 의지와는 상관없이 개입된 그는 사건들의 추이를 지켜보았다. 그는 벵골인들에게 하나의 상징이 되었다. 그의 출발을 위해 정해진 날짜는 12월 15일이었다. 다행히도 3일부터

---

**23** Sophie de Vilmorin, *Aimer encore*, Gallimard, 1999, p. 63.

뱅골을 포위해 온 인도 군대는 신속하게 승리를 거두었다. 16일에 파키스탄은 패배를 인정하고 방글라데시의 독립을 인정했다. 앙드레 말로는 자신이 애초에 원하지 않았던 기이한 원정을 가까스로 모면했다. 17일에 그는 『르 피가로(Le Figaro)』지의 한 면에 미국 대통령 리처드 닉슨에게 뱅골을 위한 지지 문인 공개편지와 미국의 대외 정책에 대한 비판을 게재했다. "당신은 미국이 20년 동안 연기해 온 대화를 중국과 가동하려는 노력을 하려 하고 있습니다. 세계에서 가장 부유한 나라와 가장 가난한 나라의 옛 대화를 말입니다. 자유뱅골(Bengale libre)을 위해, 독립선언 국가 미국이 자신의 독립을 위해 싸우고 있는 비참을 짓밟는 것은 적절치 않다는 것을 당신이 기억하는 데 20년이 걸리지 않기를 바랍니다." 하지만 리처드 닉슨은 자신이 임박한 중국 여행을 하기 전에 백악관에 와 자신에게 고견을 제시해 달라고 그를 초청하는 답장을 했다. 앙드레 말로는 워싱턴 체류 동안 두 번 접견을 받았다. "나는 그에게 그들은 혁명가들을 만나지 못하게 될 것이라고 말했다. 하지만 중국인들이 신자본주의자들이 된 것은 그들이 혁명가들이 아니어서 그런 것이 아니라고 말했다. 마오쩌둥에게 혁명은 승리한 전투이다. 그는 생의 말년에 스탈린 같다. 그의 머리를 떠나지 않는 것은 중국에서 생활수준의 향상이다……" 리처드 닉슨은 『회고록(Mémoires)』에서 이렇게 쓰고 있다. "나이에도 불구하고 그의 사상의 번득임도, 그의 정신의 민첩함도 퇴색되지 않았다. 번역을 했어도, 그의 연설은 여전히 독창적이고 인상적이었다. (……) 말로는 마오쩌둥과 대화를 이끌어가는 방식에 대해 조언을 나에게 주었다. '대통령 각하, 당신은 경이적인 운명을 지녔고 자기 인생의 마지막 막을 연출한다고 생각하는 인물을 만나게 될 것입니다. 당신은 아마 그가 당신에게 말을 한다고 생각하시겠지만 사실 그는 죽음에게 말하게 될 것입니다…… 이것이 여행의 가치를 지닌 것입니다.'"[24]

1973년 4월, 앙드레 말로는 루이즈의 조카인 소피 드 빌모랭(Sophie de Vilmorin)과 함께 인도, 그리고 방글라데시를 방문하는데, 이때부터 소피 드 빌모랭은 몇 달 전부터 그의 삶을 함께 나누고 있었으며, 그를 돌보고 있었다. 인도에서 그는 인디라 간디의 접대를 받았다. 방글라데시에서는 그는 독립의 아버지 무지부르 라만 족장과 공화국 대통령 아부 세이드 초우두리(Abu Sayed Chowdhbury)의 환영을 받았다. 그는 해방자로서 맞아졌다. "당신들의 잡목 숲에 있는 그 어떤 묘지에든, 당신들의 지식인들의 시체들로 가득한 우물들에 엄청나게 큰 글자로 이렇게 쓰시오. '이곳에 나중에 지나가게 될 그대여, 이곳에 쓰러진 사람들은 고통의 시기 9개월 동안 맨주먹으로 싸우기를 받아들였기 때문에 죽었다고 우리의 모든 이웃들에게 가서 말해다오.' 우리를 둘러싸고 있는 숲들의 죽음이여, 안녕! 아무리 말살해도 복종하지 않는 한 국민의 영혼을 죽일 수 없다는 것을 그대들은 세계에 보여주었습니다."[25]

1972년 11월, 앙드레 말로는 라 살페트리 병원(La Salpêtrière)에 입원했다. 그는 경련과 실신을 겪는 심각한 신경장애에 걸렸던 것이다. "너무도 오랫동안 너무도 예민한 신경, 너무도 많은 관심에 의해 쉼 없이 자극받은 정신, 자신의 작품을 전개하기 위해 일상에서 빼낸 너무도 많은 밤들, 여기다 저녁에 잠을 자지 않기 위해 먹는 작은 환약들, 아침에 깨어나기 위해 먹는 작은 환약들, 술을 마시지 않기 위해 자제하지 않은 것까지 이 모든 것에 의해 쇠약해진" 것이었다. 검진 결과 소뇌가 위협

---

24 *Id., ibid.,* p. 97에서 인용.

25 Michaël de Saint-Chéron, *André Malraux ou la conquête du destin*, Bernard Giovanangeli, 2006, p. 128에서 인용.

받고 있음이 드러났다. 앙드레 말로는 죽어가고 있는 것으로 간주되었다. 그는 병원에 한 달을 머무는데, 이 시간은 부활의 시간이었다. "나는 이렇게 똑바로 수직으로 서 있다. 나는 불확실한 영역으로부터 돌아오고 있다. 당신은 내가 그곳에 머물고자 했는지 나에게 물을 것이다. 그런데 그게 대답하기가 그렇게 쉽지 않다. (……) 사실, 나는 죽음에 하나의 얼굴을 부여하는 데 내 인생을 보냈으며, 이것은 말하자면, 또한 죽음을 꼼짝 못하게 하는 방식이기도 했다. 그런데 그것이 더 이상 얼굴이 없으니…… 고통의 얼굴조차도 없다. (……) 혼동하지 말자. (……) 난 죽음으로의 이동에는 관심이 없다. 인간은 죽기 위해 이 세상에 온다. 그는 죽는다. 전혀. 아무런 관심도 없다. 하지만 형이상학적 성격의 관계는 우리의 흥미를 끈다. 왜냐하면 인간은 그 죽음에 대해 영향을 미치기 때문이다."[26] 이와 같은 경험으로부터 그는 『라자로(*Lazare*)』를 써 1974년 10월에 출간한다.

1973년 봄, 파블로 피카소가 죽었다. 몇 주 후에 그의 미망인 자클린은 앙드레 말로에게 피카소가 지난날 그림들을 모아 국가에 남긴 유산을 처리하는 데 도와달라는 부탁을 했다. 그는 무쟁(Mougins)으로 가 저택 아래쪽의 커다란 홀에서 피카소의 조각 작품들을 발견했다. 돌아와서 그는 소피 드 빌모랭을 통해 알베르 뵈레에게 이렇게 말했다. "내가 현대 예술에 대해 생각하는 게 무엇인지 마침내 알게 되었다고 뵈레에게 말해줘요."[27] 이 방문과 파블로 피카소와의 만남으로부터 그는 『흑요석의 머리(*La tête d'obsidienne*)』를 끌어내 그 다음에 출간했다.

**26** Sophie de Vilmorin, *Aimer encore, op. cit.*, p. 142.
**27** *Id., ibid.*, p. 195.

1973년 7월, 생폴드방스(Saint-Paul-de-Vence)에 있는 매그 미술관 (Foundation Maeght)은 그에게 경의를 표하기 위해 특별 전시회 〈앙드레 말로와 상상의 박물관〉을 기획했다. "나는 25년 전에 우리는 예술을 반(反) 운명으로 체험한다고 썼다. 그것은 이 문명이 지속되는 한 그렇게 남아 있을 것이다⋯⋯"28 "예술 작품들을 위해 설립된 이 미술관은 성당들이 초자연의 세계를 감추고 있듯이, 살아남음을 담아내는 상상의 박물관을 맞이하고 있다." 또한 그는 『제신(諸神)의 변모』 제2권의 집필을 다시 시작했는데, 이것은 『상상의 박물관』 다음에 이어서 나온, 예술에 대한 그의 깊은 사색의 또 다른 부분이었다. 그는 그것을 1958년에 중단했다. 제1권 『초자연의 세계(Le surnaturel)』는 1957년 11월에 나왔다. 제2권 『비현실의 세계(L'irréel)』는 1974년 6월에 출간되었고, 제3권 『초시간의 세계 (L'intemporel)』는 1976년 6월에 출간되었다. 또한 그는 1975년에 『과객들 (Hôtes de passage)』을 출간했는데, 이것은 레오폴 세다르 셍고르, 알렉상드르, 그리고 막스 토레스(Max Torrès)의 초상들을 담은 책이다. 그는 또한 많은 서문들을 쓰고 특히 텔레비전에 방영된 많은 대담을 했다.

뿐만 아니라 말로는 몇몇 연설을 했는데, 이것들 모두가 레지스탕스 운동에 바친 경의를 표현했다. 1973년 9월 12일, 그는 글리에르(Glières) 고원에 다시 섰다. "톰 모렐(Tom Morel)이 죽었을 때 글리에르의 무장 항독 지하단체는 절멸되거나 흩어져 거대한 침묵이 생겼다. 최초의 항독 지하운동가들은 독일 사단들과 정면으로 맞서 거의 맨손으로—우리가 전개한 밤의 전투 속에서가 아니라 쌓인 눈이 발하는 끔찍한 빛 속에서 —싸웠기 때문에 쓰러졌다. 아직도 우리를 사랑했던 그 모든 사람들은

---

28 André Brincout, *Malraux le malentendu*, Grasset, 1986, p. 231.

이와 같은 침묵을 가로질러 캐나다에서 라틴아메리카까지, 그리스와 이란에서 태평양의 섬까지, 속박된 프랑스가 적어도 자신의 목소리들 가운데 하나를 되찾았다는 것을 인정했다. 왜냐하면 프랑스는 죽음의 목소리를 되찾았기 때문이다." 1974년 9월, 그는 알자스로렌 여단 30주년을 기념했다. 1975년 5월 10일, 샤르트르에서 그는 포로수용소 해방 30주년 기념행사에서 강제 수용되었던 여자들에게 경의를 표하면서 파리 해방이 그녀들에게 무엇이었는지를 상기시켰다. "그때, 포레누아르에서부터 발트해까지 모든 감옥들에서, 아직도 살아 있었던 그림자들의 거대한 행렬이 휘청거리는 다리를 딛고 일어섰습니다. 그리고 저들이 집단수용소의 기술을 통해 노예들로 만들고자 시도했던 여자들이 있었습니다. 왜냐하면 그녀들은 때때로 귀감이었기 때문입니다. 이 여자들로 된 국민, 머리를 짧게 깎인 여자들과 얼굴이 긁힌 여자들로 된 국민은 우리의 초라한 국민이었습니다! 아직 해방되지 못한 채, 여전히 죽음과 마주하면서 그들은 설령 프랑스를 결코 다시 보지 못하게 되어 있다 할지라도, 자신들은 승리자의 영혼을 가지고 죽을 것이라고 느꼈습니다."

또한 앙드레 말로는 샤를 드골 연구소에서 매우 활동적이면서 여전히 소장직을 맡고 있었다. 그는 이 연구소의 일상적인 운영을 책임지고 있는 피에르 르프랑을 정기적으로 만났다. 1975년 11월 23일 그는 드골 장군의 타계 5주년에 즈음하여 마지막 경의를 표했다. "장군은 1940년에 보이지 않는 것을 통해서, 도처에 존재하는 편재를 통해서, 심지어 자신의 이름을 통해서 신화를 닮게 되었습니다. 그는 이 이름, 그리고 하나의 계급에 불과했습니다. 첫째 날부터 그는 외인부대 수장도 아니었고, 페탱 원수에 대응한 망명정부의 수장도 아니었습니다. 페탱은 절망적인 메시지를 지니고 있었습니다. (……) 프랑스가 은유와는 다른 방식으로 말했던 것은 처음이었습니다. 사람들은 그것을 들었습니다. (……) 드골 장군이 분명한 것처럼 말한 애국은 오직 자유에 토대하고 있었습니다. (……) 그는 모든 사람이 알고 있지만 모든 사람이 침묵하는 것을 말하는 인물의 신비한 힘을 드러내면서 말했습니다. 그는 짓밟힌 조국에 사랑의 가장 단순한 형식을 제공하는 결합을 표현했습니다. 그것은 네가 나에게 필요하다는 것이었습니다. 그의 카리스마는 성 프란치스코가 그리스도에 대해 그렇게 했듯이, 프랑스를 가깝고 설득력 있게 만드는 것에 지나지 않았습니다. (……) 그것은 '커다란 싸움과 결혼하는 것'이었습니다. 그는 드골주의자들에게 그들이 함께 갖게 될 아이들의 이름으로 프랑스와 결혼하라고 호소했습니다. 그리고 그들과 더불어, 프랑스가 불모의 상태가 아니라고 주장하는 것을 듣고 몹시 놀란 프랑스인들에게 말입니다. (……) 프랑스는 그가 그런 정도로 프랑스를 믿은 것에 대해 그에게 감사했습니다."[29]

1974년에 대통령 선거에서 자크 샤방델마스를 어정쩡하게 지지한 후, 앙드레 말로는 소피 드 빌모랭과 함께 일본을 방문했다. 6월에 그들은 인도를 향해 다시 출발했다. 1975년 12월에 그들은 아이티(Haïti)를 방문했다. 1976년 5월 12일 앙드레 말로는 기본적인 자유들과 권리들에 관련된 법안들을 검토하는 임무를 띤 특별위원회 앞에서 발표를 위해 국회를 방문했다. 그는 학교와 대학에 시청각 설비를 도입할 필요성에 대해 말했다.

1976년 봄에 그는 『덧없는 인간과 문학(L'homme précaire et la Littérature)』

---

29 André Malraux, *Antimémoires, op. cit.*, pp. 662-666.

의 집필을 시작한다. 10월에 그는 알베르 뵈레에게 마감된 원고를 맡겨 갈리마르사에 갖다 주게 한다. 그리고 그는 소피 드 빌모랭에게 "나는 내가 말해야 할 모든 것을 말했다"[30]고 털어놓는다.

1976년 8월부터 앙드레 말로는 화학요법 치료를 받고 있었다. 그는 상당히 진척된 단계의 암에 걸려 있었다. 11월 15일, 그는 폐울혈(肺鬱血)의 희생물이 되었다. 그는 크레테이유의 앙리 몽도르 의료센터로 옮겨졌다. 조그만 메모철에 그는 이렇게 갈겨썼다. "이와는 다른 식으로 되어야 할 텐데."[31] 그의 딸 플로랑스와 소피 드 빌모랭은 그의 머리맡에서 교대로 시중을 들었다. 그는 나아지는 것 같았다. 11월 22일 그는 폐혈전증의 희생물이 되었다. 그는 23일 아침 6시경에 숨을 거두었다. "이것은 끝이 없는 고역이다……"[32], 이것이 그가 남긴 마지막 말이었다. 24일 베리에르의 작은 묘지에서 그의 장례식이 거행되었다. 특별한 의식행사는 없지만 군중은 많았고 꽃들도 많았다. 두 개의 붉은 화관이 특별히 눈에 띄었다. 하나는 앙드레 말로가 드나들었던 라세르(Lasserre) 레스토랑에서 온 것이었고, 다른 하나는 프랑스 공산당에서 온 것이었다. 운집한 군중 한가운데는 알자스로렌 여단의 옛 부속사제였던 피에르 보켈 신부가 있었는데, 앙드레 말로는 그에게 언젠가 이렇게 말한 적이 있었다. "어느 누구도 신을 벗어날 수 없다는 것을 당신은 나보다 더 잘 알고 있습니다."

30 Sophie de Vilmorin, *Aimer encore, op. cit.*, p. 253.
31 *Id., ibid.*, p. 312.
32 *Id., ibid.*, p. 87.

# 출전 및 참고문헌

국립문서보관소, 샤를 드골 장군–프랑스공화국 임시정부재단

GAULLE (Charles de), *Mémoires*, Gallimard, Bibliothèque de la Pléiade.

GAULLE (Charles de), *Lettres, notes et carnets*, Plon, 13 vol., 1950-1997.

MALRAUX (André), *Œuvres complètes*, Gallimard, Bibliothèque de la Pléiade, t. I-V.

MALRAUX (André), *Les réalités et les comédies du monde*, L'Herne, 1996.

MALRAUX (André), *La politique, la culture. Discours, articles, entretiens d'André
     Malraux* (1925-1975), Gallimard, 1996.

MALRAUX (André), *Carnet du Front polulaire*, 1935-1936, Gallimard, 2006.


ALEXANDRE (Philippe), *Chronique des jours moroses*, 1969-1970, Presses de la Cité, 1971.

ALEXANDRE (Philippe), *Le duel de Gaulle-Pompidou*, Grasset, 1970.

André Malraux, *Cahier de l'Herne*, n° 43, 1982.

ARLAND (Marcel), *Ce fut ainsi*, Gallimard, 1979.

ARON (Robert), *Charles de Gaulle*, Perrin, 1965.

AUBURTIN (Jean), *Le colonel de Gaulle*, Plon, 1965.

BARRAULT (Jean-Louis), *Souvenirs pour demain*, le Seuil, 1972.

BARRÉ (Jean-Luc), *Devenir de Gaulle, 1939-1943*, Perrin, 2003.

BARRÉS (Philipp), *Charles de Gaulle*, Plon, 1945.

BAUMEL (Jacques), *Résister. Histoire secrète des années d'occupation*, Albin Michel, 1999.

BENNASSAR (Bartolomé), *La guerre d'Espagne*, Perrin, 2004.

BIASINI (Émile), *Sur Malraux, celui qui aimait les chats*, Éditions Odile Jacob, 1999.

BIET(Christian), BRIGHELLI (Jean-Paul), RISPAIL (Jean-Luc), *Malraux, la création d'un destin*, Gallimard, 1987.

BLUM (Léon), *La prison, le procès, la déportation, Mémoires & Correspondance*, Albin Michel, 1955.

BOCKEL (Pierre), *L'enfant du rire*, Grasset, 1973.

BOISDEFFRE (Pierre de), *André Malraux, la mort et l'histoire*, Éditions du Rocher, 1996.

BOISDEFFRE (Pierre de), *De Gaulle malgré lui*, Albin Michel, 1978.

BOISSIEU (Alain de), *Pour servir le Général*, Plon, 1982.

BOTHOREL (Jean), *Bernanos, le mal pensant*, Grasset, 1998.

BRINCOURT (André), *Malraux le malentendu*, Grasset, 1986.

BROCHE (François), *De Gaulle secret,* Pygmalion, 1993.

CARDINAL (Claude), *André Malraux ou la lutte avec l'ange*, Novalis, 2006.

CATE (Curtis), *Malraux*, Flammarion, 1994.

CAZENAVE (Michel), *Malraux, le chant du monde*, Bartillat, 2006.

CAZENAVE (Michel), *André Malraux*, Balland, 1985.

CHANTAL (Suzanne), *Le cœur battant*, Grasset, 1976.

CHASTENET (Patrick et Philippe), *Chaban*, Le Seuil, 1991.

CLERC (Christine), *Les de Gaulle, une famille française*, Nil Éditions, 2000.

Collectif, *Malraux*, Hachette Réalités, 1979.

Collectif, *Dictionnaire de Gaulle*, Robert Laffont, 2006.

Collectif, *André Malraux. D'un siècle à l'autre*, Colloque de Cerisy-la-Salle, Gallimard, 2002.

Comité d'histoire du ministère de la Culture, *Les affaires culturelles au temps d'André Malraux, 1959-1969*, La Documentation française, 1996.

COURCEL (Martine de) (sous la direction de), *Malraux, être et dire*, Plon, 1976.

CRÉMIEUX-BRILHAC (Jean-Louis), *La France libre*, Gallimard, 1996.

DEBRÉ (Michel), *Trois républiques pour une France. Mémoires*, Albin Michel, t. I- IV, 1984, 1988, 1988, 1993.

DEBRÉ (Michel), *Entretiens avec le général de Gaulle*, 1961-1969, Albin Michel, 1993.

DORENLOT (F. E.), *Malraux ou l'unité de la pensée*, Gallimard, 1970.

DULONG (Claude), *La vie quotidienne à l'Élysée au temps du général de Gaulle*, Hachette, 1974.

ESCRIENNE (Jean d'), *De Gaulle de loin et de près*, Plon, 1978.

ESCRIENNE (Jean d'), *Le Général m'a dit 1966-1970*, Plon, 1973.

FLOHIC (François), *Souvenirs d'outre-Gaulle*, Plon, 1979.

FOCCART (Jacques), *Foccart parle*, Fayard / Jeune Afrique, 1995.

FOCCART (Jacques), *Journal de l'Élysée, 1965-1969*, t. I-II, Fayard / Jeune Afrique, 1997, 1998.

Fondation Charles de Gaulle, *Charles de Gaulle. La jeunesse et la guerre, 1890-1920*, Plon, 2001.

Fondation Charles de Gaulle, *Charles de Gaulle. Du militaire au politique, 1920-1940*, Plon, 2004.

FOULON (Charles-Louis) (sous la direction de), *André Malraux et le rayonnement culturel*, Complexe, 2004.

FRIANG (Brigitte), *Petit tour autour de Malraux*, Éditions du Félin, 2001.

FRIANG (Brigitte), *Un autre André Malraux*, Plon, 1977.

FRIANG (Brigitte), *Regarde-toi qui meurs*, Robert Laffont, 1970.

FROSSARD (André), *De Gaulle ou la France en général*, Plon, 1989.

FUMAROLI (Marc), *L'État culturel. Essai sur une religion moderne*, Édition de Fallois, 1992.

GALANTE (Pierre), *André Malraux. Quel roman que sa vie*, Plon, 1971.

GARY (Romain), *Ode à l'homme qui fut la France*, Calmann-Lévy, 1997.

GAULLE (Philippe de), *De Gaulle, mon père, entretiens avec Michel Tauriac*, Plon, t. I-II, 2003, 2004.

GERBER (François), *Malraux-de Gaulle: la nation retrouvée*, L'Harmattan, 1996.

GODARD (Henri), *L'amitié André Malraux, souvenirs et témoignages*, Gallimard, 2001.

GROVER (Frederic J.), *Six entretiens avec André Malraux sur des érivains de son temps*, Gallimard, 1978.

GUY (Claude), *En écoutant de Gaulle. Journal 1946-1949*, Grasset, 1996.

HOLLEAUX (André), *Malraux ministre au jour le jour*, Comité d'histoire du ministère de la Culture, 2004.

HUARD (Paul), *Le colonel de Gaulle et ses blindés*, Plon, 1980.

Institut Charles de Gaulle, *De Gaulle et André Malraux. Actes du colloque*, Espoir/
Plon, 1987.

JEANNELLE (Jean-Louis), *Malraux, mémoire et métamorphose*, Gallimard, 2006.

KAUFFER (Rémi), *André Malraux, 1901-1976, le roman d'un flambeur*, Hachette
Littératures, 2001.

KERSAUDY (François), *De Gaulle et Churchill*, Perrin, 2001.

LACOUTURE (Jean), *De Gaulle*, Le Seuil, 1994.

LACOUTURE (Jean), *Malraux, une vie dans le siècle*, Le Seuil, 1973.

LACOUTURE (Jean), MEHL (Roland) (sous la direction de), *De Gaulle ou l'éternel défi*,
Le Seuil, 1988.

LA GORCE (Paul-Marie de), *De Gaulle*, Perrin, 1999.

LANGLOIS (Walter G.), *André Malraux, l'aventure indochinoise*, Mercure de France, 1967.

LARCAN (Alain), *Charles de Gaulle, itinéraires intellectuels et spirituels*, Presses
universitaires de Nancy, 1993.

LARCAN (Alain), *De Gaulle inventaire. La culture, l'esprit, la foi*, Bartillat, 2003.

LARRAT (Jean-Claude), *André Malraux*, Librairie générale française, 2001.

LE BIHAN (Adrien), *Le général et son double. De Gaulle écrivain,* Flammarion, 1996

LEMIRE (Laurent), *Malraux, antibiographie*, J.-C. Lattès, 1995.

LEFRANC (Pierre), *25 ans avec le général de Gaulle*, Plon, 1979.

LYOTARD (Jean-François), *Signé Malraux*, Grasset & Fasquelle, 1996.

MALRAUX (Alain), *Les marronniers de Boulogne*, Bartillat, 2001.

MALRAUX (Clara), *Le bruit de nos pas, Grasset*, t. I-VI, 1963, 1966, 1969, 1973, 1976,
1979.

MARIN (Bernard), *De Gaulle de ma jeunesse*, Le Cercle d'or, 1984.

MAURIAC (Claude), *Un autre de Gaulle. Journal 1944-1954*, Hachette, 1970.

MAURIAC (Claude), *Et comme l'espérance est violente*, Grasset, 1976.

MAURIAC (François), *De Gaulle*, Grasset, 1964.

MAURIAC (Jean), *Mort du général de Gaulle*, Grasset, 1972.

MAURIAC (Jean), *L'après de Gaulle, notes confidentielles 1969-1989*, Fayard, 2006.

MERCADET (Lémon), *La brigade Alsace-Lorraine*, Grasset, 1984.

MOINOT (Pierre), *Tous comptes faits*, Gallimard, 1997.

MOLL (Geneviève), *Yvonne de Gaulle*, Ramsay, 1999.

MOSSUZ-LAVAU (Janine), *André Malraux et le gaullisme*, Presses de la Fondation nationale des sciences politiques, 1982.

MOSSUZ-LAVAU (Janine), *André Malraux, qui êtes-vous?*, La Manufacture, 1987.

NACHIN (Lucien), *Charles de Gaulle, général de France*, Berger-Levrault, 1971.

NOËL (Léon), *De Galle et les débuts de la Ve République, 1958-1965*, Plon, 1976.

PASSERON (André), *De Gaulle parle*, Plon, 1962.

PASSERON (André), *De Gaulle parle, 1962-1966*, Fayard, 1966.

PEYREFITTE (Alain), *C'était de Gaulle*, t. I-III, Fallois / Fayard, 1994, 1997, 2000

PICON (Gaëtan), *Malraux*, Le Seuil, 1953.

POUGET (Jean), *Un certain capitaine de Gaulle*, Fayard, 1973.

QUERRIEN (Max), *Malraux. L'antiministre fondateur*, Éditions du Linteau, 2001.

RONDEAU (Daniel), STÉHANE (Roger), *Des hommes libres 1940-1945*, Grasset, 1997.

ROUANET (Anne et Pierre), *Les trois derniers chagrins du général de Gaulle*, Grasset, 1980.

ROUANET (Anne et Pierre), *L'inquiétude outre-mort du général de Gaulle*, Grasset, 1985.

ROUSSEL (Éric), *Geroges Pompidou*, J.-C. Lattès, 1994.

ROUSSEL (Éric), *Charles de Gaulle*, Gallimard, 2002.

RUDELLE (Odile), *De Gaulle pour mémoire*, Gallimard, 1990.

SAINT-CHERON (Michaël de), *André Malraux ou la conquête du destin*, Bernard Giovanangeli, 2006.

SALTET (Marc), *Vingt ans chez le Roi-Soleil*, Phileas Fogg, 2002.

SCHUMANN (Maurice), *Un certain 18 juin*, Plon, 1989.

SOUSTELLE (Jacques), *L'espérance trahie*, Éditions de l'Alma, 1962.

STÉPHANE (Roger), *André Malraux, entretiens et précisions*, Gallimard, 1984.

SUARÈS (Guy), *Malraux, celui qui vient*, Stock, 1974.

TANNERY (Claude), *L'héritage spirituel de Malraux*, Arléa, 2005.

TERRENOIRE (Louis), *De Gaulle vivant*, Plon, 1971.

TERRENOIRE (Louis), *De Gaulle, 1947-1954. Pourquoi l'éhec?*, Plon, 1981.

TODD (Olivier), *André Malraux, une vie*, Gallimard, 2001.

TOURNOUX (Jean-Raymond), *La tragédie du Général*, Plon, 1967.

TOURNOUX (Jean-Raymond), *Jamais dit*, Plon, 1971.

VANDEGANS (André), *La jeunesse littéraire d'André Malraux*, Jean-Jacques Pauvert,
    1964.

VIANSSON-PONTÉ (Pierre), *Histoire de la république gaullienne*, Fayard, 1971.

VILMORIN (Sophie de), *Aimer encore*, Gallimard, 1999.

## 잡지

*Espoir*(Malraux, paroles et écrits politiques, 1947-1972), n° 2, Plon, janvier 1973

*La Nouvelle Revue française*(Hommage à André Malraux), Gallimard, 1977

# 후기

1991년. 파리. 어떤 작은 공원에서 가늘고 흰 턱수염을 기른 늙은 남자가 벤치에 앉아 있다. 그는 지팡이에 의지하고 있다. 머리에는 모자를 쓰고 있다. 나이에도 불구하고 그는 삶에 미소를 짓고 있다. 선함이 그의 얼굴을 훤하게 빛나게 한다. 그는 열일곱 살 난 청년과 함께 있다. 늙은 남자는 그와 단둘이 있기 위해 산책을 구실로 내세웠다. 그는 전수해 주어야 할 추억과 삶이 있다. 그는 이 아이가 언젠가 이 순간을 이해하리라는 것을 알고 있다. 그는 그에게 자신의 1914-1918년의 전쟁, 참호들, 자신의 75밀리 대포를 이야기한다. 그리고 1940년의 패주를. 그는 중대장 계급의 예비역 장교였다. 1940년에 그는 자신의 중대와 함께 드골 장군의 호소를 들었던 드문 프랑스인들 가운데 하나이다. 늙은 남자의 이름은 피에르 바쇠르(Pierre Vasseur)이다.

1943년. 오트잘프(Hautes-Alpes)에 있는 오샹프소르(Haut-Champsaur)의 계곡. 그의 아내 쥘리에트(Juliette)의 두 오빠가 체포되었다. 그들은 알자스인들, 로렌 사람들, 대독협력 강제노동국의 탈주자들을 맞이해서 보호하고 숨겨주고 있었다. 군사훈련 기지들이 건설되어 있었다. 레지스탕스가 조직되고 있었다. 그들은 게슈타포에 고발되었다. 한 사람은 신부였기 때문에 아우슈비츠에 강제 수용되었다. 다른 한 사람은 신부가 아니었기 때문에 사살되었다. 그들의 이름은 루이 푸트랭(Louis Poutrain)과 피에르 푸트랭(Pierre Poutrain)이었다.*

그는 나의 증조부였다.
그는 내 증조부들이었다.
자유의 이 아이는 나다.
우리이다.

나는 그들을 내 안에 간직하고 있다.
그들은 나의 귀감들이다.
그들은 나의 기억이다.
그리고 특히, 이해할 수 있는 사람은 이해하라.
그들은 나의 희망이라는 것을.


샹탕브르, 2007년 8월 25일

---

* Louis Poutrain, *La déportation au cœur d'une vie*, Cerf, 1982.

# 감사의 말

이 책은 나로 하여금 우선 드골 장군을, 이어서 신속하게 앙드레 말로를 발견하게 이끌었던 만남들로 이루어진 개인사의 산물이다.

따라서 나는 나의 초등학교 선생님인 블로토 부인, 파시 뷔장발 중고등학교에서 보낸 나의 소란스럽고 행복했던 시절 동안 나의 선생님들이었던 마리 크리스틴 발랑 부인, 베로니크 데스피유 부인, 클로딘 르프레보스트 부인 그리고 도미니크 타케와 올리비에 프뤼보스트 부부에게 진심으로 충성스런 감사를 표하고자 한다. 이분 스승들은 나에게 역사와 문학을 사랑하게 해주었던 것이다.

또한 나는 에밀 장 비아지니·앙드레 올로·피에르 르프랑·알랭 말로·알랭 플랑테베르나르 트리코 등과 같은 사람들에게 고마움을 전하고자 한다. 이들은 나를 맞아서 드골 장군과 앙드레 말로에 대해 이야기해 주었다. 이들 모두는 매우 친절하고도 관심 있게 나를 맞아주었고 드골 장군과 앙드레 말로라는 인물들에 대해 보다 잘 이해하게 해주었다.

뿐만 아니라 나는 해군제독 필리프 드골과 국립문서보관소의 아녜스 칼뤼에게도 감사드린다. 전자는 내가 프랑스 공화국의 임시정부의 기록물들을 참조할 수 있도록 허락해 주었고, 후자는 호의와 참으로 대단한 유연성을 나에게 보여주었다. 나는 또한 샤를 드골 재단에 전적인 감사를 표하고자 한다. 이 재단은 그 구성원들 덕분에 귀중한 회고 작업을 수행했는데 이 작업은 내 나이 20세 때 만남들과 발견들의 장소가 되어 주었다.

또한 나는 파리의 예심판사 M. 보두엥 투브노에게 즐거운 눈길로 고마움을 보내고 싶다. 그는 내가 베네수엘라 밀수업자들이 봉디의 병원에 입원해 삼켜버린 코카인 캡슐들을 다시 뱉어내는 시간 동안 그들을 조사하기 위해 그곳으로 있을 법하지 않게 이동하는 동안, 앙드레 말로가 어린 시절을 보낸 도시를 발견하게 해주었다. 나의 작은 출퇴근용 자동차로 우리는, 뒤의 갓난아기 좌석 옆에 타고서 비좁게 낀 그의 여성 서기와 나의 동료 가운데 하나인 델핀 자파르를 대동하고 그곳으로 가는 동안 앙드레 말로의 운명, 곧 우리의 정의가 지닌 위대함과 비참함을 상기시켰던 것이다.

나는 또한 나에게 지원과 격려를 해준 분들께 특별한 감사를 표하고자 한다. 쥘리에트 카데이는 마음으로부터 우러나오는 너그러움을 보여주었고, 에스텔 두지에는 암묵적인 동조를 보여주었으며, 트리스탕 뒤발은 불멸의 우정을 나타내 주었고, 프랑크 페랑은 도움을 주었으며, 필리프 뤼세는 우정 어린 호의를 베풀어 주었고, 마리 드 미리벨 조쉠은 원고를 여러 번 읽어주면서 사려 깊은 조언을 해주었으며 루이 프로테리는 우정으로 나를 밤새워 간호를 해주었다.

나는 또한 다니엘 롱도와 그의 아들 로맹 롱도에게 진심으로 감사를 드리고자 한다. 다니엘 롱도는 거의 10년 전에 이 책의 첫 몇 장(章)들을 읽어주었고 서문을 써주는 것을 받아들여 주었다. 이 두 사람은 우리 영혼의 비굴함에 맞서는 데 필요한 가치들과 기억을 간직하고 있다.

나는 또한 필리프 솔레르스를 잊지 못한다. 그는 이 책에 대한 믿음이 있을 뿐 아니라 특히 매우 예민하면서도 특이한 인물이었기 때문에 나의 무례함을 겪으면서도 나를 신뢰해 주었던 것이다.

프랑스라는 성(性)밖에 지닐 수 없었던 나의 아내에게 고마운 마음을 보낸다. 그녀는 내가 글쓰기와 작업을 한 그 많은 주말들을 견뎌냈고, 때로는 나를 나 자신으로부터 지켜주었으며, 단지 나를 사랑했던 것이다……

마지막으로, 프랑스와 프랑스 국민에게 감사드린다.